헤겔연구 제24호

주체와 타자

* 이 학술지는 2007년도 정부재원(교육인적자원부 학술연구조성 사업비)으로 한국학술진흥재단의 지원을 받아 출판되었음

헤겔연구 제24호

주체와 타자

한국헤겔학회 편

차례

1부 헤겔 주제 논문

2부 일반 논문

3부 부록

제1부

헤겔 주제 논문

GEORG
WILHELM FRIEDRICH
HEGEL
GEB D XXVII AUGUST
MDCCLXX
GEST D XIV NOVEMBER
MDCCCXXXI

헤겔의 인식론

– 헤겔은 과연 관념론자인가

남 기 호

Ⅰ. 근대 철학의 시작 : 인식론
Ⅱ. 헤겔 철학의 시작 : 있는 것의 이해와 관점 구별
Ⅲ. 헤겔 인식론의 구조 : 실재론적 상응이론
Ⅳ. 맺음말 : 관념론을 넘어서

요약문

근대의 모든 철학은 인식론으로부터 출발한다. 이에 대해서는 헤겔 철학도 예외가 아니다. 그러나 흔히 헤겔 고유의 인식론으로 간주되는 『정신현상학』은 본래 의식의 도야과정을 전개하기 때문에 사실 단순한 인식론 그 이상의 내용을 포함하고 있다. 대상관계성과 자기관계성 내의 의식 *자체*를 다룬다는 이유에서 『정신현상학』의 인식론으로서의 그 규정은 헤겔의 인식론이, 더 나아가 그의 철학 전체가 관념론이라는 오해를 초래할 수 있다.

헤겔은 근대에 전형적인 주체와 객체의 인식론적인 관계만을 해명하는 저서를 남기진 않았다. 그럼에도 그의 인식론적인 기본관점은 그의 저술들 도처에서 추출될 수 있다. 무엇보다도 그의 청년기 『독일 헌법』에 대한 일련의 논문들은 그의 철학이 근본적으로 있는 것의 필연적이고 본질적인 이해를 지향하고 있음을 보여준다. 이러한 이해는 우리에 대한 관점뿐만 아니라 대상 *자체*에 대한 관점도 고려하는 데에 존립한다. 예나 저술들에서부터 평생 동안 관철되는 이러한 관점 구별은 우리가 인식한 내용이 또한 대상 자체에 대해서도 실재로 존립하고 실현되어 있는지 하는 것도 고려한다는 점에서 중요한 의미를 지닌다. 단순한 인식적 상응성만이 아니라 대상에 일치하는 개념의 대상 자체를 위한 실재적 존립도 진리요소가 되는 헤겔

의 인식론은 실재론적 상응이론이라 할 수 있다. 이러한 통찰은 청년기부터 그의 저술들 곳곳에서 나타난다.

이를 통해 독일관념론이라는 학술적 시기구분 용어에 대한 포기가 제안될 수 있다.

● 주요어 : 있는 것의 이해, 대상 자체의 관점, 관점 구별, 실재적 존립, 실재론적 상응

Ⅰ. 근대 철학의 시작 : 인식론

근대의 모든 철학은 인식론으로부터 출발한다. 철학의 이 출발점은 그 좋고 나쁨을 떠나서 근대 철학을 공부하고자 한다면 반드시 짚고 넘어가야 할 철학적 사실이다. 근대 철학의 완성자로서 칸트를 내세우건 헤겔을 언급하건 간에 이 사실은 그다지 예외가 아니다. 그러나 적어도 헤겔의 경우 이 철학적 사실은 분명 그리 간단하지가 않다. 왜냐하면 그의 철학적 출발점으로 간주되는 인식론 저서는 단순한 인식론 이상의 내용을 지니기 때문이다. 물론 단순히 인식론만이 아니라 지식 전체가 기초지어져야 한다는 고민은 헤겔 고유의 것은 아니었다.

칸트 이후 거의 모든 철학자들이 그랬듯이 스스로를 칸트의 후계자로 자칭한 피히테는 칸트의 비판서들이 남긴 인식론적인 문제로부터 출발했다. 이미 『전지식론의 토대』(1794)가 출판되기 2년 전에 슐쩨(G. E. Schulze)의 『에네지데무스』(1792)를 둘러싼 라인홀트와의 비평논쟁에서 피히테는 라인홀트의 요소철학과 슐쩨의 회의주의를 모두 비판하면서 칸트와 라인홀트가 여전히 명백하게 설명하지 못한 '오래된 난센스(den alten Unfug)'를 언급한다. 이 난센스란 '우리의 표상들과 이 표상들 내에 출현하는 징표들'이 '우리의 표상들과 전적으로 독립적으로 실존하는' '어떤 것'과 지니는 '연관과 일치'를 먼저 통찰해야 한다는 생각이다. 관념론의 선언이라 할 만한 피히테의 답변은 '어떠한 하나의 표상-능력으로부터 독립해서 스스로 한 사물을 사유하는 것'은 '인간본성에는' '불가능하다'는 것이다. 칸트도 이와 같이 생각했다면 피히테가 보기에 칸트의 사물들 자체(Dinge an sich)와 현상들의 구별은 따라서 '확실히 단지 잠정적으로만' 타당하다.[1] 오히려 이 양자의 관계는 표상을 포함한 우리의 인식능력 내에서 설명되어야 한다. 그러나 더 중

요한 것은 이론적 경험판단과 실천적 도덕 판단이 이루어지는 '우리의 심성 내에서(in unserm Gemüthe) 발견되는 무조건적인 필연성'의 구조를 밝혀내는 것이다.[2] 왜냐하면 심성이야말로 모든 판단의 '논리적 근거'이자 '단순히 지성'인 한에서 또한 모든 판단의 '실재-근거'이기도 하기 때문이다. 자신의 활동성이 이 활동성 내용의 실재적 근거가 되고 자신의 활동성 내용이 자신의 활동성의 논리적 근거가 되는 이러한 심성을 피히테는 여기서 이미 '자아'로 명명하고 있다.[3] 1794년의 『지식론의 개념에 대하여』와 『전지식론의 토대』는 논리적인 동일률을 자아의 '사행(Thathandlung)' 구조를 통해 파악하고 이 구조를 이론지와 실천지의 토대로 전개한다는 점에서[4] 그와 같은 인식론적 문제의 본격적인 해결 작업이다. 피히테 철학은 그의 유명한 실천적인 것의 우위성[5]에도 불구하고 인식론에서 출발하며, 그러나 전체 지식의 토대를 기초지우려 한다.

셸링의 경우는 좀 다르다. 물론 셸링 또한 피히테와 마찬가지로 철학의 형식이 일반적으로 가능해지는 원리를 자아의 동일성 구조로부터 이해했다. 이러한 이해를 대표하는 것이 그의 처녀작들인 『철학 일반의 형식의 가능성에 대하여』(1794)와 『철학의 원리로서의 자아에 관하여』(1795)이다.[6] 그러나 처음에 피히테의 제자임을 자처했던 셸링의 관심은 사실 다른 곳에 있었다. 같은 시기에 출판된 그의 『독단주의와 비판주의에 대한 철학적 서신들』(1795)에 따르면 『순수이성비판』은 '독단주의의 부정적 논박' 그 이상으로 나아갈 수 없는 '단순히 인식능력의 비판' 일 뿐이었기에 독단주의에게 곡해의 빌미를 제공했다.[7] 그러나 만약 『순수이성비판』이 그 근본정신에 따라 '어떠한 한 체계를 ... 배타적으로 근거짓도록' '규정된 것이 아니라' 오히려 모든 체계들의 가능성을 '이성의 본질로부터 연역하도록' 규

---

1) Fichte: *Recension des Aenesidemus*, 19쪽. 이 글의 모든 인용은 원저자의 전집 권수에 대한 별다른 언급 없이 (참고문헌에 표기) 그리고 원저자의 강조표시(이탤릭체, 꺽쇠 등)를 무시하고 표기한다. 헤겔 인용은 쌍따옴표로, 그 외의 모든 저자들의 인용은 따옴표로 한다. 본문 내의 모든 필기체는 필자의 강조이다.

2) 같은 책, 15쪽.

3) 같은 책, 16쪽.

4) Fichte : *Über den Begriff der Wissenschaftslehre*, 45쪽 이하와 *Grundlage der gesammten Wissenschaftslehre*, 91쪽 이하 참조.

5) Fichte : *Grundlage der gesammten Wissenschaftslehre*, 126, 250-251쪽 참조.

6) Schelling: *Über die Möglichkeit einer Form der Philosophie überhaupt*, 13쪽 이하와 *Vom Ich als Princip der Philosophie oder über das Unbedingte im menschlichen Wissen*, 46쪽 이하 참조.

7) Schelling : *Philosophische Briefe über Dogmatismus und Kriticismus*, 59쪽.

정된 것이라면[8] 『순수이성비판』만이 '모든 원리들과 체계들에 대한 규준'을 포함하는 본래적인 의미의 지식론인 것이다.[9] 따라서 철학의 과제는 이제 이성비판의 관점에서 모든 체계들을 포함하는 철학의 통일적인 한 체계를 전개하는 것이다. 이러한 한 체계는 오직 절대자의 관점으로부터만 가능하다. 가장 서로 모순되는 것처럼 보이는 비판주의와 독단주의도 절대자를 향한 길 위에서만 그렇게 대립된 것이며,[10] 자신의 원리를 올바로 사용하는 비판주의와 독단주의는 오히려 '체계 내에서 사유된 관념론과 실재론에 다름 아니다'.[11] 관념론은 후에 셸링에 의해 선험적 관념론의 체계로서 그리고 실재론은 자연철학의 체계로서 여러 번 구상된다. 이에 반해 독단주의에 대항해 '유일하게-가능한 철학은' '비판적 ... 선험적 관념론'뿐이라고[12] 생각한 피히테는 셸링과의 서신논쟁에서 끝내 그의 이원론적인 동일성 철학 체계를 받아들이지 않는다. 셸링의 『선험적 관념론의 체계』(1800)와 『나의 철학 체계의 서술』(1801)로 인해 촉발된 1800년 11월 중순부터 1년 넘게 지속된 서신논쟁은 결국 그 두 철학자들 간의 결별을 가져왔다. 1801년 5월 31일에 쓰인 피히테의 서신에 따르면 셸링의 『나의 철학 체계의 서술』에서 제기된 물음들 즉 '지식론이 지를 주관적으로 취하는지 객관적으로 취하는지, 지식론이 관념론인지 실재론인지 하는 물음들은 아무런 의미도 지니지 못한다'. 왜냐하면 이러한 구별들은 비로소 지식론 내에서야 가능한 것이며 지식론 없이는 '특수한 관념론이나 실재론이나 자연철학도 없는' 것이기 때문이다.[13] 반면에 셸링에게 '지식론은 철학 자체가 아니라 철학에 대한 철학'일 뿐이었으며 그의 관심사는 '지 자체의 체계'이었다.[14] 즉 셸링 철학은 자기 나름의 방식으로 『순수이성비판』 내지 지식론의 인식론적 관점을 전제하며 전체 철학 체계의 구상으로부터 출발한다.

헤겔의 철학적 출발은 사뭇 다르다. 왜냐하면 그의 철학 공부 시작보다 훨씬 뒤늦게야 그의 철학 저서가 공개적으로 시작되기 때문이다. 헤겔은 그의 동창들이 한창 저술활동을 하고 있을 때에도 여전히 공부 중이었다. 물론 헤겔에게도 그 사

---

8) 같은 책, 69쪽.
9) 같은 책, 72쪽.
10) 같은 책, 102쪽.
11) 같은 책, 70쪽.
12) Fichte: *Erste Einleitung in die Wissenschaftslehre* (1797), 438, 441쪽.
13) Jaeschke, Walter Hg.: *Transzendentalphilosophie und Spekulation* 2.1 Quellenband, 213쪽. Schelling, *Darstellung meines Systems der Philosophie*, 5쪽과 비교.
14) Schelling: *Über den wahren Begriff der Naturphilosohie und die richtige Art ihre Probleme aufzulösen*, 641, 645쪽.

이 출판의 의도가 없었던 것은 아니다. 그러나 논평을 실은 한 번역물의 익명 출판을 제외하곤[15] 젊은 시절 출판을 의도한 것으로 추정될 수 있는 저술들은 그 미완결로 인해 또는 시대상황의 급변으로 인해 좌초되었다.[16] 게다가 이러한 저술들, 말하자면 『예수의 생애』, 실정성 단편들, 독일 헌법 단편들은 순수철학적인 것이 아니라 무엇보다 실천철학적이고 응용철학적인 것들이다. 그의 철학 공부 시작은 이러했으며 그래서 또한 그의 첫 철학 저서도 이러한 것이고자 했다. 반면에 실제로 출판된 그의 최초 철학 저술이라 할 수 있는 『피히테와 셸링 철학 체계의 차이』(1801)는 고유한 사상의 전개라기보다는 당시 진행 중이던 피히테와 셸링의 서신 논쟁에 대한 헤겔 나름의 진단이었다. 그의 고유한 철학의 첫 저서는 주지하다시피 『정신현상학』(1807)이다. 이 저서는 흔히 헤겔의 대표적인 인식론 저서로 간주되곤 한다. 그러나 "의식의 경험의 학"으로서의 『정신현상학』은 단지 주체와 객체간의 인식 요소 내지 과정만을 설명하는 근대 인식론의 전통적인 의미에서의 인식론 저서는 아니다. 이 저서는 이미 주체와 대상간의 관계를 함축하는 경험적 "자연의식"과 이 자연의식을 다시금 대상으로 하는 "반성의식"의 복합적인 구조로 되어 있다. 여기서 문제시되는 것은 외적인 대상의 인식만이 아니며 또한 이 인식의 반성내용도 다루어진다. 게다가 인식되는 대상의 성질이나 인식능력에 해당하는 감성, 오성, 이성 등의 구조가 설명되는 것이 아니라, 이러한 구조를 통해 이미 인식하는 경험적 의식의 "회의"와 "좌절"이, 그리고 이를 통해 획득되는 새로운 인식이 실천철학을 포괄하는 역사적인 지평 속에서 전개된다.[17] 따라서 주체와 객체간의 인식 관계와 같은 근대 인식론의 기초적인 관계에 대한 설명을 이 관계를 이미 적용하고 있는 『정신현상학』으로부터 추출해 내기란 그리 간단한 것이 아니다. 이를 위해서는 먼저 그의 의식이론에서 그 때마다의 인식의 문제가 자연의식에 관한 것인지, 아니면 반성의식에 관한 것인지, 또는 그 둘 모두에 해당하는 것인지가 식별되어야 할 것이다. 왜냐하면 이러한 식별을 통해서야 비로소 둘째, 인식된 의식내용이 외적인 대상에 일차적으로 관련된 것인지 이 문제에 상관없이 단지 이미 의식된 내용에 대한 반성이 문제인 것인지가 결정되기 때문이다. 『정신현상학』에서는 경험하는 의식 자체가 하나의 대상으로 설정되기 때문에 이 경험의식이 지니는

---

15) 1793년 파리에서 출판된 *Vertrauliche Briefe über das vormalige Verhältniß des Waatlandes (Pays de Vaud) zur Stadt Bern*을 말한다. Jaeschke, Walter: *Hegel Handbuch* (=HH), 80쪽.

16) HH, 66, 95, 100쪽.

17) Hegel: *Phänomenologie des Geistes*, 53-62쪽.

자기 외부의 외적인 대상과의 관계가 잘 부각되지 않는다. 그 때문에 셋째, 헤겔의 인식론은 『정신현상학』의 의식이론이라는 단순한 등식은 대상 자체는 안 다루고 이미 대상관계로서 있는 의식만을 다루는 듯 보이는 그의 철학의 출발이자 기초를, 그래서 그의 전체 철학을 – 아무리 독특한 의미규정을 덧붙인다 해도 – 관념론으로 특징짓는데 일조하곤 한다. 우선 분명히 해야 할 것은 관념론의 반대말은 유물론이 아니라 실재론이라는 것이다. 실재론이란 우리의 '사유와는 독립해서 즉자적으로 존재하는 현실적인 것'이 있다는 입장이다.[18] 이 현실적으로 있는 것이 단지 정신적인 것일 뿐이라는 입장이 유심론(Spiritualismus)이며 이에 대립한 입장이 바로 유물론이다. 그렇다면 헤겔의 의식이론에서 의식과 외적인 대상의 관계 해명에 따라 또는 주체와 객체의 인식 관계에 대한 그의 기초적인 해명에 따라 그의 철학이 과연 흔히들 말하듯이 절대적인, 사변적인, ... 등등의 어떤 관념론인가 하는 물음이 다시금 제기될 수 있다.

헤겔에게 있어 의식은 언제나 일차적으로 이미 대상의식이기에 『정신현상학』은 이 대상의식 자체를 반성의 대상으로 설정하고 주제화할 수 있었다. 따라서 『정신현상학』의 기본골격이 되는 헤겔의 인식론은 대상관계 자체를 이미 지니고 있는 의식의 구조를, 즉 의식의 대상과의 일차적 관계를 우선적으로 해명함으로써만 밝혀진다. 이 관계의 해명이 비로소 주체와 객체간의 인식 과정을 우선 설명하는 근대 인식론의 전통에서의 헤겔의 독특한 입장을 분명히 밝혀 줄 수 있다. 또한 이 관계의 해명은 왜 『정신현상학』의 의식이론이 단순히 인식론 이상의 것인지, 말하자면 "의식 자체의 학에로의 도야의 역사" 인지를 확신시켜준다.[19] 이 관계를 해명하는 논리는 실로 『정신현상학』의 논리라 할 수 있을 것이다. 그러나 헤겔은 이러한 논리에 대한 어떠한 독립적인 저서도 쓰지 않았다. 흔히 반복되는 또 다른 오해는 반면에 『정신현상학』의 논리를 헤겔의 『대논리학』(1812/13)에서 찾는 것이다. 그러나 이것은 내용적인 비교연구로서는 타당할지 모르겠으나 발전사적인 문헌 연구로서는 완전히 잘못된 것이다. 첫째로 『정신현상학』의 저술 시기에 헤겔은 『대논리학』에 대한 어떠한 구상도 하지 않았었다. 오히려 이 시기에 그의 논리학 구상은 '논리학과 형이상학의 분리로부터 통일적인 형이상학적 논리학으로 급변'하는 중에 있었다.[20] 그 성격 자체가 급변 중에 있는 논리학 구상이 저술되고 있는 다른

18) Fulda, H. F.: *Georg Wilhelm Friedrich Hegel*, 69쪽. 반의어 대립으로서의 관념론 ↔ 유물론이라는 오해에는 물론 맑시즘의 거친 헤겔비판도 많이 기여했다.

19) Hegel: *Phänomenologie des Geistes*, 56쪽.

한 저작의 논리로서 계획된다는 것은 불가능하다. 둘째로 『대논리학』 서문에서 언급되는 『정신현상학』은 분명 이 후자의 저서에서 도달된 "학문의 개념"에 관한 것이지 이 저서 전체에 관한 언급이 아니다. 그것은 "학문의 개념"은 이미 『정신현상학』에서 획득되었고 또한 이 "논리학 자체 내부에서도 출현하기" 때문에 여기서는 별다른 정당화를 필요로 하지 않는다는 『대논리학』의 서술상의 이유를 설명한 것이다.[21] 따라서 이것은 『대논리학』의 서술에 있어 추후에 『정신현상학』의 논리를 염두에 두었다는 증거가 될 수 없다. 『대논리학』은 『철학백과요강』의 구성에서 추정할 수 있듯이 본래 그의 전체 체계의 첫 부분으로 계획되었던 것이다.[22] 그래서 셋째로 『대논리학』과의 내용적인 비교연구는 그의 철학 체계 내의 모든 분과학문들에도 적용된다. 『대논리학』은 내용비교상 『정신현상학』만의 논리가 아니며, 발전사적으로 『정신현상학』의 기본골격이 되는 의식 구조를 설명하는 내적인 논리는 결코 아니다.

헤겔에게 순전히 인식론만 다루는 저서는 없지만 그러나 그 나름의 인식론에 대한 서술이 없는 것은 물론 아니다. 이것은 그의 저술들 도처에 산재해 있다. 인식론에 관한 그의 기본관점을 알기 위해서는 무엇보다 주체-객체 내지 의식-대상의 간단한 구조로 설명될 수 있는 텍스트 부분들에 주목해야 할 것이다. 주목할 만한 텍스트 부분들을 선별하기에 앞서 그러나 우선 철학을 출판하기 훨씬 오래전부터 이미 시작된, 철학을 공부하는 그의 기본자세를 숙지해 볼 필요가 있다.

Ⅱ. 헤겔 철학의 시작 : 있는 것의 이해와 관점 구별

헤겔이 처음 철학을 시작할 때부터 그의 생의 마지막까지 줄곧 유지되는 몇 가지 철학 탐구방법 내지 자세라 할 만한 것들이 있다. 이러한 것들은 그의 텍스트를 이해하는 데 있어 항상 견지되어 왔고 따라서 독서할 때 항상 유념해야 하는 것들이다. 여기서는 그 중에서 그의 인식론 이해에 도움이 되는 두 가지만 언급해 보자.

다른 무엇보다 먼저 중요시되어야 할 것은 그의 철학 탐구의 일차적 대상이 무엇인가 하는 것이다. 앞서 말했듯이 청년 헤겔은 주로 응용철학적인 주제들에, 즉

---

20) HH, 178쪽.

21) Hegel: *Wissenschaft der Logik I* , 20쪽.

22) HH, 221-222쪽.

계몽적, 종교적, 정치적 주제들에 몰두하고 있었다.[23] 이것은 서서히 꼼꼼하게 진행되는 그의 순수 이론적 공부의 지연 때문만은 아니다. 그는 오히려 처음부터 계몽 시대의 아들이었고 프랑스 혁명을 간접 체험했으며 루소와 칸트의 계몽이념들을 공부했다. 그 때문에 대학시절 그의 관심은 무엇보다 민족종교에 있었던 것이며 그 후 계몽수단으로서 기독교를 연구했던 것이고 독일의 신분세력들과 교회세력들의 정치적 연관에 천착했던 것이다. 이러한 노력들은 이미 김나지움 시절 그의 한 일기(1785년 7월 1일)에 기록된 "실용적인 역사"의 중요성에 대한 통찰과 같은 선상에 있다. 이러저런 사건과 국가변화가 어떤 결과를 초래했는지 하는 것을 잘 보여주는 것은 "위인이나 전체 국민의 성격, 그들의 풍속들, 관습들, 종교들 등등" 그리고 이들의 다른 국민들과의 차이들에 대한 실용적인 역사라는 것이다.[24] 그러나 이러한 역사를 통한 계몽기획은 "학문들과 기술들에 의한" 것이기에 학자들과 지도자들에 주로 제한된 것이다. 반면에 "범인(凡人)의 계몽은 언제나 그의 시대의 종교를 향했으며 일반적으로는 단지 장인들과 생활의 편의를 통한 계몽에까지만 적용된다".[25] 여러 달이 지나서 쓰인 다른 한 일기에서(1786년 3월 22일) 도달한 이러한 통찰은 위로부터의 계몽과 민족구성원 자신에 의한 계몽간의 긴장의 문제와 조화의 필요성에 대한 헤겔의 고민을 잘 드러낸다. 그래서 대학생 헤겔은 그 양자가 조화되는 계몽의 가능성을 민족종교에서 보았다. 대학 졸업반 시절부터 베른 초기 시절까지 구상된 이 민족종교의 이론적 배경이 되는 것은 무엇보다 칸트철학이다. 그러나 단지 위로부터의 일방적인 것이 되지 않기 위해서 계몽은 민족구성원들의 선-입견들(Vor-Urteile)에까지 나아가서 이것들을 계도할 수 있는 것이어야 한다. 선입견들은 "현실적인 오류들"일 수도 "현실적인 진리들"일 수도 있다. 그러나 이것들 둘 다 모두 "이성 자체를 통해 인식되지 않고 신의와 믿음에 의거해 인정된" 것인 한 참다운 의미의 진리들로 통찰되어서는 안 된다.[26] 따라서 민족종교는 무엇보다 그 이성이 민족의 감성적 상태를 계도하고 조화할 수 있는 것이어야 한다. 이를 위해 시험대에 오른 철학이 무엇보다 칸트의 『순수이성비판』(1781/87)과 『단순한 이성의 한계들 내에서의 종교』(1793)이다. 그리고 이를 위해 시험대에 오른 종교는 물론 기독교, 특히 예수의 가르침과 삶이다. 그러나 베른 시

23) 물론 흔적이 많이 남아 있지 않은 자연과학적인 연구들도 포함해야 한다. Rosenkranz : *Hegels Leben*, 85, 151쪽. HH, 100, 106쪽.

24) Hegel: *Frühe Schriften*, 5쪽.

25) 같은 책, 30쪽.

26) 같은 책, 95쪽.

대에 들어서야 본격적으로 착수된 칸트 공부는[27] 칸트철학은 부적격이라는 결말에 다다르며 프랑크푸르트 시대에까지 줄곧 계속된 기독교 연구는 실정성이라는 불가피한 결점을 지닌 것으로 판정된다. 이것은 연구 상의 좌절만이 아니라 그 동안 종교개혁과 프랑스 혁명을 통해 실제적으로 추진된 계몽이념에 대한 실망을 의미한다. 이러한 실망이 독일 현실에 대한 비판적인 분석을 통해 표출된 것이 바로 『독일 헌법』에 대한 일련의 논문들(1799-1803)이다.

『독일 헌법』에 대한 이 저술들은 단지 헤겔의 정치철학적 기본관점을 제시해 주기 때문에만 중요한 것이 아니라 무엇보다도 그의 철학 탐구의 기본관점을 최초로 명시하기 때문에 주목받아야 하는 것이기도 하다. 헤겔은 그의 지금까지의 구상들의 실패에도 불구하고 *이성과 감성의 조화*라는 계몽의 목적은 평생 동안 견지했다. 이 조화를 의미하는 또는 이 조화 이전의 이 조화를 향한 갈등과 그 극복을 함축하는 개념들은 헤겔의 전 저작들 곳곳에서 나타난다. 이 조화에 다다르기 위해 이성적인 작업으로서의 철학은 무엇보다 사실적으로 있는 것을 그 필연성과 본질에 따라 이해해야 하고, 그 다음 이 이해된 개념들로써 있는 것을 통제하고 재단하는 것이 아니라 있는 것 자체가 이 이해된 개념들의 주체이게끔 해야 할 것이다. 그래서 있는 것은 그것의 필연성과 본질에 따라 있을 수 있게 해야 할 것이다. 즉 "있는 것의 이해 그리고 그와 함께 좀 더 평온한 관점 및 현실적인 접촉과 말들에서 절제된, 그와 같은 관점의 인내를 촉진하는 것"이 우선 필요하다. "왜냐하면 있는 것이 우리를 격렬하고 정념적으로 만드는 것이 아니라 그것이 있어야 할(soll) 바대로 있지 않다는 사실이 그렇게 만드는 것이기 때문이다. 그러나 만약 우리가 그것이 있어야만 하는(muß) 바대로 있다는 사실을 인식한다면 ... 우리는 또한 그것이 그렇게 있어야 한다는(soll) 점을 인식하는 것이다". *있는 것의 필연적이고 본질적인 이해*는 그러나 "사건들과 이것들의 자유로운 파악 사이에" "많은 개념들과 목적들을 끼워" 넣은 일반인들에겐 "습관"이 되기 어렵다.[28] 『독일 헌법』이라는 정서된 이 저술의 목적으로 언급되고 있는 이러한 이해는 오히려 더 나아가 바로 철학 자체의 과제이기도 하다. 철학은 그러한 습관을 지니지 못한 일반인들이 "몰의식적으로 추구하는 알려지지 않은 것과 이들에게 제공되고 허용되는 삶 사이에 점증하는 모순"을 중재하고 해결해야 한다.[29] 거의 10년 후의 싱클레어에게 보내는 한 편

27) Rosenkranz: *Hegels Leben*, 14쪽. Rosenzweig: *Hegel und der Staat* Bd1, 17쪽. Haym: *Hegel und seine Zeit*, 33-35쪽. HH, 2, 7쪽.
28) Hegel: *Schriften und Entwürfe*, 163쪽.

지(1810년 10월 15일)에서 다시금 되새겨지듯이 철학은 말하자면 "일상의 질서 내의 규칙적인 건축을 위해 학문적인 형식을 고안하거나 이와 같은 형식의 형성에 힘써야 한다".[30)]

있는 것의 필연적이고 본질적인 이해는 이성적인 이해이다. 이러한 의미에서 이것은 1821년에 출판된 『법철학 개요』의 저 유명한 명제를 선취한다. "있는 것을 개념파악하는 것은 철학의 과제이다. 왜냐하면 있는 것은 이성이기 때문이다".[31)] 이 후자의 문장은 유심론적인 것으로서나 오늘날 흔히 말하는 이성중심주의적인 것으로서 새겨서는 안 된다. 있는 것은 일차적으로 그것의 이성적인 본성에 의해서 있는 것이다. 그러한 한 이성 또한 단순히 있는 것 내에 이미 그것의 존재이유로서 있다. 이성이 있는 것의 있음의 이유이지 비이성이나 우연이 그 이유는 아니다. 비이성이나 우연은 있는 것의 우유 내지 비존재의 이유일 뿐이다. 있는 것은 단적으로 이성이다. 이성은 단지 정신적으로만 있는 것이 아니라 있는 모든 것 내에 이미 있다. "이성적인 것은 현실적으로 있으며 그리고 현실적으로 있는 것은 이성적인 것이다".[32)] 그러므로 있는 것을 단순히 지각하거나 인지하는 것이 아니라 *개념파악*하는 것이 철학의 과제이다. 있는 것의 이성적인 개념파악 내지 이성의 존재적인 개념파악이 여기서 명제화되고 있는 셈이다. 그리고 『독일 헌법』에서의 앞서의 언급을 함께 생각해 본다면 이러한 개념파악이 이루어진 후에는 또한 단순히 이성적인 것은 현실적으로도 있어야 할(soll) 것이며 그리고 단순히 현실적으로 있는 것은 이성적인 것이기도 해야 할(soll) 것이다. 이러한 해석은 이미 하인리히 하이네가 헤겔과 나눈 대화에서 헤겔 자신이 암시한 것이다. "있는 모든 것이 이성적이라는 것은 ... 이성적인 모든 것이 있어야 한다는(muß) 것을 또한 말하는 것일 수 있다".[33)]

철학의 과제가 그러하다면 철학은 항상 자신의 대상이 되는 것의 입장을 고려해야 할 것이다. 있는 것의 이성적 존재의 주체는 바로 있는 것 자신이지 철학이 아니

---

29) 같은 책, 16쪽.

30) Hegel: *Briefe von und an Hegel* Bd. I, 332쪽.

31) Hegel: *Grundlinien der Philosophie des Rechts*, 26쪽.

32) 같은 책 24.

33) Nicolin, G. Hg.: *Hegel in Berichten seiner Zeitgenossen*, 235쪽. 이 대화날짜는 기록되어 있지 않으나 1821년에 이루어졌을 것으로 추정된다. 또한 완성된 『법철학 개요』를 동봉해 보내려던 헤겔의 당시 프로이센 국가수상 하르덴베르그에게 보내는 편지초안(1820년 10월 15일)에서의 "프로이센 국가가 부분적으로 획득했으며 부분적으로 여전히 획득해야 할" 것을 이 책에서 서술했다는 언급도 같은 맥락에 있다. Hegel: *Briefe von und an Hegel* Bd. II, 242쪽.

기 때문이다. 철학은 있는 것이 이성적으로 즉 그것의 필연성과 본질에 따라 있을 수 있게 해주는 조력자 역할에 만족해야 한다. 이 조력자 역할은 그러나 결코 만만한 게 아니다. 이 역할은 우선 청년 헤겔의 저술들 곳곳에서 예수와 비교되는 소크라테스의 산파역할에 비견될 만한 것이다.[34] 더욱이 이러한 대상입장 고려는 철학적 탐구 자체에서도 관철되어야 한다. 그렇지 않으면 자신이 고안한 이성이념에 준거해 자신의 대상을 통제하고 재단하는 계몽철학의 과오를 되풀이할 것이다. 이 과오에는 헤겔이 보기에 칸트 철학도 예외가 아니었다. 헤겔은 민족종교 구상의 마지막 시험이라 할 수 있는 『예수의 생애』(1795)에서 전후무후하게 단 한 번 엄격한 칸트주의자로서 행세한다. 이 글의 처음과 끝의 날짜 기록(1795년 5월 9일-7월 24일) 그리고 그 내용의 완결상태로 보아 헤겔은 이 저서의 출판을 의도한 것으로 보이지만 결국 혼자만 간직하기로 한다. 왜냐하면 도덕적 이성종교의 표본으로서 채택된 타락 이전의 기독교조차도 도덕의 순수한 체계로서는 불가능하다는 결론에 이르렀기 때문이다. 이러한 결론의 근거가 되는 것은 이성적인 한 인간으로서의 예수의 "생과 힘은 전체 국민을 도덕성에로 도야시키는 데 불충분하며"[35] 그래서 예수 또한 사도들을 거느렸지만 결국 "신의 아들"이냐는 대제사장의 물음에 대해 "그렇다"고 말할 수밖에 없었다는 데에 있다.[36] 자신의 전체 종교를 신적인 권위와 자신의 인격에 의지하게 만드는 이러한 답변은 헤겔로 하여금 계속해서 기독교 실정성의 근원을 원시 기독교에까지 추적하게 만든다. 이와 병행해 제기될 수 있는 물음은 그렇다면 다른 한편으로 칸트 철학은 이성종교의 자격을 제대로 갖추고 있는지 하는 것이다. 『예수의 생애』가 끝날 무렵 저술되기 시작된 것으로 보이는[37] 저술 『사람들은 가장 모순적인 고찰들을 해도...(Man mag die widersprechendste Betrachtungen ...)』는 칸트 철학의 그런 자격심사에 대한 최초의 부정적인 답변을 제시한다. 헤겔의 비판은 한마디로 "도덕법칙에 대한 존경은 단지 이러한 법칙이" 이미 "자신 안에 입법적으로 있는, 자신의 내면으로부터 이러한 법칙 자체가 나오는 그와 같은 주체에서만 야기될 수 있다"는 것이다.[38] 칸트가 『순수이성비판』에서는 감성적인 것으로 인정했고 『도덕형이상학의 기초』에서는 그 교정의 필요성을 보았으며 그래서 『실천이성비판』에서 해결을 시도한 도덕

---

34) Hegel: *Frühe Schriften*, 6, 115-120, 148-152, 198-199쪽 등등.
35) 같은 책, 225쪽.
36) 같은 책, 271쪽.
37) HH, 69쪽.
38) Hegel: *Frühe Schriften*, 350쪽.

적 추동력의 문제가 여기서 비판되고 있다. 칸트는 결국 도덕적 추동력의 근거짓기가 '인간 이성에게는 해결 불가능한 문제'라고 보고 '이성의 사실(Faktum der Vernunft)'이라는 기술적(記述的) 용어로써 설명하려고 했다.[39] 헤겔의 주안점은 그러나 바로.이성이념을 아직 갖추지 못한 감성적인 인간 내에 자신의 도덕적 의지를 주관적으로 규정하는 자발성의 근거가 어디 있는가 하는 것이다. 이것은 계몽철학이 계도하려는 인간 자신이 계몽이념의 주체가 될 수 있는 근거가 무엇인지 또는 어디 있는지 하는 물음의 연장선상에 있다. 아직 이 시기의 헤겔의 기독교 고찰이나 칸트 연구가 투박함에도 불구하고[40] 그의 근본적인 철학 탐구 자세는 처음부터 대상입장 고려라는 사려 깊은 모습을 보여준다. 이러한 탐구 자세는 후에 실정성 비판의 기준이 되는 것이기도 하지만, 인식론적인 관점에서 두 번째로 유념되어야 할 중요한 사항은 바로 철학 탐구 자체에 있어서의 *관점의 구별*이다.

관점의 구별에 대한 암시적인 언급은 헤겔이 자신의 철학 체계를 본격적으로 구상하고 전개하기 시작한 예나 시대 저술들 곳곳에서 나타난다. 그러나 그 관점 구별이 그의 철학 체계 전개의 내적인 방법론으로 적용되고 있는 곳은 바로 강의 원고로서 작성된 세 편의 『예나체계기획들』(1803/04, 04/05, 05/06)이다. 문제는 헤겔이 이러한 독특한 방법론에 대한 별다른 설명을 제공하고 있지 않다는 것이다. 그럼에도 불구하고 이 관점 구별은 그 후 그의 전 저작들에서[41] 역시 별다른 설명 없이, 그러나 그의 철학의 방법적 원리로 설정될 수 있을 정도로 줄곧 행해지고 있다. 관점 구별 적용의 명시적인 언급은 예를 들어 첫 예나 체계기획의 정신철학 앞부분에서 보인다. 인용해 보면, "지금까지 정신이 그 안에 자체로서 실존하지 않는 자연에 있어서는 우리가 우리의 인식함에 있어 실존하는 정신이었다".[42] 이 문장에서 구별되고 있는 것은 자연과 정신만이 아니며 또한 자연과 실존하는 정신인 우리도 구별되고 있다. 이 문장은 자연철학과 정신철학의 대상들인 자연과 정신의 구별만 하는 것이 아니라 이것들로부터 이것들을 고찰하는 우리를 또한 구별하고 있는 것이다. 철학자들일 수도 헤겔일 수도 있는 반성의 관점을 지닌 이 우리가 탐구 대상 외부에 있는 이상 이 우리는 자연에 대해서도 구별될 뿐만 아니라 더 나아

39) Kant: *Kritik der praktischen Vernunft*, A128, A56.

40) 헤겔 또한 이 사실을 잘 의식하고 있었다. 여전히 진행된 칸트 공부도 그렇고 1795년 8월 30일 셸링에게 보낸 편지에서 자신이 "매우 약한 교회사 분야"에 대한 언급을 봐서도 그렇다. Hegel: *Briefe von und an Hegel* Bd. I, 33쪽.

41) 물론 우리=사유인 『대논리학』은 예외다.

42) Hegel: *Jenaer Systementwürfe I*, 275쪽.

가 정신 자체에 대해서도 구별되어야 한다. 이것은 좀 더 명시적으로 두 번째와 세 번째 체계기획에서 "우리에 대한(für uns)" 정신과 "자신에 대한(für ihn/für sich)" 정신의 구별 및 "우리에 대한" 자연과 "자기 자신에 대한(für sich selbst)" 자연의 구별로도 출현한다.[43] 여기서 무엇보다 주의해야 할 것은 우리로부터 구별되는 대상의 자기 자신에 대한 관점 또한 고려되고 있다는 점이다. 사실 헤겔의 거의 모든 철학 요소들이 그렇듯이 이 구별 또한 그 혼자만의 발명품은 아니다. 왜냐하면 이미 피히테가 『전지식론의 토대』와 『지식론의 두 번째 서문』(1797)에서 유사한 구별을 행했고 셸링 또한 이를테면 『자연철학을 위한 이념들』(1797)에서 비슷한 구별을 보여주고 있기 때문이다. 헤겔의 독창성은 바로 이들의 구별에서 빠져 있는 탐구 대상의 자기 자신에 대한 관점을 매우 중요시 했다는 데에 있다. 반면에 피히테는 '현상에 대한' '관찰자의' '단순한 반성'과 이 '반성에 대한 반성' 즉 '관찰자의 방식에 대한 철학자의 반성'만을 구별하며,[44] 셸링 또한 '우리가 자연 과정이라 부르는 현상들의 그러한 연관과 원인-결과들의 계열이 우리 외부에(außer uns) 현실적으로 생성되었는지 그리고 어떻게 생성되었는지 하는 것이 문제가 아니라 어떻게 그것들이 우리에게(für uns) 현실적으로 생성되었는지가 문제'라고 생각한다.[45] 이 둘의 이러한 생각은 그들의 초기 철학을 관념론에 머물게 했다.

헤겔의 구별은 더 나아간다. 만약 어떤 대상이 자기 자신에 대해 있다면 이 자기 자신에 대해 있는 것은 대상 자체의 인식이 문제일 경우 이 대상이 자체로 지니고 있는 것 이외에 다른 것일 수 없다. 대상이 자기 자신에 대해 또는 자기 자신을 위해(für sich) 지니고 있는 것은 일차적으로 대상이 이미 자기 자신에게서(an sich) 지니고 있는 것이다. 여기서 흔히들 즉자(卽自)와 대자(對自)로 번역되는 구별이 생긴다. 이 구별 또한 예나시기부터 셀 수 없이 많이 행해지고 지켜지는 것이다. 이 구별이 중요한 이유는 어떤 것이 자신이기 위하여 자신에게서(an sich) 갖고 있는 것과 이 갖고 있는 바의 것이 바로 그 어떤 것 자신을 위해(für sich) 정말로 있을 수 있고 있는 것인지 하는 것은 분명 다른 사실이기 때문이다. 간단히 말해 어떤 것의 즉자는 그것의 개념 내지 본질이다. 그것의 대자는 그것의 개념 내지 본질의 현상 또는 실현태이다. 그래서 *우리에게* 알려지는 대상의 *즉자*만큼이나 중요한 것은 대상이 자신의 이 즉자를 *자신을 위해* 즉 대자적으로 또한 구현하고 있는지 하는 것이

43) Hegel: *Jenaer Systementwürfe II*, 172, 177, 179, 181쪽. *Jenaer Systementwürfe III*, 186쪽.
44) Fichte: *Grundlage der gesammten Wissenschaftslehre*, 162쪽. *Zweite Einleitung in die Wissenschaftslehre*, 454-456쪽.
45) Schelling: *Ideen zu einer Philosophie der Natur*, 353-354쪽.

다. 이 구현이 이 세계 내의 모든 유한자들에겐 불완전한 방식으로밖에 이루어질 수 없다고 해도 말이다. 아울러 인식의 과정에서는 탐구되고 있는 대상이 자신의 즉자와 대자간의 어떤 관계를 지니는지 하는 것도 주목해야 한다. 그래야만 위에서 인용된 헤겔의 문장이 제대로 이해될 수 있고 헤겔이 구상한 철학 체계의 복잡한 구조를 가늠해 볼 수도, 더 나아가 『대논리학』의 개념연관도 분명해질 수 있다. 말하자면 어떤 대상의 즉자의 대자적 구현이 외적으로 일어나는지 내적으로 일어나는지, 외부 조건들에 의존적이기만 한 것인지 아니면 자신의 자발적 활동성이 그 구현의 궁극적인 근거인 것인지가 주목되어야 한다. 자신의 대자적 구현이 외적 필연성에 따라서만 일어나는 것은 한마디로 타자관계 내에만 있는 것이다. 예를 들어 지금 여기 이 소나무의 이러한 푸름은 소나무 일반으로서의 그것의 즉자적 본질에 근거한 것이지만 *이러한* 푸름은 이 소나무 자신이 만든 것이 아니라 외적인 조건에 적응해 그의 본질을 제한적으로나마 발현시킨 것이다. 자신의 대자적 구현이 자신의 자발적 활동성을 통해 일어나는 것은 한마디로 자기관계 내에 있는 것이다. 예를 들어 이 농부의 이 곡괭이는 도구적 인간으로서의 그의 즉자적 본질의 완벽하진 않을지라도 하나의 자발적 실현물이다. 일반적으로 말해 자연 사물들에게 자신의 즉자도 타자도 단지 타자로서만 있다. 반면에 정신적인 존재자들에게 자신의 즉자는 자신을 위해 자신을 통해 있는 것이며 타자도 자기 자신에 대해서 자기 자신을 위해서 있는 것 즉 *자기 자신*의 타자로서 있는 것이다.

자연과 정신의 특징에 관한 이러한 통찰을 헤겔은 이미 1803년의 『정신의 본질』이라는 단편에서 획득했다. 여기서는 이미 『기독교 정신과 그 운명』(1797-99)에서 인식적 원리로 암시적으로 설정되었던[46] 정신이 『피히테와 셸링 철학 체계의 차이』에서의 절대자 개념의 최초의 도입[47]과 함께 이 절대자 체계 구성의 운동 원리로서 설명되고 있다. 좀 더 체계 구상적이긴 하지만 1801/02년의 단편 『절대적 본질의 이념』도 같은 맥락에 있다.[48] 물론 절대자가 정신 자체로 정의되기까지는 아직 『정신현상학』을 기다려야 한다.[49] 『정신의 본질』은 무엇보다 자연과 정신의 관계를 설명한다. 자연은 "정신의 타자존재"이다. 이것은 첫째로 자연과 정신의 타자로서의 대면을 의미한다. 자연 내의 사물들은 서로에 대해 타자로서 있다. 여기

46) Hegel: *Hegels Theologische Jugendschriften*, 302-324쪽.

47) Hegel: *Jenaer Kritische Schriften*, 16-19쪽.

48) Hegel: *Schriften und Entwürfe*, 262-265쪽.

49) Hegel: *Phänomenologie des Geistes*, 22쪽. 그러나 그 착상은 이미 예나 자연법 논문에서 감지할 수 있다. *Jenaer Kritische Schriften*, 464쪽 참조.

이 소나무가 자신 아래에 지금 죽어 있는 한 짐승이 자신을 위한 영양분이도록 한 것이 아니듯이 자연 사물들은 서로서로에 대해 타자이다. 그래서 자연은 정신에 대해서도 우선 "타자 일반"이다. 그러나 두 번째로 정신에 대해서 자연은 단순히 타자 일반인 것만이 아니라 정신 자신의 타자이다. 적어도 여기 이 소나무와 그 아래 죽은 짐승의 연관을 정신이 경험적으로 파악할 줄 아는 한에서 그렇다. 정신은 더 나아가 우연한 개별자들의 그 때마다의 경험적 필연성의 인식을 넘어서 이 개별자들에서 생동한 통일을 시적으로 직관할 수도 있다. 이러한 직관에서는 그러나 아직 이 소나무와 이 죽은 짐승은 절대적으로 외적으로만 있다. 정신은 마지막으로 자연 전체 내에서 이 두 개별자들의 존재를 내적으로 연관지울 수 있고 생동한 보편성을 개념적으로 파악할 수 있다. 헤겔은 이러한 단계들을 여기서 "평범한 인식"과 "시적 직관" 그리고 "참다운" "절대적 전체" 내지 "통일"의 인식으로 구분하고 있다. 이러한 인식들은 정신적인 것이지 자연적인 것이 아니다. 이 돌을 지각한다는 것이 이 돌이 머릿속에 물리적으로 들어온다는 말이 아니듯이 지각된 돌 관념이 이 돌에게 진짜 있는 것도 아니기 때문이다. 정신의 인식 내용이 정신적인 것이라면 정신이 자연에서 인식하는 것은 자기 자신이다. 정신은 자연과는 자기 자신에 대해 있는 타자로서 관계하고 이 타자존재 내에서 자기 자신을 인식한다. 한마디로 자연은 "자신의 타자존재 내의 정신"이다. 그리고 인식되는 자연은 "대립된 것으로 정립된 정신 자신"이다. 셋째로 자연은 "정신의 타자존재"라는 말은 뒤바꿔서 말하기가 어렵다. 다시 말해 정신은 자연의 타자존재라고 쉽게 말할 수 없다. 왜냐하면 *자연에게* 정신은 타자로서만 있을 뿐이지 자기 자신을 위해 있는 것이 아니기 때문이다. 이 소나무에게 이 죽은 짐승의 의미는 오직 정신만이 파악하는 것이다. 즉 자연 사물들에게 타자는 자기 관계 내에 들어오지 않는다. 자연 사물들은 서로에 대해 타자로서의 타자일 뿐이다. 이것은 자연 사물들이 순수한 타자성으로만 되어 있다는 말이 아니다. 이 소나무에게 외적일지라도 어쨌든 이 죽은 짐승은 이 소나무와 관계 내에 있다. 이 세계 내에는 순수 타자성 같은 어떠한 것도 없다. 정신의 어떠한 순수 절대적 자기(Selbst)도 이 세계 내에 없는 것처럼 말이다. 이 소나무가 이 죽은 짐승과 외적으로나마 관계될 수 있는 것은 그것들이 영양분이라는 관점 하에 즉자적으로 지니는 정신적 본질 때문이다. 이 소나무는 소나무로 있기 위하여 자신의 소나무 본질을 즉자적으로 지닌다. 이 즉자적 본질은 정신적이기 때문에 다른 개체 내의 같은 본질과 통일될 수 있고 이 통일을 위해 이 소나무는 관계 지어지는 것이며 그래서 그것의 동일성을 유지하는 것이다. 한마디로 정신은 자연 내에 자연의 즉자적 본질로서 *있다*. 그래서 정신은 자기 자신의 타자존재로서의 자연 내에서 자기 자신을 인식한다. 다만 타자존재 내의 정신은 은폐되어 있을 뿐이다. 반면에 자연은 자신의 즉자적 본질 때문에 있다. 다만 자신의 즉자적 본질을 대자적으로 즉 자신을 위해 있게 할 수 없고 이 자신을 위해 있음의 우연성에 의존적일 뿐이다. 그러나 놓치지 말아야 할 점은 자연은 자기 아닌 것에 대해(für) 타자로서 있기 때문에 정신에 대해 타자로서 있을 수 있고 그래서 인식될 수 있다는 것이다. 이제 자연과 정신의 관계는 선명하게 시야에 들어온다. 정신은 자연이라는 "자신의 이 타자존재가 자기 자신이라는 것을 인식함으로써 자연 또는 자신의 타자존재를 지양하며" 이 지양을 통해 "자유로운 필연성"이 되어 "자기 자신에로 복귀한다".[50] 이와 아울러 위에서 인용한 첫 예나 체계기획의 문장도 좀 더 분명해진다. 자연 안에서 정신은 그 자체로서 실존하지 않고 타자존재의 형식으로 "은폐된" 채로 있으므로 자연 안에서 은폐되지 않은 채 있을 수 있는 정신은 자연 안에서 자연을 *인식하는* 정신이다. 그리고 인식하는 정신은 천사나 영적인 존재자가 아닌 한 바로 우리의 정신이다. 자연 안에서 자체로 실존할 수 있는 정신은 인식하는 우리이다. 그리고 우리는 이미 앞부분 자연철학에서 자연을 인식했으므로 우리가 "실존하는 정신이었다".

좀 더 부연해 보자. 자연 안에서 은폐된 채로 있는 정신은 자연의 즉자적 본질이라는 것은 두말할 것도 없다. 그러나 자연 안에서 은폐되지 않은 채 그 자체로 실존하는 정신이란 무엇인가? 그게 바로 인식하는 우리라는 말은 무슨 뜻인가? 정신이 자연 내에서 은폐되지 않은 채 있을 수 있기 위해서는 자연의 본질로서의 즉자성을 벗어나야 한다. 자연의 즉자적 본질은 자연에 대해 그 자체로 있을 수 없지만 정신에 대해서는(für) 그 자체로 있을 수 있다. 이것은 일차적으로 인식관계를 의미한다. 자연의 즉자적 본질이 그 자체로 있을 수 있기 위해서는 우선 인식되어야 한다. 그리고 인식되는 즉자적 본질은 정신적인 것, 타자존재 형식 내의 정신이다. 이 인식되는 정신은 올바른 인식인 한에서 인식하는 정신과 다르지 않다. 인식하는 정신은 따로 있는 게 아니라 바로 정신적 존재자인 인식하는 우리이다. 참다운 인식적 통일을 획득한 한에서 바로 우리가 자연 내에서도 그 자체로 실존하는 정신이다. 여기서 "우리가" "실존하는 정신"이란 두 가지 의미를 지닌다. 이것은 먼저 인식적 통일을, 인식의 참된 내용을 말한다. 이 통일은 타자존재 내의 정신이 우리의 정신에 의해 인식되고 통일된다는 의미에서 정신의 자신에 관한 인식이다. 그러나 우리의 이 인식은 "정신 자체의 *하나의* 인식으로 인식되어야 한다". 타자

50) Hegel: *Schriften und Entwürfe*, 370–373쪽.

존재의 형식으로가 아니라 자기존재의 형식으로 있는 정신에 대한 인식도 있기 때문이다. 더구나 정신은 아직 자연을 인식하는 형태로 있다. 정신은 아직 겨우 자연의 인식을 통해 자연 내의 자신의 타자존재를 지양한다는 부정적 관계로서 생성된 것이다. 정신의 이러한 인식하고 있는 형태를 헤겔은 여기 첫 체계기획에서 "의식"이라 부른다.[51] 두 번째로 우리가 실존하는 정신이란 말은 실존한다는 표현 그대로 존재론적 통일을 말한다. 나무 속에 돌이 들어가 통일될 수는 없지만 정신적인 것은 정신적인 것에게서 그 자체로 있을 수 있고 통일될 수 있다. 나무 본질과 돌 본질은 정신적 관념으로서 인식하는 우리 정신과 하나일 수 있다. 정말로 우리가 실존하는 정신이다. 그러나 언제나 주의해야 할 것이 있다. 헤겔에게서 이런 유의 표현은 결코 유심론적인 것이 아니라는 것이다. 헤겔에게서 실존이란 말은 실재적 실존만을 뜻하지 않으며 관념적 실존도 의미한다. 정신이나 의식, 이성, 세계정신 같은 정신적인 것에 대해 실존한다고 표현될 때 이것은 관념적 실존을 뜻한다. 한 번이라도 – 누구나 그렇지만 – 자신의 친구와의 대화를 통해 같은 의견을 가져 본 사람이라면 그의 정신이 그 자신 개별자 내에만 있지 않다는 것을 부정 못할 것이다. 그렇다면 민족정신, 세계정신, – 좀 더 설득이 필요하겠지만 – 절대정신 같은 게 있다는 것을 부정해서도 안 된다.

인식이 없다면 정신에 대해 있는 정신적인 것도 없을 것이다. 모든 것은 은폐된 채 무와 같을 것이다. 헤겔은 인식 이전의 이런 상태를 상상해 보는 일 같은 건 하지 않는다. 그러나 일단 인식이 행해진다면 인식되는 것은 무가 아니라 존재이다. 그의 인식론으로 직접 들어가 보자.

Ⅲ. 헤겔 인식론의 구조: 실재론적 상응이론

이미 말했듯이 그 골격만 따로 서술된 헤겔의 인식론이 없으므로 좋은 텍스트들을 선별하는 것이 필요하다. 이것은 매우 까다로울 수도 있고 무한히 가능할 수도 있다. 헤겔은 자신의 다른 이론들을 위해 자신의 인식론을 그냥 적용하고 있기 때문이다. 그러나 인식론에 대해 관심을 가진 자라면 우선 헤겔에게서 인식은 왜 시작되며, 다음으로 무엇이 인식되고, 그리고 마지막으로 어떻게 인식되는지 하는 물음들을 던져 볼 수 있다. 첫 번째와 두 번째 물음에 가장 중요한 글은 헤르만 놀

51) Hegel: *Jenaer Systementwürfe I*, 275쪽.

에 의해 『종교와 사랑에 대하여』(1797/98)란 제목의 부록으로 묶여진 프랑크푸르트 시절의 단편들 중 하나인 『믿음과 존재』이다.

마찬가지로 놀에 의해 이름 붙여진 『믿음과 존재』는 그러나 이 이름뿐만 아니라 내용에 있어서도 몇 년 전의 횔더린의 짧은 단편 『판단과 존재』(1795)를 헤겔 나름대로 흉내 낸 글이라 할 수 있다. 그 당시 횔더린은 칸트의 선험적 자아나 피히테의 절대적 자아와 같은 사유의 출발점을 의문시하고 자신의 독특한 합일철학을 전개하고 있었다. 그와 같은 자아로서의 주체는 이미 객체와의 대립 내에서만 생각될 수 있는 것이므로 절대적 출발점으로 설정될 수 없다. 절대적 출발점은 오히려 '결코 어떠한 분리도 착수될 수 없을 정도로' 주체와 객체가 '그렇게 합일되어 있는' 그러한 것이어야 한다. 이러한 출발점은 횔더린에 따르면 바로 근원적 통일로서의 '존재'이다.[52] 존재는 판단(Urteil)을 수반하는 활동성들에 의해 주체와 객체로 나누어지는(geteilt) 것이며, 이를 통해 근원적으로 나누어진 주체는 존재의 근원적 통일을 향한 노력에 있어 언제나 분리 내에 있는 것이다. 따라서 주체는 어떠한 인식활동성들을 통해서도 근원적 통일에 도달하지 못하며 단지 그 통일을 향한 무한 전진 중에 있을 뿐이다. 반면에 존재가 통일 내지 합일(Vereinigung) 자체로서 현상하는 것은 횔더린에게 있어서는 바로 '아름다운 것'이며 이것은 '사랑'을 통해 포착된다. 사랑은 개념적 인식활동성을 포함하지 않는 이 세계 내의 합일하는 활동성 자체이며 미는 이 세계 내에 현상하는 합일 자체이다.[53]

이 시기에 헤겔이 자신 고유의 합일철학을 구상했던 것은 아니다. 오히려 횔더린의 합일철학적인 개념들을 가지고 헤겔은 여전히 계몽종교적인 문제들을 고민하고 있었다. 그러나 이러한 문제들이 집중적으로 다루어지는 『기독교 정신과 그 운명』보다 이 짧은 단편 『믿음과 존재』는 인식론적으로 매우 중요한 헤겔의 입장들을 좀 더 분명히 보여준다. 여기서는 마찬가지로 횔더린에게서 근원적 통일에 해당하는 "합일과 존재가 동의적인 것"으로 파악되고 있다. 합일 내지 존재는 게다가 분리와 대립 이전에 전제되어야 하는 것이면서 또한 분리되거나 대립된 것들이 지향하는 바의 것으로 이해되고 있다. 왜냐하면 대립된 것들이 바로 대립된 것들로 인식되는 것은, 이것들이 "이미 합일되어 있었다는 것을 통해서만" 가능하기 때문이다. 대립된 것들이 더구나 "그 *자체*로 불만족된 것들로서 현상할" 때 그 "척

52) Hölderlin: *Urteil und Sein*, 226-227쪽.

53) Henrich, Dieter: *Hegel und Hölderlin* in *Hegel-Studien Beiheft* 11, 29-52쪽. *Historische Voraussetzungen von Hegels System* in *Hegel im Kontext*, 61-70쪽. *Konstellationen*, 56쪽.

도"가 되는 것은 다름 아니라 바로 합일 또는 존재이다. 이 세계 내의 분리되거나 대립된 것들이 만족되지 못하고 제한된 것으로 현상하는 이상 이것들의 목표는 합일 또는 존재이며, 이것들의 근거로서 전제되는 것도 합일 또는 존재이다. 그러나 횔더린으로부터 확연하게 구별되는 헤겔의 통찰은 이 합일 또는 존재를 분리되거나 대립된 것들과, 한마디로 유한한 것과 완전히 상반된 것으로 생각하지 않는다는 점이다. 횔더린에게서 주체-객체의 인식활동은 분리 내에서만 가능한 것이기에 합일을 파악할 수 없다면 반면에 헤겔에겐 바로 이러한 인식활동이 하나의 합일하는 활동 자체가 된다. 왜냐하면 첫째 유한자인 우리는 이미 항상 분리와 대립 내에만 존립하므로 합일 자체가 있다는 것을 처음부터 증명할 수 없기 때문이다. 유한자가 불만족스러우며 그래서 지양되고 합일되어야 한다는 필요가 합일 자체가 있다는 사실을 증명하는 것도 아니다. 유한자의 합일의 필요가 합일 자체의 존재를 증명하는 것은 아니며 오히려 전제할 뿐이다. 그 증명은 유한자의 합일하는 활동을 통해 비로소 결과로서 이루어질 수 있을 것이다. 그 이전엔 횔더린이 말하는 근원적 통일로서의 합일도 존재도 증명된 것이 아니며 그래서 둘째, 단지 믿어진 것이다. 합일하는 활동 이전에 합일 또는 존재 자체는 그것이 무엇인지 어떻게 있는 것인지 밝혀지지 않은 채 우리의 표상 내에 현존하는 바대로 믿어진 것이다. 그리고 합일하는 활동 이전에 합일 또는 존재는 증명된 것이 아닌 이상, 우선 또한 단지 믿어질 수밖에 없다. 이 믿음은 유한자의 불만족과 합일의 필요에서 비롯된 것이다. 합일 또는 "존재는 단지 믿어질 수만 있다; 믿음은 하나의 존재(ein Sein)를 전제한다". 이 문장은 좀 더 상술되어야 한다. 믿을 수 있기 위해서 존재 자체(das Sein selbst)를[54] 사전에 확신할 필요는 없으며 이것은 앞서 보았듯 사실상 불가능하다. 더구나 믿음은 유한자인 우리의 필요에 의한 것이지 존재 자체로부터 비롯된 것은 아니다. 따라서 셋째로 명심해야 할 것은 존재 자체가 "아마 있어야 할(soll) 것이지만 그러나 그것이 있다는 사실로 인해 그 때문에 그것이 우리에 대해(für uns) 있다는 것은 아니라는" 점이다. 우리가 아쉬워서 존재 자체와 관계하는 것이지 존재 자체의 관점에서 그것이 우리에 대해 있는지 있지 않는지 하는 것은 아무래도 상관없는 것이다. 존재 자체가 있다면 그것은 우리와의 관계맺음에 상관없이 단적으로 있는 것이다. 반면에 우리의 관점에서 존재 자체는 있어야 하고 더구나 우리에 대해 우리를 위해(für uns) 있어야 하고 우리와 관계 맺어야 한다. 우

54) 헤겔은 여기서 존재 자체에 해당하는 말을 "Sein", "das Sein"으로 표현하고 하나의 존재인 "ein Sein"과 구별하여 쓰고 있다.

리와 존재 자체와의 이 관계맺음은 하나의 합일하는 활동 이외에 다른 것이 아니다. 그런데 이 합일하는 활동에서 존재는 그 자체로 출현하지 않는다. 마치 유한자의 세계에 그 자체로 모습을 드러내는 신이 없는 것처럼 말이다. 그럼에도 불구하고 존재 자체는 그 관계맺음 또는 합일하는 활동에서 제한적인 방식이라 하더라도 언제나 출현하고 있다. 헤겔은 존재 자체의 이러한 출현방식을 말하자면 모든 문장 내에 포함되어 있는 결합어 "ist" 에서[55] 간파하고 있다. 문장은 인식적 활동의 형식적 표현이다. 여기에는 주어-술어 내지 주체-객체의 분리만이 있는 것이 아니라 이것들을 연결하는 계사도 있다. 그러나 "ist"는 헤겔에게 단지 논리적인 계사만을 의미하는 것이 아니라 이 양자의 합일로서의 "하나의 존재"를 표현한다. 논리적으로는 계사역할을 하는 이 하나의 존재를 전제하지 않고서는 어떠한 문장도 어떠한 인식활동도 가능하지 않다. 믿음조차도 하나의 인식활동인 한 예외가 아니다. 존재 자체는 믿어질 수만 있으며 믿음은 존재 자체에 대한 믿음일지라도 활동성으로서의 이 믿음은 이미 하나의 존재를 전제해야 하며 이 하나의 존재의 논리적 역할을 통해 주어-술어의 형식으로 표현되어야 한다. 여기서 문장 내에 언제나 포함되어 있는 "하나의 존재"는 이중적인 의미를 지닌다. 이것은 우선 어떠한 하나의 주어가 어떠한 하나의 술어로서 있다는 것을 말한다. 즉 문장 내의 하나의 존재는 언제나 한 주어의, 그의 술어가 표현하는 한 본질을 지닌 하나의 있음이다. 이것은 더 나아가 존재 자체가 하나의 술어-본질을 지닌 한 주어의 한 존재로서 있음을 나타낸다. 말하자면 문장에서 술어와 결합되는 각각의 주어는 존재 자체의 한 존재양태인 셈이다. 바로 그렇기 때문에 모든 문장구성은 단순한 결합이 아니라 이미 하나의 *합일*하는 활동성인 것이며 모든 문장 내에는 언제나 하나의 존재가 표현되는 것이다. 주술 내지 주객의 분리와 결합의 활동 자체가 이미 합일하는 활동이며 여기서 존재 자체는 제한적인 방식으로나마 하나의 존재로서 나타난다.[56] 이 시기에 헤겔은 횔더린과 달리 사랑도 이미 분리 속에서 합일하는 이러한 활동으로 이해하고 있었다. "사랑 속에서 분리된 것은 *여전히* 있지만 그러나 더 이상 분리된 것으로서가 아니라 합일적인 것으로서 있으며 그리고 살아있는 것은 살아있는 것을 느낀다".[57] 사랑은 분리 속에서 생의 동일성을 느끼는 인식활동이

55) 이것 또한 좀 더 설명되어야 함에도 헤겔은 그냥 넘어가고 있다. 예를 들어 '철수가 달린다'라는 문장은 정확히 보면 '철수는 달리고 있다'로 이해해야 할 것이다. 이에 대한 좋은 설명은 Gilson, E., 정은해 옮김, 『존재란 무엇인가』 제6장에서 찾아볼 수 있다.

56) Hegel: *Hegels Theologische Jugendschriften*, 382-383쪽.

57) 같은 책, 379쪽.

다. 유한자의 인식 자체가 이미 하나의 합일하는 활동이다. 그리고 이러한 의미에서 합일은 존재 자체의 인식론적 표현이며 존재 자체는 합일의 존재론적 표현이다. 여기서 무엇보다 주의해야 할 것은 그렇다고 해서 인식에 따라 "상이한 종류의 합일들, 존재가 있다는 것"은 아니라는 점이다. 이러한 "오해"는 인식에 대립되어 있는 것이 존재 자체라는 오해에서 비롯된다. 이미 말했듯 인식은 유한자인 우리의 결핍 때문에 시작되는 것이지 존재 자체가 인식의 필연성을 지니는 것은 결코 아니다. 유한자가 합일하는 활동 속에서 관계하고 파악하는 것은 존재 자체가 아니라 이것의 한 존재양태일 뿐이다. 유한한, 대립되고 "분리된 것은 단지 하나의 존재 안에서만 자신의 합일을 발견한다".[58] 분리된 것이 자신의 합일을 그 안에서 발견하는 하나의 존재는 그러나 단순히 그것의 한 존재만이 아니라 존재 자체의 한 존재양태이다. 존재 자체는 그 때마다 각각의 유한자의 한 있음의 인식으로부터 차곡차곡 성취되는 모든 존재자들의 체계적이고 본질적인 인식을 통해 파악될 수 있을 것이다.

이로써 분명히 할 수 있는 것은 헤겔에게서 인식은 그 자체로 불만족스럽게 현상하는 유한자의 절대적인 분리의 사태로부터 시작한다는 점 그리고 그의 인식론은 인식 이전에 존재 자체를 수용하고 설정하는 전통적인 존재론의 기반 위에 서 있다는 점이다. 이 기반 위에서 인식되는 것은 무엇보다 존재이다. 우선 그 필연성과 본질에 따라서 있는 하나의 존재이다. 이제 이것의 개념파악이 어떻게 이루어지는지가 문제이다.

인식활동의 형식적이고 논리적인 상관자들이 주어와 술어라면 그것의 내용적인 상관자들은 개념과 대상이라고 그리고 그것의 실제적 상관자들은 주체와 객체라고 할 수 있을 것이다. 인식에 있어 주체는 자신의 객체-대상에 대한 개념을 내용적으로 획득하고 이 대상을 주어로 해서 이에 대해 자신이 획득한 개념을 논리적으로 술어화한다. 헤겔에게서 무엇보다 중요한 인식관계는 역시 개념과 대상의 관계이다. 이러한 관계는 그러나 근대 인식론의 시각에겐 꽤 낯선 것이다. 왜냐하면 개념 형성 이전에 감각과 같은 감성적 인식도 있는데 헤겔은 다짜고짜 개념과 대상의 관계를 기본관계로 설정하고 있는 것처럼 보이기 때문이다. 이런 관계 설정에는 두 가지 이유들을 들 수 있다. 첫째로 헤겔에게서 개념은 언어적으로 확정된 규정성만을 의미하는 것이 아니라 오히려 더 나아가 타자의 관념적 존재 일반을 의미한다. 타자가 관념적으로 그대로 존재할 수 있는 것은 오직 정신에게서 뿐

58) 같은 책, 382-383쪽.

이다. 정신이 또는 "정신의 최초의 실존형식"으로서의 의식[59] 이 자신의 타자에 관해 관념적으로 붙잡은(begreift) 바의 것이 개념(Begriff)이다. 그 때문에 예를 들어 첫 예나 체계기획의 정신철학은 언어적 규정 능력 훨씬 이전에 동물적 감각으로부터 직접 고양된 의식을 단적으로 "개념으로서"[60] 있는 것으로 언급하는 것이며 또한 의식이 직관한 내용을 "의식의 개념"[61]으로 부르고 있는 것이다. 마찬가지 의미에서 셋째 예나 체계기획의 정신철학도 정신 내의 존재는 대상의 "존립의 추상적인 순수한 개념"[62]이라고 서술하고 있다. 두 번째 이유로 들 수 있는 것은 순수 감성적 인식이란 인간에겐 없다는 헤겔의 통찰이다. 헤겔도 물론 좀 더 분명한 이해를 위해 원래 나누어져 있지 않은 것을 나누어 고찰하곤 한다. 예를 들어 『예나 체계기획들』에서의 이론적 의식과 실천적 의식의 구분이나 지성과 의지의 구분, 『철학백과요강』에서의 이론적 정신과 실천적 정신의 구분 등이 그러하다. 그러나 *인간의* 인식에 있어 감성은 위의 넓은 의미에서의 개념으로부터 원래 분리되어 있지도 않고 분리될 수도 없는 것이다. 감성은 동물에게서는 감관, 감각 등등으로 개념과 분리해서 고찰될 수 있을 것이다. 그러나 의식의 감각은 동물에게서처럼 더 이상 일회적인 감각이 아니라 감각된 것의 관념적 형상이 의식 내에 보편적으로 존재하는 감각이다. 동물에게서 감각은 동물에 대한 실재적 과정과 우리에 대한 관념적 과정으로 분리되어 고찰되지만, 의식에 대해(für) 감각의 관념적 과정은 그 자체로 존재한다. 바로 그 때문에 헤겔은 세 번째 예나 체계기획 바로 전에 작성한 정신철학 구분 메모에서[63] 그리고 이 셋째 체계기획의 정신철학에서 칸트라면 감성, 오성, 이성으로 구분했을 것을 직관, 오성, 이성으로 구분하여 서술하고 있다. 이 구분은 첫 예나 체계기획 첫 정신철학에도 내용적으로 들어맞는다. 인식능력으로서의 오성과 이성은 이미 관념과 실재의 관계를 전제하는 것인 반면 감성은 꼭 그런 능력이 아니다. 그래서 헤겔은 아예 활동성을 뜻하는 감각 또는 직관을 첫 항으로 놓고 분석하고 있다. 이것은 이미 감성적으로 수용된 것의 의식 내에 정립된 확실성(감성적 확실성)을 분석하는 『정신현상학』의 첫 걸음에도 무관하지 않다. 왜냐하면 인간의 감각 또는 직관은 이미 자체가 "한 존재자에 관한 앎(Wissen eines Seyenden)"[64]이며 따라서 관념과 실재의 관계를, 즉 개념과 대상의 관계를 지니기

---

59) Hegel: *Jenaer Systementwürfe I* , 280쪽.
60) 같은 책, 283쪽.
61) 같은 책, 286쪽.
62) Hegel: *Jenaer SystementwürfeIII*, 185쪽.
63) 같은 책, 329쪽.

때문이다. 『정신현상학』에 따라서 말한다면 "소위 이러한 한 사물 또는 이러한 한 인간을 연역하고 구성하며 *선차적으로* 발견해야" 한다는 "요구"가 "학문의 시금석"으로서 제시된다면 도대체 이 요구가 "어떤 이런 사물을, 어떤 이런 인간을 생각하고 있는 것인지 말해야 한다는 것은 당연하다. 그러나 이것을 말하는 것은 불가능하다."[65] 이것은 이미 관계 속에 존립하기 때문이다. 그래서 인식의 내용적인 기본관계는 헤겔에게서 개념과 대상의 관계이다.

그 다음으로 의심스럽게 보일 수 있는 것은 그 관계에서 개념이 대면하는 대상은 헤겔에게서는 단지 관념적 대상, 따라서 자체가 개념으로서의 대상일 뿐인 것은 아닌지 하는 점이다. 이에 대한 답변은 너무 당연한 것이기에 헤겔은 구태여 따로 설명하지 않는 것처럼 보인다. 개념의 일차적 대상은 무엇보다도 바로 주체 *외부에 실재하는* 외적인 객체 이외에 다른 것일 수 없다. 개념의 일차적 상관자가 외적인 대상이 아니라면 불가능했을 그러한 진술들은 헤겔에게서 무수히 발견된다. 당장 첫 예나 체계기획만 보더라도 의식이 경험적인 것으로만 머물러서는 안 되는 이유로, 경험적 의식은 "단지 자기 자신의 타자를 언제나 자기 *외부에* 지니는 외적인 경험적 무한성에만 도달한다"는 진술이 보인다.[66] 의식이 여하튼 우선 경험적이어야 한다면 자신의 타자를 자기 외부에 지닌다는 것이며, 그러나 그러한 경험적 의식은 경험적 악무한성에만 이르므로 반성적 의식에로 고양되어야 한다는 것이다. 의식은 언제나 대상에 관한 의식이며, 의식의 일차적 대상은 경험적인 것으로서의 의식 외부에 있는 외적인 대상이다. "의식은 직접적으로 공간과 시간 내에서 직관하는데, 공간 내에서는 개별자를 하나의 존립하는 것으로서 그리고 자신 *외부의* 자신의 타자존재로서 직관하며, 그러나 그 개별자는 동시에 시간 내에 정립되어 있으므로 하나의 무상한 것으로 ... 있다".[67] 이러한 점을 극명하게 보여주는 또 다른 한 문장은 셋째 예나 체계기획 정신철학의 첫 문장이다. "대상의 존립, 대상의 공간은 정신에 있어서 존재(im Geiste Seyn)이다".[68] 다소 까다로운 이 문장은 결코 칸트적인 문장으로 읽혀져서는 안 된다. 다시 말해 이 문장에서의 공간은 외감의 주관적 형식을 말하는 것이 아니며, 존립하는 대상은 자신의 객관성을 선험적 대상=x에 빚지고 있는 그런 대상도 아니다. 이 문장은 가까이는 스피노자에

64) 같은 책, 185쪽.
65) Hegel: *Phänomenologie des Geistes*, 66쪽.
66) Hegel: *Jenaer Systementwürfe I* , 274쪽.
67) 같은 책, 283쪽.
68) Hegel: *Jenaer SystementwürfeIII*, 185쪽.

게서 기원하며 멀게는 중세 전통 형이상학에까지 이어지는 바로 Realitas objectiva에 관한 명제이다.[69] 즉 Realitas objectiva가 외부에 있는 대상의 객관적 실재성을 의미하는 것이 아닌 것처럼 정신에 있어서의 존재도 정신 내에 있는 대상의 관념적 실재성을 의미하는 것이 아니다. Realitas objectiva와 정신에 있어서의 존재, 이 양자는 모두 바로 *외적인* 대상이 정신 *내에* 존재하면서 지니는 객관적 실재성을 의미한다. 존재는 실재 외적으로 그 자체로서 실존하지 않으므로 여기서 존재란 말은 관념적 의미로 쓰였다. 그런데 정신에 있어서의 존재는 외적인 대상의 존립 내지 이 존립의 형식으로서의 공간과 같다는 말이다. 좀 더 읽어보면 시간도 마찬가지로 외적 대상의 존립 형식이자 정신 내의 존재 형식으로 규명된다. 이런 기본생각은 이미 첫 예나 체계기획의 생각이기도 한데, 여기서 무엇보다 중요한 것은 정신이 인식하는 존재는 공간과 시간 내에 있는 외적인 대상들의 존립이라는 점이다. 이 점에서 존재는 실재론적 의미를 지닌다. 위의 인용된 문장을 조금 바꾸면 공간 내의 한 대상은 정신 내의 한 존재자이다. 이렇게 해서 단편 『믿음과 존재』에서의 존재 자체의 한 존재(자)가 의식이론적으로 공식화된 셈이다. 위의 문장은 의식이론적인 만큼 또한 결코 심신평행론적인 것으로 해석되어서도 안 된다. 공간과 시간 내의 한 대상은 개별자이지만 정신 내의 한 존재자는 보편적인 본질로써 술어화되는 것이기 때문이다. 여기 지금 이 소나무의 푸름은 다른 것들의 푸름과는 상호외재적이고 무상한 것이지만 정신 내의 한 존재자의 본질로서는 보편적인 것이다. 한 외적인 대상의 시공적인 존립과 정신 내의 존재는 따라서 오히려 심신대응적인 것이다. 이것은 인식론적으로 말하면 개별과 보편의 통일에까지 점점 심화되는 대상과 개념의 상응이론이다.

헤겔에게서 개념과 대상의 관계를 단적으로 보여주는 텍스트는 복잡한 『정신현상학』을 제외한다면 한참 이후의 그의 강의 설명들에서야 찾아 볼 수 있다. 이를테면 이미 크리스토프 할비히(Christoph Halbig)가 탁월하게 분석한 1830년 『철학백과요강』에 부가된 보충문들이 그러하다. 그는 §24절 두 번째 보충문과 §172절 그리고 §213절 각각에 대한 보충문들의 분석을 통해 헤겔의 진리이론이 삼중적인 구조를 지니고 있음을 밝혀내고 있다. 이 보충문들은 여전히 정확한 출처 연구와 비판적 편집이 필요한 것들이지만 수강생을 향해 기왕에 작성된 강의 교습서 『철학백과요강』을 재차 부연 설명한다는 점에서 헤겔 철학의 기초적인 요소들을 담고

---

69) 이 문장의 스피노자와 연계된 해석은 필자의 학위논문 *Hegels Begriff der Sittlichkeit in dessen Genese und in den Jenaer Systementwürfen* 3장 1.1.절에서 개진되었다.

있다 하겠다. 할비히에 따르면 헤겔에겐 우선 "한 대상과 우리의 표상의 일치"에서 성립하는 "형식적 진리"가 있으며, 다음으로 "대상의 자기 자신과의, 다시 말해 자신의 개념과의 일치"에서 성립하는 "철학적 의미의" "존재론적 진리"가 있고, 마지막으로 "즉자대자적으로 참된" 것으로서의 이념이라는 '절대적 진리'가 있다. 이 절대적 진리는 이념으로서 이해될 수도 있지만 또한 '점점 고차적으로 되는 존재론적 질서의 구조들'로서도 이해될 수 있다.[70] 먼저 형식적인 진리는 인식론적인 상응에 의해 보장되는 진리 이외에 다름 아니다. 한 대상에 대한 우리의 표상은 그 대상에 대한 *우리의* 표상적 개념과 크게 다른 말이 아니다. 즉 한 대상이 즉자적으로 지니는 본질이 우리에게(für uns) 그것의 개념으로서 표상되고 이 표상된 개념이 그 대상의 현상하는 본질과 일치할 때 우리는 형식적인 진리를 획득한 것이다. 그러나 이러한 진리만으로는 아직 충분한 것이 아니다. 그 대상에 관한 개념은 여전히 우리에 대해서만(nur für uns) 있는 것이지 그 대상 자체를 위해서, 그 대상에게 대자적으로(für sich) 있는지 하는 것은 아직 확인되지 않았기 때문이다. 한 대상의 즉자적 본질이 우리에게 개념파악된 바대로 또한 그 대상 일반을 위해서도 실재적으로 있는지, 말하자면 이 소나무의 푸름이 소나무 일반을 위해서도 실재 필연적인 것인지 확인되어야 한다. "그래서 대상이 실태(實態)에 있어" 그렇게 여겨진 "그러한 본질로서 있는지", "본질이라고 하는 대상의 이러한 개념이 실태에 있어 현존하는 바대로의 그 대상에 상응하는지" 하는 것이 고찰되어야 한다.[71] 이것이 바로 대상의, 자신의 개념과의 일치가 의미하는 바다. 대상의 개념은 대상에게서 대상의 즉자적 본질이며 이것의 대상과의 일치는 그 즉자적 본질의 대상 자신을 위해 있음, 즉 대자적 구현을 말하는 것 이외에 다른 것일 수 없다. 이 대자적 구현의 정도에 따라 존재자들의 질서가 성립될 수 있을 것이며 존재자의 즉자와 대자의 완전한 일치는 이념으로서 규정될 수 있을 것이다.

이러한 존재론적인 진리는 헤겔 인식론의 매우 중요한 계기로서 그의 철학 전체를 몇 가지 측면들에서 특징짓는다. 먼저 이제 당연한 것이겠지만 헤겔의 인식론은 단순한 상응이론 이상의 것이다. 그것은 대상을 단지 우리의 관점에서 인식적

---

70) Hegel: *Enzyklopädie I*, §212Z, §213Z, §172Z, §213. Halbig, Christoph: *Objektives Denken*, 181-217쪽 참조.

71) Hegel: *Phänomenologie des Geistes*, 64쪽. 좀 더 복합한 것이겠지만 "이성의 확실성"으로서의 자신의 개념을 형성한 의식 자체가 대상이 되는 경우에도 마찬가지이다. 즉 "그 개념이 경험을 통해 의식에게 확증되는지, 의식의 실재성이 그 개념과 일치하는지를 우리는 보아야" 한다. 같은 책, 220쪽.

으로 파악하는 것을 넘어서 또한 대상 자체의 관점에서 파악된 인식내용을 실재적으로 확증하는 이론, 그래서 *실재론적* 상응이론이라 할 만한 것이다. 우리의 표상과 대상의 상응을 통해 얻어진 진리는 아직 반쪽 진리이다. "그에 반해 철학적 인식에서 참된 것은 단순히 나를 위해서만(für mich) 있지 말아야 하며, 다시 말해 객체는 자체가 그 이상의 것이어야 한다. ... 객관적 의미에서의 참된 것이란 표상의 대상과의 일치를 말하는 게 아니라 오히려 대상의 자기 자신과의 일치를 말하는 것이며, 그 대상이 개념에 일치해 그것인 바의 것으로 있다는 것을 말하는 것이다".[72] 이러한 존재론적 진리가 헤겔의 전체 철학의 전개기준이자 목적이다. 그렇다면 모든 진리는 언제나 적어도 두 번 확인되어야 한다. 즉 표상적 개념의 대상과의 일치에 머무르지 않고 더 나아가 이 개념의 대상 자체와의 일치가 확인되어야 비로소 진리는 참다운 의미에서 충전적인 것이라 할 수 있다. 첫 단계에서의 일치는 주로 관찰과 경험을 통해 얻어지므로 이론적 과정이라 할 수 있다면 두 번째의 일치는 오직 실천적으로만 확인될 수 있다. 이 푸른 소나무에 대한 푸름의 표상적 개념은 이 소나무의 실재적 푸름과의 비교 관찰을 통해 그 일치가 확인된다. 그러나 이 푸름이 실재적으로 이 소나무 자신을 위해(für sich) 실존하는 것인지는 이 푸름-본질을 이 소나무에 적용해 보고 이 소나무 내에서 실현된 것으로 재발견하는 일련의 작업들을 통해서야 비로소 확정된다. 이 실천적 과정은 실험과 검증의 과정일 수 있을 것이다.

진리 확인의 이러한 이중성은 둘째로 또한 헤겔 철학 전체의 서술에도 중요한 역할을 한다. 한편으로 만약 인식 대상이 자연 사물일 경우 이 사물에 상응하는 우리의 개념은 이 사물 자체와 실재로 일치할 수도 일치하지 않을 수도 있다. 일치하지 않을 경우 우리의 개념은 이 사물 자체의 진리는 아니지만, 그렇다고 꼭 틀린 것은 아니다. 왜냐하면 우리의 그 개념이 다른 사물에서 충전적으로 실현되어 있을 수 있기 때문이다. 그래서 헤겔의 자연철학은 자연의 관념적 과정과 실재적 과정을 구분해서 서술한다. 여기서 자연 사물들의 범주들은 우리에겐 개념적 연속성하에 있지만 서로에 대해선 타자들로서 놓여있게 된다. 자연 사물은 정신적인 존

72) 이 인용은 유감스럽게도 아직 출판되지 않은 1823/24년 헤겔 자연철학 강의에 대한 그리스하임(K. G. v. Griesheim)의 필기(Nachschrift)로부터 취한 것이다. 위치는 대략 서론의 "1. 자연철학의 개념" 끝부분이다. 그러나 서술상의 차이는 있지만 비슷한 문장이 『철학백과요강』의 자연철학 해당부분에서도 보인다. "만약 주관적 의미에서의 진리가 표상과 대상의 일치라면, 객관적 의미에서의 참된 것은 객체의, 사실의 자기 자신과의 일치를 말하며, 사실의 실재성이 사실의 개념에 적합하게 있다는 것을 말한다". Hegel: *Enzyklopädie II*, §246Z, 23쪽.

재자가 아니므로 그것의 즉자적 본질을 직접 관념적으로 자신을 위해(für sich) 지니지 못하며 그 본질의 실재적인 대자적(für sich) 구현은 그것의 존재론적 한계와 외적인 조건에 제약된다. 좋은 예로 예나 자연철학에서 동물의 질병 상태는 우리 또는 헤겔의 개념적 이해에 따르면 의식의 구조와 동일한 구조를 보여주지만, 실재적으로 동물은 의식을 구현하지 못하고 죽음으로 그 상태를 종결짓는다. 다른 한편으로 인식 대상이 정신적 또는 의식적 존재자일 경우엔 서술 과정은 좀 더 복잡해진다. 한 정신적 존재자에 상응하는 우리의 개념이 이 존재자 자체와 실재적으로 일치한다고 해서 이 존재자의 존재론적 진리가 꼭 획득된 것은 아니다. 우리의 획득된 개념 자체가 제한적인 것일 수 있기 때문이다. 노예성에 대한 우리의 개념이 이 노예와 실재적으로 일치한다고 해도 획득되는 진리는 인간으로서의 그의 존재론적 진리가 아니라 단지 역사적 사회적으로 제약된 그의 진리일 뿐이다. 반대로 또한 우리의 개념이 실재로 이 정신적인 존재자 자신과 일치하지 않는다고 해서 우리 개념이 반드시 존재론적 진리가 아닌 것은 아니다. 자유에 대한 우리의 개념은 여전히 실재적으로 억압받는 다른 국민들의 존재론적 진리이다. 이런 일들은 개념의 인식적 주체로서의 우리와 개념의 인식적 객체로서의 정신적 존재자가 다른 본질을 지니는 것이 아니기 때문에 일어난다. 본질이란 자체가 정신적인 것이므로 정신적 존재자는 우리처럼 자신의 즉자적 본질을 자신을 위해 가질 수 있고 대자적으로 구현할 수 있다. 따라서 관념적 과정과 실재적 과정의 구분은 무의미하며 오히려 중요한 것은 한 정신적 존재자에 상응해서 우리가 획득한 개념을 또한 그 정신적 존재자도 우리처럼 자신에 대해(für sich) 실재로 가질 수 있고 필연적으로 가지며 게다가 실현하는지 하는 것이다. 우리의 개념의 인식적 객체는 동시에 이 개념의 실재적 주체이기도 해야 한다. 그래서 헤겔의 예나 정신철학들은 한 번은 반성을 통해 우리가 정신적 존재자에 대해 획득한 개념을 서술하고, 다른 한 번은 이 개념이 마찬가지로 그 정신적 존재자 자신의 반성을 통해 획득되고 대자적으로 생성되는 과정을 서술한다. 그리고 그것들은 결국엔 우리와 마찬가지의 반성능력을 지닌 정신적 존재자가 그 개념을 실현하는 과정을 그리고 또 실현해 놓은 바를 서술한다. 그러므로 여기서 반복해서 출현하는 범주들(언어, 노동, 가족, 인정, 등등)은 결코 단순히 체계구성의 미성숙을 나타내는 것이 아니라, 오히려 서술상의 정교함을 나타내는 것이다. 정교하게 구분된 서술 단계들은 헤겔의 이후 저서들을 위한 좋은 표본이 된다.[73] 한 예로 셋째 예나 체계기획 정신철학의 "개념

73) 지면상 여기서 상론은 불가능하다.

에 따른 정신" 장(章)은 첫 체계기획 정신철학의 의식이론 부분과 더불어 실로 『정신현상학』의 논리라 추천할 만한 것이다. 왜냐하면 여기서는 자연의식이나 의식의 경험이 서술되지는 않지만 반성능력을 지닌 의식의 대자적 발전 구조는 논리적으로 잘 서술되고 있기 때문이다. 특히 『정신현상학』과 거의 동시에 쓰이고 먼저 완성된 셋째 예나 체계기획의, 그러나 최초의 완결된 정신철학은 『정신현상학』 저술시 참고용으로 옆에 놓여 있었을 것이다.[74] 또 다른 예로서 인정 문제를 투쟁으로 이해하고 자기반성적으로 해결하는 예나 정신철학의 의식이론 부분에서의 인정과 이미 이런 반성능력을 가지고서 인륜적 주체가 사회와 국가 내에서 법적인 관계로 실현하는, 예나 정신철학의 법이론 부분에서의 인정은 분명 다른 것이다. 이것은 『정신현상학』에서의 인정과 『법철학』에서의 인정이 다른 것과 마찬가지이다.

셋째 그리고 마지막으로 헤겔의 인식론이 그러하다면 그의 철학은 관념론이라는 이름으로 칭해질 수 없다. 무엇보다 인식론적으로 그의 철학은 관념론이 아니다. 또한 그의 철학이 실재적으로 있는 모든 것을 결코 부정하지 않는 이상 존재론적으로도 관념론이 아니다. 그러나 그렇다고 해서 그의 철학이 단지 실재론이란 이름으로 개명되어야 한다는 말은 아니다. 그 앞에 붙는 수식어가 무엇이든지간에 관념론이란 용어로써 지칭되는 헤겔 철학은 오히려 비(非)헤겔적인 오해를 쉽게 불러일으킨다는 것이다. 헤겔은 한 번도 *자신의* 철학을 단정해서 관념론이라 부르지 않았다. 필요한 경우 그는 주로 *사변철학*이라는 용어로 자신의 철학을 표현한다. 그럼에도 역사적으로 축적된 오해는 헤겔 철학을 어떻게든 관념론으로 규정하고 그 관념의 의미를 자칭 헤겔적으로 이해하게끔 만들었다. 할비히는 그래서 찰스 테일러(Charles Taylor)처럼 헤겔 철학을 존재론적으로 '절대적 관념론'으로 간주하고 그 핵심을 '합리적 구조로서의 이념의 존재론적 선차성이라는 플라톤적인 테제'에서 본다.[75] 이에 따르면 '사물들 자체는 개념적 차별화라는 포괄적 과정의 계기들'일 뿐이다.[76] 따라서 헤겔의 이러한 절대적 관념론의 존재론적인 구조는 '동시에 그의 인식론을 위한 설명적인 잠재력을 열어 놓는다'고 한다.[77] 그러나 할비히는 헤겔에게서 이념의 '자기실현이 어떠한 외적인 요소에 의해서도 규정될 수 없다'는[78] 것을 잘 이해하지만 그럼에도 그 자기실현은 외적인 요소를 필요로

74) HH, 174, 175, 178쪽 참조.
75) Halbig, Christoph: *Objektives Denken*, 22쪽.
76) Halbig, Christoph: *Das ›Erkennen als solches‹ in Hegels Erbe*, 156쪽.
77) Halbig, Christoph: *Objektives Denken*, 35쪽.

한다는 아리스토텔레스적인 테제는 놓치고 있다. 더구나 헤겔에게 철학은 선차적으로 존재하는 이념의 구조를 이해하는 것이 아니라 이미 이념과 결합되어 있는 유한자의 이성적 구조를 이해하는 것을 과제로 삼는다. "무한자가 어떻게 유한자가 되는지 또는 나타나는지 하는 것은 물어질 수 없다"는[79] 것이 이미 예나 헤겔의 통찰이었다. 물어질 수 있는 것은 이미 실재적으로 있는 유한자의 이성적 구조이며 그 다음 더 나아가 이것의 무한자와의 동일성 구조이다. 그리고 우리가 인식하는 것이 우선 우리 외부에 실재하는 외적인 대상인 한 오히려 헤겔의 '인식론적 실재론은 필연적으로 존재론적 실재론을 전제한다'.[80]

저명한 헤겔 연구가 한스 프리드리히 풀다(Hans Friedrich Fulda)조차도 그의 비교적 최근의 한 저서에서 헤겔 철학을 유감스럽게도 여전히 '사변적 *관념론*'이라 표현한다. 그러나 그가 여기서 생각하는 관념론은 '일자, 참된 것 내에 지양된 것'으로서의 유한자에 대한 철학 이론이다. 지양된 것으로서의 유한자는 말하자면 '참다운 존재자가 아니라 관념상(ideell)의 것이다.[81] 관념론의 이러한 의미는 헤겔이 개정된 『대논리학』(1832)에서 "모든 철학은 본질적으로 관념론이다"라고 말할 때의 의미와 동일한 것이다. 즉 유한자는 참다운 존재자로 인정될 수 없으므로 그것의 실재성이 지양된 관념적인(ideell) 것으로서만 유한자의 참된 구조가 밝혀진다는 것이다. 왜냐하면 실재하는 것은 단적으로 개별자이며 이것의 보편적 본질은 관념적인 것으로서 정신적인 존재자 내에서만 그 자체로 실존하기 때문이다. 그러나 유한자가 관념론적으로 고찰된다고 해서 그것의 실재성이 상실되는 것은 아니며 고찰하는 자아의 관념성이 그 유한자에게 새로 얻어지는 것도 아니다. 왜냐하면 한편으로 "그러한 유한한 내용의 실재성, 유한성으로 채워진 현존은 보존되어 있기 때문"이며, 다른 한편으로 "자아는 표상으로, 유한성의 그와 같은 내용으로 채워진 정신으로 머무르기 때문"이다. 따라서 관념론이란 말로써 어떤 특별한 철학이 특징지어진 것도 헤겔 *자신의* 철학이 설명된 것도 아니다. 그가 말하고자 하

78) 같은 책, 22쪽.

79) Hegel: *Jenaer Systementwürfe II*, 173쪽. 또는 『정신현상학』의 다음 문장과도 비교해 보라. "절대적 개념"인 "생의" "순수한 이런 본질로부터 어떻게, 이것으로부터 어떻게 구별이나 타자존재가 벗어 나왔는지 하는 것을" "우리는 물을 필요가 없다". "왜냐하면 이미 분열은 생겼으며, 구별은 자기 자신과 동등한 것으로부터 배제되었고 이것의 옆에 설정되었기 때문이다. 자기 자신과 동등한 것이어야 한다는 바의 것은 오히려 그래서 이미 분열된 것들 중 하나인 것이다". Hegel: *Phänomenologie des Geistes*, 100쪽.

80) Jaeschke, Walter: *Zum Begriff des Idealismus* in *Hegels Erbe*, 181쪽.

81) Fulda, H. F.: *Georg Wilhelm Friedrich Hegel*, 68-69쪽.

는 바는 모든 철학은 자신의 본질로서, "적어도 자신의 원리로서 관념론을 지닌다"는 것이며, 이 원리는 그러나 "관념론적 철학과 실재론적 철학의 대립이" "의미없는" 것처럼 실재론의 원리와 대립된 것이 아니라는 것이다.[82] 같은 맥락에서 『철학백과요강』의 한 보충문은 "사변철학의 관념론"이 "총체성의 원리"를 의미하는 것 이외에 다른 것이 아님을 밝혀주고 있다. 유한자가 고찰된다고 해서 유한한 규정들만 획득되는 것은 아니며 그것이 관념론적으로, 즉 그것의 실재성이 지양된 관념적인 것으로 고찰되는 한 동시에 보편적 본질을 지닌 것으로서, 무한한 것으로서 개념파악되는 것이다. 그 때문에 관념론은 여기서 실재론에 대립된 것이 아니라 "오성형이상학의 독단론"에 대립된 것으로 간주된다.[83] 헤겔 철학은 관념론뿐만 아니라, 관념이 실재하는 유한자의 피지양태인 한 실재론도 자신의 원리로서 지니는 사변철학이다. 풀다 자신의 통찰에서도 사변(speculatio)이 어원적으로 '거울(Spiegel) 속의 한 형상을 봄'인 것처럼 사변철학은 관념과 실재의 반성관계를 기초로 해서 성립하는 '절대적 통일'의 철학이다.[84]

Ⅳ. 맺음말 : 관념론을 넘어서

위에서 암시했듯이 헤겔은 철학이 관념론이어야 하는지 아니면 실재론이어야 하는지 하는 물음을 매우 무의미하고 편협한 것으로 간주했다. 이미 첫 예나 체계기획에서 그가 야코비의 실재론과 피히테의 관념론을 비판하는 대목에서 보이듯 "규정성은 자신을 위해(für sich) 존재하는 것으로서 자연에 속하는" 것일 뿐만 아니라 "동시에" "단지 그것의 피지양태와의 관계 내에만 또는 정신과의 관계 내에만 있는" 것이다. 따라서 보편적인 개념조차도 외적인 대상들 자체의 차이에 "침잠해 있는" 것으로 간주하고 주체에게는 이러한 "차이 내에 이미 존재하는" "보편을" "비교의 형식적인 활동성을 통해" "끄집어내는" 추상 능력만을 부여하는 야코비의 실재론은, 자연 내에 대자적으로 존재하는 규정성조차도 부인하고 이것을 오히려 주체에 내재적인 것으로 간주하며 자연에게는 이념의 어떠한 현실성도 부여하지 않는 피히테의 관념론과 마찬가지로 "우스꽝스러운" 것이다. 따라서 이들 양

82) Hegel: *Wissenschaft der Logik I / I*, 142-143쪽.

83) Hegel: *Enzyklopädie I*, §32Z, 98-99쪽.

84) Fulda, H. F.: *Georg Wilhelm Friedrich Hegel*, 70-71쪽.

자 간의 "그러한 비이성적인 항쟁에 대해서는 본래 이성적인 어떠한 것도 말해질 수 없다".[85] 헤겔은 그의 철학을 체계적으로 사유하고 서술하기 시작할 때부터 관념론과 실재론을 그 제한들이 극복된 통일적인 관점에서 보고자 했다. 그리고 이러한 의도는 이 시기엔 이미 그의 고유한 착상만은 아니었다.

피히테는 이미 새롭게 시도된 『지식론의 서술』(1801)에서 더 이상 절대자아로부터 출발하지 않고 절대존재와 절대자유가 하나인 절대지로부터 출발해서 존재의 실재적 계열과 자유의 관념적 계열을 한 체계의 두 계기들로 전개하고 통일시키려 했다. 그래서 지식론은 '실재론'과 '선험적 관념론'의 지 내에서의 연관을 '절대지 자체의 자기완성과 자기인식'에까지 전개하는 이론이 된다.[86] 셸링 또한 『선험적 관념론의 체계』(1800)에서 철학의 전 체계를 두 개의 근본학들인 '자연(철)학'과 '선험철학'으로 구분하고 전자를 '실재론으로부터 관념론을 산출하는' 것으로, 후자를 '관념론으로부터 실재론을 산출하는' 것으로 전개하려 했다.[87] 왜냐하면 1809년의 그의 『자유논문』에서도 계속되는 생각이지만 관념론은 '철학의 영혼'이며 실재론은 '철학의 육신'이기 때문이다.[88] 이 둘의 계획들이 성공적이었는지 하는 문제를 펴나 이제 마지막으로 생각해 볼 것이 하나 있다. 칸트로부터 헤겔에 이르는 독일 철학의 시기는 과연 관념론자들의 시기였는가 하는 좀 엉뚱해 보이는 그러나 반드시 짚고 넘어가야 할 물음이 그것이다.

만약 이 물음이 이제 부정적으로 대답될 수밖에 없다면 철학의 학술적인 시기구분 용어로서의 *독일 관념론*이란 말도 또한 포기되어야 한다.[89] 이 시기엔 오직 단 한 사람 칸트만이 자신의 철학을 평생 선험적 *관념론*으로 불렀다. 발터 예쉬케(Walter Jaeschke)는 독일 관념론이란 용어가 철학적인 연구를 통해 '인식론적으로 또는 형이상학적으로 규정된 개념이 아니라' 오히려 철학적 반성 없이 윤리적으로 가치 있는 것으로 간주된 '정치적이고' '문화사적인 상황'에서 비롯된 것임을 추적해 낸다. 문제는 이 용어가 독일 철학의 그 전성기 이후 시대의 필요에 의해 조장된

---

85) Hegel: *Jenaer Systementwürfe I* , 292–293쪽. Anhang, 383–384쪽.

86) Fichte: *Darstellung der Wissenschaftslehre*, 24–30, 75–77쪽.

87) Schelling: *System des transzendentalen Idealismus*, 352쪽. 예쉬케는 셸링의 이러한 기획을 이디 1797년 피히테의 『지식론의 새로운 서술 시도』의 영향을 받은 것으로 본다. Jaeschke, Walter: *Zum Begriff des Idealismus* in *Hegels Erbe*, 177쪽.

88) Schelling: *Philosophische Untersuchungen über das Wesen der menschlichen Freiheit und die damit zusammenhängenden Gegenstände*, 300(356)쪽. 또한 이광모, 「자유와 체계」, 『헤겔연구』, 제18호, 225–230쪽도 참조해 보라.

89) 이광모, 「이성의 자기구성과 독일관념론의 출발」, 『헤겔연구』, 제23호, 242–268쪽과 비교.

것이며, 특히 소위 '천민 유물론과 실증주의의 몰정신성과 무국적성'에 대항해 '새로운 민족국가의 정신적 선구자'로서 다듬어진 것이라는 데에 있다. 1860년대 중반 프리드리히 알베르트 랑에의 공식 즉 '프랑스 혁명에 대한 탁월한 대응물'에서부터 리하르트 크로너의 공식 즉 '독일 민족의 관념론적 사명'에 이르기까지[90] 정치적 갈등과 위기를 타개하기 위한 이상주의적 이데올로기 기능을 했던 이 용어에게는 그러므로 이제 어떠한 철학 출입증도 더 이상 주어져서는 안 될 것이다. 물론 대체 용어의 선택은 폭넓게 열려 있다. *칸트 이후 독일 철학*이든 *독일 고전 철학*이든 변통 가능한 표현들도 얼마든지 있다. 무엇보다 중요한 것은 관념론의 유령이 덮쳐 버린 이 시기 철학들의 참모습을, 특히 그 실재론적인 면면을 반드시 다시 일깨울 필요가 있으리라는 것이다.

90) Jaeschke, Walter: *Zur Genealogie des Deutschen Idealismus* in *Materialismus und Spiritualismus*, 219–234쪽.

참고 문헌

Ⅰ. 헤겔 저서들

Briefe von und an Hegel Bd. Ⅰ/Ⅱ, Hg. Hoffmeister, Johannes. Hamburg 1961/1970.

Frühe Schriften, Gesammelte Werke Bd.1, Hg. Nicolin, Friedhelm u. Schüler, Gisela. Hamburg 1989.

Hegels Theologische Jugendschriften, Hg. Nohl, Herman. Tübingen 1907.

Jenaer kritische Schriften, Gesammelte Werke Bd.4, Hg. Buchner, Hartmut u. Pöggeler, Otto. Hamburg 1968.

Schriften und Entwürfe, Gesammelte Werke Bd.5, Hg. Baum, Manfred u. Meist, Kurt Rainer. Hamburg 1998.

Jenaer Systementwürfe Ⅰ, Gesammelte Werke Bd.6, Hg. Düsing, Klaus u. Kimmerle, Heinz. Hamburg 1975.

Jenaer Systementwürfe Ⅱ, Gesammelte Werke Bd.7, Hg. Horstmann, Rolf-Peter u. Trede, Johann Heinrich, Hamburg 1971.

Jenaer Systementwürfe Ⅲ, Gesammelte Werke Bd.8, Hg. Horstmann, Rolf-Peter u. Trede, Johann Heinrich, Hamburg 1976.

Phänomenologie des Geistes, Gesammelte Werke Bd.9, Hg. Bonsiepen, Wolfgang u. Heede, Reinhard, Hamburg 1980.

Enzyklopädie der philosophischen Wissenschaften Ⅰ/Ⅱ, Theorie Werkausgabe Bd.8/9, Rd. Moldenhauer, Eva u. Michel, Karl Markus. Frankfurt am Main. 1986.

Wissenschaft der Logik (1812/1813), Gesammelte Werke Bd.11, Hg. Hogemann, Friedrich u. Jaeschke, Walter. Hamburg 1978.

Wissenschaft der Logik Ⅰ/Ⅰ 1832, Gesammelte Werke Bd.21, Hg. Hogemann, Friedrich u. Jaeschke, Walter. Hamburg 1985.

Grundlinien der Philosophie des Rechts, Theorie Werkausgabe Bd.7, Rd. Moldenhauer, Eva u. Michel, Karl Markus. Frankfurt am Main 1986.

Vorlesungen über Philosophie der Natur, Nachschrift v. K. G. v. Griesheim, Transkription v. Bonsiepen, Wolfgang. 미간행.

II. 그 외 저서들

이광모, 「이성의 자기구성과 독일관념론의 출발」, 『헤겔연구』, 제23호, 서울 2008.

이광모, 「자유와 체계」, 『헤겔연구』, 제18호, 고양 2005.

Fulda, Hans Friedrich: *Georg Wilhelm Friedrich Hegel*, München 2003.

Fichte, Johann Gottlieb: *Fichtes Werke* Bd. I , Berlin 1971;

Recension des Aenesidemus,

Über den Begriff der Wissenschaftslehre,

Grundlage der gesammten Wissenschaftslehre,

Erste Einleitung in die Wissenschaftslehre,

Zweite Einleitung in die Wissenschaftslehre.

_____ , : *Fichtes Werke* Bd. II , Berlin 1971;

Darstellung der Wissenschaftslehre.

Gilson, E, 정은해 옮김, 『존재란 무엇인가』, 서울 1992.

Halbig, Christoph: *Objektives Denken, Erkenntnistheorie und Philosophy of Mind in Hegels System*, Stuttgart-Bad Cannstatt 2002.

_____ , : *Das ›Erkennen als solches‹* in *Hegels Erbe*, Hg. Christoph Halbig, Michael Quante u. Ludwig Siep. Frankfurt am Main 2004.

Haym, Rudolf: *Hegel und seine Zeit*, Darmstadt 1962.

Henrich, Dieter: *Hegel und Hölderlin, in Hegel Studien Beiheft 11*, Bonn 1983.

_____ , : *Historische Voraussetzungen von Hegels System* in *Hegel im Kontext*, Frankfurt am Main 1971.

_____ , : *Konstellationen*, Stuttgart 1991.

Hölderlin : *Urteil und Sein, Sämtliche Werke* Bd.4, Stuttgart 1962.

Jaeschke, Walter: Hg. *Transzendentalphilosophie und Spekulation 2.1* Quellenband, Hamburg 1993.

_____ , : *Zur Genealogie des Deutschen Idealismus* in *Materialismus und Spiritualismus*, Hg. Arndt, Andreas u. Jaeschke, Walter. Hamburg 2000.

_____ , : *Hegel Handbuch*, Stuttgart/Weimar 2003.

______ , : *Zum Begriff des Idealismus* in *Hegels Erbe*, Hg. Christoph Halbig, Michael Quante u. Ludwig Siep. Frankfurt am Main 2004.

Kant, Immanuel: *Kritik der praktischen Vernunft*, *Kant Werke* Bd.IV, Darmstadt 1998.

Rosenkranz, Karl: *Georg Wilhelm Friedrich Hegels Leben*, Darmstadt 1998.

Rosenzweig, Franz: *Hegel und der Staat* Bd1, Bd2, Aalen 1920.

Nicolin, Günther: Hg. *Hegel in Berichten seiner Zeitgenossen*, Hamburg 1970.

Schelling, Friedrich Wilhelm Joseph: *Philosophische Briefe über Dogmatismus und Kriticismus*, *Historisch-Kritische Ausgabe* Bd.3, Stuttgart 1982.

______ , : *Ausgewählte Werke* Bd. I , Darmstadt 1980;
Über die Möglichkeit einer Form der Philosophie überhaupt,
Vom Ich als Princip der Philosophie oder über das Unbedingte im menschlichen Wissen,
Ideen zu einer Philosophie der Natur,

______ , : *Ausgewählte Werke* Bd. II , Darmstadt 1982;
System des transzendentalen Idealismus
Über den wahren Begriff der Naturphilosophie und die richtige Art, ihre Probleme aufzulösen.

______ , : *Ausgewählte Werke* Bd.IV, Darmstadt 1983;
Philosophische Untersuchungen über das Wesen der menschlichen Freiheit und die damit zusammenhängenden Gegenstände.

Hegels Erkenntnistheorie

Ist Hegel eigentlich Idealist?

Nahm, KiHo

Zusammenfassung

Jede Philosophie in der Neuzeit fängt mit der Epistemologie an. Hierfür ist Hegels Philosophie keine Ausnahme. Aber die *Phänomenologie des Geistes*, die häufig als seine eigene Epistemologie angesehen wird, enthält de facto mehr als die bloße Erkenntnistheorie, weil sie eigentlich die Bildungsgeschichte des Bewusstseins ausführt. Die Bestimmung der *Phänomenologie* als Erkenntnistheorie aus dem Grund, dass sie das Bewusstsein *selbst* in dessen Gegenstandsbezogenheit und in dessen Selbstbezüglichkeit behandelt, könnte zum Missverständnis führen, dass Hegels Epistemologie, ferner seine ganze Philosophie, ein Idealismus ist.

Hegel hinterließ zwar keine Schrift, die als typisch für die Neuzeit nur von der epistemologischen Beziehung zwischen Subjekt und Objekt handelt, aber sein epistemologischer Grundstandpunkt lässt sich allenthalben aus seinen Schriften entnehmen. Vor allem seine Schriften über die *Verfassung Deutschlands* zeigen, dass seine Philosophie im Grunde genommen darauf gerichtet ist, das, was ist, notwendig und wesentlich zu verstehen. Dieses Verstehen besteht darin, nicht nur dem Standpunkt für uns, sondern auch dem Standpunkt für den Gegenstand *selbst* Rechnung zu tragen. Die Unterscheidung der Standpunkte, die zuerst in den Jenaer Schriften und danach lebenslang eingesetzt wird, ist von großem Belang, in dem Punkt, dass Rücksicht darauf genommen wird, ob unser erkannter Inhalt auch für den Gegenstand selbst realiter besteht, d. h.

realisiert ist. Hegels Erkenntnistheorie, die nicht allein die bloß kognitive Korrespondenz sondern auch den realen Bestand des dem Gegenstand entsprechenden Begriffs für den Gegenstand selbst als Wahrheitselement berücksichtigt, lässt sich eine realistische Korrespondenztheorie nennen. Diese Einsicht tritt von seiner Jugendzeit an überall in seinen Schriften auf.

Hierdurch kann der Verzicht auf die Terminologie, "der deutsche Idealismus", vorgeschlagen werden.

Schlagwörter: Verstehen dessen, was ist, Standpunkt des Gegenstandes selbst, Unterscheidung der Standpunkte, Reales Bestehen, Realistische Korrespondenz

이 논문은 2008년 8월 19일에 접수하고 2008년 10월 17일에 심사 완료하여 2008년 10월 24일에 게재가 확정되었습니다.

고대 그리스 민주주의에 대한 헤겔의 비판과 근대 주체성의 원리*

나 종 석

요약문

이 글에서 나는 헤겔이 고대와 근대의 논쟁, 즉 고대적 자유와 근대적 자유 사이의 논쟁을 어떤 방식으로 수용하면서 비판적으로 종합하고 있는지를 살펴보고자 한다. 이런 문제의식을 구체적으로 실현하기 위해 나는 우선 헤겔의 정치철학의 중요성을 근대의 위기의 근원에 대한 그의 진단이 무엇이었는지를 고대적 자유와 근대적 자유의 대립의 극적 표출로 이해되는 루소의 경우를 통해서 설명하고 나서(Ⅰ), 루소가 대변하고 있는 고대적 민주주의론에 대한 헤겔의 비판을 살펴본다(Ⅱ). 마지막으로 나는 주체성의 원리를 긍정하고 있는 근대적인 조건 속에서 인간의 자유를 가장 적합하고 안정적으로 실현할 수 있다고 제시된 헤겔의 이성적인 국가이론의 몇 가지 측면들을 설명하면서 그가 고대적 자유관을 어떤 방식으로 근대의 조건 속에서 되살리고 있는지를 살펴보기로 한다(Ⅲ). 이런 과정에서 루소에 대한 헤겔의 비판이 단순하게 자유주의적 근대에 대한 변호에 그치는 것이 아니라 고대와 근대의 이원적 대립을 넘어선 고대와 근대의 종합을 향하고 있다는 점이 자연스럽게 드러날 것이다.

● 주요어 : 고대인의 자유, 근대인의 자유, 시민, 인간, 시민사회, 공화주의, 애국심, 헤겔, 루소, 몽테스키외.

들어가는 말

헤겔(Hegel)의 정치이론의 위대성과 그 한계를 근대의 인류사적 의미와 더불어 그것이 안고 있는 위기와 질병의 근원에 대한 진단이자 해결책의 모색이라는 관점에서 밝히는 것을 이 연구의 목적으로 삼는다. 달리 말하자면 본 연구는 헤겔의 정치철학이 루소(J.-J. Rousseau)를 통해 처음으로 분명하게 표출된 근대성의 위기에 대한 비판적 성찰과 그 극복 시도의 결과로 이해할 때 그것이 갖고 있는 사유의 폭과 깊이가 보다 잘 드러난다는 문제의식에서 출발한다. 뒤에서 보다 상세하게 다루어지겠지만 루소를 통해서 드러나는 근대의 위기는 흔히 '고대인의 자유'(the liberties of the ancients)와 '근대인의 자유'(the liberties of the moderns)라고 불리는 고전적 공화주의적 자유관과 근대의 자유주의적 자유관 사이의 긴장 내지 불협화음에서 최초로 그 모습을 드러낸다. 이는 시민(citoyen)과 인간(homme)의 갈등으로 묘사되기도 하는 것이다.

근대 세계에서 보편적으로 자유롭고 평등한 인격적 주체로서의 인간, 즉 인간으로서의 인간이 삶의 기본적 구성 원리로 등장하면서 부르주아적 시민사회가 가장 강력한 힘으로 등장하는데, 독립된 개인을 사회의 가장 궁극적인 토대로 인정하는 근대 시민사회는 인간의 참다운 공동적(사회적) 본성을 파괴하는 성향을 보여준다. 따라서 근대 시민사회 속에서 개별적인 존재로서의 인간에게 타자와의 관계, 즉 다양한 형태의 사회적 관계는 자신의 사적인 이해를 실현하기 위한 수단적인 것으로 변형된다. 그러나 근대 세계에서 인간은 여전히 개인주의 원리가 관철되는 부르주아적 시민사회와 별도로 공적인 사안들에 대해 숙고 토의하면서 결정을 내리는 정치적 존재로서의 공적인 시민의 역할을 담당하고 있다. 그렇다면 개인은 자

---

* 이 글은 '근대의 위기와 헤겔의 정치철학'이라는 연구 과제로 2007년도 정부(교육인적자원부)의 재원으로 한국학술진흥재단 기초연구지원인문사회(단독연구) 지원을 받아 수행된 연구임.(KRF-2007-327-A00225)

신의 물질적 이익 추구의 관점을 넘어서 공동체의 구성원으로서 책임 있게 활동할 수 있는 능력을 갖추어야 한다. 그러나 자유로운 개인이라는 심성을 적극적으로 찬동하는 것과 나와 운명을 같이하는 공동체와의 일체감 내지 공동체에 대한 도덕적 책임의식의 고취를 요구하는 것 양자를 결합하는 작업은 그리 쉬운 일이 아니다.

이처럼 근대 세계에서 인간은 정치적 참여의 주체라는 점에서 공적인 시민의 존재로서, 다른 한편으로 독립된 사적인 인간 존재로서 자신의 이익을 추구하는 존재로 분열되어 등장하는 것이다. 인간과 시민의 갈등은 고대적 세계관과 근대적 세계관의 갈등이라는 측면을 간직하고 있지만, 이 가치들의 충돌과 깊게 결합되어 있는 사회적, 정치적, 그리고 이념적 갈등 자체가 바로 근대성의 특유한 표출이라고 보는 것이 타당할 것이다. 이 갈등의 극적인 표출이 프랑스 혁명과 20세기의 러시아 혁명임을 부인하기는 어려울 것이다.[1] 따라서 혁명으로까지 표출되는 근대성의 독특한 현상은 자유민주주의의 성공과 더불어 표면적으로는 사라진 것처럼 보이지만 실상은 그렇지 않다. '역사의 종말'에 대한 담론이 인구에 회자되고 있지만 근대성의 정치적 표현인 자유민주주의는 심각한 문제들로 몸살을 앓고 있다. 특히 서구적 근대의 한계를 어떻게 극복하느냐 하는 문제는 요즈음 첨예한 학문적 논쟁의 대상이 되고 있음은 주지의 사실이다.

많은 사람들이 주장하듯이 민주주의는 고대 그리스 민주주의 및 로마 공화정이라는 시민들의 자치의 이념에 그 뿌리를 두고 있고, 이와는 달리 자유주의는 근대에 등장하는 가장 대표적이자 전형적인 정치적 이념이다. 근대의 자유민주주의의 위대성과 독특성이 모든 권력의 정당성의 궁극적 원천을 인민의 동의에서 구하는 고대적 원칙을 받아들이면서도 소위 천부적인 것으로 생각되는 개인적 자유와 인권을 강조하는 자유주의적 이념을 서로 종합하려는데 있음은 분명하다. 그러나 근대의 자유민주주의가 과연 이 두 가지 원칙 사이의 긴장과 갈등을 적절하게 해결하는데 성공했는지는 의문이다.

근대성의 원리를 이해하는 방식은 학자들마다 다를 수 있지만, 나는 근대성이 "관용, 개인적 자유, 민주주의, 인종적 및 성적 평등, 표현의 자유, 성적 해방 그리

1) 혁명이 근대의 고유한 현상임에 대해서는 한나 아렌트의 책 『혁명론』(홍원표 옮김, 2004, 한길사) 95쪽 이하 참고바람. 사회의 근본적인 변화를 의도하는 근대의 혁명 개념은 프랑스 혁명 이전에는 존재하지 않았다는 아렌트의 주장에 대한 비판으로는 J. Israel, *Enlightenment Contested: Philosophy, Modernity, and the Emancipation of Man 1670–1752*, Oxford, 2006, 9쪽 참조.

고 지식에의 보편적 권리" 등을 기본적인 가치로 삼고 있다는 조나난 이스라엘(J. Israel)의 지적에 공감한다.[2] 그러나 이들 가치들이 서로 어떤 관계에 있는지는 대단히 논쟁적인 주제이다. 예를 들어 자유주의 전통에서 가장 적극적으로 옹호되고 있는 개인주의[3]에 입각한 보편주의적인 평등주의와 민주주의 사이의 관계는 서로 적대적인 것이 아니라 대단히 잘 서로 연결되어 있는 것처럼 보인다. 실제로 냉전 시대가 동유럽 사회주의 국가의 몰락으로 종결되면서 오늘날 거의 모든 나라들이 자신들의 정치체제를 자유민주주의로 내세우고 있다. 이에 따라 많은 사람들은 자유주의와 민주주의의 결합이 자연스러운 것으로 생각하는 경향이 있다.

그러나 자유주의와 민주주의의 상호 연관은 많은 사람들이 생각하듯이 그렇게 자연스러운 것이 아니라 상당히 복잡하다. 예를 들어 20세기의 위대한 자유주의 사상가의 하나로 인정받는 이사야 벌린은 자유주의적 "자유와 민주주의 또는 자치 사이에 논리적인 연관은 없다"고 주장한다.[4] 자유주의와 민주주의 사이의 긴장과 갈등의 차원에 주목하는 것은 자유주의자들에 국한된 것만은 아니다. 칼 슈미트처럼 자유주의적 개인주의와 피치자와 통치자의 동일성으로 이해된 민주주의 사이의 극복 불가능한 대립 설정에 입각하여 독재와 민주주의의 결합 가능성을 인정하는 극단적인 입장[5]을 제외한다고 해도, 벤자민 바버(Benjamin R. Barber)같은 민주주의자는 "참여와 시민정신을 파괴시키는" 자유주의적 사상으로는 인간의 자유를 지켜낼 수 없고 그것은 "민주주의"를 통해서만 실현될 수 있다고 주장한다. 그는 대의제적인 자유주의적 민주주의의 문제점들을 극복할 수 있는 대안을 "강한 민주주의"(Strong democracy)에서 구하면서 이를 "현대적 형태의 참여민주주의"로 규정한다. 그의 주장에 의하면 강한 민주주의는 고대 아테네의 민주주의와

2) J. Israel, 같은 책, 11쪽. 위에서 언급된 가치들은 17세기 후반에서부터 본격적으로 등장했으며 이 가치들을 거역할 수 없는 것으로 형성하는데, 즉 근대성을 형성하는데 혁명적인 역할을 한 소위 급진적 계몽주의(radical Enlightenment)의 흐름이 지대한 역할을 수행했다는 점 그리고 그것을 대표하는 사람들, 즉 스피노자, 피에르 벨(P. Bayle) 그리고 프랑스의 계몽주의 철학자인 디드로의 중요성을 조나난 이스라엘의 연구는 탁월하게 입증하고 있다. 특히 그는 스피노자와 스피노자주의가 급진적 계몽주의 흐름 및 근대성의 형성에 결정적인 의미를 지니고 있음을 주장한다.(*Radical Enlightenment : Philosophy and the Making of Modernity 1650–1750*, Oxford, 2001 참고 바람.)

3) 나는 보비보가 주장하는 것처럼 개인주의를 자유주의의 가장 핵심적 원리로 이해한다. N. 보비오에 의하면 "개인주의 없이 자유주의는 불가능하다".(『자유주의와 민주주의』, 황주홍 옮김, 문학과지성사, 1992, 20쪽.)

4) 이사야 벌린, 『자유론』, 박동천 옮김, 아카넷, 2006, 357쪽.

5) Carl Schmitt, *Die geistesgeschichtliche Lage des heutigen Parlamentarismus*, Achte Auflage, Berlin, 1996, 41쪽 참고.

많은 공통점을 지니고 있다.[6] 따라서 자유주의와 민주주의는 궁극적으로는 상호 조화될 수 없는 상이한 원리들이어서 이들 사이의 긴장은 근원적인 것이라고 보는 입장이 여전히 주장되는 것은 당연하다.[7]

이처럼 고대적 자유와 근대적 자유의 대립과 갈등 그리고 이 둘 사이의 관계를 어떻게 바라볼 것인가 하는 문제는 근대 정치철학의 근본 화두 중의 하나이다. 더 나아가 이 문제는 근대의 독특성 내지 규범적 우월성을 자유주의적 관점, 즉 정치적 자유 내지 정치적 공동체에서의 삶에 비해서 개인의 자유와 권리의 선차성에 대한 인정을 통해서 적절하게 정당화할 수 있는가하는 문제이기도 하다. 다시 말하자면, 고대인의 자유와 근대인의 자유 사이의 갈등에 대한 문제는 국가가 어떤 원리에 의해서 구성되어야 하는가에 대한 관점의 상이성에 기초하고 있을 뿐 아니라, 근대에서 자본주의적 시장경제 질서의 전면적인 등장과 궤를 같이하는 개인주의적인 삶의 방식에 대한 평가와 결부된 것이기도 하다. 그래서 고대적 자유와 근대적 자유의 대립의 문제는 근대 세계가 표출하고 있는 내적인 분열의 철학적 표현인 것이다.

이 글에서 나는 헤겔이 고대와 근대의 논쟁, 즉 고대적 자유와 근대적 자유 사이의 논쟁을 어떤 방식으로 수용하면서 비판적으로 종합하고 있는지를 살펴보고자 한다. 이런 문제의식을 구체적으로 실현하기 위해 나는 우선 헤겔의 정치철학의 중요성을 근대의 위기의 근원에 대한 그의 진단이 무엇이었는지를 고대적 자유와 근대적 자유의 대립의 극적 표출로 이해되는 루소의 경우를 통해서 설명하고 나서(Ⅰ), 루소가 대변하고 있는 고대적 민주주의론에 대한 헤겔의 비판을 살펴본다(Ⅱ). 마지막으로 나는 주체성의 원리를 긍정하고 있는 근대적인 조건 속에서 인간의 자유를 가장 적합하고 안정적으로 실현할 수 있다고 제시된 헤겔의 이성적인 국가이론의 몇 가지 측면들을 설명하면서 그가 고대적 자유관을 어떤 방식으로 근대의 조건 속에서 되살리고 있는지를 살펴보기로 한다(Ⅲ). 이런 과정에서 루소에 대한 헤겔의 비판이 단순하게 자유주의적 근대에 대한 변호에 그치는 것이 아니라 고대와 근대의 이원적 대립을 넘어선 고대와 근대의 종합을 향하고 있다는 점이

6) 벤자민 바버, 『강한 민주주의-새 시대를 위한 정치참여』, 박재주 옮김, 인간사랑, 1992, 15쪽에서 18쪽 그리고 185쪽 이하 참고.

7) C. Mouffe, 『민주주의의 역설』, 이행 옮김, 인간사랑, 2006. 무페의 입장에도 크게 영향을 미치고 있는 자유주의와 민주주의의 근원적 대립에 대한 강조의 고전적인 예는 칼 슈미트(Carl Schmitt)의 입장이다. 이에 대해서는 *Die geistesgeschichtliche Lage des heutugen Parlamentarismus*, 앞의 책 참조. N. 보비오의 책(『자유주의와 민주주의』, 앞의 책)은 자유주의와 민주주의의 관계에 대한 소중한 통찰들을 제시하고 있다.

자연스럽게 드러날 것이다.

Ⅰ. 루소와 근대의 위기의 출현

근대(die Moderne)가 그 이전과는 다른 독특한 시대로 규정되는 데 중심 역할을 하는 개념은 자유이다. 주체성을 근대의 원리로 파악하고 "근대의 자기이해"를 철학의 "근본 문제"로 이해한 최초의 철학자는 헤겔이다. 그는 새로운 시대, 즉 근대의 원리를 주체성, 반성 그리고 자유로 이해했으며, 이 개념들에 의거하여 근대의 본질적 특성을 설명했다.[8] 그러나 영국에서 가장 완전한 형태로 발전된 고전적 자유주의는 근대적 자유의 이념을 형성하는데 지대한 공헌을 함과 동시에 자체 내에 문제점을 안고 있었다. 이 문제점은 루소의 근대 문명비판으로 극적으로 드러나게 되었다.

사적 생활과 공적 생활의 분리는 루소의 '인간(homme)/공적 시민(citoyen)' 구별과 헤겔의 '부르주아적 시민(Bürger)/공적 시민(citoyen)' 구별로 표현되었다.[9] 이 구별은 고대적 자유와 근대적 자유의 대립 내지 기독교적 전통과 고대 그리스적 전통 사이의 모순으로 표현될 수 있다. 또한 자유주의와 민주주의의 연관성으로 표현되기도 한다. 이는 자유의 근원적 의미에 대한 서로 다른 입장들 사이의 논쟁인 것이다. 이 논쟁에 실마리를 제공한 것은 국가의 부당한 개입으로부터 보호되어야 하는 각 개인의 권리를 강조하면서 국가 권력에 의해서 침해되어서는 안되는 사적 영역에서 사람들은 각자 자신들의 판단에 의거해 자신에게 바람직하게 여겨지는 삶을 선택할 수 있는 자유로운 존재라는 근대 자유주의와 그 인간관이다.

각 개인의 생명 보존과 물질적인 재산 취득의 욕망을 긍정하는 근대 사회에서 살아가는 사람들에 대한 루소의 고발과 비판은 커다란 영향을 끼쳤으며 지금도 그러하다. 근대인들은 고대인들의 공동체에 대한 헌신이나 조국애를 결여하고 단지 "상업과 돈"에만 관심을 갖고 있다고 루소는 비판했다.[10] 스파르타와 로마의 공화

---

8) J. Habermas, *Der philosophische Diskurs der Moderne*, Frankfurt, 1988, 26쪽 이하.

9) K. Löwith, *Von Hegel zu Nietzsche*, in: *Sämtliche Schriften*, Band 4, Stuttgart, 1988, 300쪽.

10) J. J. Rousseau, *Politische Schriften*, übersetzt von L. Schmidts, Paderborn/München/Wien/Zürich, 1995, 48쪽.

정에서 드러났던 시민의 덕과 애국심은 사적 이익 추구에만 몰두하는 개인들로 이루어진 근대 시민 사회에 대한 공격의 무기이자 비판의 깃발이었다.[11] 근대의 타락한 인간을 고대의 애국적 시민과 대비시켰던 루소는 "근대성의 제2의 물결"을 주창했다. 이 물결은 독일의 관념론 철학과 낭만주의의 흐름을 낳았을 뿐만 아니라, 이러한 물결로부터 시작된 다양한 형태의 "위대하고 복합적인 저항운동"의 핵심은 "근대성의 세계에서 근대 이전의 사고방식에로의 복귀"이다. 루소는 돈과 상업의 세계로 불리는 근대 "부르주아의 세계로부터 덕성과 도시국가의 세계, 즉 시민의 세계"로 되돌아갔다.[12] 그래서 사적 개인과 공적 시민의 긴장과 갈등은 근대적 삶의 방식에 대한 다양한 저항과 문제 제기의 원천을 이해하는 실마리이기도 하다.

근대 사회에 대한 루소의 비판은 자기 이익의 극대화를 도모하고 '소유지향의 개인주의'(possessive individualism)[13]를 내면화한 홉스와 로크적인 근대의 부르주아 인간관과 자유관이 근대의 규범적 이상인 주체성과 자유를 제대로 드러내지 못하고 있다는 항의이기도 하다. 또한 고전적 자유주의적 인간관과 자유관의 등장과 함께 상실된 정치적 자유에 대한 강조이기도 하다. 이런 점에서 루소가 시도한 고대적 세계관으로의 복귀는 "의식적으로 또는 무의식적으로 근대성의 보다 급진적인 형태, 즉 17세기와 18세기의 사고보다 고대적 사고에 더욱더 이질적인 근대성의 형태"를 만들어 내는데 기여하였을 뿐이라고 레오 스트라우스는 말한다.[14] 이렇게 루소는 근대에서 최초로 자유주의와 민주주의의 갈등이 자유에 대한 상이한 해석과 맞물려 있다는 것을 분명하게 보여주었다.

그러나 소유 개인주의로 불리는 사적인 인간들의 전면적 출현과 함께 근대가 겪어야만 하는 문제점들과 질병들을 극복하기 위해 전통적 사회나 미분화된 통합적인 공동체로 되돌아가려는 시도는 실현가능한 것인가? 그런 시도는 잃어버린 과거를 향한 낭만적 갈망에 그치는 것은 아닌가? 그런 낭만적 열정을 정치적 현실에서 실현하고자 하는 시도는 불가능한 것을 추구하는 것에 지나지 않는다. 이는 주어진 현실을 전면적으로 파괴하는 것을 전제로 하지 않으면 실현될 수 없는 것인데,

11) J. Shklar, *Men and Citizens. A Study of Rousseau's Social Theory*, London, 1985, 13쪽.
12) L. Strauss, 『정치철학이란 무엇인가』, 양승태 옮김, 아카넷, 2002, 69쪽.
13) "소유 지향적 개인주의"라는 개념은 주지하듯이 C. B. 맥퍼슨이 사용한 것으로 그는 이 개념을 17세기에서부터 20세기의 영국의 자유주의 정치이론의 가장 기본적인 가정으로 설정하고 이를 통해 오늘날의 자유민주주의가 처하고 있는 난관의 근원을 해명하고자 했다.(『소유적 개인주의의 정치이론』, 이유동 옮김, 인간사랑, 1991)
14) L. Strauss, 『정치철학이란 무엇인가』, 앞의 책, 69쪽.

그런 시도는 부득이하게 기존의 모든 것을 다 파괴하는 과정에서 말로 표현할 수 없는 야만성을 보여주기 때문이다. 헤겔은 이를 프랑스 혁명의 공포정치에서 보았다. 그러나 프랑스 혁명과 로베스피에르의 공포정치는 근대의 부르주아적 시민사회의 한계에 대한 저항이기도 하다. 즉 프랑스 혁명과 로베스피에르의 공포정치는 근대의 위기를 잘 보여준다.[15)]

인간의 근원적 자유를 회복하기 위한 위대하고 숭고한 열정이 결국 전체 사회를 피비린내 나는 도살장으로 전락시키는 것을 목도한 헤겔은 프랑스 혁명의 진행과정을 근대의 개인주의와 적대적으로 공존하는 근원적 자유에 대한 열망의 표출의 상징으로 이해한다. 루소의 열광적인 찬미자인 로베스피에르가 고대 그리스 및 로마의 시민적 질서와 애국심으로 불타오르는 시민들로 구성된 완벽한 국가를 형성하려 했던 시도는 돈과 상업을 신성시하면서 모든 고귀하고 숭고한 것에 대한 열정을 상실한 채 자신의 사소한 물질적 쾌락과 이기심의 충족만을 추구하는 근대사회에 대한 분노의 표현임을 헤겔은 잘 인식하고 있었다. 그럼에도 불구하고 근대의 조건 속에서 고대적인 민주적이고 공화적인 질서를 전면적으로 실현하고자 하는 시도는 삶의 의미의 지평을 오로지 이익 추구의 경쟁의 장으로 축소시키는 것 못지않게 야만적인 결과를 초래할 수 있다는 점을 헤겔은 지적한다.

헤겔은 루소와 그 이념을 실현하고자 한 프랑스 혁명의 과정에서 일방적인 소유개인주의와 공적인 덕성에 대한 과잉 강조가 사실은 동전의 양면임을 인식할 수 있었을 뿐 아니라, 이 둘 사이에서 표류하는 근대의 위기의 중층적 성격을 분명하게 인식하고 그 위기를 극복할 수 있는 방안을 모색하는데 전력을 다한다. 루소식의 추상적인 철학과 프랑스 혁명, 특히 테러와 공포정치의 로베스피에르의 정치 사이의 깊은 연관성을 지적한 사람은 헤겔에 그치지 않는다. 예를 들어 프랑스 혁명기의 저명한 자유주의 철학자인 벤야민 콩스탕(B. Constant)은 루소의 인민주권 및 일반의지 이론이 프랑스 혁명의 공포와 테러를 정당화했다고 주장한다. 그에 의하면 루소의 사회계약론은 "모든 형태의 전제정에 가장 무시무시한 보조수단"을 제공하였다.[16)] "나 자신을 모두에게 내줌으로써 아무에게도 내주지 않는다"고 주장하는 루소는 콩스탕이 보기에 "개인적 자유에 대한 가장 위험한 적"에 지나지

15) 근대의 위기의 한 현상으로서의 혁명과 테러의 연관성의 문제는 '근대의 위기와 헤겔의 정치철학'이라는 연구 기획의 독자적인 한 부분을 형성한다. 이에 대해서는 다른 기회에 상세하게 다룰 계획이다.

16) S. Holmes, *Benjamin Constant and the Making of Modern Liberalism*, New Haven and London, 1984, 82쪽 및 85쪽.

않았다.[17] 바로 뒤에서 살펴보는 것처럼 헤겔은 루소의 공화주의적 자유관에 깊은 공명을 보이면서도 다른 한편으로는 인민주권의 무제한적 긍정이 결국에는 개인의 자유를 파괴하는 것으로 귀결될 것이라는 콩스탕의 지적을 진지하게 받아들였다. 헤겔은 이미 청년기에 몽테스키외와 투키디데스 등과 더불어 콩스탕의 저서들을 깊게 연구했으며 헤겔은 "인생의 마지막 시기에 이르기까지 그를 따르기를 멈추지 않았다"고 헤겔의 제자이자 그의 전기의 저자인 칼 로젠크란츠(K. Rosenkranz)는 말한다.[18]

사적 이익의 추구를 혐오하고 고대 세계에 존재했던 시민들의 공공영역에 대한 평등한 참여를 높이 평가한 루소가 시민 개개인들의 정치 참여를 의무로 강제해야 한다고 생각한 것은 우연한 일이 아니다.[19] 루소는 근대 사회에서 고대적 자유가 실현될 수 있는 합리적인 대안 제시에는 성공하지 못했다.[20] 그는 『산으로부터의 편지』에서 "조국애와 인간성"은 "통일될 수 없는 덕"이라고 말했다.[21] 실제로 루소는 당대의 유럽을 "야만"의 상태로 이해했다.[22] 그는 당대의 유럽인들이 국적을 불문하고 동일한 취향을 갖고 있다고 말한다. 그에 의하면 모든 유럽인들은 "공공선"을 입에 올리면서 "오로지 자신들만"을 생각하며 "사치에 대한 야망 이외에 아무런 야망을 갖고 있지 않고, 돈에 대한 열정이외에 아무런 열정을 지니고 있지 않다"고 개탄한다.[23] 이런 상황에서 개인들의 특수한 이익 추구를 넘어서 공동의 선을 달성하는 공동체, 그리고 이 공동체와의 일체감 혹은 공동체에 대한 사랑으로 불타오르는 덕성을 갖춘 공화주의적 시민들을 육성하려는 시도는 상당한 어려움

---

17) 이사야 벌린, 『자유론』, 앞의 책, 409쪽 이하. 벌린은 콩스탕의 루소 이해를 이어받아 루소의 이론을 "절대적 전제정"의 이론으로 루소를 "근대 사유의 전체 역사에서 자유에 대한 가장 불길하고 무서운 적들 중의 하나"라고 이해한다.(*Freedom and its betrayal : Six enemies of human liberty*, edited by H. Hardy, Princeton and Oxford, 2002, 47쪽과 49쪽)

18) K. Rosenkranz, *Hegels Leben*, mit einer Nachbemerkung zum Nachdruck 1977 von O. Pöggeler, Darmstadt, 1977, 62쪽.

19) J. J. Rousseau, *Politische Schriften*, 앞의 책, 77쪽.

20) J. Ehrenberg, *Civil Society. The Critical History of an Idea*, New York and London, 1999, 156쪽 이하)

21) J. J. Rousseau, *Briefe vom Berge*, in: *Jean-Jacques Rousseau Schriften*, hg. von Henning Ritter, Band 2, Frankfurt, 1988, 32쪽.

22) J. J. Rousseau, *Jean-Jacques Rousseau Schriften*, hg. von Henning Ritter, Band 1, Frankfurt, 1988, 33쪽.

23) J. J. Rousseau, *Considerations on the Government of Poland*, in: *Rousseau. The Social Contract and other later political writings*, edited by V. Gourevitch, Cambridge, 1997, 184쪽.

을 동반할 수밖에 없다는 점은 분명하다.

루소가 생각하는 조국애가 무엇인가를 한번 읽어보면 이러한 사실은 보다 분명해진다. 그는 다음과 같이 말한다. "모든 참다운 공화주의자는 조국애, 즉 법과 자유에 대한 사랑을 그의 어머니의 모유와 함께 들이마셨다. 이 사랑은 그의 전체 존재를 형성한다. 그는 단지 그의 조국만을 보며 오로지 조국을 위해서만 산다. 그가 홀로 있을 때, 그는 아무 것도 아니다(nothing). 그가 더 이상 조국을 갖고 있지 않다면, 그는 더 이상 존재하지 않는다. 그리고 그가 설령 죽지 않았다고 해도 그는 죽음보다 더 나쁜 상태에 있다."[24] 그러므로 모든 개인이 돈과 상업 활동에 몰두하면서 자신의 이익을 추구하는데 골몰하고 있는 근대 산업사회에서 고대 스파르타나 로마 공화정의 정치적 덕성을 갖추고 있는 시민들로 구성된 공동체를 형성하려는 계획은 거의 실현 불가능한 것처럼 보인다. 실제로 루소 역시 그런 자신의 기획이 실현될 것이라고 생각한 것 같지는 않다. 그런 희망을 전적으로 포기한 것은 아니라고 할지라도 말이다. 루소는 유럽에서 여전히 공화주의적인 질서를 받아들일 가능성이 있는 유일한 곳으로 코르시카 섬을 언급하고 있다.[25]

재산과 부에 대한 과도한 열정으로 인해 타락한 상태에서 살아가는 인간에게 다시 도덕과 자유를 회복하는 과제를 루소는 해결할 수 있다고 장담한다. 그가 보기에 인간은 본성적으로 선하고 자유로운 존재이지만 이런 인간 존재를 노예로 만들고 악덕으로 몰고 가는 것은 모두 다 사회질서로 인한 것이다. 즉 "인간은 자유롭게 태어났으나 모든 곳에서 족쇄에 묶여 있다."[26] 자연적 자유를 회복 불가능할 정도로 훼손하고 있는 노예 상태를 벗어나서 인간이 자연 상태에서 누리던 자유를 회복하는 방안이 바로 계약을 통한 새로운 정치 공동체의 창안이다. 여기에서 루소의 사회계약론의 내용을 상세하게 다룰 수 없다. 다만 돈과 덕성의 이원적 성격은 사회계약론에서도 여전히 루소를 괴롭히고 있다는 점만은 언급되어야 할 것이다. 이는 일반의지(the general will; volonté générale)와 전체의지(the will of all; volonté de tous)의 구별과 이 둘 사이의 관계에서 잘 드러난다. 일반의지는 오류를 범하지 않으며 "항상 정당하며 언제나 공공 이익에 이바지 한다."[27] 그런데 이 일반의지는 모든 사람들의 사적 이익을 합친 것과는 다르다. 후자는 일반의지가 아

24) 같은 책, 189쪽.
25) J. J. Rousseau, *Of the Social Contract*, in: *Rousseau. The Social Contract and other later political writings*, 같은 책, 1997, 78쪽 참고.
26) 같은 책, 41쪽.
27) 같은 책, 59쪽.

니라 전체의지라고 불린다. 일반의지는 공공의 이익만을 바라보는데 반해, 전체의지는 "사적 이익에 주목하며 특수한 의지들의 총합에 지나지 않는다."[28] 루소에게 있어서 사적인 이해관계를 넘어서 공적인 이익이 있다는 주장이 무엇을 의미하는지는 상당히 애매하게 남아 있다. 일단 정치적 공동체가 개인들의 사적 이해관계들 사이의 조정들의 영역과 구별된다는 것은 고대 공화주의적인 전통에서 소중하게 간직되어 온 자치의 이념의 근대적 표현이라고 볼 수 있을 것이다.[29] 아리스토텔레스적인 관점에서 말하자면 정치적 공동체, 즉 폴리스는 단지 물질적인 "생존"만을 목적으로 하는 것이 아니며 "훌륭한 삶"(the good life)을 궁극적 목적으로 삼는 것이다. 그러므로 국가가 오로지 외부의 침입으로부터의 방어나 "무역과 사업관계"를 위해서만 존재하는 것으로 생각해서는 안 된다는 것이다.[30] 그러나 이런 점을 인정한다고 해도 일반의지가 어떤 방식으로 개인들의 사적인 이해관계의 틀과 매개되어 있는지는 해결되지 않은 상태로 남아 있다. 루소는 일반의지는 다만 서로 갈등하는 이해의 총합이 아니며 상이한 이해관계로 인해 형성되는 당파가 국가를 파괴할 것이라는 위험성만을 지적하고 있기 때문이다.[31] 루소의 일반의지와 전체의지의 구별은 헤겔의 근대 부르주아 시민사회와 국가의 구별에 해당되는 것으로 이해될 수 있다. 그렇지만 헤겔은 루소와는 달리 시민사회와 국가의 구별에 입각하여 이 둘 사이의 변증법적 매개를 추구하고 있다. 이에 대해서는 다른 연구를 통해 보다 더 상세하게 다루어질 것이다.

루소의 의미는 근대 시민사회의 문제점에 대한 해결책을 제시하는데 있는 것이 아니라, 그것을 이율배반으로 분명하게 드러냈다는데 있다. 따라서 에른스트 카시러는 "장 자크 루소의 문제는 근대 정신사의 가장 어려운 문제들 중 하나이다"라고 말한다.[32] 조국애와 인간성을 종합하는 데에서 보여준 루소의 실패는 근대에서 고대로의 복귀가 가능한 것인지 반성하고, 그것이 가능하더라도 그 실현 방법이 무엇인가가 모색되어야 한다는 점이다. 인간과 공적 시민의 불일치와 대립은 "루소 이래로 모든 근대적 국가론과 사회이론의 근본문제"이다.[33] 벤야민 콩스탕과 같은 자유주의자들이 걱정하고 염려하는 바의 것, 즉 무제한적인 인민주권의 긍정

---

28) 같은 책, 60쪽.
29) 루소와 공화주의적 전통 사이의 연관성에 대해서는 버나드 마넹의 저서, 『선거는 민주적인가』, 곽준혁 옮김, 후마니타스, 2004, 66쪽 이하 참고 바람.
30) Aristoteles, *Politics*, translated by H. Rackham, Cambridge, 2005, 213쪽 이하.
31) 로버트 워클러, 『루소』, 이종인 옮김, 시공사, 2001, 115쪽 이하 참고.
32) E. Cassirer, *Rousseau, Kant, Goethe*, Hamburg, 1991, 107쪽.
33) K. Löwith, *Von Hegel zu Nietzsche*, 앞의 책, 299쪽.

과 일반의지의 무조건적인 정당화는 진정한 자유를 파괴하고 온갖 형태의 자의적인 권력을 자유의 이름으로 정당화할 것이라는 두려움에 깊은 공감을 가지면서도 국가를 단순히 사적인 개인들의 이익 추구의 장이나 상업과 물질적 교환의 질서보다도 더 고차적인 가치를 지니는 것으로 생각하는 루소와 공화주의적인 전통에의 긍정은 헤겔이 결코 포기하지 않은 입장이었다. 공적 시민과 사적 개인의 문제를 근대의 문제로 접근하여 이 둘 사이를 양자택일적인 방식으로 접근하는 것이 아니라 이 둘 사이의 결합의 가능성을 모색하려고 한 근대의 최초의 철학자는 헤겔이었다. 즉 그는 과학과 기술의 진보와 결부되어 진행되는 노동의 분업, 산업 및 상업의 발달 그리고 이들로부터 자연스럽게 나타나는 이해관계의 다양화로 특징 지워지는 근대 세계에서 고대 아테네 및 로마 공화정의 정치적 자유의 이념이 어떻게 결합될 수 있는지를 고민하였다. 그 모색의 결과는 바로 고대적 공화주의와 근대적 자유주의의 변증법적 종합으로서의 인륜성(Sittlichkeit) 철학이었다.

Ⅱ. 고대 아테네의 직접 민주주의에 대한 헤겔의 비판

루소의 근대 비판과 고대 공화주의적 자유에 대한 경탄은 청년 헤겔의 출발점이었다. 청년 헤겔은 다음과 같이 적고 있다. "자유로운 인간으로서 그리스인과 로마인은 스스로 제정한 법을 따랐으며 스스로 상관으로 뽑은 공직자에게 복종했으며, 스스로 결정한 전쟁을 치렀고, 그들 자신의 대의(이상)를 위해 그들의 재산과 정열을 바쳤고 수천 명의 목숨을 희생했다. [……] 자신의 활동의 산물로서의 국가에 대한 상은 시민의 영혼으로부터 사라져버렸다. 전체에 대한 배려와 이해는 한 사람이나 몇몇 소수의 사람들의 영혼 속에 깃들게 되었다. [……] 국가기구의 행정은 소수의 시민들이 전담하게 되었으며 이들은 단지 하나의 톱니바퀴로서만 봉사하였다. [……] 국가가 백성들에게 주입시키는 커다란 목적은 국가 속에서의 효율성이었다. 백성들이 스스로에게 부여한 목적은 돈벌이호구지책이었고 공허한 것이었다. 이제 모든 행위와 모든 목적이 개인적인 것과 연관되고 전체를 위한, 즉 하나의 이념을 위한 행위는 더 이상 존재하지 않게 되었다. 사람들은 각자 자기 자신을 위해 일하거나 아니면 다른 특정한 개인을 위해 일하도록 강요되었다. 스스로 만든 법칙을 지키고, 평화시에는 자기 손으로 뽑은 관리를, 전시에는 자기 손으로 뽑은 지휘관을 따르며, 스스로 함께(공동으로) 결정한 계획을 실천할 수 있는 자유가 사라져 버렸다. 모든 정치적 자유는 사라져 버렸다. 시민들의 유일한 권리는 이제 그의 전체 세계를 가득 채우고 있는 소유권을 보장받는 것뿐이었다. 그의 목적의 전체 세계, 그의 생활 속의 모든 행위를 산산이 부서버리는 현상, 즉 죽음이 그에게는 두려운 것일 수밖에 없었다. 그러나 고대의 공화국은 공화국 시민들 보다 오래 지속되었으며, 공화국은 그들의 영혼이며, 따라서 영원한 어떤 것이라는 생각이 공화국의 시민에게는 아른거리고 있었다.(1, 204 이하)[34)]

위 인용문이 보여주는 것처럼 헤겔은 고대 공화주의적 자유와 시민정신이 근대에서의 소유에 대한 권리 주장 그리고 돈벌이를 위한 개인의 사적 이익의 추구로 인해 상실되어버렸음을 주장한다. 여기에서 우리는 루소의 영향을 발견할 수 있다. 실제로 청년 헤겔은 루소에게 열광했다. 튀빙엔 신학교 시절 헤겔의 친구였던 로이트바인(Leutwein)에 따르면 그 때에 헤겔의 "영웅은 장 자크 루소" 였고 "형이상학은 그의 관심사"가 아니었다.[35)] 튀빙엔 신학교를 졸업하고 스위스의 베른에서 활동하던 시기에 헤겔은 고대 그리스의 폴리스 공화국이자 프랑스 혁명 시기에 로베스피에르와 생쥐스트 등이 구현하고자 했던 공화국에 대한 희망을 접게 된다. 그 대신에 그는 프랑스 혁명 시기의 로베스피에르에 의해 자행된 테러 및 공포 정치에 대한 비판적 의식을 갖게 된다.[36)] 이런 비판적 의식이 성장하게 된 구체적인 동기에 대해서는 잘 알려져 있지 않지만, 아마도 베른 시기에 헤겔이 수행한 근대 경제학에 대한 연구가 계기가 되었다고 볼 수 있을 것이다. 아담 스미스의 스승인 제임스 슈트어트(James Steuart)의 경제학 저서에 감명을 받아 헤겔은 그에 대한 긴 평문을 작성하기까지 했다.[37)] 헤겔이 근대에서 전면적으로 등장한 상업 및 산업이 차지하는 사회·정치적 결과들을 인식하게 됨에 따라 그에게 분화되지 않고 삶의 동질성이 상당히 높은 수준으로 유지된 고대 그리스 공화국은 역사의 뒤안길로 영원히 사라진 과거의 것으로 남게 된다. 물론 이런 의식이 고대 그리스 및 로마의 공화국에서 찬란하게 빛난 정치적 자유와 공동체적 삶에 대한 동경마저 빼앗지는 못했지만 과거를 되돌릴 수 없다는 것은 분명해졌다.

---

34) Hegel, *Hegel Werke in zwanzig Bänden*, hg. v. E. Moldenhauer und K. M. Michel, Frankfurt 1969–1971. 헤겔 저작들은 이 전집에 따라서 인용됨. 이 때 권수와 쪽수가 함께 기입됨.(예를 들어 전집 7권 20쪽은 7, 20으로 표기함)

35) D. Henrich, "Leutwein über Hegel. Ein Dokument zu Hegels Biographie", in: Hegel-Studien, hg. v. F. Nicolin und O. Pöggeler, Band 3, Bonn, 1965, 56쪽.

36) 헤겔은 1794년 12월에 셸링에게 보내는 편지에서 로베스피에르의 공포정치를 비판하고 있다. *Briefe von und an Hegel*, hg. von Johannes Hoffmeister, Band 1, dritte Auflage, Hamburg, 1969, 11쪽 이하.

37) K. Rosenkranz, *Hegels Leben*, 앞의 책, 86쪽 참조. 안타깝게도 이 서평은 현재 남아 있지 않다.

헤겔은 예나 초기를 대표하는 작품인 1802–3년에 작성된 것으로 알려진 『인륜성의 체계』(*System der Sittlichkeit*)에서도 그리스의 인륜적 세계의 붕괴를 한탄하고 있었지만, 예나 후기에 형성된 작품인 『예나 체계 기획 III』 에서 그리스의 공화국이 "절대적 개별성의 원리"를 결여하고 있다고 말하면서 고대에 비해 이 개별성의 원리를 긍정하고 있는 근대가 더 우월한 시대임을 강조한다.[38] 이제 성숙한 헤겔에게는 고대 그리스의 아름다운 인륜적 세계는 인간의 자유의식이 실현되는 인류 역사의 기나긴 도정에서 한 단계로 이해된다. 그러므로 성숙한 헤겔은 항상 고대 그리스 세계에서 실현된 직접민주주의에 대해서도 비판적인 거리를 취하고 있다.

헤겔은 『법철학』에서 민주주의의 한계를 다음과 같이 적고 있다. "**모든** 개인들이 국가의 성원이고 국가의 문제들이 만인의 문제들이며 이러한 문제들을 처리함에 있어서 만인이 그들 자신의 지식과 의지를 갖고 공유할 **권리**를 지니므로 만인이 국가의 보편적인 문제에 대한 심의와 결의에 참여해야 한다는 것, – 이 표상은 **아무런 이성적인 형식도 갖지 않는 민주주의적** 요소를 오직 이 이성적인 형식에 의해서만 존재하는 국가 유기체 안에 삽입하고자 했던 것이다. 이 표상은 그것이 국가의 성원이라고 하는 **추상**적 규정에 머물러 있기 때문에 떠오르게 된다는 것은 분명하며, 그리고 추상물들을 고집하는 것은 다름 아닌 피상적인 사고인 것이다." (7, 477)

위 인용문에서 보듯이 헤겔은 민주주의에 대해 비판적인 태도를 갖고 있다. 왜 그는 직접 민주주의를 추상적이고 피상적인 사유에 집착한 결과로 생각하는 것인가? 헤겔이 직접 민주주의를 비판하는 이유는 다양하다.[39] 근대 세계처럼 규모가 크고 복잡성이 증대된 나라에서 시민적 덕성들(civic virtues)을 갖춘 시민들이 공적 사안들을 스스로 결정하는 자치의 이념과 결부된 정치적 자유의 이상을, 고대의 직접민주주의 이상을 부활시키는 것이 거의 불가능하다고 헤겔은 생각한다. 물론 이 인식은 헤겔에게만 고유한 것은 아니다. 루소와 몽테스키외도 유사한 생각을 피력한 바 있다.[40]

이 글에서 나는 규모나 사회 기능의 분화로 인한 복잡성의 증대가 고대 아테네식의 직접민주주의의 부활을 불가능하게 한다는 비판을 상세하게 다루지 않을 것

38) Hegel, *Jenaer Systementwürfe III*, in : *Gesammelte Werke*, Band 8, unter mitarbeit von J. H. Trede, hg. v. R.-P. Horstmann, Hamburg, 1976, 263쪽.

39) 고대 그리스 민주주의에 대한 헤겔의 비판의 다양한 차원에 대해서는 글쓴이의 저서 『차이와 연대』, 도서출판, 2007, 496쪽 이하 참고 바람.

40) 민주정이 작은 영토에서만 가능하다는 몽테스키외의 주장에 대해서는 *Vom Geist der Gesetze 1*, übersetzt v. Ernst Forsthoff, Tübingen 1992, 제2권 제2장 참조. 루소에 대해서는 *Politische Schriften*, 앞의 책, 129쪽 참조 바람.

이다. 그 대신 나는 헤겔의 직접 민주주의에 비판을 대략 다음과 같은 두 가지 관점에서 살펴볼 것이다. 첫째로는 고대 아테네에서 실현된 직접민주주의가 갖고 있었던 배타성의 문제이고, 두 번째 비판의 요점은 이질적인 것과 다양한 삶의 방식을 허용하지 않고 인간의 삶을 분화되지 않은 동질적인 질서로 강제할 가능성에 대한 것이다.

우선 이 두 가지 문제점들을 다루기 전에 아테네의 정치질서에 대한 헤겔의 생각을 간단하게 요약해 보자. 고대 아테네의 폴리스가 속한 세계는 인류역사에서 "청년기에 해당" 된다고 헤겔은 본다.(12, 137) 그리스 세계는 "아름다운 자유의 왕국" 을 건설한 곳이었는데(12, 137), 이 자유의 왕국은 민주주의라고 불렸다. 그리고 "민주주의는 그리스를 위한 정치적 헌법의 규정이었다" 고 헤겔은 말한다. 달리 말하자면 민주주의는 고대 그리스의 역사적 조건과 특성에 어울리는 것으로 고대 폴리스에 "유일하게 가능한 것이자 필연적인 것" 이었다.[41] 그리스 세계에서 이루어진 자유가 아름답다고 여겨지는 이유는 고대 폴리스에서 실행된 민주주의에서 개별자와 보편자 혹은 사적인 것과 공적인 것의 구별이 자각되지 못한 채 이 둘 사이의 직접적인 통일이 이루어져 있었기 때문이다. 그리하여 고대 그리스 세계에서의 공동체 의식은 천진난만한 상태에 있었으며 마찬가지 이유로 사적인 삶의 자율성과 공동체의 삶이 전혀 분리되지 않은 상태에서 시민의 개인적 삶은 온전하게 전체, 즉 조국의 영광과 번영에 받쳐져 있었다. 전체 공동체의 이익이나 국가의 공적 업무 등에 대한 헌신은 아테네 시민들에게는 확고부동한 관습이나 습관에 의한 것처럼 제2의 천성으로 된 것이라는 점에서 공적인 삶과 사적인 삶은 직접적인 통일이 이루어져 있었다. 따라서 폴리스를 통한 삶이야말로 시민들에게 가장 자연스러운 삶으로 여겨졌을 뿐 이런 공동체적 삶과 유리된 상태에서 혹은 시민적 삶에 등을 돌리고 살아가는 삶은 페리클레스가 사용한 한마디로 표현하자면 "쓸모가 없는" 것이었다.[42] 이런 고대 아테네의 의식을 아리스토텔레스는 다음과 같이 표현하고 있다. "시민들 중 어느 누가 그 자신에 속한다고 말해서는 안 된다. 오히려 각자가 국가의 일부이기 때문에 모두가 국가에 속한다고 우리는 생각해야 한다."[43]

---

41) G. W. F. Hegel, *Vorlesungen über die Philosophie der Weltgeschichte*, Band II–IV, Hamburg, 1988, 602쪽.

42) 페리클레스의 연설에 등장한 고대 아테네 민주주의 이상에 대한 상세한 설명을 위해 졸고, 「고대 그리스 민주주의」, 『민주주의 강의 1. 역사』, 민주화운동기념사업회 연구소 편, 2007, 도서출판 오름, 54쪽 이하 참고 바람.

43) Aristoteles, *Politics*, 앞의 책, 635쪽 이하.

헤겔에 의하면 "그리스인들이 지녔던 아름답고도 행복한 자유의 상태"는 "사람들이 매우 부러워해왔고 지금도 부러워하는 것이다."[44)]

헤겔이 고대 아테네에 가장 어울리는 것으로 평가한 직접민주주의를 왜 비판하는지를 보다 구체적으로 살펴보자. 우선 앞에서 언급한 첫 번째 문제점, 즉 아테네의 직접민주주의는 근본적으로 배타성을 강하게 지닌 체계라는 지적을 살펴보기로 하자. 헤겔에 의하면 근대의 원리, 즉 주관성과 특수성의 원리를 인정하지 않는 모든 국가형태는 불완전하다. 그런데 직접 민주주의 역시 주관성의 원리를 온전하게 담아내지 못하고 소수의 시민들에게만 국가의 성원 자격을 허용하는 정치질서였다는 점을 헤겔은 지적한다. 사실상 고대 아테네 도시국가에서 찬란한 꽃을 피운 직접 민주주의는 "주관적 자유의 원리"를 알지 못했다. 이 원리는 고대 아테네 정치공동체에 "이질적인 원리"이다. 달리 말하자면 소피스트 및 소크라테스에 의해서 전면적으로 시작되는 내면성과 양심의 원리, 사적 삶과 공적 삶의 뚜렷한 구분 등을 가능하게 하는 주관적 자유의 원리는 고대 아테네의 삶의 원리에 낯선 것이었으며, 그것은 고대의 정치적 공동체의 삶의 형식을 "파괴시키는 원리"로 작용했을 뿐이었다.[45)]

고대 아테네 세계가 지니는 근본적인 한계를 지적하면서 헤겔이 사용하는 용어가 바로 '인간'이다. 즉 고대 그리스 세계는 아직 "인간 개념"을 알고 있지 못했다는 것이다.(12, 305) 달리 말하자면 인간이 인간으로서 누리는 인격적 존엄성과 자유롭고 평등한 인격적 존재의 보편적 특성에 대한 자각은 그리스 세계가 알지 못하는 원리라는 것이다. 바로 이런 평등하고 자유로운 인간의 보편적 특성에 대한 인식의 부재는 고대 그리스의 도시 국가에 적합한 민주주의가 작동하기 위한 필수적인 전제조건이었다고 헤겔은 생각한다. 헤겔은 그리스 공화국, 즉 그리스의 직접민주주의가 지니는 세 가지 특성을 언급하는데 그것은 바로 신탁에 의한 정치, 노예제도 그리고 소규모의 도시국가이다.(12, 310이하)[46)] 즉 이 세 가지는 바로 고대 아테네의 자유 공화국이 적절하게 실현될 수 있는 필수적인 조건들이다. 고대 민주주의를 가능하게 한 조건들을 언급하는 과정에서 눈에 띄는 점은 고대 민주주의와 노예제도 사이의 논리적 연관성에 대한 서술이다. 헤겔은 아테네 폴리스가 노예제도를 운영하고 있었다는 점을 갖고 그것의 논리적 한계를 지적하지 않는다.

44) Hegel, *Jenaer Systementwürfe III*, 앞의 책, 262쪽.

45) Hegel, *Vorlesungen über die Philosophie der Weltgeschichte*, Band II–IV, 앞의 책, 600쪽 참조.

46) 여기에서 헤겔은 공화국과 민주주의를 동의어로 사용하고 있음에 주목할 필요가 있다.

물론 앞에서 언급한 것처럼 인간이 인간 자체로서 자유롭고 평등한 존재이며 존엄한 존재라는 근대적 인식이 부재했고 노예에게 폴리스가 존재하지 않는다는 사실을 자연스러운 것으로 받아들였는데, 오늘날의 우리들은 이런 것들에 대해 공감을 느낄 수 없다. 노예제도가 잔인하고 인격성의 원리에 위배되는 것이라는 점을 인정하고 노예제도의 사실 자체에 대한 단순한 지적으로 고대의 시대적 한계 및 정치적 질서의 불충분함을 논하는 것은 충분하지 않다. 그것은 너무나 손쉬운 일이기 때문이다. 헤겔은 고대의 민주주의 자체가 필연적으로 노예제도를 요구하고 있다고 비판한다. 왜 그런가? 헤겔은 "덕(Tugend)이 민주주의의 토대이다"라는 몽테스키외의 규정을 인용하면서 이는 민주주의의 핵심을 정확하게 표현하고 있다고 말한다. 사실 몽테스키외에 의하면 공화정에는 민주주의와 귀족정이 동시에 포함된다. "인민 전체가 최고의 권력을 갖는" 공화정은 민주주의이고 "인민의 일부분의 수중에 최고의 권력이 존재한다면" 그것은 귀족정이라는 것이다. 하여간 몽테스키외는 민주주의의 원리로서 간주된 덕, 보다 정확히 말하자면 "정치적 덕성"을 "조국에 대한 사랑" 혹은 "평등에 대한 사랑"이라고 규정한다.[47] 이 조국에 대한 헌신과 사랑이 민주주의적 공화정을 가능하게 하는 원리라는 것이다. 즉 공공선에 대해 숙고하고 자유로운 공화국의 정치적 활동에 참여하는 삶을 통해서 시민은 자유로울 뿐만 아니라 인간의 인간다움, 즉 인간의 본성을 실현할 수 있으리라는 고대 아테네인들의 사유방식은 바로 조국에 대한 사랑을 통한 민주주의의 실현이라는 이상을 잘 보여주는 것이다. 그러나 이렇게 공공선과 공적인 업무를 모든 시민들의 삶의 가장 궁극적인 것이자 본질적인 것으로 여기는 태도는 시민의 역할을 담당할 사람들을 특정한 범위로 좁게 한정하고 이 영역 밖에 있는 존재들을 배제하는 경향을 보여주기 쉽다. 바로 여기에서 헤겔은 고대 아테네 민주주의의 근원적 한계를 볼 뿐 아니라, 아테네 민주주의가 노예를 필연적으로 요구하고 있음을 지적한다. 앞에서 보았듯이 시민의 덕성이 민주주의의 근원적인 생명력인 한, 그리고 정치적 공동체의 일원으로 공공 사안들을 스스로 결정하는 활동을 통해 인간의 본성을 실현할 수 있다고 보는 한 시민들의 수는 한정될 수밖에 없다. 아리스토텔레스가 여성과 노예 등은 본성상 정치적 활동에 어울리지 않는 존재로 설정하고 이들을 폴리스에서 배제하는 것은 이를 잘 보여준다. 이렇게 시민의 역할에 대해 배타적 경계를 설정하지 않는다면 시민적인 탁월성을 갖고 공적 사안에 대해 충분히 숙고할 역량을 소유하고 그런 시민적 덕성들을 배양할 수 있는 길이 모든 사람

47) Montesquieu, *Vom Geist der Gesetze 1*, 앞의 책, 3쪽과 19쪽 참조.

들에게 열려 있다고 생각해야 할 것이다. 그러나 이런 생각은 쉽게 받아들여질 수 없는 가정이다.

공적 삶과 사적 삶의 직접적인 일치를 가져왔던 아테네 폴리스의 삶의 방식의 고귀함과 아름다움에 대한 한없는 찬사 속에서도 헤겔은 다음과 같이 묘사한다. "노예제도는 각 시민이 공공의 장소에서 국가 행정에 대한 연설을 하고 그것을 경청하는 권리와 의무, 체육관에서 자신의 신체를 단련할 권리와 의무 그리고 축제를 공동으로 거행할 권리와 의무를 지녔던 그런 아름다운 민주주의의 필연적 조건이었다." 간단하게 말하자면 "시민들의 평등"과 "노예들의 배제"는 상호 공속하는 것이다."[48)]

직접민주주의는 다수의 폭정에 의해서 소수자의 권리를 억압하거나 인간의 여러 권한들이나 활동들을 억압할 수 있다는 점에서도 문제가 있다. 즉 인민이 최종적인 권한을 행사하는 것을 민주주의로 이해하고 이 주권 행사의 합리성 여부를 묻지 않는다면 그것은 모든 자의적인 권력행사를 정당화하는 것으로 귀결될 것이다. 이는 인민 대중의 이름으로 혹은 인민의 이름으로 행사되는 전제정에 다름 아닐 것이다. 현대 사회에서처럼 복잡하고 다양한 이해관계가 대립할 수밖에 없는 조건에서 직접 민주주의를 실현하려는 시도는 그 의도의 선함과는 무관하게 "전제정"(Despotismus)을 불러일으키기 쉽다고 헤겔은 염려한다. 근대 사회에서 민주주의를 실현하고자 하는 것은 모순적인 결과를 도출할 수밖에 없기 때문에 프랑스 혁명에서도 "민주주의로서의 공화주의적 헌법이 등장할 수 없었다"고 헤겔은 말한다. 오히려 전제정은 "자유와 평등의 가면을 쓰고" 시민의 신임을 얻게 된다는 것이다.[49)] 루소에 영감을 받은 로베스피에르의 자코뱅 정치가 테러로 귀결된 것은 루소의 정치이론이 현실에 적용되었을 때 어떤 결과를 가져올 수 있는가를 보여주는 사례라고 볼 수 있다. 프랑스 혁명기에 자코뱅파의 지도자인 로베스피에르는 정치적 덕성과 공포의 결합을 내세우면서 공포는 "민주주의 원리의 소산"이라고 주장했다.[50)]

레오 스트라우스 역시 루소가 내세운 일반의지는 우리를 옳고 그름 및 정의로움과 부당함의 경계를 허물어버리고 모든 것을 정당화하는데 기여한다. 왜냐하면 일

---

48) G. W. F. Hegel, *Vorlesungen über die Philosophie der Weltgeschichte*, 앞의 책, 610쪽 이하.

49) 같은 책, 609쪽. A. 토크빌은 "노예상태는 국민주권의 이름 아래 성립할 것"이라고 염려한다.(『미국의 민주주의 II』, 임효선 · 박지동 옮김, 1997, 한길사, 890쪽)

50) 홍태영, 『국민국가의 정치학』, 후마니타스, 2008, 86쪽 참조.

반의지가 정의의 궁극적인 기준으로 설정되면 "식인풍습은 그것에 대한 반대와 마찬가지로 똑같이 정의로운 것"으로 받아들여질 것이기 때문이다. 즉 루소의 일반의지에 대한 이론에 의하면 "인민의 마음에 의해서 신성화된 모든 제도는 거룩한 것으로 간주되어야만 하는 것"이라는 결론을 피할 수 없다는 것이다.[51)]

시민의 덕성들 중에서도 조국과의 일체감, 즉 조국에 대한 사랑을 가장 궁극적인 시민의 덕으로 설정하는 아테네의 직접민주주의는 근대 세계에서처럼 경제적 활동의 자유를 적극적으로 긍정하지 않고 있었다. 오히려 고대 아테네는 부의 불평등이 정치적 자유를 위협하지 않을까 걱정하여 "다양한 선택의 자유"에 제한을 가했음을 헤겔은 이미 청년시절에 지적하고 있다.(1, 289) 후기 헤겔은 근대 산업사회의 해방적인 의미를 적극적으로 긍정하고 부르주아적 시민사회와 국가의 구별을 통해 이 둘 사이의 연결의 가능성을 모색했음은 널리 알려져 있다. 이제 우리는 다시 루소가 제기한 딜레마에 서 있다. 즉 시민적 덕성과 이를 부패하게 만드는 상업 및 산업 활동, 간단히 말해 조국애와 이를 부패시키는 돈에 대한 욕구는 더 이상 화해할 수 없는 것인가 하는 루소적 물음에 서 있는 것이다.

이미 앞에서 설명한 것처럼 헤겔이 보기에 이런 루소적인 물음은 잘못된 것이다. 근대 사회에서는 고대 아테네에서 실현된 민주주의가 부활하는 것은 불가능하며 설령 그것을 실현시키고자 해도 그 시도는 무시무시한 공포의 정치로 전락하고 말 것이라는 것이 헤겔의 생각이다. 그리하여 헤겔은 이제 모든 인간을 이기심과 물질적인 이해관계에 몰두하게 만들고 있는 근대적인 상황과 조건 속에서 고대 아테네의 정치 공동체의 배타성과 억압성의 한계를 극복하면서 공화주의적 자유를 보전할 수 있는 가능성을 모색하게 된다.

---

51) L. Strauss, 『정치철학이란 무엇인가』, 앞의 책, 70쪽. 물론 루소 자신이 전체주의적 성향을 지닌 정치질서를 정당화했다고 주장하는 것은 잘못된 일이다. 다만 여기서는 루소의 일반의지 이론이 안고 있는 하나의 경향을 영향사적인 차원에서 검토하고 있는 것이다. 루소의 이론 속에 개인의 자유에 대한 절대적 긍정과 전체주의적 성향 사이의 긴장이 내재되어 있다는 것을 잘 알려져 있다. 이에 대해서는 필자의 책, *Praktische Vernunft und Geschichte bei Vico und Hegel*, Würzburg, 2002, 285쪽 이하를 참고 바람. 또한 잘 알려져 있듯이 많은 칸트주의자들, 가령 에른스트 카시러(E. Cassirer)는 루소의 일반의지에서 칸트적인 실천이성의 규제적인 이상과 보편타당한 도덕법칙의 원리, 즉 정언명법을 도출해낼 수 있다고 믿는다.(*Rousseau, Kant, Goethe*, 앞의 책, 33쪽 이하 참고 바람.) 이런 시도가 안고 있는 문제점에 대한 예리한 비판으로는 한스 벨첼(H. Welzel)의 책, 『자연법과 실질적 정의』, 박은정 옮김, 삼영사, 2001, 228쪽 이하 참고 바람.

Ⅲ. 주체성의 원리와 근대세계의 이성적 국가의 원리들

헤겔에게 있어 근대는 종교개혁, 시민사회, 계몽주의 등을 통해 구성된 역사적 산물이다. 이는 근대가 인류사의 하나의 시대라는 것을 의미한다. 요컨대 근대는 종교개혁에 의해서 사상의 자유 및 종교적 관용을 허용하면서 경제적 활동 영역이 국가로부터 독립되어 사회적으로 해방된 개인들이 각자의 목적을 스스로 선택하고 추구하는 자유를 보편적 권리로서 보증하는 국가를 형성하는 시기이다. 그리하여 헤겔은 근대에 이르러 "주관성의 원리"가 시대의 근본원리로 등장하게 되었고, 이런 점에서 다른 시대에 비해 근대는 더 고차적이라고 평가한다. 헤겔은 주체성의 원리 위에 형성된 근대적인 이성적 국가의 모습과 그것의 본성을 다음과 같이 설명한다.

"국가는 구체적 자유의 현실이다. 그러나 **구체적 자유**는 다음과 같은 점에서 존립한다. 즉 우선 개인의 개별성과 특수한 이해관계가 완전히 **전개**되어 **개인의 권리**를 대자적으로 (가족과 시민 사회의 체계 내에서) **인정**받는다는 데에 존립한다. 그뿐만 아니라 개인들이 한편으로는 자기 스스로를 통해 보편자의 관심으로 **이행하고**, 또 한편으로는 앎과 의지를 가지고 보편자를 인정하되, 더욱이 보편자를 개인들 자신의 **실체적 정신**으로 인정하고 그들의 **궁극목적**이기도 한 보편자를 위해 **활동**한다는 데에 존립한다. 그래서 보편자는 특수한 이해관계와 앎, 그리고 의욕이 없다면 타당하게 될 수도 수행될 수도 없다. 또한 개인들은 단지 특수한 이해관계와 앎, 그리고 의욕만을 추구하면서 사적인 개인으로 살아갈 수도 없으며, 동시에 보편자 속에서 보편자를 위하여 의욕하거나 이러한 목적을 의식하는 활동을 하지 않을 수 없다. 근대 국가의 원리는 주체성의 원리를 개인의 특수성이라는 **독립적 극단**에까지 완성시켜서 동시에 이 주체성의 원리를 **실체적 통일** 속으로 **환수**하고 실체적 통일을 주체성의 원리 속에 보존하는 이러한 거대한 힘과 깊이를 지닌다." (7, 406이하)

위 인용문이 보여주듯이 근대 국가는 개인의 해방을 전제한다. 인간이 인간으로서 자유롭다는 생각은 헤겔에 의하면 아프리카와 동양의 전 대륙에는 알려져 있지 않았던 이념이다. 그리스와 로마, 플라톤과 아리스토텔레스 그리고 스토아학파 역시 정신의 본질을 구성하는 자유의 이념과 그 보편적 성격을 분명하게 인식하지 못했다. 아테네 시민이 누렸던 자유는 아테네 시민이라는 자연적인 출생의 조건에서 자유롭지 못했다. 따라서 그리스인들은 아직 "인간 그 자체", 달리 말하자면 "이성적 자기의식으로서의 인간이 자유를 가질 권리가 있다는 것을 인식하지 못했다."(10, 224) 마찬가지로 헤겔은 로마법에서의 인격에 대한 규정을 비판적으로 바라본다. 로마법에서 인격은 노예에 대비되는 "**신분, 상태**"이었다고 그는 지적한다. 그래서 로마법에서 어린아이도 포함된 노예에 대한 권리라든가 돈에 의해서 노예로 팔리게 되는 경우에서처럼 자유로운 인격의 권리를 누리는 신분상태의 변동이나 상실로 인해 권리를 박탈당하는 경우가 있음을 언급한다.(7, 99)

인간의 보편적 자유에 대한 인식의 확보와 이의 구체적인 실현은 바로 세계사의 과정이기도 하다. 이 세계사의 과정에서 프랑스 혁명은 기독교 못지않은 중대한 의미를 지닌다. 프랑스 혁명이 인간이 인간으로서 지니는 자유의 인식을 모든 국가 및 사회 그리고 법적 규범의 근본 원리로 고양시켰기 때문이다. 달리 말하자면 프랑스 혁명에 의해서 인간이 "유대교도, 가톨릭교인, 신교도, 독일인, 이탈리아인 등이기 때문이 아니라" "인간이기" 때문에 고귀한 인격적 주체이라는 생각은 모든 인간의 사회생활의 기본원리로 천명되었던 것이다.(7, 360) 그것을 증명하는 것이 바로 프랑스 혁명 당시의 인권선언이다. 그래서 프랑스 혁명의 이전 상태로 되돌아가는 것은 역사의 후퇴이다. 자유의식의 진보의 과정을 헤겔은 기독교와 프랑스 혁명을 염두에 두면서 다음과 같이 말한다. "**인격의 자유**가 기독교를 통하여 만발하기 시작하고 게다가 인류의 일부분에서 보편적인 원리가 된 것은 대략 150년이 지났다. 그러나 **소유의 자유**는 여기저기에서 원리로서 인정된 것은 어제 이후라고 사람들은 말할 수 있을 것이다."(7, 133)

고대적 자유와 구별되는 근대적 자유의 탄생은 그것이 안고 있는 몇 가지 문제점과 한계에도 불구하고 헤겔에게는 취소되거나 거역될 수 없는 것이었다. 헤겔은 자유로운 인격적 주체로서의 인간의 보편적 평등의 이념을 받아들인다. 그는 어린 자녀들 역시 법적 주체라고 이해하면서 그들은 양육되고 교육되어야만 한다고 말한다. 그런데 중요한 것은 이러한 것을 부모들의 단순한 도덕적 의무로만 보는 것이 아니라 어린 자녀들은 양육되고 교육받을 권리를 지닌 주체라는 헤겔의 입장이다.(7, 326) 앞에서 인용된 구절에서도 보듯이 헤겔에 의하면 근대의 국가는 가족과 시민사회에서의 개인의 권리들을 철저하게 보장하는 토대 위에서 비로소 굳건해질 수 있다. 그리하여 헤겔은 "주관적 자유의 권리"를 "시민사회의 원리"이자 "정치적 헌법의 계기"로서 강조한다.(7, 233) 시민사회의 원리에서 누리는 주관적 자유의 구체적 예들은 소유권의 보장이나 직업선택의 자유뿐만 아니라 직업단체 및 자발적인 결사체들의 결성의 자유 등을 포함한다. 더 나아가 헤겔은 근대의 이성적인 국가는 입헌군주제의 형태를 띤 제한 정부이어야 한다고 주장한다. 입헌군주정은 세계사의 진행과정에서 게르만 세계에서 비로소 구체화된 모든 사람들의 자

유를 제도적으로 보장하는 헌법적 질서라는 것이다.(7, 435; 10, 339)

입헌군주정을 구성하는 중요한 제도들 중 군주의 권한을 제외하면 여론의 중요성, 신분제적 대의제도 그리고 관료제도 등을 열거할 수 있다. 그 중에서도 여론 수렴 기관이자 입법기관으로서의 신분제적 대의제도를 통해 헤겔은 고대의 직접민주주의와는 다른 형태이긴 하지만 일반 국민들의 정치적 참여의 문제를 해결할 수 있다고 생각한다. 즉 모든 공적인 사안들에 대해 인민이 직접 참여하여 결정하는 것은 근대에서 불가능할 뿐만 아니라 바람직하지 않다고 보기 때문에 헤겔은 인민의 정치적 참여의 범위를 직업단체들을 매개로하여 국회에서 자신들의 이익을 대변할 대표자들을 선택하는 행위로 국한하고 있다. 근대 국가의 필수적 요소인 대의제도는 고대 그리스의 민주주의에는 알려져 있지 않은 것이다. 고대 그리스의 정치제제로서의 직접 민주주의와 근대 유럽에서의 정치체제 사이의 차이점에 대한 생각은 이미 청년기 헤겔에게서도 발견된다. 그는 "대의정치 체계는 모든 근대 유럽 국가의 체계이다"라고 말한다.(1, 533) 대의체제를 근대적인 현상으로 보는 것은 루소도 마찬가지다. 물론 그 평가에서 헤겔과는 상반되지만 말이다. 주지하듯이 루소에게 주권은 대표될 수 없으며, 대의제도는 인간의 자유를 공허하게 만들고 노예로 만드는 제도에 지나지 않는 것이었다.[52)]

앞에서 설명된 근대의 합리적 국가에 대한 설명에서 핵심적인 요소들은 소위 근대적 자유의 요소들이다. 이런 점에서 헤겔의 정치철학은 철저하게 자유주의적인 측면을 포함하고 있다. 헤겔의 정치철학의 근대적 특성 그리고 그의 이론이 근대의 대표적인 자유주의 전통과 갖고 있는 구조적인 친화성을 보다 분명히 하기 위해 고대인의 자유와 근대인의 자유에 대한 구별의 역사를 좀 더 살펴보기로 하다. 고대인의 자유와 근대인의 자유의 비교에 대해 널리 알려진 벤야민 콩스탕의 주장은 다음과 같다. "고대의 자유는 사회적 권력을 행사하는 데에서 시민들에게 가장 커다란 몫을 확실하게 하는 것이다. 근대의 자유는 그들의 정부로부터 시민들의 독립을 보장하는 것이다. 그들의 특성의 결과로서 고대인들은 행위에 대한 최우선적인 욕구를 갖고 있었다. 그리고 행위에 대한 욕구는 사회적 권위의 거대한 증가와 쉽게 용화되었다. 근대인들은 평화와 향락을 필요로 한다. 평화는 단지 시민들이 괴로움을 당하지 않도록 보호하는 제한된 수의 법률에서만 발견될 수 있다. 향락은 개인의 자유의 광범위한 여유에 의해서만 보호된다. 이러한 향락의 희생을 요구하는 어떤 입법도 인류의 현재의 조건과 양립할 수 없다."[53)]

---

52) J.-J. Rousseau, *Politische Schriften*, 앞의 책, 제3권 15장 참조 바람.

고대인의 자유는 "공적인 업무 참여, 주권의 직접적 행사"를 본질로 하기 때문에 이런 "집단적 자유는 전체의 자유에 개인의 자유가 완전히 종속됨"을 요구함에 의해 "의견, 산업, 종교 등의 문제에서 어떠한 개인의 자유도 인정"하지 않는데 반해, 근대인들에게 자유는 "사적인 삶 속에서 독립된 존재"로서 스스로 선택한 삶을 향유하는 것을 의미한다. 즉 근대인들에게 자유는 무엇보다도 "사적인 독립의 향유"를 의미한다고 콩스탕은 말한다.[54] 이처럼 모든 사람들이 공적인 사안에 대해 숙고하면서 직접 결정을 내리는 사회에서 개인들이 누리는 사적인 자유들은 많은 제약을 받을 수밖에 없기에 고대인의 자유는 근대인의 자유와 양립할 수 없다는 콩스탕의 결론이 중요한 것이 아니다. 고대적 자유에 대한 콩스탕의 태도는 루소의 그것과 정반대이긴 하지만 콩스탕과 루소는 상업과 고대적 자유 사이의 대립을 설정하고 있다는 점에서는 강한 공통성을 보여준다. 콩스탕의 두 자유관의 대조가 보여주는 핵심적인 문제제기는 과연 자유와 산업 사이에는 필연적인 연관성이 존재하느냐는 것이다. 물론 콩스탕은 "상업"은 "자유의 주요한 기초들의 하나"라는 점을 강조한다.[55] 그러므로 콩스탕은 각 개인의 사적인 소유를 제도에 의해 보호하는 것을 근대인들의 주된 목표로 생각하면서 국가에 의해서 침해받을 수 없는 개인의 사적인 자유공간을 창출한다는 점에서 상업과 산업의 발달이 지니는 정치적 효과의 긍정성에 주목한다. 자유주의 사상가인 콩스탕의 주장이 보여주듯이 이제 근대인들에게 자유란 우선적으로 국가나 힘을 갖고 있는 자의적인 의지로부터 방해를 받지 않고 자신이 하고자 하는 바를 행하는 것으로, 즉 부당한 간섭을 받지 않으면서 권리를 행사하는 것이라는 점이 분명해진다. 콩스탕의 새로운 근대적 자유에 대한 긍정적인 태도는 근대에서 전면적으로 등장한 자본주의 시장경제 질서의 확산과 더불어 고전적인 공화주의적인 전통 속에서 가치 있는 것으로 여겨졌던 자유의 개념이 왜 많은 근대의 자유주의적 사상가들에 의해 망각되거나 위험한 것으로 치부되는지를 잘 보여준다.

아담 스미스 역시 개인의 사적 이익의 추구가 가져오는 긍정적인 정치적 효과에 주목하고 있다. 그는 『국부론』의 제3편 4장에서 다음과 같이 말한다. "상업과 제조업은 시골 주민들 사이에 질서와 훌륭한 정치 그리고 개인의 자유와 안전을 점차로 도입하는데, 그들은 이전에는 인근 주민들과의 끊임없는 전쟁상태에서, 그리고

---

53) S. Holmes, *Benjamin Constant and the Making of Modern Liberalism*, 앞의 책, 31쪽에서 재인용.

54) 홍태영, 『몽테스키외& 토크빌』, 김영사, 2006, 116쪽에서 재인용.

55) 같은 책, 54쪽.

영주들에 대한 노예적인 종속상태에서 살았다. 이 점이 지금까지 거의 관찰되지 않은 바이지만 상업과 제조업의 효과 중 가장 중요한 것이다. 내가 알고 있는 한, 흄은 그것을 주목한 유일한 저자이다."[56] 스미스에 의하면 상업과 제조업은 개인의 자유와 안전을 가능하게 하고 봉건제적인 억압과 예속상태에서 인간을 해방시키고 독립적인 존재로 만들며 사람들 사이의 전쟁상태를 종식시켜 질서와 평화를 가능하게 하는 등 많은 정치적 효과를 가져 온다. 이런 주장은 실로 근대의 대부분의 자유주의 사상가들이 동의하는 것이다. 물론 앞에서 인용된 부분에서 틀린 부분이 있는데 그것은 흄에 관한 것이다. 스미스는 흄만이 상업과 제조업의 긍정적인 정치적 효과에 주목한 유일한 사상가라고 하는데 이는 물론 지극히 부당한 것이다. 이미 프랑스 계몽주의 철학자를 대표하는 사람인 몽테스키외는 『법의 정신』에서 상업과 산업의 발달이 자유정신을 촉진하고 군주의 자의적인 권력행사를 막을 것이라고 생각하여 상업의 발달이 폭정에 대한 가장 효과적인 수단으로 생각했다.

몽테스키외는 루소와 마찬가지로 당대의 "정치가들은 단지 상업과 영업, 재정과 부에 대해서만 말할 뿐"이라고 말하면서 이를 민주주의의 덕성을 부패하게 만드는 것으로 설명한다.[57] 달리 말하자면 "사치로 인해 공화정은 몰락"[58]하고 "상업의 결과가 부이고 부의 결과는 사치인"[59] 한, 상업과 공화정이 양립하기 어렵다고 생각한다. 이처럼 몽테스키외는 지나치게 풍요롭지도 않고 부의 불평등이 심하지 않은 곳에서만 민주주의가 제대로 작동할 수 있다는 고전적 공화주의적 사상을 이어받고 있다.[60] 그럼에도 그는 "상업에 기초하고 있는 민주주의"는 습속이 부패하지 않는 경우가 있다고 주장한다. 그는 이런 주장을 상업정신이 초래하는 긍정적인 효과에 기대어 정당화한다. 즉 "상업정신(esprit de commerce)은 질박함, 검약, 절제, 근면, 지혜, 평온 그리고 잘 정돈된 질서의 정신을 가져오기 때문"에 이런 정신이 존속되는 한 재산은 "아무런 나쁜 효과를 가져 오지 않는다"는 것이다.[61]

---

56) 아담 스미스, 『국부론 상』, 김수행 옮김, 비봉출판사, 2003, 451쪽.

57) Montesquieu, *Vom Geist der Gesetze 1*, 앞의 책, 35쪽.

58) 같은 책, 141쪽.

59) Montesquieu, *Vom Geist der Gesetze 2*, übersetzt v. Ernst Forsthoff, Tübingen, 1992, 28쪽.

60) 르네상스 시기의 대표적인 공화주의 사상가인 마키아벨리 역시 공화국을 피해에 빠뜨리지 않기 위한 방책으로 "시민들을 가난하게 유지하는 것"을 권고한다.(『로마사논고』, 강정인 · 안선재 옮김, 한길사, 2003, 490쪽)

61) Montesquieu, *Vom Geist der Gesetze 1*, 앞의 책, 70쪽.

몽테스키외는 상업과 공화정의 양립 가능성을 영국에서 구한다. 그는 영국을 "공화정이 군주정의 형태 속에 감추어져 있는 국가"[62]로 묘사하면서 영국을 "현대의 아테네" 혹은 "상업적 공화정"[63]의 모형을 보여주는 것으로 생각한다. 몽테스키외는 영국에 대해서 다음과 같이 말한다. "영국은 현재 세계에서 가장 자유로운 나라다. 내가 자유롭다고 말한 것은 군주의 권력이 법률에 의해 견제, 제한되고 있으므로 군주는 그 누구에게도 해악을 주는 권력을 가지고 있지 않기 때문이다."[64] 그는 또 다음과 같이 말한다. "실제로 인민은 그가 원하는 것을 민주정에서 행할 수 있는 것처럼 보인다. 그러나 정치적 자유는 사람이 원하는 것을 행하는 것 속에 있는 것이 아니다. 〔……〕 민주주의와 귀족정은 그들의 본성에 따라서 결코 자유로운 국가가 아니다. 정치적 자유는 단지 절제된 정부형태들에서만 존재한다. 그러나 정치적 자유는 절제된 국가들에서 항상 존재하지는 않는다. 그것은 사람들이 권력을 남용하지 않을 경우에만 존재한다. 그러나 권력을 가진 모든 사람은 권력을 남용하는 경향이 있다는 것은 영원한 현상이다. 권력남용은 한계에 이르기까지 계속된다. 덕성조차도 한계를 필요로 한다. 권력을 남용하지 못하도록 하기 위해서 사물들의 질서의 도움을 받아 권력이 권력을 제한하도록 해야 한다."[65] 영국이 근대 상업사회의 조건에 어울리는 공화정을 실현하고 있으며 심지어 고대 공화정보다도 더 우월한 정치체제를 갖추고 있는 나라로 생각하는 주된 이유는 바로 그것이 보여주는 권력분립 때문이다. 즉 영국은 권력 분립을 통하여 절대적인 권력의 행사와 남용을 막는 절제된 정부이기 때문에 가장 자유로운 나라, 혹은 고대 공화정보다도 더 뛰어난 정치질서를 갖춘 나라로 불리는 것이다.[66]

절제된 혹은 제한된 국가에서만 자유가 꽃을 피울 수 있다는 몽테스키외의 믿음은 사실 그의 주저인 『법의 정신』을 관통하는 것이다. 그는 "절제 정신이 입법가를 지배해야만 한다는 주장을 입증하기 위해" 『법의 정신』을 작성했다고 주장한다.[67] 그는 절제된 혹은 제한된 정부가 정치적 자유를 보장해줄 것이라고 주장하면서 정치적 참여의 폭과 범위를 제한하고 권력의 분립에 기초한 대의제도가 근대 사회에 어울리는 정지칠서임을 분명하게 밝힌다. 그는 고대 공화국보다도 더 자유로운 나

62) 같은 책, 100쪽.
63) D. Lowenthal, 「몽테스키외」, 『서양정치철학사 II』, 레오 스트라우스/조셉 크랍시 엮음, 이동수 외 옮김, 인간사랑, 2007, 366쪽.
64) 홍태영, 『몽테스키외&토크빌』, 앞의 책, 41쪽에서 재인용.
65) Montesquieu, *Vom Geist der Gesetze 1*, 앞의 책, 211쪽 이하.
66) 같은 책, 225쪽 참고 바람.
67) Montesquieu, *Vom Geist der Gesetze 2*, 앞의 책, 350쪽.

라라고 부르는 영국의 헌법에 대해 설명하면서 영국의 입헌군주정의 유용성을 다음과 같이 설명한다. "대표자들의 커다란 이점은 그들이 공공의 업무들을 다룰 능력이 있다는 데 있다. 인민은 결코 그런 일에 적합하지 않다. 그것은 민주주의의 커다란 결점들의 하나를 형성한다. 〔……〕 대다수의 고대 공화국들은 커다란 결점을 지니고 있었다. 즉 인민은 어떤 집행을 필요로 하는 능동적인 결정들을 행할 권리를 갖고 있었지만, 인민은 이런 일을 전혀 할 수 없는 것이다. 인민은 대표를 선출하기 위해서만 통치의 영역에 관여해야 하는데, 이 일은 인민의 능력에 아주 어울리는 것이다. 인간의 능력의 정도를 정확히 아는 사람의 수는 매우 적지만, 그럼에도 불구하고 각자는 일반적으로 그가 선택하는 사람이 대부분의 다른 사람들보다 더 식견이 있는지의 여부를 알 수 있다."[68]

이제 콩스탕이나 몽테스키외 등의 근대 자유주의 정치이론가들이 보기에 정치참여에 대한 일정한 제한, 대의제도, 권력분립 그리고 제한정부의 이념을 통한 개인의 사적 영역의 확보 등은 근대 산업사회의 조건에서 자유를 가능하게 하는 헌법적인 제도적 장치들이라는 점이 분명해진다. 그런데 앞에서 이미 지적한 것처럼 이런 주장들은 헤겔의 정치철학의 핵심적인 내용들을 구성하고 있다. 특히 시민사회와 국가의 구별을 통해 인륜적 공동체의 필수적인 구성요소로 경제적 활동을 자유롭게 보장하는 시장사회 그리고 경제적 독립에 기초해서 형성되는 다양한 형태의 자발적인 결사체들과 중간집단들이 다원화되고 분화된 자유를 가능하게 하는 자유 국가의 버팀목이라는 생각은 상업정신과 정치적 자유의 양립 가능성을 모색한 몽테스키외의 입장과 상당히 유사하다. 그러나 우리는 헤겔 정치철학에서 몽테스키외와 루소, 혹은 근대적 자유와 고대적 자유의 종합을 발견할 수 있고, 이런 종합을 통해 헤겔은 근대의 위대한 정치철학자로서의 면모를 보여준다. 그런 점에서 S. 아비네리는 헤겔을 "몽테스키외와 헤르더로 무장"하여 "루소가 미해결의 상태로 남긴 문제"를 해결한 정치철학자로 자리매김한다. 그리고 몽테스키외와 루소의 종합을 성취한 헤겔을 "근대 사회의 최초의 중요한 정치철학자"라고 평가한다.[69]

헤겔이 성취한 고대와 근대의 종합의 의미를 좀 더 자세히 살펴보자. 헤겔에 따르면 근대 국가의 장점과 그것의 고대 그리스의 정치적인 공동체에 대한 우월성은 바로 주관성의 권리를 국가의 근본 원리로 수용한 데에 있다.(7, 407) 달리 표현하

68) Montesquieu, *Vom Geist der Gesetze 1*, 앞의 책, 219쪽 이하.
69) S. Avineri, *Hegel's Theory of The Modern State*, Cambridge, 1972, X.

자면 그에게 있어서 근대국가의 장점은 국가와 가족 사이에, 각 개인들의 사적인 이익 추구로서의 경제적인 영역이 그 주요한 부분을 차지하는 시민사회의 자율성을 보장한다는 데 있다. 이러한 주관적인 자유의 원리가 구현되는 장소가 바로 시민사회이기 때문이다(7, 233). 근대의 주관성의 권리가 지니는 긍정성으로 인해 헤겔은 고대 아테네의 폴리스의 위대성을 인정하면서도 그것은 근대의 조건, 재산과 생명 그리고 노동의 의미를 중요시하는 특히 근대의 부르주아적 시민사회의 조건에는 어울리지 않은 정치질서라고 생각하였다.

그럼에도 헤겔이 국가가 그 자체로서 자유의 실현의 영역이라는 고대 공화주의적 전통을 완전히 버린 것은 아니다. 그는 변형된 형태이지만 고대의 공화주의적 전통을 고수한다. 헤겔에게 국가는 자유주의자들이 생각하듯이 개인들의 사적인 활동을 보장하는 도구나 수단의 의미로 환원되지 않는다고 생각한다. 그는 여전히 국가를 "구체적 자유의 현실"(7, 406)이자 "인륜적 이념의 현실"(7, 398)로서 인정한다. 인간들의 자유로운 관계의 최고의 형태를 추구하는 인륜적 이념이 국가를 통해 비로소 참다운 방식으로 실현될 수 있다는 생각을 헤겔은 다음과 같이 표현한다. "인격의 다른 인격과의 공동성은 개인의 참된 자유를 제약하는 것으로 간주되어서는 안 된다. 그것은 자유의 확장으로 간주되어야만 한다. 최고의 공동성이야말로 최고의 자유이다"(2. 82).

헤겔이 "정치적 자기규정(자치) – 공동체의 정치적 자기규정"을 "공동체의 공공선의 최고의 계기"로 설정하고 있기 때문에 하디몬은 헤겔을 "공화주의자"로 본다.[70] 보다 정확히 말하자면 헤겔은 자유주의적인 성향을 지닌 공화주의자이다. 루소와는 달리 그는 근대 사회에서의 분화와 다양한 이해관계의 분출을 거부하지 않고 오히려 그것이 진정한 의미의 자유를 진전시키는 계기로 작동될 수 있음을 통찰하고 있기 때문이다. 고전적 공화주의적 사유가 존중하는 정치적 자유가 "배타적이고 강제적"일 수 있다는 반론을 비판하면서 마이클 샌덜은 공공 생활이 다원화되고 분화된 사회와 결합될 수 있음을 강조한다. 그러면서 그는 "자유는 공동생활을 요구하지만 그럼에도 불구하고 특수하고 정체성을 형성하는 시민사회의 중간 매체들에 의해 분화되거나 분절되어 있어"야 한다는 "생각"은 헤겔의 사유에 핵심적이라고 지적한다.[71]

---

70) M. O. Hardimon, *Hegel's Social Philosophy. The Project of Reconciliation*, Cambridge, 1994, 210쪽.

71) 마이클 샌델, 『공동체주의와 공공성』, 김선욱 외 옮김, 철학과현실사, 2008, 111쪽, 주석 14. 번역을 약간 변경했음.

헤겔은 고대적인 자치의 이념을 상업사회의 정신과 양립할 수 있는 가능성과 그것의 내적 위험성의 문제를 가장 폭넓은 시야에서 이해한 철학자이다.[72] 헤겔 법철학은 의심할 여지없이 "근대의 정치철학의 가장 위대한 작품 – 국가에 관한 고대적이고 근대적인 사유의 깊이와 폭에 있어서 결코 능가할 수 없는 종합이다."[73]

나가는 말

앞에서 보았듯이 헤겔은 근대와 고대의 화해, 즉 고대적 자유와 근대적 자유의 변증법적 조화 및 종합을 시도하여 근대에서 고대의 민주 공화주의적 자치의 이념이 어떻게 구현될 수 있는지에 대한 나름대로의 대안을 제시하고 있다. 이런 고민과 문제의식은 오늘날에도 여전히 의미 있다. 예를 들어 공동체주의 철학자로 잘 알려진 마이클 샌델(M. Sandel)의 정치이론 역시 헤겔적인 문제의식을 현대적인 맥락에서 계속 발전시키려는 시도로 이해할 수 있다. 그는 공화주의적 전통을 다원주의로 특징 지워지는 현대사회의 조건과 양립 가능한 정치적 기획으로 발전시키고자 하기 때문이다.[74]

그러나 오늘날의 관점에서 볼 때 헤겔의 민주주의의 비판은 나름대로의 문제점을 안고 있다. 그는 근대세계에서는 고대 그리스에서와는 달리 각 개인들이 공적인 업무에 직접적으로 참여하여 이를 심의하고 결정하는 것은 불가능하고 그것이 설령 가능할지라도 아마 규범적으로 바람직하지 않다는 생각을 갖고 있다. 그리하여 그는 각 개인들이 국가의 공적 업무에 대표를 통해, 그것도 직업단체나 집단적 내지 직능적 단체의 구성원의 자격으로 정치적 참여를 하는 것이 보다 더 합리적이라고 생각하였다. 그러나 이런 그의 생각은 문제가 있다. 각 개인이 지니는 인격적 존엄성에 비추어 보거나 공동체의 자기 결정에 적극적으로 동참하는 자치의 활

---

72) 근대 시민사회가 산출하는 부과 빈곤의 양극화 현상이 인가의 공동생활을 파괴할 위험을 안고 있다는 헤겔의 분석에 대해서는 필자의 책, 『차이와 연대』, 앞의 책, 제7장을 참고 바람. 헤겔과는 달리 몽테스키외는 상업정신과 정치적 자유의 연관성을 탐구했으면서도 그 미래에 대해서 낙관적이라는 비판을 받는다. 앨버트 허쉬만, 『열정과 이해관계』, 김승현 옮김, 나남출판, 1994, 112쪽 참고 바람. 그러나 몽테스키외도 상업의 발달로 인해 초래될 수 있는 전제정의 가능성에 대해서 경계를 했다는 주장에 대해서는 홍태영, 『국민국가의 정치학』, 앞의 책, 49쪽 이하, 주석 12 참고 바람.

73) V. Hösle, *Moral und Politik*, München, 1997, 81쪽.

74) 마이클 샌델, 『공동체주의와 공공성』, 앞의 책, 제2장 참고 바람.

동이 지니는 고유한 가치를 전제할 때 우리는 각 개인은 집단의 이름으로 국가의 활동에 참여해야 한다는 착상을 받아들이기 힘들다. 헤겔이 한 것보다 직접민주주의적 요소들을 더 폭넓게 포용하면서도 근대적 자유의 이념들을 포기하지 않는 길이 존재하기 때문이다. 그런데 헤겔 역시 한 때는 민주주의적 이념이 대의제에 의해 전적으로 대체될 수 없음을 지적한 바 있다. 『정신현상학』에서 그는 다음과 같이 말하고 있다. "자신(das Selbst)이 단지 **대표되고**(*repräsentiert*) **표상되는 곳**(*vorgestellt*)에서 자신은 **현실적**이지 않다. 그리고 자신이 대변되는(vertreten) 곳에서 자신은 존재하지 않는다."(3, 435)

직접민주주의에 대한 헤겔의 소중하고 의미 있는 비판적 통찰들을 보편적인 참여와 공적 사안에 대한 공동의 자기 결정의 이념과 창조적으로 결합하려는 시도는 우리들의 몫으로 남아 있다.

참고 문헌

나종석, 『차이와 연대』, 도서출판 길, 2007.

_____, 「고대 그리스 민주주의」, 『민주주의 강의 1. 역사』, 민주화운동기념사업회 연구소 편, 2007, 도서출판 오름.

_____, *Praktische Vernunft und Geschichte bei Vico und Hegel*, Würzburg, 2002.

노르베르토 보비오, 『자유주의와 민주주의』, 황주홍 옮김, 문학과지성사, 1992.

데비드 로웬탈, 「몽테스키외」, 『서양정치철학사 II』, 레오 스트라우스/조셉 크랍시 엮음, 이동수 외 옮김, 인간사랑, 2007.

레오 스트라우스, 『정치철학이란 무엇인가』, 양승태 옮김, 아카넷, 2002.

로버트 워클러, 『루소』, 이종인 옮김, 시공사, 2001.

마이클 샌델, 『공동체주의와 공공성』, 김선욱 외 옮김, 철학과현실사, 2008.

마키아벨리, 『로마사논고』, 강정인 · 안선재 옮김, 한길사, 2003.

버나드 마넹, 『선거는 민주적인가』, 곽준혁 옮김, 후마니타스, 2004.

벤자민 바버, 『강한 민주주의 - 새 시대를 위한 정치참여』, 박재주 옮김, 인간사랑, 1992.

샹탈 무페, 『민주주의의 역설』, 이행 옮김, 인간사랑, 2006.

아담 스미스, 『국부론 상』, 김수행 옮김, 비봉출판사, 2003.

알렉시스 드 토크빌, 『미국의 민주주의 II』, 임효선 · 박지동 옮김, 1997, 한길사.

앨버트 허쉬만, 『열정과 이해관계』, 김승현 옮김, 나남출판, 1994.

이사야 벌린, 『자유론』, 박동천 옮김, 아카넷, 2006.

_____, *Freedom and its betrayal: Six enemies of human liberty*, edited by H. Hardy, Princeton and Oxford, 2002.

한나 아렌트, 『혁명론』, 홍원표 옮김, 2004, 한길사.

한스 벨첼, 『자연법과 실질적 정의』, 박은정 옮김, 삼영사, 2001.

홍태영, 『국민국가의 정치학』, 후마니타스, 2008.

_____, 『몽테스키외 & 토크빌』, 김영사, 2006.

C. B. 맥퍼슨, 『소유적 개인주의의 정치이론』, 이유동 옮김, 인간사랑, 1991.

Aristoteles, *Politics*, translated by H. Rackham, Cambridge 2005.

Avineri, Shlomo, *Hegel's Theory of The Modern State*, Cambridge 1972.

Cassirer, Ernst, *Rousseau, Kant, Goethe*, Hamburg 1991.

Ehrenberg, John, *Civil Society. The Critical History of an Idea*, New York and London 1999.

Habermas, Jürgen, *Der philosophische Diskurs der Moderne*, Frankfurt 1988.

Hardimon, Michael, O., *Hegel's Social Philosophy. The Project of Reconciliation*, Cambridge 1994.

Hegel, *Hegel Werke in zwanzig Bänden*, hg. v. E. Moldenhauer und K. M. Michel, Frankfurt 1969–1971.

_____, *Hegel, Jenaer Systementwürfe III*, G. W. F. Hegel, *Gesammelte Werke*, Band 8, unter mitarbeit von J. H. Trede, hg. v. R.-P. Horstmann, Hamburg 1976.

_____, *Vorlesungen über die Philosophie der Weltgeschichte*, Band II–IV, Hamburg 1988.

Henrich, Dieter, "Leutwein über Hegel. Ein Dokument zu Hegels Biographie", in: Hegel-Studien, hg. v. F. Nicolin und O. Pöggeler, Band 3, Bonn 1965.

Holmes, Stephen, *Benjamin Constant and the Making of Modern Liberalism*, New Haven and London 1984.

Hösle, Vittorio, *Moral und Politik*. München 1997.

Israel, Jonathan, *Radical Enlightenment. Philosophy and the Making of Modernity 1650–1750*, Oxford 2001.

_____, *Enlightenment Contested, Philosophy, Modernity, and the Emancipation of Man 1670–1752*, Oxford 2006.

Löwith, Karl, *Von Hegel zu Nietzsche*, in: *Sämtliche Schriften*, Band 4, Stuttgart 1988.

Montesquieu, *Vom Geist der Gesetze 1/2*, übersetzt v. Ernst Forsthoff, Tübingen 1992.

Rosenkranz, Karl, *Hegels Leben*, mit einer Nachbemerkung zum Nachdruck 1977 von O. Pöggeler, Darmstadt 1977.

Rousseau, Jean-Jacques, *Considerations on the Government of Poland*, in: *Rousseau. The Social Contract and other later political writings*, edited by V. Gourevitch, Cambridge 1997.

_____, *Politische Schriften*, übersetzt von L. Schmidts, Paderborn/München/Wien/Zürich 1995.

_____, *Briefe vom Berge*, in: *Jean-Jacques Rousseau Schriften*, hg. von Henning Ritter, Band 2, Frankfurt 1988.

_____, *Jean-Jacques Rousseau Schriften*, hg. von Henning Ritter, Band 1, Frankfurt 1988.

Schmitt, Carl, *Die geistesgeschichtliche Lage des heutigen Parlamentarismus*, Achte Auflage, Berlin 1996.

Shklar, Judith, *Men and Citizens: A Study of Rousseau's Social Theory*, London 1985.

Briefe von und an Hegel, hg. von Johannes Hoffmeister, Band 1, dritte Auflage, Hamburg 1969.

Hegel's critique of classical Greek democracy and the principle of modern subjectivity

Na, Jong-Seok

In this article I will argue that the greatness and originality of Hegel's political philosophy lies in overcoming the antithesis between the liberties of the ancients and the liberties of the moderns, which Rousseau left unsolved.

Therefore the central aim of this article is to prove that Hegel succeeded in searching for an alternative and synthetic theory of freedom, which enables him to overcome the antithesis between civic virtues like patriotism and commerce or desire for money and reconcile the concept of classical democratic-republic freedom to the modern concept of freedom.

Key Words: the liberties of the ancients, the liberties of the moderns, citoyen, homme, republicanism, patriotism, Hegel, Rousseau, Montesquieu.

이 논문은 2008년 9월 12일에 접수하고 2008년 10월 17일에 심사 완료하여 2008년 10월 24일에 게재가 확정되었습니다.

플라톤의 관여의 변증법과 헤겔의 모순의 변증법

– 상이성 또는 타자성 개념을 중심으로

조 종 화

1. 머리말
2. 비존재와 상이성
3. 상이성 또는 타자성의 유형들
4. 관여의 변증법과 모순의 변증법
5. 동일성과 상이성의 관계

요약문

파르메니데스의 원리와 제논의 역설은 모순율에 근거해서 비존재 또는 다자의 세계를 가능하게 만드는 그런 타자의 존재가능성과 더 나아가 변화하는 현상세계의 존재가능성을 부정한다. 또한 엘레아학파나 소피스트들은 모순배제의 원리에 근거해서 최상의 형상들의 상호결합관계를 단적으로 부정한다.

플라톤은 비존재의 존재와 최상의 형상들의 상호결합관계, 즉 관여사상을 통해서 존재와 비존재의 다층적인 관계, 특히 상이한 것으로서의 비존재의 존재의 다층적인 규정가능성을 근거지우려고 한다. 이를 통해서 플라톤은 형상들의 불변의 세계와 다양한 것들의 변화의 세계의 관계를 해명하려고 한다. 플라톤은 비존재의 존재를 통해서 변화의 세계를 구제하려고 하며, 불변하는 형상들의 상호결합관계를 통해서 존재 또는 현실성의 상이한 존재방식들과 이것들의 공통성 또는 상호연관들을 파악하려고 한다. 다시 말해서 그는 로고스의 가능성을 통해서 현실성 전체를 이해하려고 한다.

플라톤의 형상이론적인 형이상학은 최상의 형상들의 상호결합관계에서 관여사상을 근저에 놓는 변증법이라고 한다면, 헤겔철학은 자기관계하는 타자성과 모순에 근거하는 변증법이다. 그런데 플라톤의 변증법이 모순회피를 위해 관여사상을 자신의 형상이론적인 형이상학에 끌고 들어오는데 반해, 헤겔의 변증법은 모순을 적극적으로 사유하려고 하며, 모순에 근거해서 논리적인 개념들 또는 형상들의 체계적인 전개를 추구한다. 다시 말해 헤겔은 자기관계하는 타자성과 모순의 긍정적인 측면에 대한 고찰을 통해서 플라톤의 관여사상에 근거하는 형상이론적인 형이상학을 역동적으로 이해하려고 한다.

● 주요어 : 비존재, 상이성, 관여, 자기관계하는 타자성, 모순

1. 머리말

플라톤과 헤겔은 서양철학사에서 대표적인 철학자로 알려져 있다. 헤겔은 고대인, 특히 디오게네스 라에티오스의 말에 따라 플라톤을 "변증법의 발명자" 또는 "창시자"라고 부르고, 이것을 플라톤의 "최고의 업적"[1]이라고 평가하며, 플라톤의 철학을 계승하려고 한다. 그래서 헤겔은 플라톤의 이데아들 또는 형상들이 결코 "현실성의 저편에, 하늘에, 하나의 다른 장소"에서 자립적인 세계를 구축한다고 비판하지는 않는다. 오히려 헤겔은 플라톤의 형상들의 세계는 그 자체로 "현실적인 세계"라고 말한다.[2] 플라톤의 형상이론적인 형이상학에서 형상들은 단지 그것들 자체 *내에서* 이념적일 뿐만 아니라, 동시에 현실적인 세계에 대한 관계에서, 이와 함께 현실세계에 *내재하는* 이념적인 것들이다. 이 형상들의 통일적인 세계가 "지성적인 우주, 상호 병존하는 이데아들의 영원한 왕국(ein *kosmos noetos*, ein ewiges Reich koexistenter Ideen)"[3]이다. 헤겔철학의 원리는, 잘 알려져 있듯이, 자기관계하는 부정성 또는 자기관계하는 타자성에 근거한 '동일성과 비동일성의 동

1) G. W. F. Hegel, *Enzyklopädie der philosophischen Wissenschaften* I, § 22 *Zusatz* I, 174쪽과 G. W. F. Hegel, *Wissenschaft der Logik* II, 557쪽(이 책들은 이하에서 Enzy. I과 WL II으로 약칭함). 이하에서 헤겔 저작의 인용과 관련해서, 특별한 언급이 없는 한에서, 모든 인용은 헤겔 선집 G. W. F. Hegel Werke in zwanzig Bänden hrsg. v. E. Moldenhauer u. K. M. Michel, Theorie Werkausgabe Suhrkamp Verlag Frankfurt am Main 1969ff.을 기본적으로 사용함.

2) G. W. F. Hegel, *Vorlesungen über die Geschichte der Philosophie* II. 39쪽.

일성' 또는 '동일성과 구별의 통일'이다. 이 대립물들의 부정적인 통일은 플라톤의 형상들과 마찬가지로 단지 "자기 자신을 사유하는 이념/형식" 일뿐만 아니라 또한 동시에 "자연과 주관적인 정신과 객관적인 정신의 유한한 형태들에서 스스로를 현현하는 또는 그것들에 내재하는 이념/형식" 이다.[4]

이와 같은 양자의 공통점에도 불구하고 플라톤과 헤겔의 철학은 또한 근본적으로 다른 측면을 가지고 있다. 필자는 이하에서 이 양자의 근본적인 차이점을 논구하려고 한다. 여기에서 우선적으로 말한다면 플라톤의 형상이론적인 형이상학은 최상의 형상들의 상호결합관계에서 분여(Teilhabe)사상 또는 관여(Methexis)사상을 근저에 놓는 변증법이라고 한다면, 헤겔철학은 자기관계하는 타자성과 모순에 근거하는 변증법이다. 그런데 플라톤의 변증법이 모순회피를 위해 관여사상을 자신의 형상이론적인 형이상학에 끌고 들어오는데 반해, 헤겔의 변증법은 모순을 적극적으로 사유하려고 하며, 모순에 근거해서 논리적인 개념들의 역동적이고 체계적인 전개를 추구한다. 다시 말해 헤겔은 자기관계하는 타자성과 모순의 긍정적인 측면에 대한 고찰을 통해서 플라톤의 관여사상에 근거하는 형상이론적인 형이상학을 역동적으로 이해하려고 한다. 그래서 헨리히(D. Henrich)는 헤겔철학을 '역동화된 플라톤주의' 또는 '역동적인 일원론'이라고 부른다.[5]

이 근본적인 차이점을 고찰하기 위해 필자는 이하에서 플라톤과 헤겔이 상이성 또는 타자성 개념을 어떻게 파악하고 있는가를 중심적으로 논구하려고 한다. 이것을 위해 우선적으로 필자는 플라톤이 파르메니데스의 존재와 비존재를 어떻게 파악하는지를 먼저 고찰할 것이다. 그런 후에 필자는 상이성 또는 타자성의 유형을 고찰할 것이고, 더 나아가 형상들 또는 논리적인 개념들의 상호결합관계를 플라톤과 헤겔이 어떻게 파악하고 있는지를 비교하면서 고찰할 것이다. 물론 여기에는 플라톤의 변증법과 헤겔의 변증법이 어떠한 본질적인 차이점을 가지고 있는가가 중심적으로 논구될 것이다. 또한 필자는 이 고찰을 통해서 현대 우리사회에서 유행처럼 되어버린 포스트모던적인 사유, 즉 동일성에 *반한* 타자성 또는 차이성을 중시하는 사유에 반해서 동일성과 타자성의 *관계*를 중시하는 고전적인 사유(플라

---

3) M. Theunissen, *Sein und Schein*: Diekritische Funktion der Hegelschen Logik, Suhrkamp Verlag, Frankfurt a. M. 1980, 80쪽.

4) D. Pätzold, "Hegels Transformation des Substanzbegriffs in der Wissenschaft der Logik" in *Hegels Transformation der Metaphysik*, hrsg. v. D. Pätzold u. A. Vanderjagd, Jürgen Dinter Verlag für Philosophie Köln, 1991, 106-7쪽.

5) D. Henrich, *Selbstverhältnisse*: Gedanken und Auslegungen zu den Grundlagen der klassischen deutschen Philosophie, Philipp Reclam jun. Stuttgart, 1982, 190쪽과 199쪽.

톤)와 모던적인 사유(헤겔)의 모델을 비교 · 제시하려고 한다.

2. 비존재와 상이성

파르메니데스는 우리에게 사유의 두 가지 길을 제시한다. 하나는 '진리탐구 또는 확신의 길'로서 '있다 그리고 비존재는 있지 않다'이다. 왜냐하면 이 길은 '진리에 따르기' 때문이다. 다른 하나는 '탐구불가능한 길'로서 '있지 않다 그리고 비존재는 필연적으로 있다'이다. 이 길은 전적으로 알 수 없는 길이다. 왜냐하면 '참으로 비존재는 알 수도 없고, 말할 수도 없기 때문'이다.[6] 이에 따르자면 비존재는 참으로 '있지 않고', 그리고 비록 있다고는 하더라도, 이것은 알 수도, 말할 수도 없는 것이다. 이에 반해 알 수 있고, 말할 수 있는 것은 존재한다고 해야만 한다. 왜냐하면 '동일한 것은 존재와 사유'이기 때문이다.[7] 다시 말해 존재만이 있고, 그리고 이것에 대해서만 말하고 생각할 수 있으며, 이에 반해서 비존재는 그렇지 못하다. 사유는 존재에 대한 사유이며, 존재가 있다는 것을 전제한다. 그래서 사유될 수 있는 것, 즉 존재와 이것 때문에 사유가 있는 바의 것, 즉 사유로서의 사유는 동일하다. 그래서 존재가 참으로 있다는 것은 필연적이며, 더 나아가 존재는 '생성 · 소멸하지 않으며', 그래서 '시간과 공간에서 있는 것이 아니고', 오히려 '항존하며', '하나'이며 '전체'라는 것은 필연적이다.[8] 여기에서 파르메니데스는 이 양자의 길을 명확히 구별하고, 또한 있음과 있지 않음 또는 존재와 비존재를 명확히 구별한다. 그래서 그는 '비존재는 있지 않다'를 확고히 하고, 양자의 연관을 철저히 금지시킨다. '비존재가 있다'는 것은 결코 주장될 수 없다.

그런데 이 비존재가 당시에 문제시된 이유는 다음의 두 관점에서 이해가능하다. 하나는 소피스트들에게 있어서는 파르메니데스의 존재는 있는 것이 아니며, 반대로 비존재는 있는 것으로 주장된다. 왜냐하면 소피스트들은 *유한한* 인간존재의 관점에서 모든 것을 판단하려고 하기 때문이다. 이런 관점에서 파르메니데스의 존재는 당연히 있지 않은 것, 말하자면 비존재이다. 즉 소피스트들에게 있어서 있는 것

---

6) 파르메니데스, 단편 2. 파르메니데스의 저작은 탈레스 외, 『소크라테스 이전 철학자들의 단편 선집』, 대우고전총서, 김인곤 외 옮김, 아카넷, 2005와 송영진, 『플라톤의 변증법』, 철학과 현실사, 2000을 참고로 함.

7) 파르메니데스, 단편 3.

8) 파르메니데스, 단편 8.

은 우리에게 나타나는 그대로의 것이기 때문에, 파르메니데스의 존재는 우리에게 나타나지 않는다. 그래서 우리에게 나타나지 않은 것은 그들에게 있어서는 존재하지 않는 것이다. 다른 하나는 파르메니데스의 진리의 길 자체에 근거한다. 즉 '비존재'는 '존재'로부터 필연적으로 함께 정립된다. 왜냐하면 우리 인간이 존재에 관해서 묻고, 이것을 사유한다면, 다시 말해 이 *존재사유 자체*에서 '존재'가 무엇인가에 대해 묻고, 존재를 어떤 것으로서 규정한다면, 이 *규정된* 존재는 파르메니데스가 진리의 길에서 추구하는 '존재'의 본질적인 의미에서의 존재는 '아니기' 때문이다. 이 '존재가 아닌 것'은 '비존재'이다. 그러므로 인간의 존재사유 자체에는 '존재'와 '비존재'가 필연적으로 함께 사유된다. 이것이 플라톤이 *소피스테스*에서 파르메니데스를 재해석하려는 단초를 제공한다.

그러면 비존재는 무엇인가? 그것은 참으로 존재하지 않는 것인가? 이것은 '가장 크고 으뜸가는 어려움'이다. 왜냐하면 이것은 '문제의 근원(archē)'과 관계하기 때문이다.(238a)[9] 플라톤은 *소피스테스*에서 파르메니데스의 '비존재'를 '상이성' 또는 '타자성'에로 환원시키는 것을 추구한다. 우리가 일반적으로 '어떤 것'에 대해서 '부정'을 사용할 때, 이 부정을 통해서 '어떤 것과 대립된 것'이 제시되는 것이 아니라, 오히려 '앞에 놓인 부정'은 단지 '그것에 뒤따라 나오는 단어들과는 상이한 것' 또는 '부정되는 사물들과 상이한 것'을 지시한다. 그러므로 우리가 '비존재'라고 말할 때, 우리는 '존재와 대립된 것'을 생각하는 것이 아니라, 오히려 단지 '존재와 상이한 것'을 생각한다.(257b-c) 여기에서 플라톤은 '부정(*apophasis*)'을 '타자(*heteron*)의 정립운동'으로서 숙고하면서, 더 나아가 '비존재와 보다 근원적으로 파악된 타자 자체(*thateron*)의 보다 근원적인 동일화'를 추구한다. 그리고 이 동일화에 근거해서 '부정적인 연표'는 단지 '타자의 정립운동'만이 아니라, '대립적인 정립운동(*antithesis*)'을 의미한다. 즉 부정적인 언표는 존재에 우선적으로 비존재를 상이한 것, 더 나아가 대립적인 것으로 정립한다. 그리고 이 '대립에 근거'해서 그것은 지금 논의되는 대상, 즉 비존재를, 이것과 함께 전체를 형성하는 것, 즉 존재의 영역으로부터 배제하고, 이 배제된 것을 비존재 또는 타자로서 정립한다.[10]

그러면 이 부정적인 활동을 통해서 정립된 비존재, 즉 상이한 것의 본질은 무엇

9) 이와 같은 방식으로 이하의 본문에 표기된 것은 모두 Platon Werke in acht Bänden, Sonderausgabe 1990 hrsg. v. Gunther Eigler, Wissenschaftliche Buchgesellschaft, Darmstadt에서 *Sophistes*, übersetzt v. Fr. Schleiermacher, bearbeitet v. P. Staudacher(Bd. 6)의 쪽수를 나타냄.

인가? 비존재는 이 '존재와 상이성의 대립'에서 '존재에 대립되어 있는 것', 즉 전적으로 존재하지 않는 것이 아니라, 오히려 '존재의 본성' 또는 '존재 자체라는 유(Gattung)'와는 '상이한 것'으로서 '자신에 고유한 본성과 본질'을 가지는 것이다. 이것이 의미하는 것은 '비존재도 존재와 마찬가지로 *존재한다*'는 것이다.(257d-258c) 이와 함께 플라톤은 자신을 '친부살해범'(241d)이라고 부른다. 왜냐하면 그는 '파르메니데스의 금기', 즉 '결코 당신은 비존재자가 존재한다는 것을 이해할 수 없을 것이며, 오히려 이러한 길로부터 탐구하는 영혼을 멀리하시오.'(237a, 258c-d)라는 금기를 위반했기 때문이다. 그럼에도 불구하고 플라톤이 파르메니데스의 비존재를 상이성으로 재해석하려는 것은 이를 통해서 파르메니데스의 '비존재의 말할 수 없음과 사유불가능성'이라는 주장을 비판하기 위함이다. 파르메니데스의 비존재는 존재와 마찬가지로 그 자체로는 "이해될 수 없는" 것이며, 그래서 비존재는 "언어적인 사유(das sagende Denken)"를 벗어나 있다. 그러나 우리가 "비존재의 개념을 타자성의 개념에로 번역"한다면, 그러면 우리는 비존재를 "이해가능한 것"으로 파악할 수 있다.[11)]

그러나 문제는 또한 남아있다. 우리가 비존재를 말할 수 없고 그리고 그것은 사유불가능하다고 말하는 것은 그것이 말 그대로 전적으로 말할 수 없고 또한 사유불가능하다는 것을 의미하는 것이 아니라, 오히려 그것이 그 자체로서 사유될 때, 여기에는 어떤 모순적인 것, 헤겔의 용어를 빌리자면, "견고한 모순"[12)]이 사유된다는 것을 의미한다. 왜냐하면 파르메니데스는 존재와 사유의 동일성을 전제하기 때문이다. 다시 말해 사유는 필연적으로 존재하는 것에 대한 사유이다. 그래서 비존재를 사유한다는 것은 비존재가 존재한다는 것을 전제해야만 한다. 그러나 이것은 모순이다. 더 나아가 비존재는 말할 수도 없고, 사유 불가능한 것이기 때문에, 만약 누군가가 비존재를 주장하거나 논박하려고 한다면, 그는 필연적으로 이 비존재를 말해야만 하고 사유해야만 한다. 그러나 이것은 '자신과 모순되는 것'을 말하고 사유해야만 한다는 일종의 수행적인 모순을 의미한다.(238d) 이 모순을 회피하기 위해서 플라톤은 다음과 같이 말한다. '비존재'는 상이한 것으로서 '존재하며', 이

10) M. Theunissen, *Sein und Schein*, 248쪽. 이런 의미에서 토이니센은 헤겔의 *논리학의 학*과 플라톤의 *소피스테스*의 '유사성'(같은 책, 247쪽)에 대해서 말한다. 왜냐하면 헤겔도 존재논리학에서 '부정', 말하자면 '추상적인, 직접적인 부정, 순전히 무 자체(Nichts rein für sich)'(G. W. F. Hegel, *Wissenschaft der Logik* I, 84쪽. 이하에서 이 책은 WL I으로 약칭함)를 '타자성'으로, 말하자면 '단적인 타자(das schlechthin Andere)'(같은 책, 95쪽)로 복귀시키기 때문이다.

11) M. Theunissen, *Sein und Schein*, 248쪽.

12) G. W. F. Hegel, *Vorlesungen über die Geschichte der Philosophie* I, 288쪽.

'비존재의 존재'는 '존재 자체'에 힘입어서가 아니라, 오히려 비존재가 '존재에 관여함'으로서만 가능하다. 비존재는 이 관여를 통해서 상이한 것으로 존재한다. 그러나 존재와 상이한 것으로서 비존재는 또한 '필연적으로 비존재'이다. 마찬가지로 '존재'는 '상이성에 관여함'을 통해서 모든 다른 것들과 상이하고, 이것들 전체와 상이한 것으로서 그것들 각각일 수도 또한 그것들 모두도 아니다. 그래서 존재는 그 자체 상이한 것으로서 '비존재'이다.(259a-b) 그러므로 비존재는 그 자체 존재이며, 존재는 그 자체 비존재이다.

플라톤은 여기에서 존재, 비존재, 상이성의 개념을 헤겔처럼 모순개념과 관련해서 이해하지 않으며, 오히려 자신의 관여사상을 통해서 모순을 회피하려고 한다. 그러나 그는 파르메니데스나 소피스트와 마찬가지로 모순율에 근거해서 이 존재, 비존재, 상이성 등, 다시 말해 형상들의 상호결합관계를 단적으로 부정하는 것이 아니라, 오히려 '모든 것을 모든 것과 분리하려는 것'은 어떤 곳에서도 발생하지 않으며, 그것은 '모든 방법에서 교양 없는 그리고 전적으로 비철학적인 사람에게만' 가능하다고 말한다. 왜냐하면 그것은 '로고스의 가장 완전한 무화'를 의미하기 때문이다. 그러므로 로고스의 가능성은 형상들의 상호결합의 가능성이며, 이것을 부정하는 것은 로고스의 가능성을 부정하는 것이다.(259d-260a) 이를 통해서 플라톤이 추구하는 것은 무엇인가? 플라톤은 '비존재의 존재'와 '형상들의 상호결합관계', 즉 관여사상을 통해서 존재와 비존재의 관계를 해명하려고 한다. '존재'는 파르메니데스에서와 마찬가지로 영원하고 생성 · 소멸하지 않는 것이며, '비존재'는 이에 반해 존재와는 상이한 것으로서 존재하며, 생성 · 소멸의 영역에 속하는 것이다. 이런 한에서 존재와 비존재의 관계물음은 또한 형상들의 불변의 세계와 상이한 것들의 변화의 세계의 관계물음을 의미한다. 플라톤은 비존재의 존재를 통해서 변화의 세계를 구제하려고 하며, 불변하는 형상들의 상호결합관계를 통해서 존재 또는 현실성의 상이한 존재방식들과 이것들의 공통성 또는 상호연관관계를 파악하려고 한다. 다시 말해서 그는 로고스의 가능성을 통해서 *현실성 전체*를 이해하려고 한다.[13] 물론 여기에는 플라톤의 형상이론적인 형이상학이 근저에 놓여있다. "실존(변화 속에 있는 질서)보다 존재(형상의 세계)에 존재론적인 우월성을 부여하는 것은 플라톤의 형이상학의 가치기준"[14]이다.

3. 상이성 또는 타자성의 유형들

플라톤은 비존재를 상이성으로 파악하면서 비존재의 존재를 주장한다. 그리고 그는 모든 것들의 상호 결합가능성을 추구하면서 또한 로고스의 가능성을 추구한다. 그러면 비존재의 존재로서 상이성은 어떠한 유형들이 있겠는가? 우리는 이 물음을 통해서 플라톤이 비존재의 존재와 로고스의 가능성을 어떻게 추구하며, 그리고 헤겔의 관점과는 어떻게 구별되는지를 살펴볼 것이다.

이 물음들과 관련해서 토이니센(M. Theunissen)은 플라톤의 소피스테스에서 '플라톤의 대안'과 관련해서 다음과 같이 서술한다. 즉 "헤겔이 호명하는 *타자*의 개념(der Begriff des *heteron*)은 여기에서 어떤 것(Etwas)을 대신하는 존재자(*on*)에 대해서 단지 *어떤* 타자, 즉 *allo ti*(다른 어떤 것)(257e2) 또는 *tōn allōn ti*(다른 것들 중 어떤 것)(275b10)와 구별될 뿐만 아니라, 또한 수많은 타자들을 포함하는, 어떤 것 주위에로 환원되는 우주로서의 전체 여분, 즉 모든 타자, *ta alla*(다른 모든 것들)(257a4) 또는 *talla*(다른 모든 것들)(257a6)와도 구별된다. 그리고 또한 존재자(*on*)는, 플라톤이 상술하는 바, 그 자체 한 *타자*이다. 왜냐하면 그것은 '이 타자들 중에 각각의 타자도 아니며, 그러나 또한 자신의 외부에 있는 전체적인 모든 타자, 즉 동

---

13) 플라톤의 *소피스테스*에서 비존재의 유입과 비존재와 상이성의 동일시, 그리고 이 비존재가 전체의 한 필연적인 계기로서가 아니라, 그 자체로 하나의 최상의 자립적인 형상으로 파악될 때, 이로부터 결과하는 것은 뒤징에 따르자면 최상의 형상들과 이것들의 변증법적인 관계에 대한 플라톤의 이론은 플라톤 이후의 "철학사에서 여러 번에 걸쳐 취해지고 변화되었다"는 것이다. "Plotin에 있어 *소피스테스*의 최고의 유들은 자기 자신을 사유하는 신적인 정신(Nous)의 이념들이고 동시에 계기들이다. 상이성 또는 타자성은 그러나 그에게 있어서는 플라톤에게 있어서와 같이 더 이상 특별히 존재하는 않는 것을 의미하지 않는다. 왜냐하면 최고의 이념들의 통일로서 현실적이며 스스로를 사유하는 정신에 상이성 또는 타자성은 포함되어 있기 때문이다. Proklos는 이 관점을 취하고, 그리고 동일한 것, 동일성을 상이성 또는 타자성 앞에 놓는다. 12세기의 Chartreaus의 학파는 상이성 또는 타자성을 신적인 지성으로부터 끌어내어서 창조되고 변화하는 존재자의 원리로서 규정한다. Nikolaus Cusanus는 *Deconiecturis*에서 상이성 또는 타자성을 존재의 단계들과 통일의 단계들의 구별의 원리로서 파악하고, 그래서 다양성에로의 증가적인 하강과 함께 항시 타자성이 증가한다. - 헤겔에게 있어서는 논리적인 과정에서 비록 동일한 것이 자기와의 단순한 관계로서 선행하지만, 그러나 타자 또는 상이한 것이 가지는 부정성은 고유한 사상규정으로서 필연적으로 결과하고, 그리고 이 부정성은 자체 내 부정적인 〉자기 자신의 타자〈라는 사변적인 사상에서 변증법에서 뿐만 아니라 존재론과 존재신학을 위해서도 구성적인 의미를 가진다." (K. Düsing, "Dialektikmodelle: Platons 'Sophistes' sowie Hegels und Heideggers Umdeutungen" in *Das Problem der Dialektik*, hrsg. v. D. Wandschneider, Bouvier Verlag, 1997, 9쪽 각주 7)

14) 박종원, 「플라톤과 베르그손의 나눔의 방법」, 『플라톤 철학과 그 영향』, 한국서양고전철학회, 서광사, 2001, 350쪽.

일한 것을 제외한 다른 모든 것도 아니기(*sympanta ta alla plēn auto*)' 때문이다.(259b3/4)"[15] 이에 따르자면 타자는 4가지 유형이 있으며, 이것들은 서로 구별된다. 헤겔에게 있어 '*자신의* 타자(*sein* Anderes)'라고 불리는 '*타자*의 개념'은 플라톤에게는 나타나지 않는다. 이 *자신의* 타자는 '*어떤* 타자(*ein* Anderes)', '모든 타자(*alles* Andere)' 그리고 그 자체 타자로서의 '존재자'와 구별된다. 이것들 모두는 비존재의 존재가 가지는 유형들이다. 그러나 문제는 로고스의 가능성과 관련해서 이것들이 서로 어떻게 구별되며, 그리고 만약 이것들이 서로 관계한다면 어떻게 관계하는가이다.

토이니센이 말하는 헤겔의 *타자개념*은 다음과 같이 특징화될 수 있다. 타자개념은 헤겔에게 있어 그것의 진리에서 '자기 자신의 타자(das Andere seiner selbst)'로서 파악된다. 이 타자는 일반적으로 '자기관계하는 타자'(das selbstbezügliche Andere) 또는 '반성논리적인 타자(das reflexionslogische Andere)'로 불린다. 이 자기관계하는 타자는 헤겔의 의도에 따르자면 우선적으로 그 자체로 타자, 즉 어떤 타자이다. 그러나 그것은 동시에 자기 자신과 관계하기에, 그것은 자기 자신을 부정하고, 자신의 타자로 된다. 그리고 만약 타자가 헤겔의 존재논리학에서처럼 '어떤 것'의 상관자이고, 이 어떤 것을 플라톤의 *소피스테스*에서 '존재자'가 대신한다면, 이 자신의 타자는 그 자체 존재자를 지시할 것이다. 그러나 이 존재자는 그 자체로 존재자이지만 또한 동시에 그 자체로 저 타자의 타자이다. 왜냐하면 '존재자'도, 그것 이외의 '다른 모든 것들'이 존재하는 한, 그 자체로 단지 '하나'이며, 다른 모든 것들과 '상이하고', 이것들 중의 어떤 것도 '아니며', 반대로 이것들은 또한 '저 존재자 자체가 아니기' 때문이다.(257a) 만약 이러한 파악이 가능하다면, 타자뿐만 아니라 또한 존재자 자체도 타자로서 자기관계하는 타자성으로 파악되어야 한다. 그래서 양자 모두는 자기 자신과 자신의 타자의 부정적인 통일로서 파악되고, 이와 함께 자기관계하는 타자는 *자기 자신과 자신의 타자의 부정적인 통일*의 구조를 가지며, 이 구조에서 타자와 존재자 자체는 마찬가지로 자기 자신과 자신의 타자의 부정적인 *통일*들로서 파악된다. 그래서 자기관계하는 타자는 그것의 전체구조에 있어 자기 자신과 자신의 타자의 *부정적인 통일들의 부정적인 통일*이라는 역동적이고 중층적인 통일구조를 갖는다.[16]

이 자기 자신과 자신의 타자의 부정적인 통일이라는 사상은 *본질적으로* 헤겔의 '모순' 개념과 관계하며,[17] 자기관계하는 타자성의 역동적이고 중층적인 통일구조

---

15) M. Theunissen, *Sein und Schein*, 250쪽.

가 헤겔의 '근거' 또는 '주체(성)' 개념을 정의한다. 이 역동적이고 통일적인 구조가 일반적으로 말해 헤겔 자신이 목표로 하는 타자의 개념이며 그것의 진리이고 논리적인 구조이다. "엄격한 자기관계로서 그리고 자신과의 부정적인 관계로서, 특히 하나의 관계에서 이해되는, 그런 자기 자신의 타자와 부정의 부정은 일원론적인 논리학(Mono-Logik)이라 말할 수 있는 헤겔 논리학의 발생적인 근본형식들이다. 왜냐하면 그것들은 자신들의 내적인 전개에서 전일성의 형식(die Form der Ein-Allheit)을 이해할 수 있도록 만들기 때문이다."[18] 이 '자기 자신의 타자'와 '부정의 부정'을 통해서 헤겔의 논리적인 체계가 역동적이고 중층적으로 전개된다. 그리고 이 체계전개에서 제시되는 모든 개념들은 "자기관계하는 부정과 자기지시적인 타자성이라는 근본형식의 계승개념들이고 함축들"이며, "거기에서 현실적인 것이 〉자기 자신의 타자〈로서 사유되는, 그런 방식들"이다.[19] 이 자기관계하는 타자성의 역동적이고 통일적인 구조를 플라톤은 그러나 파악하지 못하였다. 왜냐하면 위에서 간단히 언급했던 것처럼 플라톤은 모순을 회피하기 위해서 최상의 형상들의 상호결합관계에서 분여사상 또는 관여사상을 근저에 놓았기 때문이다.

토이니센은 '플라톤의 대안'에 반해 '헤겔의 대안'을 다음과 같이 파악한다. 헤겔의 *논리학*에서 "무로부터 직접적으로 취해진 타자의 도래"로부터 '타자성' 개념의 "최초의 규정"이 결과하는데, 이 존재규정은 비규정성에서의 "〉어떤〈 타자(〉ein〈 Anderes)"이다.[20] 헤겔은 존재논리학의 '유한성' 개념분석의 도입에서 "존재의 반성적인 규정들(die reflektierenden Bestimmungen des Seins)"[21], 즉 '어떤 것'

---

16) 헤겔철학의 중요한 방법론적인 개념 중의 하나인 '자기관계하는 부정성' 또는 '자기관계하는 타자성'과 관련해서 예를 들면 플라흐(W. Flach)는 자신의 저서, *Negation und Andersheit*, Ernst Reinhardt Verlag München u, Basel, 1959에서 '부정성과 타자성 사이에서의 *원리이론적인 우위성*'에 관해서 논구한다. 그러나 필자는 이 양자 사이에서의 우위성물음보다는, 오히려 그것들의 *부정적인 자기관계*의 가능성물음이 헤겔철학을 이해하는데 있어서 보다 더 근원적인 물음이라고 생각한다. 만약 부정성과 타자성 각각이 부정적으로 자기관계한다면, 그것들 각각은 위에서 언급한 동일한 통일적인 구조를 가지며, 그래서 양자는 동일한 구조를 갖는다.

17) 헤겔의 모순개념에 대해서는 조종화,「헤겔 모순개념의 객관성과 구조」,『헤겔연구』23, 한국헤겔학회, 용의 숲, 2008, 301-337쪽 참조.

18) D. Henrich, "Die Formationsbedingungen der Dialektik: Über die Untrennbarkeit der Methode Hegels von Hegels System" in *Revue Internationale de Philosophie 139/140*, 1982, 156쪽.

19) D. Henrich, *Selbstverhältnisse*, 201쪽.

20) M. Theunissen, *Sein und Schein*, 249쪽.

21) WL I, 131쪽.

과 '어떤 타자'를 논구한다. 그러나 이 유한성의 개념분석에서 어떠한 유형의 타자가 제외되는가? 이것은 '이중적'이다. 하나는 '*자신의* 타자' 또는 '자기관계하는 타자'이고, 다른 하나는 '모든 타자'이다. 그러나 헤겔의 논리학에서 존재논리학의 본질논리학 또는 반성논리학에로의 이행과 더불어 '존재의 반성적인 규정들'은 그것들의 *부정적인 자기관계성*에 근거해서 자기관계하는 타자성의 통일적인 구조의 양 계기들로서 파악된다. 즉 이것들 각각은 자기 자신과 자신의 타자의 부정적인 통일이다.[22] 존재논리학에서 '비존재' 또는 '무'가 '상이성' 또는 '타자성'으로 이해되는 것에 상응해서 헤겔은 반성논리학에서 '존재'와 '무'를 보다 더 반성된 형식에서 '동일성'과 '구별'로 주제화한다. 모든 반성규정들 각각은 "그 자체에서" "*규정된 측면*"이며, 동시에 "이 규정된 측면의 〔……〕 자신의 부정과의 *관계*"[23], 말하자면 이중적인 관계범주라는 점, 그래서 '관계 자체'로서 전체이며 동시에 '규정된 측면'으로서 계기로 파악된다. 이와 함께 "구별이 전체이고 자신에 고유한 계기인 것처럼, 마찬가지로 동일성은 또한 전체이며 자신의 계기이다." 이것들 각각은 자기 자신과 자신의 타자의 부정적인 통일로서 전체이고 또한 자기 자신으로서 이 전체의 계기이다. 이것이 "반성의 본질적인 본성으로서, *모든 활동성과 자기운동의 규정된 근거*"를 형성한다.[24]

그러나 토이니센은 헤겔의 *논리학*을 또한 '모든 타자'로부터의 "추상"으로 특징화하고, 이것은 헤겔에게 있어 "원리적인 방식"이라고 말한다. 왜냐하면 비록 헤겔의 반성논리학에서는 '타자'뿐만 아니라 이것의 상관자로서 '존재자 자체'도 그것의 완전한 의미에서 "*자신의* 타자"로서 파악되고, 그리고 헤겔이 이 자기관계하는 반성논리적인 타자를 파악하는 것을 자신의 "목표"로 삼고 있다고 하더라도, 이에 반해서 "모든 *타자*는 전적으로 사변적인 논리학, 단지 현존재의 논리학만이

22) 헤겔 *논리학*의 *체계적인 서술*과 관련해서 '무'로부터 도래한 타자성, 즉 '단적인 타자'(WL I, 95쪽)는 우선적으로 '*규정성* 자체'(같은 책, 116쪽) 또는 '*최초의* 부정 또는, 그것을 통해서 존재가 단지 현존재로 또는 현존재가 단지 *타자*로 생성되는, 그런 *규정성*인 바로서의 부정'(WL II, 19쪽)이다. 이 타자성은 '근본적인 존재론적인 개념'이며, 이 개념을 헤겔은 '플라톤의 Heterótes라는 개념'을 계승해서 '타자성' 또는 '규정성'이라 부른다. 그런 다음 헤겔은 이 개념을 부정적인 자기관계성에 근거해서 '이중적인 관계'로서 주제화한다. 이와 함께 타자성 또는 규정성은 '규정성과 존재〔자기관계〕의 균등화(ausgleichen)'를 통해서 "*절대적인 규정성*"(WL I, 174쪽) 또는 '가상의 진리'로서 "무한한 규정성"(WL II, 23쪽)으로 된다. 이 타자성이 자기관계하는 타자성이다. 이 타자성의 부정적인 자기관계성이 헤겔의 본질논리학에서 '본질' 개념을 정의한다.

23) WL II, 35쪽.

24) 같은 책, 47쪽.

아니라, 사변적인 논리학 일반의 해석지평의 저편에 놓여있기" 때문이다.[25] 사실상 이 문제는 플라톤의 말을 빌리자면 '가장 크고 으뜸가는 어려움'이다. 왜냐하면 이것은 헤겔철학 전체의 가능성과 이해에 밀접히 관련되어 있기 때문이다. 헤겔은 *자기관계하는 타자성*과 모순에 근거해서 모든 것을 자체 내에 포함하는 그런 역동*적이고 일원론적인 체계*철학을 추구한다. "*사유하는* 이성은 〔……〕 소위 말해 상이한 것의 김빠진 구별, 표상의 단순한 다양성을 *본질적인* 구별, 대립에로 첨예화한다. 다양한 것들은 우선적으로 모순의 첨단에로 이끌어지면서, 서로에 반해 활동적이고 생동적으로 되며, 이 모순에서 부정성을 유지한다. 이 부정성이 자기운동과 생명성에 내재하는 박동(Pulsation)이다."[26]

헤겔은 자신의 *논리학*에서 '모든 타자'를 "존재의 규정들 중의 한 규정"으로서의 "다수성(Mehrheit)" 또는 "반성의 타자존재 자체"로의 '상이성'[27] 개념을 통해서 주제화한다. 그럼에도 불구하고 토이니센이 보기에는 헤겔이 '모든 타자'를 반성논리적으로 재구조화하기 때문에, '모든 타자'는 헤겔에게 있어 "반성의 가장 광범위한 자기소외의 관점" 하에서 반성논리적으로 "상대화될" 뿐이다.[28] 그래서 토이니센은 모든 타자에 대한 헤겔의 반성논리적인 재구성은 '좌초되었다'고 주장한다. 왜냐하면 그는 이 재구성을 '반성에 의해서 정립된 것에 대한 반성의 지배'로서, 반대로 반성에 의해서 정립된 것을 현실적인 타자성에로 자유롭게 방출하려는, 그런 '반성계획의 파멸적인 결과'로서 진단하기 때문이다.[29] 그러나 헤겔이 보기에 자기관계하는 반성논리적인 타자의 역동적이고 통일적인 구조는 또한 '모든 타자'를 자체 내에로 통합해야만 하는데, 특히 모든 타자 각각에 고유한 *부정적인 자기관계성* 또는 *반성성*에 근거해서 통합해야만 한다. "모든"은, 이것이 단지 수적인 또는 양적인 의미만을 갖는 것이 아니라면, 그 자체로 "반성"을 형성하며, 그래서 흩어져 있는 모든 상이한 것들은 자신에 고유한 반성을 통해서 "그 자체에서 스스로를 *내재화*한다(*erinnert* sich)".[30] 왜냐하면 '모든'은 흩어져 있는 모든 상이한 것들로서 이미 그 자체로 "*자체 내에서* 그리고 *타자에 반해서 규정되어 있고*"[31],

25) M. Theunissen, *Sein und Schein*, 250–251쪽.
26) WL II, 78쪽.
27) 같은 책, 221쪽과 48쪽. 헤겔은 더 나아가 이것을 '이념', '논리적인 학문' 또는 '절대적인 형식'에 반해 있는 "절대적인 타자존재" 또는 "절대적인 직접성"(같은 책, 265쪽), 즉 '자연'이라 부른다.
28) M. Theunissen, *Sein und Schein*, 251쪽 각주 17.
29) 같은 책, 349쪽 이하와 433쪽 이하 비교.
30) WL II, 122쪽.

이 이중적인 규정성을 통해서 반성논리적으로 말한다면 *대립*, 모순 그리고 *근거*에로 이행하기 때문이다.[32] 존재자의 규정성은 한편으로 이 존재자를 '자기동일적인 것'으로 만들지만, 동시에 그것을 다른 존재자들과는 '다른 것'으로 만든다. 만약 이 존재자와 관련해서 이 '동일성'과 '타자성'이 동시에 사유된다면, 이것은 대립, 모순의 관계를 야기할 것이다.

4. 관여의 변증법과 모순의 변증법

플라톤 중기 형상이론은 개별자와 형상간의 관계와 형상의 자기동일성이 중심에 있다. 예를 들면 플라톤은 *파이돈*에서 형상은 '비가시적인 것'으로서 '존재자를 사물들에서가 아니라, 사상들, 로고스들에서 파악한 것' 또는 '언제나 똑같은 방식으로 한결같이 있는 것' 또는 '한 가지 모습으로 있는 것', 그리고 *파르메니데스*에서는 '그 자체로 자기 자신에 따라서 존재하는 것, 그래서 독자적인 자립성을 가지는 것'이라고 정의한다. 그러나 후기의 *소피스테스*에서 플라톤은 이러한 자기동일적인 형상들의 상호관계를 '관여(Methexis)' 또는 '결합(koinōnia)'개념을 통해서 중심주제로 삼는다. 그래서 형상들의 상호관계 및 타자성의 문제가, 이와 더불어 이 형상들의 나눔과 결합의 문제가 중심적으로 서술된다. 예를 들면 *파르메니데스*에서의 제논의 역설, 즉 '여럿이 있다면, 이것들은 닮았으면서 닮지 않은 것들이다. 그러나 이것은 불가능하다. 따라서 존재하는 것은 여럿이 아니다'[33]와 관련해서 이 관계의 물음은 다음과 같이 *비판적*으로 서술될 수 있다. 즉 비록 일자와 여럿, 닮음과 닮지 않음이 '서로 결합하지 않는다'고 하더라도, 일자와 닮음은 '타자성'에 '관여'해서, 일자는 여럿이 될 수 있고, 닮음은 닮지 않음이 될 수 있다. 또한

31) 같은 책, 203쪽.

32) 물론 이것을 정당화하기 위해서는 반성규정으로서의 '상이성' *개념*과 그것의 *논리적인 구조*를 파악해야만 하는데, 이것은 이 글에서는 지면상 생략하기로 한다. 여기에서는 필자는 이 글과 관련해서 다음을 주목한다. 파르메니데스의 원리, '모든 것은 하나이다'와 제논의 역설, 특히 '존재하는 것이 여럿이다'라는 다원론에 대한 역설, 이것이 가지는 의미는 이들이 모순배제의 원리에 근거해서 '다자'의 세계를 가능하게 만드는 그런 '타자'의 존재가능성과 더 나아가 '변화하는 현상세계'의 존재가능성을 부정한다는 것이다. 이에 반해 헤겔은 자기관계하는 타자성과 모순이 가지는 긍정적인 측면의 고찰을 통해서 정반대의 결론을 이끌어 낸다.

33) Platon, *Parmenides*, übersetzt v. Fr. Schleiermacher, bearbeitet v. Dietrich Kurz(Bd. 5), 127d쪽 이하 참조.

반대도 마찬가지이다. 여기에서 플라톤의 관여사상은 모순을 회피하기 위한 플라톤의 고유한 방법이다. "형상이론의 이러한 판올림(Upgrade)을 위해서는 타자의 존재가 모순을 유발한다고 해서 타자를 거부하고, 따라서 현상 자체도 거부하는 엘레아학파의 극복은 필수적이다."[34)]

플라톤은 *소피스테스*에서 최상의 형상들, 특히 존재, 운동, 정지, 동일성, 상이성 또는 타자성, 비존재가 어떻게 서로 결합할 수 있는가를 *파르메니데스*에서보다 더 체계적으로 파악하려고 한다. 여기에서 플라톤은 다음과 같은 근본적인 전제를 상정한다. 즉 모든 것들이 서로 결합하거나, 어떠한 것도 서로 결합하지 않는 것이 아니라, 오히려 어떤 것들은 서로 결합하지만, 다른 어떤 것들은 서로 결합하지 않는다.(252e이하) "이처럼 어떤 형상들은 서로 섞이되 어떤 것들은 서로 섞이지 않는지를, 어떤 형상은 모든 형상들과 결합하고 또 어떤 형상은 모든 것들을 통해 분리를 가져오는지를 식별할 줄 아는 학문이 변증술〔변증법〕이다."[35)] 예를 들면 우리는 일반적으로 '운동이 있고', '정지도 있다'고 생각하고 말한다. 그리고 우리는 여기에서 '있음' 또는 '존재'를 제 3의 것, 즉 '운동 또는 정지와는 다른 어떤 것'으로 간주한다.(250a이하, 254d이하 참조) 그러나 우리는 어떻게 '운동이 있고' 그리고 '정지도 있다'고 생각하고 말할 수 있겠는가! 왜냐하면 '운동이 있다'고 말하면서, 동시에 '운동'과 '있음'은 서로 '다른 것'이라고 말하고 있기 때문이다. 이것은 '정지'와 '있음'의 관계에서도 마찬가지이다. 그러나 이것은 모순이다. 그러면 운동과 정지가 있다는 것이 어떻게 가능한가? 또는 우리는 이 모순을 어떻게 회피할 수 있는가?

플라톤의 관여사상은 위에서도 언급했듯이 로고스의 가능성을 통해서 현실성 전체를 파악하기 위한 그의 핵심사상이다. 이것을 위해서 그는 우선적으로 최상의 형상들, 즉 '존재', '운동', '정지'를 언급한다.(254d) "형상들은, 그것들이 일반적 형상들뿐만 아니라 최고류의 형상들일지라도, '자기동일성'과 '순수성'을 가지기 때문에, 우리 정신(nous)은 변화와 질서가 혼합된 형태를 이념적으로 표상할 수 없고, '운동'(변화)과 '정지'(질서)를 그 순수한 상태로 분리하여 표상하고, 그것들이 '존재 자체'에 관계하는 것으로 규정할 수밖에 없다."[36)] 이 최상의 형상들 각각은 '자기 자신과 동일한 것'으로서 또한 다른 것들과 '상이한 것'이다. 우리는 이와 함

34) 김주일, 「《파르메니데스》에 나오는 제논의 역설의 의미」, 『플라톤 철학과 그 영향』, 한국서양고전철학회, 서광사, 2001, 101쪽.
35) 플라톤, 『소피스테스』, 김태경 옮김, 한길사, 2000, 46쪽.

께 로고스에서 또한 다른 최상의 형상들, 즉 '동일성'과 '상이성' 또는 '타자성'을 함께 갖는다. 이 형상들은 '그것들 자체로' 또한 저 3가지 형상들과 '다른 것'이지만 언제나 '그것들과 결합할 수 있는 형상들'이다.(254d-e) 이 5가지의 형상들 각각은 최상의 형상으로서 '자기동일적인 것'이며, 그래서 이것들 중에서 "어떤 최상의 유(Gattung) 〔또는 형상〕도 다른 유에로 환원될 수 없고, 그러므로 그것들은 동등하게 근원적인 것으로 드러난다."[37] 그러나 이 최상의 형상들 각각은 또한 다른 최상의 형상들과 '다른 것'으로 제시되는데, 이것은 '그것 자체의 본성'에 의해서가 아니라, '타자성의 형상에 관여'하기 때문이다.(255e)

그러면 이 최상의 형상들이 서로 어떻게 결합하는지 보다 구체적으로 살펴본다면, 우선적으로 '운동'은 전적으로 '정지'와는 '상이하다'. 그래서 그것은 정지가 아니며, 이것과는 결합하지 않는다. 또한 운동은 '존재에 관여함'으로서 '존재한다'. 더 나아가 운동은 '동일성'과는 '상이하며', 그래서 그것은 '동일한 것이 아니다'. 그러나 그것은 또한 '동일한 것'이다. 왜냐하면 모든 형상들 각각은 자기동일적인 것으로서 '동일성에 관여'하기 때문이다. 그러므로 운동은 '동일한 것이고 또한 동일한 것이 아니다'. 우리가 이렇게 말할 때, 우리는 그러나 모순을 범하는 것은 아니다. 왜냐하면 우리가 운동이 동일한 것이라고 말할 때, 우리는 운동이 '동일성에 관여'하기 때문에, 또한 그것이 동일한 것이 아니라고 말할 때, 그것이 '타자성에 관여'하기 때문에 그렇다고 말하는 것이기 때문이다. 이 타자성에 관여하기 때문에 운동은 동일성과는 구별되고, 동일한 것이 아니라, 오히려 '상이한 것'으로 된다. 이와 동일한 방식에서 우리는 운동이 상이한 것이지만 또한 상이한 것이 아니며, 그리고 그것이 존재하는 것이며 또한 존재하지 않는 것이라고 말할 수 있다. 그러므로 운동은 '본질적으로 존재하는 것은 아니지만', 그럼에도 불구하고 그것이 '존재에 관여'하는 한, 그것은 또한 '존재한다'.(255e-256d)

우리는 이와 같은 결합관계를 또한 '정지'에도 적용할 수 있다. 정지는 운동과 다르고 존재하며, 동일한 것이고 또한 동일한 것이 아니며, 상이한 것이지만 또한

---

36) 박종원, 「플라톤과 베르그손의 나눔의 방법」, 『플라톤 철학과 그 영향』, 한국서양고전철학회, 서광사, 2001, 340쪽. 여기에서 박종원은 플라톤의 존재 전체의 구조를 "유적 형상들과 종적 형상들의 계층적 구조"로서 파악하며, "한 유적 형상은 종적 형상들의 필연적 결합관계로 형성되어 있다"(같은 책, 342쪽)고 말한다.

37) K. Bärthlein, "Zur Kategorienforschung in der Antike" in *Kategorie und Kategorialität*: Historisch-systematische Untersuchungen zum Begriff der Kategorie im philosophischen Denken, Festschrift für Klaus Hartmann zum 65. Geburtstag, hrsg. v. D. Koch u. K. Bort, 1990, 20쪽.

상이한 것이 아니고, 존재하며 또한 존재하지 않는다. 더 나아가 동일성과 타자성 또는 상이성은 서로 결합 불가능하나, 그러나 다른 모든 형상들 각각이 자기동일적인 것이기 때문에, 동일성은 다른 모든 형상들과 결합이 가능하다. 그래서 이 형상들은 자기동일적이고 또한 다른 형상들과 상이하다. 왜냐하면 이것들은 또한 타자성에 관여하기 때문이다. 이와 함께 우리는 '존재하지 않음' 또는 '비존재'가 다른 모든 형상들과도, 비록 이 형상들 각각이 자기동일적인 것으로서 존재한다고 하더라도, 필연적으로 결합가능하다는 것, 그래서 이 형상들이 또한 존재하지 않는다는 것을 볼 수 있다. 왜냐하면 이 모든 형상들을 '존재와는 상이한 것'으로서 만드는, 그런 '상이한 것의 본성', 즉 '상이성'이 그것들 각각을 또한 '비존재'로 만들기 때문이다. 이것은 '존재 자체'에 대해서도 마찬가지이다. 존재가 상이성에 관여하는 한, 그것은 상이한 것으로서 비존재이다. 그래서 우리는 이 모든 형상들 각각을 이와 같은 방식에서 정당하게 '존재하는 것이 아니며', 그러나 그것들이 '존재에 관여'하는 한, 또한 '존재하는 것'이라고 말할 수 있다.(256d-e)

그러면 플라톤의 이 관여사상은 어떠한 특징을 가지고 있는가? 플라톤은 이 사상을 가지고서 "상호 관계하는 최상의 유들의 체계적인 전개"와 이 최상의 유들 또는 형상들이 단지 "*하나의* 사상의 계기들"을 형성한다는 것에 대한 증명을 목표로 하는 것이 아니라, 오히려 "사유를 통한 존재자와 비존재자, 특히 상이한 것으로서 비존재자의 존재의 다층적인 규정가능성의 근거지움(Begründung der mehrfaltigen Bestimmbarkeit des Seienden und Nichtseienden durch das Denken und speziell der des Seins eines Nichtseienden als eines Verschiedenen)"을 목표로 한다. 이 최상의 형상들 각각은 우선적으로 그것들의 서로에 대한 '관계들'에서 '규정된 의미'을 획득하고, 더 나아가 판단 · 추론이나 이론에서 '대상들의 규정'을 위해 필요로 하는, 그런 다른 모든 특수한 형상들 각각은 저 최상의 형상들의 규정된 의미들에 근거해서 자신의 의미를 획득한다. "이 의미 없이는 존재자에 대한 하나의 학문, 순수한 존재론이 가능하지 않을 수도 있다."[38] 그러나 "이 최상의 유들이 서로 결합할 수 있는 가능성의 결정적인 근거는 〔……〕 이 유들의 서로에 대한 분여관계(Teilhabe)이며, 그러나 하나의 최상의 유는 다른 최상의 유의 의미에 적합하게 포함되거나, 이것과 동일화될 수는 없다."[39] 이러한 의미에서 토이니센은

38) K. Düsing, *Das Problem der Subjektivität in Hegels Logik*: Systematische und entwicklungsgeschichtliche Untersuchungen zum Prinzip des Idealismus und zur Dialektik, Bonn: Bouvier, 1984², Hegel-Studien. Beiheft 15, 218쪽.

39) K. Düsing, "Dialektikmodelle", 8쪽.

이 의미들의 관계를 "하나의 공통적인 기초에 근거하는 상호 환원될 수 없는 의미들의 상호귀속성"[40]이라 부른다.

플라톤은 이 관여사상에 근거해서 최상의 형상들의 상호결합구조를 형성하고, 이 결합구조를 통해서 최상의 형상들은 그것들의 서로에 대한 관계에서 상호적으로 해명된다. 여기에서 "각각의 유(Gattung)는 그 자체로 단지 지성적-직접적으로(noetisch-unmittelbar) 파악될 수 있으나, 그러나 정의될 수 없고, 다시 말해 보다 상위의 규정들로부터 파악되어질 수는 없다." 이 최상의 형상들의 상호관계에 대한 변증법적인 전개는 "관여(Methexis)라는 방법론적인 개념을 매개"로 해서 "역설들과 모순들"을 회피한다.[41] 그래서 플라톤의 관여의 변증법에서는 "*변증법적인 모순*"이 문제되지 않는다. 왜냐하면 플라톤의 관여의 변증법에서는 헤겔의 변증법에서처럼 모순개념의 본질과 구조를 형성하는 그런 "자기관계하는 부정성"과 "안티노미적인 가치전환의 메커니즘"이 결여되어 있기 때문이다. 최상의 형상들 사이에서는 "어떠한 전환"도 발생하지 않으며, 오히려 이 최상의 형상들은 *모순회피*를 위해 본질적인 *관여*라는 *관점분리*를 통해서 "상이한, 그러나 동시에 정태적으로 서로 결합된, 정태적인 단계들(verschiedenen, aber gleichsam statisch miteinander verklammerten, statischen Stufen)"에 속한다.[42] 이에 반해서 헤겔은 "*소피스테스*에서의 플라톤적인 변증법의 독특한 특징, 유들의 서로에 대한 관여"를 인식하는 것이 아니라, 오히려 최상의 형상들의 상호결합관계를 '자기관계하는 타자성' 또는 '자기관계하는 부정성'에 근거해서, 말하자면 "반성의 모순적인 구조"에 근거해서 역동적이고 중층적으로 재해석한다. 그래서 헤겔은 플라톤의 변증법을 '사변적'으로 재해석하며, 최상의 형상들을 '대립적인 것들'로 파악하고, "이것들은 보다 높은 절대적인 동일성에서 하나"로서 논구된다. 즉 헤겔은 모순에 근거해서 최상의 형상들의 체계적인 통일을 추구한다. "플라톤의 변증법과 대립해서 헤겔의 변증법에 있어서는 그러므로 모순이 범해지고, 이 모순의 유지 하에서 최상의 유들로부터 사변적으로 보다 높은 통일이 전개되어야만 한다."[43]

---

40) M. Theunissen, *Sein und Schein*, 386쪽. 토이니센은 이 상호귀속성에 힘입어서 자신의 핵심이론인 '보편적이고 의사소통적인 자유이론(die universale kommunikative Freiheit-Theorie)'을 근거지운다.

41) K. Düsing, "Dialektikmodelle", 8-9쪽.

42) D. Wandschneider, *Grundzüge einer Theorie der Dialektik*: Rekonstruktion und Revision dialektischer Kategorienentwicklung in Hegels Wissenschaft der Logik, Klett-Cotta, Stuttgart, 1995, 110쪽.

5. 동일성과 상이성의 관계

형상들의 상호결합관계를 통해서 현실성 전체의 구조를 파악하려는 플라톤의 관여의 변증법은 최상의 형상들의 성격규정과 관계규정을 위해 '동일성'과 '상이성'이라는 최상의 형상들을 전제한다. 형상들의 결합관계의 조건이 동일성과 상이성이다. 그러면 여기서 플라톤이 동일성과 상이성의 관계를 어떻게 파악하는지 살펴보자. 플라톤은 *파르메니데스*에서 다음과 같이 논구한다. '일자'는 '모든 타자'와 '상이하고', 또한 모든 타자는 일자와 '상이하다'. 따라서 일자에 '모든 타자와 상이하다'는 것이 첨가되고, 동일한 정도로 모든 타자에 '일자와 상이하다'는 것이 첨가된다. 이런 한에서 양자에 '상이하다'는 점에서 '동일한 것(einerlei)'이 첨가된다. 마찬가지로 일자가 모든 타자와 상이하고, 모든 타자가 일자와 상이하다고 말할 때, 이때 상이하다는 것이 '두 번' 언급되었다고 하더라도, 그것은 '다른 어떤 것'을 제시하는 것이 아니라, 오히려 '동일한 것'을 표현한다. 이런 한에서 일자에게는 '모든 타자와 동일한 것'이, 모든 타자에게는 '일자와 동일한 것'이 첨가된다. 다시 말해 양자에 동일하게 '상이한 것'이 첨가되기 때문에, 일자에 '다른 것'이 첨가되는 것이 아니라, 오히려 모든 타자에서와 마찬가지로 '동일한 것(dasselbe)'이 첨가된다. 그리고 만약 어떤 것들에 '동일한 것'이 첨가되는 한에 있어서 그것들은 서로 '닮은(ähnlich)' 것들이다. 이상의 논의에 따르자면 우리는 다음과 같이 말할 수 있다. 즉 일자에 모든 타자와 상이하다는 것이 첨가되는 한, 그리고 *소피스테스*에서처럼 존재자 또는 일자가 모든 타자와의 관계에서 그 자체로 한 타자인 한, '모든 것'은 '모든 것'에, '각각의 것'은 '각각의 것'에 '닮아' 있다고. 왜냐하면 모든 것은 모든 것과, 각각의 것은 각각의 것과 '상이하기' 때문이다.[44]

그러나 '닮음'과 '닮지 않음(unähnlich)' 또는 '상이성'과 '동일성'은 또한 서로 '대립'되어 있다. 위에서 일자는 모든 타자와 '동일한 것' 그리고 '닮은 것'으로서 제시되었다. 왜냐하면 그것은 모든 타자와 '상이하기' 때문이다. 즉 그것은 모든 타자와 상이한 것이기 때문에 또한 모든 타자와 동일한 것, 닮은 것이다. 그러나 닮음과 닮지 않음 또는 동일성과 상이성은 서로 '대립'되어 있다. 그래서 일자는, 그것이 동일한 것인 한에서 그것을 닮은 것으로 만드는, 그런 속성(상이성)에 '대

43) K. Düsing, "Dialektikmodelle", 10-11쪽과 K. Düsing, *Das Problem der Subjektivität in Hegels Logik*, 219쪽 비교.

44) Platon, *Parmenides*, 147c-148b쪽.

립' 된 속성, 즉 동일성에 힘입어서 반대로 '닮지 않은' 것이 된다. 왜냐하면 상이성과 동일성은 대립된 것이기 때문이다. 상이성이 일자를 동일한 것, 닮은 것으로 만들듯이, 반대로 동일성이 또한 일자를 상이한 것, 닮지 않은 것으로 만든다. 그래서 우리는 다음과 같이 말할 수 있다. 동일성과 상이성, 닮음과 닮지 않음은 또한 서로 '대립된 것이 아니다'라고. 그래서 일자는 모든 타자와 닮은 것이고 또한 닮지 않은 것일 수도 있다. 다시 말해 일자가 상이한 것인 *한에서*, 그것은 모든 타자와 닮은 것이고, 그것이 동일한 것인 *한에서*, 그것은 모든 타자와 닮지 않은 것이다. 이와 함께 플라톤은 결론적으로 다음과 같이 말한다. 일자는 모든 타자와 '동일한 것'이고 또한 '상이한 것'이며, 마찬가지로 모든 타자와 '닮은 것'이고 또한 '닮지 않은 것'이다. 동일한 방식에서 일자는 '자기 자신과 상이하고' 또한 '자기 자신과 동일한 것'이며, 그래서 일자는 '자기 자신과 닮은 것'으로서 그리고 '자기 자신과 닮지 않은 것'으로서 제시된다.[45]

여기에서 플라톤의 용어, 즉 '닮음'과 '닮지 않음'은 헤겔의 용어에 따르자면 반성규정인 '상이성'의 '두 계기'로서 '동등성'과 '부등성'으로 이해될 수 있다. 일자는 자기 자신뿐만 아니라 또한 모든 타자와 닮기도 하고 또한 닮지 않기도 하며, 반대로 모든 타자도 자기 자신뿐만 아니라 일자와 닮기도 하고 닮지 않기도 하다. 여기에서 이 관계는 헤겔의 변증법에서처럼 *자기관계하는 타자성*에 근거해서 일자는 모든 타자와 마찬가지로 '닮음(동등성)'과 '닮지 않음(부등성)' 또는 '동일성'과 '상이성'의 *부정적인 통일*로서 파악될 수도 있다. 그러나 플라톤에게 있어서 이 관계는 헤겔적인 의미에서 재해석될 수 없다. 왜냐하면 플라톤은 이 최상의 형상들의 관계를 자신의 관여의 변증법에 근거해서 파악하기 때문이다. 비록 일자와 모든 타자가 서로 결합하지 않는다고 하더라도, 이것들은 동일성에 관여하는 *한에서*, 반대로 상이성에 관여하는 *한에서*, 그것들 각각은 자기 자신과 자신의 타자와 닮기도 하고 닮지 않기도 하다. 이 관여의 변증법은 또한 다음과 같이 이해될 수도 있다. "상이한 것들은 서로 상이하다는 점에서 서로 *동등하다*" 또는 "상이한 것들 각각은 *동일한* 정도로 다른 것들과 상이하다". 여기에서 동등성은 그러나 상이성에 "모순" 되지 않는다. 왜냐하면 동등성은 "상이성에 *근거한* 동등성"이기 때문이다. 다시 말해 "전제된 상이한 것들이라는 토대 위에서, 소위 말해 하나의 *메타관점*이 주어지고, 이 관점 하에서 상이한 것들은 서로 동등한 것으로 서술된다." '서로 상이하다'와 '동등하다'는 술어는 "메타술어로서 *필연적으로 함께 정립된다*".

45) 같은 책, 148b-148e쪽.

"이 '서로 상이하다'와 '동등하다'는 형식모순적인 술어들은 그래서 비록 동일한 것에 대해 언표된다고 하더라도, 상이한 관점에서 언표되며, 이와 함께 정당하게 이해된다면 어떠한 모순도 형성하지 않는다." 반대로 "*동등한 것*은 또한 *상이해야*만 한다는 것" 또한 타당하다. 왜냐하면 동등성과 더불어 "*동일한 것에* 대해 이야기되는 것이 아니라, 오히려 하나의 규정된 관점에서 상이하지 않은, 그런 것에 대해서 이야기된다는 것"이 필연적으로 근저에 놓여있기 때문이다.[46] 이 양자의 경우에서와 같이 플라톤의 *파르메니데스*에서는 모순이 문제시되지 않는다.

그러면 헤겔이 동일성과 상이성의 관계를 어떻게 파악하는가를 살펴보자. 헤겔은 '동일성'에 대한 주석(Anmerkung 2)에서 다음과 같이 설명한다. 일반적으로 사람들은 "동일성은 상이성이 아니며", 오히려 "동일성과 상이성은 상이하다"고, 그리고 이 상이성과 상이한, 그래서 추상적인 동일성이 "참된 어떤 것"으로 간주되어야 한다고 말한다. 그러나 이 견해에서는 "*동일성이* 〔상이성과 상이한 그런〕 *하나의 상이한 것이다*"라는 점이 간과되어 있다. 왜냐하면 '동일성과 상이성은 상이하다'는 견해에는 "*동일성*은 상이성과 *상이하다*"는 것이 동시에 언표되어있기 때문이다.[47] 이것이 헤겔에게서 의미하는 것은 동일성이 더 나아가 상이한 것으로서 *부정적으로 자기관계*한다는 점이다. 그래서 동일성은 그 자체로 자기 자신과 *상이한 것*, 그리고 상이한 것으로서 동시에 상이성과 *동일한* 것이다. 그래서 동일성은 상이성으로서 또한 자신과 동일한 것, 즉 동일성이다. 이런 사태관계는 상이성과 관련해서도 마찬가지이다. 즉 상이성은 동일성과 상이한 것으로서 동시에 자기 자신과 상이한 것, 그래서 동일성이다. 이러한 사태관계는 다음과 같은 주장에도 마찬가지로 적용된다. 즉 '동일성은 구별과 구별된다' 또는 '동일성과 구별은 서로 구별된다'.[48]

헤겔의 동일성과 상이성의 관계에 대한 파악에 따르자면 동일성은 상이성과 마찬가지로 부정적인 자기관계성에 근거해서 자기 자신과 자신의 타자의 부정적인 통일로서 파악된다. 예를 들면 동일성은 동일성과 상이성의 부정적인 통일이다. 여기에서 '부정적인'이라는 표현은 *부정적인 자기관계성의 과정적인 특징*을 표현한다. 이 동일성과 상이성의 부정적인 통일이 "동일성의 본성"을 이루며, 그래서

---

46) D. Wandschneider, *Grundzüge einer Theorie der Dialektik*, 109–110쪽.
47) WL II, 41쪽.
48) 이 명제가 가지는 사변적인 의미에 관해서는 H. Fink-Eitel, *Dialektik und Sozialethik*: Kommentierende Untersuchungen zu Hegels 'Logik', Verlag Anton Hain Meisenheim GmbH, 1978, 102쪽 이하 참조.

우리는 동일성은 "외적으로가" 아니라, 오히려 "그것 자체에서, 그것의 본성에서" "상이하다"고 말해야만 한다. 더 나아가 상이성과 상이한 동일성을 참된 것으로 주장하는 것은 헤겔이 보기에는 단지 추상적이고 비운동적인 동일성에 대한 집착을 의미하며, 여기에는 동일성과 상이성의 관계를 '양자의 극복될 수 없는 대립관계'로 이해하는 것이 근저에 놓여있다. 그러나 이렇게 주장하는 사람들은 동일성이 그 자체로 단지 "일면적인 규정성"[49]으로만 파악된다는 점을 간과하고 있다. 왜냐하면 동일성은 저 주장에서는 관계를 형성하는 양 규정들 중의 단지 한 규정에 불과하기 때문이다. 이로부터 상이성과 상이한 또는 상이성을 배제한 추상적인 동일성은 그 자체로 절대적으로 참된 것이 아니라, 오히려 양 규정의 관계를 형성하는 전체 반성운동의 한 규정으로서 플라톤의 로고스에 상응하는 헤겔의 '논리적인 것'의 한 계기라는 점이 승인되어야 한다.

그래서 헤겔은 상이성을 배제한 동일성은 일면적인 규정으로서 단지 "*형식적인 진리, 추상적이며 불완전한 진리*"만을 자체 내에 포함한다는 점을 강조한다. 헤겔의 이 판단에는 또한 "*진리는 단지 동일성과 상이성의 통일에서만 완전하고*, 이 통일에서만 현존한다"는 점이 근저에 놓여있다. 상이성을 배제한 동일성이 그 자체로 불완전한 것으로 간주될 때, 그것은 또한 동일성과 상이성의 부정적인 통일을 "총체성"으로 제시하고, 이 총체성에 따라서 상이성을 배제한 동일성은 불완전한 것으로 판정된다. 그러나 동일성이 "상이성과 절대적으로 분리된 것"으로 고정화되고, 이 분리된 동일성이 "본질적인 것, 타당한 것, 참된 것"으로서 간주된다면, 여기에서는 "동일성이 추상적인 동일성으로서 본질적이며" 그러나 이 동일성은 "동시에 그 자체로 불완전하다"는 역설적인 주장이 제시될 뿐이다. 그리고 이 주장은 이 "양 사상들을 함께 파악할 수 없다는 결함" 이외의 다른 어떠한 것도 아니다.[50] 이 모든 것은 또한 상이성 개념에도 동일한 방식에서 적용가능하다.

헤겔은 동일성을 표현하는 동일률이 단지 보편적인 동일성(A = A)만이 아니라 동시에 "반성운동, 타자존재가 사라지는 운동으로서의 동일성"[51]{A = −(−A)}, 즉 그것(A)과 대립된 것(−A)과의 필연적인 관계를 자체 내에 포함한다고 말한다. 그래서 동일률〔(A = A) ∩ {A = −(−A)}〕은 한편으로는 '동어반복'과 마찬가지로 '어떠

49) WL II, 41쪽.
50) 같은 책, 42쪽.
51) 같은 책, 45쪽. 이 '반성운동'을 배제한 오성의 *추상적인 동일성*을 근간으로 하는 형식논리적인 동일률은 그래서 절대적으로 타당한 것이 아니라, 단지 *조건적으로 타당한 형식적인* 사유의 법칙으로 간주될 수 있다.

한 것도 말하지 않지만(*nichts* sagen)', 다른 한편으로는 동일률의 후반부{A = −(−A)}을 통해서 동일성 자체, 여기에서는 A 자체가 서술되는 "부정적인 운동"을 포함한다. 이것이 의미하는 것은 모든 개별적인 사물들 각각은 자기 자신과 동일한 것으로서 동시에 자신에 *고유한*, 그래서 다른 것들에 반한 *규정성*에 근거해서 *부정적으로 자기 자신과 관계한다*는 것이다. 이런 한에서 위에서 언급한 '결함'은 동일률에서 단지 일면적으로 파악된 추상적인 동일성 '*이상의 것*'으로서 '반성의 순수한 운동', 즉 "부정적인 운동에 관한 의식의 결함"을 의미한다. 그래서 "동일성은 상이성과의 *분리로서* 또는 *상이성과의 분리에서 본질적인 동일성*이다"는 주장에는 헤겔이 보기에는 또한 동일성은 "*분리* 자체"이고 동시에 "*분리에서* 본질적으로, 다시 말해 *결코 대자적이지 않은*, 오히려 *분리의 계기*"라는 것이 표현되어 있다.[52] 말하자면 동일성은 분리 자체, 즉 동일성과 상이성의 부정적인 통일이고 동시에 이 통일의 한 *계기*이다. 그러므로 헤겔은 동일성과 상이성의 관계를 *자기관계하는 타자성*에 근거해서 파악하며, 이 관계에서 진리는 '총체성'으로서 *동일성과 상이성의 부정적인 통일*이고, 여기에서 동일성과 상이성 각각은 *자기 자신과 자신의 타자의 부정적인 통일*로서 파악된다.

---

52) 같은 책, 42쪽.

참고 문헌

김주일, 「《파르메니데스》에 나오는 제논의 역설의 의미」, 『플라톤 철학과 그 영향』, 한국서양고전철학회, 서광사, 2001.

박종원, 「플라톤과 베르그손의 나눔의 방법」, 『플라톤 철학과 그 영향』, 한국서양고전철학회, 서광사, 2001.

송영진, 『플라톤의 변증법』, 철학과 현실사, 2000.

조종화,「헤겔 모순개념의 객관성과 구조」,『헤겔연구』23, 한국헤겔학회, 용의 숲, 2008, 301-337쪽.

탈레스 외, 『소크라테스 이전 철학자들의 단편 선집』, 대우고전총서, 김인곤 외 옮김, 아카넷, 2005.

플라톤, 『소피스테스』, 김태경 옮김, 한길사, 2000.

Bärthlein, Karl, "Zur Kategorienforschung in der Antike" in *Kategorie und Kategorialität*: Historisch-systematische Untersuchungen zum Begriff der Kategorie im philosophischen Denken, Festschrift für Klaus Hartmann zum 65. Geburtstag, hrsg. v. D. Koch u. K. Bort, 1990, 13-48.

Düsing, Klaus, *Das Problem der Subjektivität in Hegels Logik*: Systematische und entwicklungsgeschichtliche Untersuchungen zum Prinzip des Idealismus und zur Dialektik, Bonn: Bouvier, 1984², Hegel-Studien. Beiheft 15.

——, "Dialektikmodelle: Platons 'Sophistes' sowie Hegels und Heideggers Umdeutungen" in *Das Problem der Dialektik*, hrsg. v. D. Wandschneider, Bouvier Verlag, 1997, 4-18.

Fink-Eitel, Hinrich, *Dialektik und Sozialethik*: Kommentierende Untersuchungen zu Hegels 'Logik', Verlag Anton Hain Meisenheim GmbH, 1978.

Flach, Werner, *Negation und Andersheit*, Ernst Reinhardt Verlag München u, Basel, 1959.

G. W. F. Hegel Werke in zwanzig Bänden hrsg. v. E. Moldenhauer u. K. M. Michel, Theorie Werkausgabe Suhrkamp Verlag Frankfurt am Main 1969ff.

Bd. 5, *Wissenschaft der Logik* I (ab: WL I).

Bd. 6, *Wissenschaft der Logik* II (ab: WL II).

Bd. 8, *Enzyklopädie der philosophischen Wissenschaften* I.

Bd. 18, *Vorlesungen über die Geschichte der Philosophie* I.

Bd. 19, *Vorlesungen über die Geschichte der Philosophie* II.

Henrich, Dieter, "Die Formationsbedingungen der Dialektik: Über die Untrennbarkeit der Methode Hegels von Hegels System" in *Revue Internationale de Philosophie 139/140*, 1982, 139–162.

_____, *Selbstverhältnisse* : Gedanken und Auslegungen zu den Grundlagen der klassischen deutschen Philosophie, Philipp Reclam jun. Stuttgart, 1982.

Pätzold, Detlev, "Hegels Transformation des Substanzbegriffs in der Wissenschaft der Logik" in *Hegels Transformation der Metaphysik*, hrsg. v. D. Pätzold u. A. Vanderjagd, Jürgen Dinter Verlag für Philosophie Köln, 1991, 98–108.

Platon, Platon Werke in acht Bänden, Sonderausgabe 1990 hrsg. v. Gunther Eigler, Wissenschaftliche Buchgesellschaft, Darmstadt.

_____, *Parmenides*, übersetzt v. Fr. Schleiermacher, bearbeitet v. Dietrich Kurz (Bd. 5).

_____, *Sophistes*, übersetzt v. Fr. Schleiermacher, bearbeitet v. P. Staudacher(Bd. 6).

Theunissen, Michael, *Sein und Schein*: Diekritische Funktion der Hegelschen Logik, Suhrkamp Verlag, Frankfurt a. M. 1980.

Wandschneider, Dieter, *Grundzüge einer Theorie der Dialektik*: Rekonstruktion und Revision dialektischer Kategorienentwicklung in Hegels Wissenschaft der Logik, Klett–Cotta, Stuttgart, 1995.

Platons Dialektik der Methexis und Hegels Dialektik des Widerspruchs

Cho, Chonghwa

Parmenides' Prinzip und Zenons Paradoxien lehnen aufgrund des Satzes vom Widerspruch die Seinsmögleichkeit des Anderen, die die Welt des Nichtseins oder des Vielen mögleich macht, und die Seinsmögleichkeit der veränderlichen Erscheinungswelt ab. Die Eleaten und die Sophisten verneinen aufgrund des Satzes vom ausgeschlossenen Widerspruch auch die Verknüfungsmögleichkeit der obersten Gattungen miteinander.

Platon will durch das Sein des Nichtseins und die Verknüfung der obersten Gattungen miteinander, d. h. durch einen Methexis-Gedanken das mehrfaltige Verhältnis von Sein und Nichtsein und speziell die mehrfaltige Bestimmbarkeit des Seins des Nichtseins als eines Verschiedenen begründen. Dadurch versucht er das Verhältnis von der unveränderlichen Welt der Gattungen und der veränderlichen Erscheinungswelt der Verschiedenen zu erklären. Er will durch das Sein des Nichtseins die veränderliche Welt retten und durch die Verknüfung der unveränderlichen Gattungen miteinander die verschiedenen Seinsarten der Wirklichkeit bzw. der Seienden und deren Gemeinschaft bzw. Symploke etablieren. Also versucht er durch die Mögleichkeit des Logos die ganze Wirklichkeit zu verstehen.

Platons gattungstheoretische Metaphysik begründet eine Dialektik, die bei der Verknüfung der obersten Gattungen miteinander den Methexis-Gedanken zugrundelegt, und Hegels Philosophie ist die Dialektik, die auf der selbstbezüglichen Andersheit und dem Widerspruch beruht. Während Platons Dialektik allein für die Vermeidung des Widerspruchs vom Methexis-

Gedanken Gebrauch macht, versucht Hegels Dialektik den Widerspruch positiv zu denken und zu dessen Hilfe die logischen Begriffen bzw. Gattungen systematisch zu entwickeln. Das bedeutet, daß Hegel durch die Untersuchung der selbstbezüglichen Andersheit und des positiven Resultats des Widerspruchs die auf dem Methexis-Gedanken gegründete gattungstheoretische Metaphysik von Platon dynamisch verstehen will.

Keywords: Nichtsein, Verschiedenheit, Methexis, Selbstbezügliche Andersheit, Widerspruch

이 논문은 2008년 10월 10일에 접수하고 2008년 10월 17일에 심사 완료하여 2008년 10월 24일에 게재가 확정되었습니다.

프랑스혁명과 청년헤겔

– 신학론집의 정치철학적 해석

정 대 성

요약문

프랑스혁명이 청년헤겔의 사유에 미친 영향을 탐구하는 것은 이후 그의 철학 전체를 이해하는 중요한 한 열쇠가 된다. 그의 초기 실정성에 대한 비판은 비록 종교적 계율과 제도에 대한 비판을 담고 있지만 그 내용에 있어서 프랑스혁명의 이념에 근거한 정치제도의 비판으로 읽힐 수 있다. 따라서 그의 초기 작품들을 신학적으로, 종교적으로 독해하는 데는 한계가 있다고 할 수 있다.

프랑스혁명은 자유와 평등이라는 근대의 가치를 정치적으로 선언한 사건이며, 이 사건은 유럽 근대 지성사에 지대한 영향을 미쳤다. 피히테와 헤겔이 자신의 철학을 "자유의 철학"이라 부르는데, 이것은 이런 영향을 적시하지 않고서 이해하기 힘들다.

이 글은 청년헤겔의 "신학논집"을 중심으로 프랑스혁명과의 관계를 추적한다.

● 주요어 : 실정성, 프랑스혁명, 공화주의, 루소, 청년헤겔

I. 들어가는 말

자유, 평등, 박애를 기치로 내 걸었던 프랑스혁명(1789)은 단순히 정치적 사건에 머물지 않는다. 이 사건은 근대의 기획이라 불리는 "인간 해방의 기획"을 정치적으로 확인하고자 하는 시도로 간주된다.

해방은 적어도 세 가지 방향에서 이뤄졌다. 첫째는 초월적 권위인 신과 종교적 체계로부터의 인간 해방이다. 중세의 종교적 세계관에 따르면 인간은 철저히 신적 권위와 그 대리인에게 복종해야 한다. 이런 점에서 인간은 자기의식을 결여하고 있으며, 오로지 노예적 의식만을 소유한다. 종교개혁(1517)은 이러한 발전 방향에서 결정적인 역할을 한다. 개혁교회는 가톨릭보다 더 급진적으로 신을 최종적 권위로 인정하는 형태를 취하고 있다는 점에서 인간을 더 예속적 존재로 보는 경향을 갖기는 하지만, 신과의 직접적 관계를 강조함으로써 인간 개별자의 자기의식을 고양하는 데 기여하였다.

둘째는 자연의 우연적, 강제적 힘으로부터의 인간 해방이다. 자연의 힘의 강제성에서 벗어날 수 있는 유일한 길을 주술적, 혹은 신학적 사후 정당화에서 찾던 이전의 자연관에서 벗어나 자연이 철저히 외적 필연성의 관계에 의해 움직인다고 파악함으로써, 즉 자연을 거대한 인격체나 목적론적 체계로 보는 대신 하나의 거대한 기계로 보게 됨으로써 자연을 통제할 수 있는 길에 접어들었다. 갈릴레이 갈릴레오에서 뉴턴으로 이어지는 자연과학의 발달은 이러한 발전방향에서 결정적인 역할을 한다.

셋째는 외적인 권위 일반으로부터의 인간 해방이다. 근대화의 과정은, 베버가 이야기 했듯이, 세속화의 과정이었다. 신적 권위로부터의 해방은 이러한 세속화 과정을 표현한다. 하지만 이러한 세속화의 과정은 소위 합리화의 과정과 맥을 같이하게 된다. 이성, 혹은 이성적 인간이 최종적 권위를 가지는 것으로 선언되는데, 이것은 예컨대 근대 정치체의 발전에서 세속적이지만 여전히 권위적인 절대군주제에서 입헌군주제로, 그리고 공화제와 민주제로의 발전을 거치게 된다. 따라서 공화제와 민주제는 인간의 해방이라는 근대적 이상의 (잠정적이나마) 최종적인 정치적 모형이라고 할 수 있을 것이다.

사실 헤겔의 사유는 인간 해방이라는 이런 근대적 이상의 실현에서 출발한다고 할 수 있다. 물론 성숙기의 작품인 『법철학』에서 그가 제안하는 정치형태가 군주제의 모습을 띠고 있기는 하지만, 그의 초창기 사유의 출발점은 프랑스혁명에서 내걸었던 루소의 공화제였다는 것은 이러한 사실을 잘 드러낸다. 이 말은 동시에 그의 사유의 출발이 프랑스혁명에 대한 철학적, 사변적 해명에 있었다는 것을 보여주기도 한다. 공화주의에서 군주제로 이행하는 그의 사유의 발전을 추적하는 것이 이 글의 목적은 아니다. 오히려 이 글은 그의 사유의 출발이 되는 초기 헤겔의 사유를 프랑스혁명이 표방하였던 공화제의 관점에서 재구성하는 것에 있다.

II. 청년헤겔에 대한 일반적 이해와 프랑스혁명

1907년 헤르만 놀(H. Nohl)이 편집한 헤겔 청년기의 수고 모음집인 『청년헤겔의 신학론집』은 1906년 딜타이의 『헤겔의 청년사』에 의해 촉발된 청년헤겔에 대한 연구를 가속화시켰다. 딜타이는 헤겔의 초기 저술들을 종교적, 신학적 관점에서 해석하는데, 특히 청년헤겔의 생(Leben) 개념을 기독교적인 생 개념과 연결시키고 있다. 이러한 해석은 생철학(Lebensphilosophie)의 발전에 깊은 영향을 주는 것으로 평가된다.

딜타이에게서 영향을 받은 놀은 헤겔의 초기 종교적 단상들을 묶어 그 이름을 '신학론집'이라고 명명하였는데, 이러한 명명에서 딜타이의 헤겔 해석의 영향을 감지할 수 있다. 하지만 이러한 명명은 헤겔이 가지고 있었던 정치적 의식을 희석하는 경향이 있다. 그의 관심이 종교문제에 국한한 것으로 오해될 수 있기 때문이다. 청년헤겔에 대한 불후의 명작 『청년헤겔』을 집필한 루카치는 딜타이의 영향하에 있는 청년헤겔의 연구경향을 "반동적 전설"[1]이라고 비판하며, 리터는 딜타이의 이 저작의 영향으로 헤겔 사유의 발전에서 프랑스혁명이 차지하는 "건설적 위치"가 완전히 부차적인 것으로 되어 버렸다고 비판한다.[2] 헤겔의 청년기 저작들은 종교적 주제를 가진 수고들을 포함하여 정치적 저술로 읽혀야 하며, 정치적 자유를 향한 그의 열정을 담고 있다는 이유에서이다.

헤겔이 프랑스혁명에 대한 철학적 해명을 일생의 과제로 삼았다고 하는 것은 여러 학자들에 의해 주장된다. 물론 그 혁명에 대한 무조건적 지지를 철회하기는 하

1) G. Lukacs, 김재기 옮김, 『청년헤겔』, 동녘, 1986, 53쪽. 딜타이의 영향 하에 있는 작품들로는 헤링(Haering)의 『헤겔-그의 의지와 작품』(1929), 슈바르츠(Justus Schwarz)의 『헤겔의 정신적 발전』(1938), 글로크너의 『헤겔』(1929, 1940) 등이 있다. 루카치는 이들을 신헤겔주의자라고 부른다.

2) J. Ritter, 김재현 옮김, 『헤겔과 프랑스혁명』 한울, 1983, 94쪽. 물론 리터는 루카치와 같이 헤겔의 모든 논의를 정치경제학적인 관점에서 보는 것에도 반대한다. 헤겔 논의의 중요한 부분이 철학사적인 연관에서 그 독특성을 가지고 있다고 보기 때문이다. (상동, 95쪽)

지만 프랑스혁명이 내 걸었던 정신에 대해서는 끝까지 긍정적 태도로 일관했다. 헤겔의 전기 작가인 로젠크란츠에 따르면 헤겔은 튀빙겐 대학시절에 프랑스혁명을 체험했으며, "모든 고귀한 사람들처럼" 이 "참된 철학적 광경"에 열광했다. 그는 횔덜린과 셸링을 비롯한 튀빙겐 대학의 젊은 친구들과 "자유의 나무를 심고 그 주변을 혁명의 노래를 부르며 춤을 추며 돌았다"[3]고 한다. 그는 셸링에게 보낸 한 편지에서 민중이 "먼지처럼 낮아진 권리를 단순히 요구하는 것이 아니라 스스로 자신의 것으로 받아들이도록" 하기 위해 그들에게 그들 자신의 "존엄"을 제시하는 것이 혁명의 시대의 철학의 과업이라고 쓰기도 했다.[4]

루카치는 청년기 신학론집을 정치경제학적인 관점에서 탐구하는데, 그 근거들 중 하나를 그는 이 시기 헤겔의 사유가 "프랑스혁명이라는 토대 위에서"[5] 형성되었다는 데서 찾는다. 그에 의하면 많은 당대의 지식인들이 프랑스혁명에 처음에는 열광했지만 곧 그 적대자가 된데 반해, 헤겔은 일생동안 흔들림 없이 이 혁명의 역사적 필연성을 파악하는데 주력했다. 이런 관점에서 루카치는 청년헤겔의 신학론집을 읽는다. 즉 청년기 헤겔의 신학적 수고의 주된 논점이 되는 실정성에 대한 비판, 혹은 실정적 제도에 대한 혐오는 "혁명에 대한 그의 열광"[6]에 있었다는 것이다.

요아힘 루터 역시 그의 유명한 책 『헤겔과 프랑스혁명』에서 헤겔의 철학을 "혁명의 철학"이라고 명명한다. 즉 그의 철학은 1789년과 1830년 사이 일어난 혁명과 혁명이후의 시기에 대한 철저한 분석의 결과라는 것이다. 물론 혁명에 대한 그의 태도는 "두려움과 희망 사이에서 흔들거렸으며", "기대와 이런 기대의 기만이 교차"했지만,[7] "헤겔의 정신적 발전에서 혁명과의 이런 적극적 관계보다 더 그의 사상을 특징지을 수 있는 것은 없다. 이러한 관계가 그의 사유의 처음이자 마지막을

3) K. Rosenkranz, *G. W. F. Hegels Leben*, Berlin, 1844, S. 32.

4) G. W. F. Hegel, *Briefe von und an Hegel*. Vier Baende, J. Hoffmeister(Hg.) 중 1795년 4월 셸링에게 보낸 편지에서.

5) G. Lukacs, 김재기 옮김, 『청년헤겔』, 동녘 출판사 1986, 45쪽.

6) 같은 쪽. 자신의 말년 대작인 『사회적 존재의 존재론』에서 루카치는 헤겔철학을 프랑스혁명 이후의 철학으로 규정한다. 일반적으로 프랑스혁명은 계몽의 실현을 위한 혁명으로 읽히지만 그 결과 나타난 프랑스의 전제주의로 인해 계몽이 실패한 것으로 간주된다. 그 여파로 비합리성에 기초한 낭만주의가 계몽을 대신하게 된다. 하지만 루카치는 프랑스혁명에서 헤겔이 계몽의 연속을 본다고 한다. 물론 이때 그 연속은 계몽주의자들이 하는 방식으로가 아니라 소위 '변증법적인 방식'으로 나타난다. Vgl. G. Lukacs, *Zur Ontologie des gesellschaftlichen Seins*, Neuwied 1984, Bd. 1, S. 468ff.

7) J. Ritter, 같은 책, 93쪽.

이룬다"[8]고 말한다.

헤겔과 프랑스혁명에 대한 이런 여러 가지 해석은 헤겔이 프랑스혁명과 밀접한 연관이 있었음을 드러낸다. 따라서 이제 문제는 헤겔을 열광하게 한 프랑스혁명의 본질, 혹은 헤겔이 평가한 프랑스 혁명의 모습을 살피는 것이다.

III. 프랑스혁명의 공화주의적 이념

헤겔은 프랑스혁명에서 무엇을 보았는가? 그는 왜 이 혁명에 열광했는가? 이 혁명에 대한 열광이 학창시절 이후 점차 약화되어가긴 했지만 어떤 근거에서 그는 이 혁명을 만년에 이르기까지 '세계사적 전환'으로 인식했는가?

잘 알려져 있듯이 프랑스혁명의 이념은 루소에게서 기원한다. 혹은 적어도 루소의 작품에 잘 드러난다. 자유와 평등이라는 근대적 가치를 실현할 수 있는 최고의 정치체를 루소는 공화제에서 보았으며, 로베스피에르를 포함한 프랑스혁명의 지도자들은 공화주의를 혁명정부의 모델로 받아들였다.[9] 공화국(Republik)은 res와 publica의 합성어이다. res는 '사물'이나 '재산'(thing, wealth)을 의미하고 publica는 '공동의'(공공의, common)를 의미하는 형용사이다. 따라서 그 낱말은 '공동의 재산'이라는 의미를 갖는다. 이 개념은 국가라고 하는 것이 공동의 재산, 공동의 것임을 의미한다.

루소에게서 공화국은 자유와 평등이라는 근대의 가치를 가장 잘 구현할 수 있는 정치체를 의미했는데, 이 개념은 적어도 두 가지 형태의 국가를 비판의 표적으로 삼는다. 첫째는 국가가 특정한 개인, 예컨대 왕이나 특정한 신분의 소유물이 아니라는 의미를 함축한다. 혁명의 지도자들은 신분사회에 대한 비판적 대안으로 만인평등과 자유를 보장할 수 있는 공화제를 제시하였다. 둘째, 이 개념은 국가가 전체의 이익보다는 개별자의 이익을 우선시하는 근대 자유주의 국가 개념에 대한 비판을 담고 있기도 하다. 자유주의 국가이론가들은 기본적으로 신분제를 극복의 대상으로 본다는 점에서 진일보한 정치이론을 제시하지만, 국가를 공익보다는 사익을 보호하는 기구로 간주함으로써 최소주의 국가형태를 지향하게 되었다. 홉스가 생

8) 상동

9) 루소 전문가인 워클러는 다음과 같이 말한다. "프랑스혁명의 지도자들이 정치적 실천과 이론을 일치시키려는 운동을 폈을 때 그들이 가장 먼저 동지의식을 발견한 곳은 루소의 사상이었다." R. Wokler, 이종인 역, 『루소』, 서울 시공사, 2001, 15쪽.

명권을, 로크가 생명권에 더해 소유권을 보호하는 것이 국가의 주된 목적이라고 말하는 것은 이러한 맥락에서이다. 즉 국가는 공권력을 사적인 개인의 권리를 보호하는 데 사용해야 하지 추상적인 인민전체를 위한다는 미명하에 개인의 권리를 침해하는데 사용해서는 안 된다고 하는 것이 자유주의 이론가들의 주장이다.

루소는 국가가 자유주의자들이 주장하듯 단지 개인의 사적인 권리를 보호하는 장치로 끝날 때 나타날 수 있는 심각한 사회문제, 예컨대 공동체의식의 결여와 부의 편중현상 등이 국가 자체를 와해시킬 수 있다는 사실을 일반의지 이론을 통해 비판하며, 국가 전체를 위해 소유권이 상당 정도로 제한되어야 한다는 입장을 제시하였다. 이러한 사실은 법에 대한 그의 태도에 잘 나타난다. 루소는 법이 자유의 실현이며 자유의 보장 장치라는 입장을 가지고 있다. 이러한 입장은 자연 상태에서만 자유가 존재한다고 하는 홉스가 법을 '자유가 끝나는 지점'이라고 생각한 것과는 대비된다. 물론 루소에게서 법이 자유의 실현의 계기라고 하는 것은 법의 제정자가 국민이어서 국민과 주권자 사이에 간격이 없어야 한다는 사실을 전제한다. 따라서 루소에게서 시민 자신이 통치한다면 자유는 국가와 대립하는 것이 아니라 국가라는 울타리 내에서만 보장된다.

자유가 합법적 국가의 핵심 개념이라면 만인의 평등은 자유를 획득하기 위한 필수 조건이 된다.[10] 루소가 사유재산의 해악을 비난하는 이유는 이러한 평등이 지나친 부의 집중으로 파괴될 수도 있다는 이유에서이다. 물론 그는 이후의 사회주의자들처럼 평등을 위한 평등을 주장하지는 않았다. 사유 재산이 결코 없는 사회에서는 자유의 원칙이 평등의 원칙과 대결할 것이라고 보았기 때문이다. 그래서 그는 시민이 돈으로 다른 시민을 사는 일이 없을 만큼의 부의 소유를 인정했다.

공화주의에 대한 루소의 이러한 생각은 청년헤겔의 사유를 이끄는 가장 중요한 축이 되었다.[11] 청년헤겔은 기독교에 대한 비판과 고대 그리스 도시국가의 공화정에 대한 갈망을 보여주는데, 이러한 그의 태도에서 루소와 프랑스혁명의 공화주의가 그에게 미친 영향을 가늠할 수 있다. 그는 사적인 이익에 매몰되어 있는 당대의 시대정신의 원형을 기독교에서 보고 있으며, 기독교정신이 서양에 들어오면서 그리스를 이어받은 로마의 공화주의가 그 힘을 상실했다고 진단한다. 이러한 그의 생각은 기독교의 실정성에 대한 비판으로 구체화 된다.

---

10) 루소는 『사회 계약론』(이환 옮김, 서울대, 1999) 제 1권 9장, 제 2권 11장에서 이 문제를 특히 많이 다루고 있다.

Ⅳ. 기독교의 실정성에 대한 비판

청년기 헤겔의 작품을 프랑스혁명과의 관계 속에서 읽게 될 경우 그의 기독교 비판이 그 시대에 이미 보편적 가치로 자리한 '자유'를 얼마나 희구하였으며, 자유를 억압하는 기구와 제도들에 대해 얼마나 정열적으로 대항했는가를 좀 더 정치철학적 관점에서 볼 수 있다. 「기독교의 실정성」(1795/6)에서 그는 신의 은총에 의해서만 구원을 얻을 수 있다는 기독교적인 사유를 극복하기 위한 인문주의적 시도가 예전부터 있어 왔지만 결국 실패하고 말았다고 하면서 다음과 같은 한탄의 말을 한다. "하늘나라에 내 던져버린 보물들을 인간의 재산으로 – 적어도 이론 속에서나마 – 반환 청구하는 시도가 우리시대에도 있었다. 그러나 이 권리를 당연한 것으로 여기고 그 소유를 자신에게 귀속시킬 수 있는 힘을 도대체 어느 시대에나 갖게 될 것인가?"[12]

인간의 고귀한 재산을 되찾기 위한 헤겔의 문제의식은 우선 실정적 제도에 대한 비판으로부터 시작된다.[13] 이 시기 헤겔의 수고들은 기독교의 '실정성'에 대한 비판과 자유에 대한 열망으로 요약될 수 있을 것이다. 실정성(Positivitaet)은 청년 헤겔의 가장 중요한 비판적 개념에 속한다. 실정성은 라틴어 *positivus*를 기원으로 하는데, 이 말은 '정립하다', '세우다' 혹은 '놓다' 등으로 번역될 수 있는 후기 라틴어 동사 *ponere*의 명사형이다. 이 단어는 정립하는 주체를 전제한다. 즉 이 단어는 주체의 활동성을 표현하고 있다. 하지만 헤겔은 '실정성'이라는 단어를 법이나 제도가 비록 정립하는 주체에 의해 정립된 것이기는 하지만 이 법과 제도가 도리어 주체를 억압하는 그런 상황을 설명하기 위해 사용한다. 이때 법과 제도는 자신

11) 청년기 신학논집에서 루소에 대한 직접적 언급은 거의 없다. 기껏 세 번 정도 언급되고 있는데, 그것도 공화제와 직접적으로 연관된 내용이라기보다 고귀한 도덕의식을 지향하는 사람들이 긍정적으로 추구하는 인물로 묘사되고 있다. 그럼에도 불구하고 많은 연구자들은 루소와 헤겔을 정치적 관점에서 연결하고 있다. 루소와 청년헤겔의 연관성에 대해서는 국제 헤겔 연맹에서 편집한 『루소, 혁명 그리고 청년헤겔』(Rousseau, die Revolution und der junge Hegel, Stuttgart 1991)이 대표적이다. 특히 부르주어(B. Bourgeois)의 「청년헤겔과 도덕과 정치에서 루소적 연관성」(Der junge Hegel und das Rousseausche Verhaeltnis von Moral und Politik)은 이 문제를 잘 보여준다. 특히 그는 "악의 문제"에 대한 청년 헤겔의 생각이 칸트가 아니라 루소에게서 기원하는 것으로 해석하면서 칸트보다는 루소가 청년헤겔의 사유를 지배했다고 말한다.

12) 헤겔 저, 정대성 역, 『헤겔의 신학론집』, 인간사랑 2005(=『신학론집』), 373쪽.

13) 실정성 개념에 대해서는 정대성, 「'반성문화'에 대한 청년헤겔의 비판과 '화해하는 이성' 개념」, 『헤겔연구』, 제 14호, 용의 숲, 2003, 157쪽 이하 참조.

의 근원이 주체에 있다는 것을 결코 알지 못하는 절대적 객체로서 행동한다. 「기독교의 실정성」(1795/6)에서 그는 이를 다음과 같이 말한다.

> 실정적 신앙은 특정한 종류의 종교적 교리의 체계이다. 그런데 이 신앙에 따르면 이 계율들은 우리가 믿을 것인지 말 것인지 주저해서는 안 되는 어떤 권위에 의해 우리에게 주어졌기 때문에, 우리가 진리로 받아들이지 않으면 안 된다고 한다. 우리의 의지와는 독립적으로 진리로 여겨지고 받아들여져야 하는 진리, 아무도 알지 못하고 아무도 진리라고 생각하지 않는다고 해도 계속해서 진리였던 진리, 그래서 종종 객관적인 진리라고 불리는 진리의 체계가 이 실정적 신앙이라는 개념에 포함된다. 이 진리는 이제 우리에게 대해서도 진리이어야 하며, 주관적 진리이기도 하다.[14)]

1797년의 또 다른 단편에서는 "실천적이어야 할 믿음이 이론적으로만 현존하는 믿음, 즉 근원적으로는 주관적이어야 할 믿음이 하나의 객체로 현존하는 믿음을"[15)] 실정적 믿음이라 한다.

이 인용문들을 요약하면 다음과 같다. 실정적 종교의 체계는 그 정당성과 진리성이 주체에 의해 의문시되어서는 안 되는 외적인 권위에 의해 주어지기 때문에 무조건 진리로 받아들여져야 한다고 한다. 헤겔에 따르면 실정적인 것과 비실정적인 것을 가르는 결정적인 기준은 한 체계나 신앙에서 인간의 자유로운 발전이 보장되는가이다. 인용문에 등장하는 "우리에게 주어졌다", "권위", "우리의 의지와는 독립적으로 진리로 여겨지고 받아들여져야 하는 진리" 등과 같은 표현들에서처럼 어떤 체계의 계율들이 주체와 철저히 독립해 있을 때, 즉 이러한 체계가 주체의 자기규정을 위한 여지를 주지 않을 때 그 체계는 실정적이다. 이러한 이유에서 루카치는 실정성을 "주체의 도덕적 자율성의 철폐"[16)]라고 말했고, 얌매(Ch. Jamme)는 "종교적 계율의 순수한 형식화" 내지 "한 교설의 사후적 교조화와 사유(私有)화"[17)]라고 말한다. 이런 점에서 실정성이라는 개념은 개념사적으로 마르크스의 "소외" 개념에 연결된다.[18)]

---

14) 『신학론집』, 346쪽.
15) G. W. F. Hegel, *Werke in zwanzig Baenden*(E. Moldenhauer/K. M. Michel(Hg.)(=TW)). Bd. 1, S 239.
16) 루카치, 위의 책, 55쪽.
17) Ch. Jamme, *Positivität*, in: HWPh, Bd. 7, Sp. 1106ff.
18) N. Rotenstreich, 정승현 옮김, 『청년 맑스의 철학』(서울 미래사 1986)은 마르크스의 소외 개념의 전사를 헤겔의 이 '실정성' 개념에서 찾아주고 있다.

헤겔은 기독교가 이러한 실정종교의 대표자라는 것을 보이고자 한다. 그가 기독교를 비판의 대상으로 삼는 이유는 기독교가 단순한 종교가 아니라 정치와 문화 등 삶의 모든 영역을 지배하는 유럽의 정신 그 자체라고 하는 판단 때문이다. 헤겔은 조국의 분열과 원자적 개인주의를 극복할 수 있기 위해 기독교가 지양되어야 한다고 생각했다. 그에게 프랑스혁명(1789)은 과거의 습속을 지양하고 새로운 시대의 도래를 알리는 기호로 간주되었다. 따라서 프랑스는 기독교의 정신으로부터 완전히 자유롭게 된 것은 아니지만 새로운 시기, 즉 탈기독교의 시기로 접어들었다고 할 수 있다. 그러한 혁명을 아직 경험하지 못한 독일에서는 기독교에 대한 비판과 극복이 가장 시급한 과제였다.

헤겔에 따르면 기독교의 실정성은 예수 자신으로부터 시작한다. 예수는 실정성의 원형으로 간주되는 유대교를 극복하고 덕에 기초한 새로운 종교를 세우고자 했다. 하지만 헤겔에 따르면 자신의 기독교 취급방식은 기독교에 대한 당대의 일반적인 비판보다 훨씬 더 근본적인데, 왜냐하면 그가 역사적으로 기독교에 덧붙여진 어떤 "환영"을 다루는 것이 아니라 기독교의 "체계의 측면 그 자체", 즉 "사태 그 자체"를 다루고 있기 때문이다.[19] 즉 그는 기독교의 근본 원리를 문제 삼고 있으며, 따라서 그가 기독교의 설립자의 정신에서 실정적인 요소를 본 것으로 해석해야 할 것이다.[20]

자신을 '메시아'라고 부른 것, "자신의 노력으로 신앙을 형성할 수 없고 자신의 본성에 따라 신앙을 정초할 수 없는" 유대인들에게 관심을 끌 목적으로 사용한 기적, "신실한 친구의 수를 12로" 고정한 것, 즉 위대한 명성과 새로운 권위를 특정한 수로 고정한 것, 자신의 친구들을 사회로부터 분리해 내서 고립시킨 것, "빵을 먹을 때마다 진리를 위해 희생한 자기의 몸을 생각하게 하고, 포도주를 마실 때마다 자기가 쏟아 흘린 피를 생각하게 한" 그의 명령 등 「기독교의 실정성」에서 보여주는 거의 모든 단락들은 기독교의 실정성이 예수 자신에게서 기원하고 있음을 보여준다.

---

19) 『신학론집』, 244쪽.

20) 청년 헤겔에 대한 가장 일반적인 해석 중 하나는 헤겔이 예수의 원래 가르침과 역사적 기독교를 구분하고 있다는 것이다. 예컨대 이정은은 「청년헤겔에게 예수는 기독교의 실정성의 근원인가?」에서 예수에게는 실정성이 기원하지 않는다고 한다. 물론 그는 예수에게도 실정성의 요소가 있기는 했지만, 그것은 시대적 제약이었고 그 원래 의도는 그렇지 않았다고 말한다. 「청년헤겔에게 예수는 기독교의 실정성의 근원인가?-청년기 헤겔의 신앙과 도덕성의 갈등 연구를 위한 소고」, 『헤겔연구』, 제 20호, 용의 숲, 2006, 특히 96쪽 이하 참조.

예수에게서 보이는 이러한 맹아는 새로운 권위적인 종교, 즉 실정적 종교로 발전했다. 예수의 행위는 예속 가운데서 자부심을 느꼈던 제자들에게 새로운 종류의 권위적 종교를 설립할 수 있게 하는 계기를 마련했다. "제한된 영역에서 활동하는 것에 익숙했으며"[21] "정신적인 에너지를 쌓아둘 그릇이 부족했던"[22] 제자들은 예수의 가르침에 대한 확신을 자신의 이성적 활동에서가 아니라 그와의 우정과 그에게 의존함 속에서 획득했다.

> 그들은 자신의 노력에 의해서 진리와 자유를 얻으려 하지 않았다. 단지 열성적인 학습을 통해서 그들은 진리와 자유에 대한 희미한 감정과 공식을 얻었을 뿐이다. 그들의 꿈은 선생의 가르침을 신실하게 붙잡고 유지시키는 것이었으며, 그것에 어떤 것도 덧붙이지 않고서, 또 그것을 다양하게 변화시켜 상세하게 이론화하지 않고서 다른 사람들에게 전달하는 것이었다. 그들은 기독교가 공공종교로 확립되어 그들의 후손들 역시 동일한 신실함으로 기독교를 유지하기를 바랐을 뿐이다.[23]

지배구조에 의존하고 있는 유대교의 실정성은 기독교에도 그대로 유지된다. 헤겔은 처음부터 권위에 의존하고 있는 교회가 국가만큼이나 커졌을 때 그 교회는 국가에 "성직자들이 의지의 자유를 억압해 주기만 하면 손쉽게 얻어질 수 있는"[24] 전제주의를 쉽게 용인하게 된다는 점에서 실정적 종교의 위험성을 지적한다. 실정적 기독교의 이러한 태도가 고대 공화국을 철폐시키는 데 결정적인 역할을 했다고 한다. 따라서 헤겔은 자유로운 공기를 숨 쉴 수 있게 했던 공화국이 어떻게 사적인 이익을 추구하는 종교에 의해 대치되었는가를 탐구하는데 관심을 갖게 된다.

V. 고대의 공화국의 몰락과 기독교의 역할

헤겔의 기독교 비판은 고대세계에 대한 열망과 비교된다. 그리스 사회는 르네상스 이래 유럽에서 광범위하게 연구되었고, 계몽과 낭만의 시기에 시와 문학의 중요한 대상이 되었다. 헤겔은 이러한 시대의 영향으로 고대 그리스 사회를 인간의

21) 『신학론집』, 261쪽.
22) 『신학론집』, 262쪽.
23) 『신학론집』, 262쪽.
24) 『신학론집』, 336쪽.

정신이 생동적으로 활동하던 거의 유일한 시기로 평가한다. 헤겔에게서는 고대가 현재와 대비되는 정치적 유토피아였던 것이다.

공화주의에 대한 청년 헤겔의 상은 사실 조야한 수준에 머물러 있다. 이 시기 그는 공화국의 형태에 대한 정치철학적 분석을 심도 있게 하는 것이 아니라 프랑스에서부터 불어오는 공화주의 이념에 대한 단순한 동경에서 출발한다. 그래서 그의 초기 작품들에서는 공화국을 다루면서 반드시 해야 할 통치의 형식이나 제도들에 대한 분석을 찾아 볼 수 없다. 다만 자유와 전체를 위한다는 공화주의 정신을 적극적으로 수용하고 있을 뿐이다.

헤겔은 공화국의 시민의 가장 큰 특징을 '자유'와 '전체에의 헌신', 그의 용어로 말하자면 '이념에의 헌신'에서 찾는다. 헤겔은 유대와 그리스, 예수와 소크라테스를 자주 비교한다. "공화주의 국가에서는 모든 시민이 타자와 자유롭게 이야기하며, 아주 낮은 천민들과의 교류에 있어서도 세련된 도시풍이 있었다. 이런 공화주의 국가에서 살았던 소크라테스는 대화중에 참으로 구김살 없이 사람들을 질책했으며, 가르치는 형태의 목소리나 가장하는 것 없이 그들을 가르치고자 했다. … 이에 반해 유대인들은 예로부터 민족 시인들의 아주 거친 장광설에 익숙해 있었으며, 회당에서는 도덕적 설교와 직접적인 교훈의 목소리에, 성서학자들과 바리세인들의 끝없는 논쟁에서는 적대자들 간의 야비한 반박 기술에 아주 익숙해 있었다. 따라서 바리세인이나 사두개인이 아닌 사람을 '너희 뱀과 시정잡배들아!' 라고 호칭하는 것은 그들에게 그리스 사람들에게 만큼 그렇게 무자비하게 들리지 않았다."[25]

그리스의 자유의 정신과 유대의 예속의 정신은 소크라테스와 예수의 제자들의 정신에도 반영된다고 한다. 예수가 12명의 권위자를 임명한 데 반해 소크라테스는 자기에게 오는 모든 사람에게 열려 있었다. 그리고 자유의 정신에 길들여 있었던 소크라테스의 방문객들도 소크라테스를 모방하는 것이 아니라 그들의 고유한 삶을 추구했으며, 그의 선생으로부터 모든 개별자에게 자립성을 부여하고, 더 완벽한 어떤 개인에 전적으로 의존하지 못하게 하는 "공화주의적 정신"을 습득했다.[26] 그들은 선생으로부터 배운 것을 자기 자신의 머리로 재가공 했으며, 그것에 "자기 자신의 인장"[27]을 찍어 원본성을 주장했다. 이렇듯 그리스 사람들은 모두가 자유로웠고, 자신의 고유한 법에 따라 살았다고 한다.

25) 『신학론집』, 69쪽.
26) 『신학론집』, 262쪽.
27) 『신학론집』, 262쪽.

하지만 이러한 자유로운 정신이 전체와 모순관계에 있지 않을 때 우리는 그 사회를 공화적이라고 한다. 헤겔에 의하면 공화국에서의 개별자의 자유는 오히려 전체의 유기적 발전에 도움을 준다. 왜냐하면 이들의 관심사는 개인적 이해, 경제적 이득에 있는 것이 아니라 공동체 전체의 안녕, 즉 정치적 문제에 있기 때문이다. 다른 말로하면 사람들의 주된 관심사가 경제문제에 국한될 때 자유로운 공화국의 이념은 사라지게 된다는 것이다. 헤겔은 개인의 사적인 이해, 예컨대 소유권 보호를 국가의 근본적 목표로 삼는 근대 국가를 향해 "더 이상 국가가 아니다"[28]고 선언했던 것은 바로 이런 이유에서이다. 그는 일부분이 소실된 한 단편에서 근대국가와 공화국의 차이를 다음과 같이 말한다.

> *근대 국가*에서 국민의 대부분의 권리와 관계있으며, 입법의 전체 내용을 규정하는 핵심은 *재산의 보호*이다. 소유권은 우리 시대의 모든 정부가 우선적으로 염려하는 것이며, 우리의 국가의 자랑이다. 하지만 이러한 엄격한 소유권이 고대의 몇몇 자유로운 공화국에서는 보호되지 않았다. 라케데모니아 헌법에서 재산과 산업의 안전은 거의 고려되지 않은 … 거의 잊힌 지점이었다. (…) 몇몇 시민들의 비교할 수 없을 만큼의 부가 헌법의 가장 자유로운 형태에 얼마나 위협이 되며, 또한 자유 그 자체를 파괴할 수 있는지를 역사는 아테네의 페리클레스와 로마의 세습귀족 … 그리고 플로렌스의 메디치가의 예에서 잘 보여준다. 한 공화국을 지속적인 형태로 보존하는데 있어서 얼마나 많은 것이 엄격한 소유권에 의해 희생되어야 했는지를 탐구하는 것은 아주 중요한 탐구일 것이다.[29]

이 문장은 부의 평등의 문제가 공화주의적 자유의 토대가 된다는 헤겔의 생각을 군더더기 없이 확실하게 보여주고 있으며, 동시에 그가 얼마나 루소와 프랑스혁명의 이념에 동화되어 있는지를 보여준다. 하지만 많은 신헤겔주의 연구자들은 헤겔 전기 작가인 로젠크란츠에 의해 전해지는 이 단편이 헤겔의 것이 아니라고 말한다. 예컨대 호프마이스터는 이 글이 "헤겔 자신의 글이라기보다 프랑스 장군의 선동연설" 같다고 하면서 이 글의 저자가 헤겔이 아님을 증명하고자 한다.

하지만 루카치는 이러한 평가가 두 가지 점에서 문제가 있다고 한다. 하나는 그러한 해석이 너무 자의적이라는 것이다. 많은 경우 그들은 로젠크란츠에 의해 전

28) 이 말은 예나 초기 정치론인 「독일 국법론」의 첫 머리에서 하는 말이다. 그는 개인의 이익에 얽매인 당시의 독일을 향해 "독일은 더 이상 국가가 아니다" 고 선언한다.

29) G. W. F. Hegel, TW, Bd. 1, S. 439.

해지는 헤겔의 단편들을 진본으로 여기면서, 왜 유독 이것을 헤겔의 것이 아니라고 하는지 그 기준이 현실적이지 않다는 것이다.[30] 둘째, 헤겔의 그 단편이 프랑스의 선동문을 베낀 것이라고 하더라도 왜 헤겔이 그 문구들을 베꼈는지, 그것을 자기 것으로 동화시키고 있는 것은 아닌지 진지하게 질문할 필요가 있다는 것이다.[31]

사실 루카치의 이러한 평가를 뒷받침할 많은 증거들이 헤겔의 초기 단편들에 나타난다. 왜냐하면 헤겔의 당대 정치적, 종교적 수고들을 보면 부의 불평등이 고대 공화국을 멸망시킨 직접적인 계기가 되었다고 설명하는 부분이 많이 나오기 때문이다. 그리고 헤겔은 기독교가 인간의 관심을 전체에 보다, 즉 정치적 문제보다는 사적인 문제에, 개별적인 문제에, 보다 구체적으로 말하면 개인적 영혼 구제와 경제적 이익의 문제에 관심을 두게 한 것으로 평가한다. 「기독교의 실정성」에서 그가 고대의 공화국과 기독교 세계를 비교하는 문구는 이를 잘 보여준다. 고대 공화국에 대한 그의 진술을 들어 보자.

> 자유로운 인간으로서 그리스인과 로마인은 스스로 제정한 법을 따랐으며, 스스로 상관으로 뽑은 공직자에게 복종했으며, 스스로 결정한 전쟁을 치렀고, 자신들의 수많은 목적을 위해 그들의 재산과 정열을 바쳤고, 수천 명의 목숨도 희생시켰다. … 공적인 생활에서 뿐 아니라 사적인 생활이나 가정생활에서도 모두가 자유로웠으며, 각자가 고유한 법칙에 따라 살아갔다. 그들의 조국의 이념, 국가의 이념은 눈에 보이지 않는 것이자 숭고한 것이었으며, 그들은 그것을 위해 일하고 그 이념에 따라 움직였다. 이것이 세계에 대한 그들의 궁극 목적, 아니 그들 세계의 궁극 목적이었다. 그들은 그 목적이 현실 속에 나타나고 있음을 알았고, 스스로 그 목적에 맞는 역할을 하거나 그 목적의 유지에 힘썼다. 이러한 이념 앞에서 그들의 개별성은 사라지고, 그들은 이 이념의 보존, 삶, 영속만을 희구하며, 그런 희망을 스스로 실현시킬 수 있었다. 그들은 자기 한 삶만을 위해서 영속이나 영원한 삶을 원하거나 구걸하지는 않았다. 그들은 일도 없이 게으른 순간에만 자기만을 위한 욕망을 다소 강하게 느낄 수 있었다.[32]

헤겔은 스토아주의 철학자로서 씨이저의 전제주의에 반대하다 자살로 마감한 카토를 언급하면서, 공화국이 몰락되고서야 그는 영혼의 불멸에 대해 이야기 하는

---

30) G. Lukacs, 김재기 옮김, 『청년헤겔』, 위의 책, 89쪽.
31) 위의 책, 89쪽.
32) 『신학론집』, 367쪽 이하.

플라톤의 『파이돈』을 읽었다고 말한다.[33] 이 말은 전체이자 이념인 공화국이 현실적으로 붕괴했을 때에 자신의 개인의 영혼을 돌보게 된다는 것을 함축한다.

헤겔에 따르면 공화국의 붕괴에 결정적인 영향을 미친 것이 부의 집중 현상이며, 이와 더불어 전체를 위한 이념은 개인적 치부에 가려 더 이상 영향력을 발휘할 수 없었다고 한다.

> 아테네와 로마에서는 전쟁에서의 승리, 부의 증대와 더불어 사람들의 생활이 점점 편리해지고 사치에 익숙해졌는데, 이에 따라 전쟁에서 명성을 얻은 자들과 부자들에 의한 귀족정치가 생겨났다. 이리하여 결국 그들은 많은 사람들을 지배하고 사람들에게 영향력을 행사하게 되었다. 사람들은 귀족들의 행위, 특히 재산을 이용한 뇌물 공세에 매수되었으며, 그 결과 기꺼이 그리고 자의적으로 그들에게 엄청난 권력과 국가의 통치권을 내 맡겼다. 그러나 점차로 그들은 과거에 지도자들에게 종종 하던 비판을 하지 않게 되었다. 다른 말로 하면 그들은 지도자들과 어떤 밀접한 관계도 유지하지 않았으며, 그래서 그들에게 감사할 필요도 없었고 부정의와 자유 중 하나를 선택해야 할 때는 인간의 덕을 짓밟을 수 있는 전자를 선택하였다. 덕을 무시하는 행위야말로 그들의 조국의 몰락을 가져왔다. 이렇게 민중의 무관심 속에서 자유롭게 양도된 권력은 곧 힘에 의해 유지되었다. 이러한 사태는 따라서 공동체에 대한 의식, 전체에 대한 느낌의 소멸에 의해 가능하였다.[34]

루소의 공화주의를 연상케 하는 이 글에 이어 헤겔은 공화국의 이념이 사라졌을 때 나타나는 직접적 현상 중 하나는 전쟁의 참여에 대한 기피현상을 든다.[35] 전쟁 혐오의 이유는 전쟁이 개인의 "고요하고 한결같은 향유"와 반대되는 것이며, 결국 고통으로 끝나고 또 심지어 자신의 최고의 가치인 자신의 삶을 잃는 것으로 끝날 수 있기 때문이라고 한다. 스스로 수족을 절단하면서까지 전쟁에의 참여를 거부했던 로마인들의 태도는 바로 이런 공화적 정신이 사라졌다는 것을 의미한다는 것이다.[36]

헤겔에 따르면 기독교는 공화주의 정신의 소멸을 정당화 시키는 종교로서 공화주의로부터 도피하여 사적인 만족과 개인의 문제에 집착했던 민중에게 가장 적절

---

33) 『신학론집』, 368쪽.
34) 『신학론집』, 368쪽 이하.
35) 『신학론집』, 380쪽.
36) 『신학론집』, 380쪽.

한 종교였다고 말한다.

> 이러한 분위기 속에서 민중들은 도덕적 무능과 불명예 등 당시의 지배적인 시대정신을 수동적인 복종이라는 이름 아래 영예와 최고의 덕으로 보증해 주는 종교를 환영하지 않을 수 없었다. 그러한 조작을 통하여 사람들은 타인에 대한 경멸과 자기 자신의 수치스러운 감정이 명성과 자부심으로 바뀌는 것을 기쁘고 경탄하는 마음으로 바라보게 되었다. 그들은 '인간이 피를 흘리는 것은 죄이다'라고 설교하는 종교를 환영했다.[37]

헤겔에 따르면 공적인 행위를 모두 사적인 행위를 위한 보조수단으로 보는 것, 정치적 행위를 경제적 이익을 위한 장치로 보는 것을 공화주의의 몰락의 징후들로 본다. 기독교가 실정적인 이유는 바로 그러한 것을 정당화하기 때문이다. 헤겔에 따르면 실정 종교의 가장 큰 특징은 인간의 "시민적, 정치적인 자유를 하늘의 축복과 영원한 삶의 향유와 비교해 볼 때 똥에 불과한 것"[38]으로 경멸하도록 한다는 데 있다고 한다.

그런데 인간의 자유나 예속의 문제에 대한 관심의 결여와 정치적인 공동의 이념, 즉 그의 술어로 말하면, '공화주의적인 이념'에 대한 경멸로 인해 이 종교가 결국 전제주의를 암묵적으로 묵인하게 된다고 한다. 바로 여기에서 그는 실정적 기독교의 심각성을 본다. 이런 점에서 그는 실정 종교를 공적인 종교로는 어울리지 않는 '사적인 종교'에 불과한 것으로 평가한다.[39] 실정 종교는 따라서 모든 공적인 관계들을 사인화한다. 다른 말로 하면 이 종교는 모든 '시민적인 관계'(bürgerliche Beziehung)를 기껏해야 '형제관계'(Bruderschaft)로 환원한다. 이런 관계에서는 공공의 이념을 위한 행위는 보이지 않고 자신의 이익을 관철시키기 위한 사적인 혹은 이기적인 행위만이 드러난다. 그리고 국가는 개별자의 이해를 지켜주기 위해 존립하는 '국가 기계'(Staatmaschine)로 기능 할뿐이다. "정치적 자유가 완전히 소멸함과 동시에 국가와 관련된 모든 관심은 사라졌으며, … 삶의 목표는 다소간의 평안함이나 사치와 더불어 일상의 빵을 습득하는 데 국한" 된다.[40]

여기서 헤겔이 종교문제를 정치문제와 연관하여 설명하는 것이 눈에 띤다. 일반적으로 근대화의 과정은 탈종교화의 과정, 좀 더 구체적으로 말하면 정치영역을

37) 『신학론집』, 380쪽.
38) 『신학론집』, 336쪽.
39) 『신학론집』, 98쪽 이하 참조.
40) 『신학론집』, 380쪽.

포함한 공적인 영역이 종교로부터 독립해 가면서 종교의 영역을 자연스럽게 사적인 영역으로 밀어 넣는 과정이었다고 할 수 있다. 사실 이러한 문제에서 보면 종교문제를 공적인 문제와 밀접하게 연결하는 헤겔은 근대의 일반적 흐름에서 다소 벗어나 있다. 루카치는 이러한 현상을 독일이 아직 사회, 경제적으로 봉건적 요소가 지배적이었다는 데서 본다. 디드로, 돌바하 등 프랑스 계몽주의자들이 빠른 속도로 무신론적인 경향을 띠게 된데 반해, 레싱을 비롯한 독일의 계몽주의자들은 종교를 통한 계몽, 혹은 종교의 계몽을 그 중심문제로 삼았다는 것에서도 그런 현상을 발견할 수 있다는 것이다.[41] 독일 지식층에서 열광적으로 수용된 스피노자의 범신론이나 칸트의 이성의 한계 내에서의 종교 등은 독일 계몽이 가지는 특징을 보여 준다. 프랑스의 자유풍의 영향에 있었으며, 초기의 수고에 나타나듯 초기에 이미 프랑스 계몽에 대해 많은 것을 알고 있었던 헤겔이 종교를 그 중심적 탐구의 대상으로 삼았다고 하는 것은 그가 여전히 독일 계몽주의의 연장에 있다는 것을 보여 준다는 것이다.

헤겔이 실정종교를 비판하는 이유는 그 신학적, 종교적 의미보다는 정치적 전제주의를 용인함으로써 사람들에게 공적 의식을 사상하도록 한다는 데 있다. 이러한 그의 설명은 자연스럽게 공적 종교에 대한 기획으로 나아갔으며, 민중종교, 혹은 민족종교라는 이름으로 구체화된다. 그리고 그 모델이 고대 그리스의 종교였다는 것은 알려진 사실이다.[42]

VI. 맺는말

아직 정제되지 않은 사상을 담고 있는 초기 단편, 특히 종교에 대한 그의 단편들을 분석함으로써 헤겔의 사유가 프랑스혁명, 더 구체적으로 말하면 공화주의적 정신에 의해 추동되었다는 것을 보여주고자 했다. 헤겔의 이러한 생각은 확실히 근대 유럽의 세속화의 과정과 맥을 같이 한다. 르네상스 이래 인간의 자유와 주체성이 가장 중요한 철학적 주제가 되었다는 것은 주지의 사실이다. 이러한 주장에는

41) 루카치, 위의 책, 35쪽 이하 참조.

42) 튀빙겐시기와 베른시기의 그의 종교 탐구는 공적 종교, 민중종교의 형태를 구체화하는 데 많은 지면을 할애한다. 이에 대해서는 헤겔의 「민중종교와 기독교에 대한 단편들」에 잘 나타나 있다. 그리고 이정은의 논문 「민중종교와 이성종교의 갈림길」(『헤겔연구』, 제 14호, 용의 숲, 2003)도 이 문제를 탐구하고 있다.

특정한 역사철학적 전제, 즉 인간은 봉건적-전체주의적 사회에서 절대적 예속에 있었으며, 중세의 신학 혹은 철학은 이러한 예속을 정당화했다는 그런 역사철학적 통찰이 배후에 놓여 있다. 이러한 역사적 상황에서 인간의 해방의 과정이 세속화의 과정으로 이끌려 갔다는 것은 당연해 보인다. 따라서 인간을 억압하고 인간의 자유를 손상시키는 기독교에 대한 투쟁과 인간의 자유와 주체성의 전면적 부상은 유럽의 근대화의 과정에서 동전의 양면을 이룬다고 할 수 있다.

세속화의 과정에서 데카르트의 '코기토'는 역사철학적으로 인간해방의 선언적 의미를 갖는다. 데카르트는 인간을 사유하는 주체와 연관시켰으며, 이 주체를 철학의 제일 원리로 고양했다. 계몽의 과정에서 절대자의 세계 관여는 배제되었다. 이성을 통해서만 인간의 자유와 자율성은 확대될 수 있다고 생각했다.

이미 암시했듯이 절대자에 대한 무조건적 복종의 강제는 지배계층에 대한 무조건적 복종에 대한 요구와 깊은 연관을 맺는다. 다른 말로하면 절대자의 이름으로 정당화된 중세의 신학과 철학은 사회의 질서와 전통을 단순히 지속하고자 하는 지배계층의 이익에 봉사했다. 따라서 인간에게 절대적으로 낯선 신에 대한 부정의 과정은 권위적이고 지배적인 사회 제도에 대한 부정의 과정과 평행하게 이뤄진다. 이는 사회 체계의 변혁을 요구하는 것으로 나타난다. 이런 관점에서 보면 프랑스혁명과 같은 세계사적인 사건들은 불가피한 것이었다.

프랑스혁명이 서구 역사에서 르네상스 이래 지속된 세속화의 과정에 서 있다고 하는 역사철학적 해명은 헤겔의 사유의 전제를 이루며, 특히 청년헤겔 사유의 출발을 이룬다고 할 수 있다. 세속화의 과정은 그에게도 인간 해방의 과정을 의미했다.

루소와 프랑스혁명의 지도자들은 그러한 과정을 자유와 평등의 원리가 지배하는 공화체에 의해 완성하고자 했다. 평등은 파괴되었을 경우 자유의 심각한 훼손을 초래한다는 점에서 반드시 지켜져야 하는 가치라고 할 수 있다. 바로 그런 점에서 그들은 자유와 평등을 동전의 양면처럼 생각했지만, 보다 엄밀한 의미에서 말한다면 평등은 자유에 비해 상대적으로 보조적인 가치라 할 수 있을 것이다. 따라서 어떤 측면에서 인간 해방은 자유라는 말과 등가를 이룬다고 할 수 있고, 근대의 가장 중요한 가치라고 할 수 있을 것이다.

사실 헤겔의 전체 사상은 '자유'에 대한 철학적 해명이라고 할 수도 있을 것이다. 그는 자유를 자기규정(Selbstbestimmung)이라고 정의한다. 노예는 타자(주인)에 의해 규정되기 때문에 노예라고 하듯이, 인간이 타자(예컨대 신)에 의해 규정된다면 인간은 자유롭지 못하다.[43] 헤겔은 『법철학』에서 자기규정으로서의 자유를

'자기 자신에 머묾'(Beisichselbstsein)으로 해석한다. "인간이 세계에서 집과 같이 평안할 수 있다는 것, 세계가 낯선 것이 아니라 자기 자신의 것이라는 것이 '자기 자신에 머묾'이라는 자유의 속성이다." 자유에 대한 이러한 정의는 역사철학에도 그대로 나타난다. "자유란 … 자기 자신에 머묾이다. 왜냐하면 내가 의존적이라면 나는 내가 아닌 타자와 관계를 맺기 때문이며, 내가 내 자신에게 머무를 경우 나는 자유롭기 때문이다."

이러한 인간해방과 자유의 정신에서 헤겔은 프랑스혁명을 대하며, 그 혁명에서 인간의 자유가 인간의 권리로 정치적으로 선언되고 인정되었다고 생각했다. 즉 혁명에 대한 그의 열광은 프랑스혁명이 기독교와 더불어 역사에서 지워졌던 자유를 정치적으로 현실화시켰다는 데서 찾아진다.

물론 헤겔의 프랑스혁명에 대한 평가는 이미 『정신현상학』(1807)에서부터 이중적 모습을 취하기 시작한다. 청년기에 그 혁명에 단순히 열광했던 데에서 그 혁명을 좀 더 거리를 두고 보기 시작했다는 것을 의미한다. 이 말은 프랑스혁명이 전제주의와 공포정치로 변형된 것에 대한 실망을 표현한 것이기도 하며, 보다 근본적으로는 프랑스혁명에서 표방된 공화주의적인 정신으로는 근대의 가치인 자유를 올바로 실현할 수 있을 것인지에 대해 반성한 것이기도 하다. 『정신현상학』에서 그는 혁명을 「절대적 자유와 공포」의 장에서 다룬다. 혁명은 "사라짐의 광란"이며, "배추머리를 자르는 것이나 물 한 모금 마시는 것보다도 더 의미가 없는 가장 차갑고 무의미한 죽음"을 산출할 뿐이다.(주 33) 이렇듯 헤겔은 혁명 속에서 "순수한 공포와 부정태"를 보지만, 이러한 경험이 그를 혁명의 반대자가 되게 하지는 않는다. 왜냐하면 바로 이 혁명에서 "세계사의 새로운 시기", 자유를 원리로 하는 세기를 보기 때문이다. 성숙기에 "의지, 자유, 권리(법)"의 체계라고 부른 『법철학』에서 그는 공화주의 보다는 군주제를 옹호하는 형태를 취하지만, 이러한 그의 보수적 회귀에서도 자유라는 가치를 그 중심에서 결코 놓치고 있지 않다.

---

43) 그런데 자유에 대한 이러한 정의는 아리스토텔레스에게서 유래한다. "타자 때문이 아니라 자기 자신 때문에 존재하는 인간은 자유롭다." 아리스토텔레스에게 폴리스는 자유의 실현의 장이다. 법은 인간에게 자기성을 가져다 줄 수 있는 형식이며, 법에 의해 인정된 질서에 참여하는 것은 자유의 내용이 된다. 이러한 의미에서 인간의 자유와 정치에의 참여는 아리스토텔레스에게서 불가피하게 서로 연관되어 있다. 다른 말로 하면 아리스토텔레스에게 폴리스는 인간의 자기 존재를 가능하게 하는 정치질서를 역사 속으로 가져온다. 따라서 아리스토텔레스에게 정치적 권리형식으로서의 자유는 정치적 질서의 목적을 포함한다. 그래서 정치질서는 개별자에게 자기 존재의 자유를 가능하게 해야 한다. 개별자는 국가에서 자기 자신으로 살아야 하고 자신의 인간적 규정, 즉 행복에 도달할 수 있어야 한다.

참고 문헌

Bourgeois, B., "*Der junge Hegel und das Rousseausche Verhaeltnis von Moral und Politik*", in *Rousseau, die Revolution und der junge Hegel*, Fulda, Horstmann(Hg.), Stuttgart 1991.

Haering, Th. L., *Hegel – sein Wollen und sein Werk*, Leipzig 1929.

Hegel, G. W. F., 정대성 옮김, 『헤겔의 신학론집』, 인간사랑 2005(=『신학론집』)

Hegel, G. W. F., *Werke in zwanzig Baenden* (E. Moldenhauer/K. M. Michel(Hg.) Frankfurt/M., 1986 (=TW)).

Hegel, G. W. F., *Gesammelte Werke*(=GW), HamburgJamme, Ch., *Positivität*, in: *Historisches Woerterbuch der Philosophie*, Bd. 7.

Lukacs, G., 김재기 옮김, 『청년헤겔』1, 2, 동녘출판사, 1986.

Lukacs, G., *Zur Ontologie des gesellschaftlichen Seins*, Neuwied 1984.

Ritter, J., 김재현 옮김, 『헤겔과 프랑스혁명』, 서울, 한울 1983.

Rosenkranz, K., *G. W. F. Hegels Leben*, Berlin 1844.

Rotenstreich, N., 정승현 옮김, 『청년 맑스의 철학』,서울 미래사, 1986.

Rousseau, J. J., 이환 옮김, 『사회 계약론 』, 서울대학교출판부 1999.

Wokler, R., 이 종인 옮김, 『루소』, 서울 시공사, 2001.

이정은, 「청년헤겔에게 예수는 기독교의 실정성의 근원인가?–청년기 헤겔의 신앙과 도덕성의 갈등 연구를 위한 소고」, 『헤겔연구』, 제 20호, 용의 숲, 2006.

이정은, 「민중종교와 이성종교의 갈림길」,『헤겔연구』, 제 14호, 용의 숲, 2003.

정대성, 「 '반성문화' 에 대한 청년헤겔의 비판과 '화해하는 이성' 개념」, 『헤겔연구』, 제 14호, 용의 숲, 2003.

Die Franzoesische Revolution und der junge Hegel

Jeong, Dae Seong

Zusammenfassung

Es koennte ein Schluessel fuer den Verstaendnis des gesammten Denkens Hegels sein, den Einfluss der Franzoesischen Revolution auf den jungen Hegel genau zu analysieren. Der junge Hegel setzt sich zwar mit der Positivitaet der religioesen Systeme auseinander, aber diese Auseinandersetzung laesst sich inahltlich als Kritik an der gegenwaertigen politischen Institutionen lesen. Dieses kritische Bewusstsein des jungen Hegel ist m. E. vom Einfluss der Franzoesischen Revolution gekommen. Daher ist es problematisch, wenn man seine jugendlichen theologischen Schriften nur in der theologischen und religioesen Einsicht untersucht wie die Neuhegelianer.

Als ein Ereignis, in dem man die modernen Werte der Freiheit und Egalitaet politisch manifestiert hat, wird die Franzoesische Revolution in der damaligen Philosophie tief gepraegt. Es ist daher schwer zu verstehen, warum Fichte und Hegel ihre Philosophie als. "Philosophie der Freiheit" geannnt haben, wenn man diese Konstellation nicht reflexiert. Dieser Artikel verfolgt den Einfluss der Franzoesischen Revolution auf den jungen Hegel innerhalb der Theologischen Jugendschriften Hegels.

Key Words: Positivitaet, die Franzoesische Revolution, Republikanismus, Rousseau, der junge Hegel, Freiheit,

이 논문은 2008년 9월 9일에 접수하고 2008년 10월 17일에 심사 완료하여 2008년 10월 24일에 게재가 확정되었습니다.

심미적 판단과 목적 없는 합목적성

– 칸트의 취미판단의 세 번째 계기에 대한 헤겔의 해석

서 정 혁

요약문

칸트는 취미판단의 세 번째 계기로 '목적 없는 합목적성'을 주장한다. 칸트에 의하면 아름다움은 '합목적성이 목적의 표상 없이 어떤 대상에서 지각되는 한에서 이 대상의 합목적성의 형식'이다. 헤겔은 자신의 『미학강의』에서 이 '목적 없는 합목적성'을 식물이나 동물의 경우에 비유하면서, 목적의 실현의 관점에서 해석하고 있다. 헤겔의 해석은 '수단을 통해 목적이 이미 실현된 상태'를 전제하는 것이기 때문에 일종의 '객관주의적 입장'으로서, 칸트 자신의 입장과는 거리가 있다. 이 입장에서 헤겔은 '합목적성'을 '직관적 오성'과 결부시킨다. 그런데 칸트도 『판단력 비판』에서 합목적성과 직관적 오성 사이의 관련성을 피력하고 있다. 칸트에 의하면 '목적 없는 합목적성'에서 목적은 없더라도 '목적에 의한 인과성', 즉 '어떤 규칙에 따라 객체나 심적 상태, 행위 등을 그렇게 정해놓은 하나의 의지'는 상정되어야 한다. 그래서 이 의지의 관점에서 보면, '목적 없는 합목적성'은 정말 목적이 없다는 것을 의미하는 것이 아니라, 주관이 심미적 판단을 내릴 때 특정한 목적을 고려해서는 안 된다는 것을 의미하는 것이다. 이 점에서 칸트의 고유성을 해치지 않으면서 헤겔의 해석과 친근한 맥락에서 칸트의 주장을 해석할 수도 있으며, 『판단력 비판』은 칸트 이후 독일 관념론의 전개 과정에서 확대 해석될 여지를 지니고 있는 것이다.

● 주요어 : 목적 없는 합목적성, 직관적 오성, 목적에 의한 인과성, 취미판단

1. 들어가는 말

칸트 철학과 헤겔 철학을 함께 다루는 연구는 대체로 다음과 같이 대립적 관점으로 분류될 수 있다. 첫 번째는 칸트로부터 시작되어 헤겔에게서 독일관념론이 완성된다는 입장을 취하는 것이다. 이런 입장을 취하면, 헤겔 철학이 칸트 철학을 보완하고 극복한다고 하는 관점을 견지할 수밖에 없다. 이에 비해 두 번째는 칸트 철학이 칸트 이후의 독일관념론자들, 특히 헤겔에 의해 그 철학의 고유성이 왜곡된 면이 있다고 보고, 이런 문제의식에서 헤겔 철학으로 지양 · 통합되지 않는 칸트 철학만의 고유성을 부각시키고 복원시키려는 입장이다. 이런 입장에서는 독일관념론의 연속적인 전개사나 발전사보다는 칸트와 헤겔 각자의 철학적 고유성을 강조하는 연구에 치중하는 것이 보통이다.

특히 '미학' 또는 '예술철학'과 관련해서 본다면, 후자의 입장보다 전자의 입장을 더 강조하거나 비중을 두기는 어려운 것처럼 보인다. 왜냐하면 칸트의 『판단력 비판』과 헤겔의 『미학강의』만을 비교해 보아도, 두 사람이 아름다움이나 예술을 바라보는 시각은 현격한 차이가 있다는 것을 쉽게 알 수 있기 때문이다. 『판단력 비판』에서 칸트는 아름다움이나 예술에 관한 학문이 아니라, 그러한 것들을 판정하는 능력에 대한 비판이 주요한 목표임을 선언한다. 그래서 칸트는 다른 비판서들과 마찬가지로 주관적인 능력에 대한 분석에 치중하고 있다.[1] 이에 비해 헤겔은 『미학강의』에서 "예술이 무엇인지를 학문적으로 인식하는 것"을 중요한 목표로 삼는다.[2] 그래서 칸트와 달리 헤겔은 '아름다움의 이념'이 현현하는(Scheinen) 역사적 단계와 예술 장르처럼 객관적인 사태를 분석하는 데 주력하고 있는 것이다.

본 논문은 칸트의 『판단력 비판』 중 취미판단의 세 번째 계기에서 등장하는 '목적 없는 합목적성'에 대한 헤겔의 해석이 정당한가 여부를 검토하고자 한다. 그런데, 이 검토를 주도하는 관점은 앞서 소개한 두 가지 입장 중 어느 하나로 단순하게

1) KU, X, XXV, 176-177 참조.
2) Ästhetik I, 25-26쪽.

환원되기 힘들다. 왜냐하면 본 논문은 단순히 칸트 철학을 지양 · 극복하는 헤겔 철학이나 헤겔 철학과는 전혀 다른 칸트 철학의 독자성을 주장하려고 하지 않기 때문이다. 칸트 철학과 헤겔 철학이 서로 맺고 있는 참된 관계는, 둘 사이의 유사성과 차이성을 편견 없이 객관적인 시각에서 이해할 때 자연스럽게 드러날 수 있다. 우선 본 논문은 '목적 없는 합목적성'에 담긴 칸트 자신의 본뜻이 무엇인지를 살펴본다. 그 다음 '목적 없는 합목적성'에 대해서 헤겔이 자신의 『미학강의』에서 전개한 해석을 검토한다. 헤겔은 『미학강의』에서 취미판단에 관한 칸트의 네 가지 주장을 각각 분석하고 있다.[3] 그런데, 헤겔의 분석을 꼼꼼히 살펴보면, 우선 표면적으로 그것이 칸트 자신의 주장과 상당히 다른 관점을 취하고 있음을 알 수 있다.[4] 그래서 우리는 과연 헤겔의 칸트 해석이 정당한가라는 문제를 제기할 수 있다. 이러한 문제 제기는 앞서 언급한 두 번째 관점에 입각하여 유효한 작업이다. 다시 말해, 칸트 미학에 대한 헤겔 해석의 정당성을 의문시하고, 헤겔 해석의 문제점을 지적하면서 동시에 헤겔 미학과는 다른 칸트 미학의 고유성을 부각시킬 수 있는 것이다.

그런데 본 연구는 이 같이 칸트와 헤겔의 입장 차이를 확인하는 데에만 머물지 않을 것이다. 특히 취미판단의 세 번째 계기에서 핵심이 되는 '목적 없는 합목적성'을 헤겔의 해석과 관련하여 살펴보는 것은 역으로 헤겔 철학을 칸트와의 관련 속에서 이해하는 데에도 중요하다. 익히 알려져 있듯이, 헤겔 철학에서 '목적'(Zweck) 개념은 어느 개념보다 핵심어에 속하며, 칸트는 『판단력 비판』에서 '취미판단의 비판' 부분이 아니라 제2부 '목적론적 판단력 비판'에서 목적개념을 본격적으로 다루고 있다. 그래서 헤겔 해석을 매개로 해서 '목적 없는 합목적성'에 관해 검토를 하다 보면, 헤겔의 목적개념에 대한 이해와 더불어, 취미판단과는 직접적인 관련성이 없는 '목적론적 판단력 비판'을 함께 논하는 것이 중요한 문제로 부각될 수밖에 없다. 이 같은 관점에서 '목적 없는 합목적성'을 검토하면, 『판단력 비판』의 두 부분, 즉 '심미적 판단력 비판'과 '목적론적 판단력 비판'이 구체적으로 어떻게 상호 연관되어 있는지, 그리고 두 부분의 상호 연관성이 '목적 없는 합목적

3) 이 분석에 대해서는 다음 부분을 참조할 것. Ästhetik I, 83–88쪽.

4) 이미 필자는 취미판단의 첫 번째 계기, 즉 '무관심성'에 대한 헤겔의 해석과 관련하여, 다음과 같은 논문을 발표한 바 있다. 서정혁, 「예술적 관심과 심미적 존재 – '무관심성'에 대한 칸트와 헤겔의 논의를 중심으로」, 『헤겔연구』, 제10호, 한국헤겔학회 편, 철학과 현실사, 2002, 188–221쪽. 이 논문에서 필자는 헤겔 해석의 특징을 '객관주의'로 규정하고, 헤겔의 해석이 칸트와 공유할 수 있는 점이 무엇이며, 이렇게 공유점을 찾는 것이 칸트의 미학을 해석하는 데 어떤 중요성이 있는지를 규명한 바 있다.

성'을 해석하는 데 어떤 실마리를 제공하는지를 알게 될 것이다. 더 나아가 두 부분의 상호 연관성이 『판단력 비판』 전체를 의미규정하는 데 어떤 역할을 할 수 있는지도 재검토해볼 수 있을 것이다. 따라서 이런 점에서 헤겔 해석을 통한 칸트 이해는 칸트를 독자적으로 이해하는 데 방해가 되는 것이 아니라, 오히려 칸트의 미학을 좀더 심층적으로 이해하는 데 도움을 줄 수 있다. 특히, 헤겔의 논의가 칸트 자신의 언급을 통해 내용적으로 재확인된다면 말할 필요도 없을 것이다. 본 논문에서는 이러한 관점에서 전제된 편파성 없이 자연스럽게 칸트와 헤겔의 관련성을 드러내 보이면서, 미학에 관련된 두 입장의 차이점과 유사점을 객관적으로 살펴보고자 한다.

2. 『판단력 비판』의 '목적 없는 합목적성'

칸트는 『판단력 비판』에서 이론적 이성에 의해 설명될 수 없는 매우 다양한 자연의 모습들이 있을 수 있다고 가정하며, 아름답다고 느껴지는 자연물이나 생명체들이 여기에 속한다고 한다.[5] 그리고 이 특수한 현상들을 '규정적'이 아니라 '반성적'으로 판단하는 능력도 비경험적 원리(Prinzip a priori)를 지녀야 한다고 주장한다. 그런데 순수 이성이나 실천 이성 외에 제 3의 능력이 있을 수 있고, 이 능력에 대해서도 선험적 분석이 필요하다는 칸트의 인식은 『판단력 비판』에 와서 처음으로 제기되는 것은 아니다.

이미 칸트는 1771년에 '감성과 이성의 한계(Grenze der Sinnlichkeit und der Vernunft)'라는 책을 구상하고 있음을 밝히면서, 여기에는 '감성계 앞에 규정된 기본개념들과 법칙들의 관계와 취미론, 형이상학 및 도덕의 본성을 이루는 것의 구상'이 포함된다고 밝히고 있다.[6] 다시 말해, 취미비판의 문제는 인식과 실천의 문제와 함께 애초부터 비판의 구상 속에 포함되어 있었던 것이다.[7] 그러나 이러한 구

---

5) KU, L. 『판단력 비판』에서 칸트가 자연 속의 무질서하고 우연적인 것들에 본격적으로 주목하기 시작했다는 것은, 매우 다양하며 특수한 형식을 띠고 나타나는 자연을 오성의 추상에 독단적으로 종속시키지 않고 주관의 활동에 새로운 길을 터줌으로써, 인간이 항상 새로운 방식으로 자신의 삶의 세계와 관계를 맺는 것을 가능하게 해준 것으로 평가 가능하다. K.-H. Schwabe, "Kants Ästhetik und die Moderne. Überlegungen zum Begriff der Zweckmäßigkeit in der *Kritik der Urteilskraft*", in: *Naturzweckmäßigkeit und ästhetische Kultur. Studien zu Kants Kritik der Urteilskraft.* hrsg. von K.-H. Schwabe & M. Thom, Sankt Augustin: Akademie Verlag, 1993, 49쪽 이하 참조.

상의 결과물이 『순수이성비판』이라는 책으로 현실화되면서, 취미에 대한 비판은 마지막 비판 작업으로 미뤄지게 된다.[8] 『실천이성비판』 이후 다시 구상되는 취미 비판에 대해 칸트는 한 편지에서 다음과 같이 말하고 있다.

> …… 심성능력에는 세 가지가 있습니다. 인식능력, 쾌와 불쾌의 감정, 그리고 욕구능력이 그것입니다. …… 철학의 세 부분은 각각 비경험적 원리들을 지니고 있으며, 우리는 이것들을 열거하여 가능한 인식의 범위를 확실히 규정할 수 있습니다. 이것이 곧 이론철학, 목적론, 그리고 실천철학입니다. 물론 이들 중 중간 것이 비경험적인 규정근거에 관해서는 가장 빈약한 것이긴 합니다.[9]

이 편지에서 주목할 점은, 칸트가 쾌와 불쾌의 감정과 관련해서도 비경험적 원리가 있음을 인정하면서, 이 원리에 기초한 비판의 부분을 직접적으로 '목적론'(Teleologie)이라고 부르고 있다는 사실이다.[10] 실제 이러한 구상에 기초하여, 후에 칸트는 『판단력 비판』의 '서론'에서 위 세 가지 능력들을 표로 정리하면서, 쾌 · 불쾌의 감정에 대응하는 비경험적 원리로 '합목적성'(Zweckmäßigkeit)을 제시한다.[11] 이 같은 내용들을 종합해 보면, 우선 우리는 칸트가 『판단력 비판』 전체를 애초부터 어떤 방식으로건 '목적론적 특징'을 지니는 비판서로 구상했다는 것을 알 수 있다. 그런데 이 같은 사실은 취미판단의 세 번째 계기 분석에서 결과되는 '목적 없는 합목적성'이라는 원리와 연관지어 생각할 때 문제로 부각될 수밖에 없다. 왜냐하면 칸트는 『판단력 비판』의 제1부인 '심미적 판단력 비판'은 제2부인 '목적론적 판단력 비판'과는 달리 '목적론'과 관련 없이 주관적인 판단능력 분석과 그

---

6) BWI, X, 123쪽. 1771년 6월 7일자 헤르츠(M. Herz)에게 보낸 편지 참조.

7) 1772년 2월 21일자 헤르츠에게 보낸 편지는 이러한 사실을 다시 한 번 확인해준다. BWI, X, 129쪽.

8) 칸트는 1787년 6월 25일자 쉬츠(C. G. Schüz)에게 보낸 편지에서 『실천이성비판』의 원고를 다음 주에는 인쇄에 넘긴다고 말하면서 곧 '취미의 비판의 기초(Grundlage der Kritik des Geschmacks)'에 착수할 계획을 밝히고 있다. BWI, X, 490쪽.

9) BWI, X, 514–515쪽. 1787년 12월 28일자 라인홀트(K. L. Reinhold)에게 보낸 편지 참조.

10) 비판철학 이전 시기인 1750–1760년에 이미 칸트는 자연신학적 논의에서 목적론적인 구상을 드러내고 있다. 그런데 이전과는 달리 1760년대 이후에 자연신학적 담론에서 점점 '우연성'의 계기가 부각되면서, 목적론적 논의에서도 객관적 완전성보다는 인식주체의 가설적인 원리가 부각되며, 이러한 경향은 비판기에까지 이어진다. 하선규, 「칸트 전비판기의 합목적성 개념–『판단력 비판』의 생성사적 이해를 위해」, 철학연구회 편, 『철학연구』, 제44권, 1999, 213–238쪽 참조.

정당화에 치중하고 있다고 밝히면서, 정작 '심미적 판단력 비판'이 『판단력 비판』에서 본질적인 부분임을 강조하고 있기 때문이다.[12] 이 점에서 '목적론'이라는 칸트 자신의 본래적인 구상과 실제 '취미비판의 특징'에 관한 『판단력 비판』의 직접적인 언급 사이에 균열과 긴장이 조성된다. 이러한 균열과 긴장이 어떻게 해소될 수 있으며, 또한 이 문제는 '목적 없는 합목적성'과 어떤 연관이 있는 것일까?

칸트는 『판단력 비판』에서 심미적 판단력 중 아름다움을 판정하는 능력인 취미(Geschamck)가 산출하는 판단을 질, 양, 관계, 양상이라는 네 계기에 따라 분석하고 있다. 그중 세 번째 계기로부터 얻어지는 결과는 다음과 같이 표현된다.

> 아름다움은, 합목적성이 목적의 표상 없이 어떤 대상에서 지각되는 한에서 이 대상의 합목적성의 형식이다.[13]

여기서 칸트는 합목적성이 목적 없이도 가능하다고 주장하며, 목적 없는 합목적성(Zweckmäßigkeit ohne Zweck)의 형식을 아름다움으로 보고 있다. 이 같은 주장에 대해 우선 우리는 '어떻게 목적 없이도 합목적성이 가능한가?'라는 의문을 제기할 수 있다. 왜냐하면 칸트 자신이 목적 개념에 기초하여 합목적성을 정의하였기 때문에, 목적이 없는 상태에서 합목적성을 설명하기 어려우며, 어쩌면 '목적 없는 합목적성'은 모순적인 말처럼 들리기도 하기 때문이다.

사실상 '목적' 개념은 『판단력 비판』의 제2부 '목적론적 판단력 비판'에서 본격적으로 논의된다. 여기서 칸트는 기계적인 '작용인의 결합'(nexus effectivus)만으로는 유기적 생명체를 설명하는 것이 한계가 있다는 것을 직시하고, 그와는 달리 '목적인의 결합'(nexus finalis)에 의해 자연을 설명한다. 『판단력 비판』에서 칸트가 제시한 목적 개념을 다음과 같이 정리할 수 있다.

---

11) KU, LVIII 표 참조. 칸트에 있어서 '합목적성'의 다의적 사용법에 대해서는 다음 연구를 참조할 것. G. Tonelli, "Von den verschiedenen Bedeutungen des Wortes Zweckmäßigkeit in der Kritik der Urteilskraft", in: *Kant-Studien*, Bd. 49, 1957/58, 154-166쪽. 여기서 토넬리는 『판단력 비판』에서 '아름다움의 분석론', '순수 심미적 판단의 연역', '심미적 판단력의 변증론', '제1서론', '숭고의 분석론', 그리고 '목적론적 판단력 비판'과 '제2서론과 서문'의 순서에 따라 합목적성을 9가지 유형(Schema)에 따라 분석하고 있다. 이 분석에 의하면, '목적 없는 합목적성'은 '형식의 합목적성'이나 '형식에 따른 합목적성', '합목적성의 형식', 또는 '주관적 형식적 합목적성'과 유사한 의미로 사용되고 있다.

12) KU, L 참조.

13) KU, 61.

① "한 객체의 개념이 동시에 이 객체의 현실성의 근거를 포함하는 한에서 이 개념을 목적이라고 한다."[14]

② "목적은 한 개념이 (대상의 가능성의 실재적 근거로서) 대상의 원인으로 간주될 수 있는 한에서 이 개념의 대상이다."[15]

③ "목적은 그것의 개념이 대상 자체의 가능성의 근거로서 간주될 수 있는 그러한 것이다."[16]

④ "어떤 원인의 규정근거가 단적으로 그 원인의 결과의 표상일 때, 이 원인의 산물을 목적이라고 한다."[17]

이상과 같은 목적에 대한 칸트의 정의는 조금씩 차이가 있다. ①과 ③에서 목적은 대상을 현실적으로 가능케 하는 근거로서 '개념'이지만, 반면에 ②와 ④에서 목적은 그러한 개념의 '대상' 또는 '산물'(Produkt)이라고 정의된다. 여기서 목적이 '개념'인지 아니면 '대상'인지가 분명치 않다는 점이 지적될 수는 있으나, 위 네 가지 정의를 종합적으로 이해해 보면, 칸트에게서 목적은 '어떤 대상을 현실적으로 가능케 하는 근거'로 정의할 수 있다. 왜냐하면 칸트는 '목적'을 '사물이 마땅히 그러해야 하는 바'(was das Ding sein solle), 즉 사물의 '본질적인 면'과 동일시하기 때문이다.[18]

칸트는 목적에 따라서만 가능한 사물들의 성질과 사물이 일치하는 것(Übereinstimmung)을 '형식의 합목적성'이라고 한다.[19] 칸트는 이 합목적성을 반성적 판단력의 비경험적 원리라고 설정하며, 그것을 『판단력 비판』의 구성에 따라서 두 가지로 구분한다. 즉, 심미적 판단력에 해당하는 원리는 '주관적 형식적 합목적성'이며, 목적론적 판단력에 해당하는 원리는 '객관적 실재적 합목적성'이다.[20] 앞서 언급한 것처럼 칸트에 의하면 사물의 본질적인 면, 즉 사물의 목적에 따라서 판단되는 합목적성은 '객관적 합목적성'에 속한다. "객관적 합목적성은 다양한 것들을 일정한 목적에 관계시킴으로써만, 따라서 어떤 개념에 의해서만 인식될 수 있다."[21] 객관적 합목적성은 외적인 것과 내적인 것으로 구분된다. 외적인 객관

14) KU, XXVIII.
15) KU, 32.
16) KU, 45.
17) KU, 350.
18) KU, 45-47.
19) KU, XXVIII.
20) KU, L.

적 합목적성은 어떤 대상을 '유용성'의 관점에서 바라볼 때 해당하는 것이고, 반면에 내적인 객관적 합목적성은 대상의 '완전성'과 관련된다. 완전성에도 '질적인 완전성'이 있고 '양적인 완전성'이 있는데, 칸트는 사물의 본질적인 면에 관련되는 것은 '질적인 완전성'이라고 본다.[22] "사물에 있어서 다양한 것들이 개념(이 개념이 사물에 있어서의 다양한 것을 통합하는 규칙을 부여한다)에 합치한다는 것이 곧 한 사물의 질적 완전성이다."[23] 이러한 질적 완전성의 측면에서 예를 들어 장미를 바라보면, 장미는 잎과 줄기, 그리고 뿌리 등의 각 지절들이 장미라는 하나의 생명체의 개념에 통합되어 살아 있는 것으로 판단된다. 이때 장미의 궁극적인 목적은 장미 속에 내재한 '생명'이라고 할 수 있다. 그런데, 칸트는 취미판단과 관련해서는 다음과 같이 말한다.

> 취미판단은 심미적 판단이며, 즉 주관적 근거에 기인하는 판단이므로, 이 판단을 규정하는 근거는 개념일 수가 없으며, 따라서 특정한 목적의 개념일 수도 없다.[24]
>
> 심미적 판단은 어떤 객체가 표상을 통해 주어질 경우에 그 표상을 오직 주관에 관련시킬 뿐이며, 대상의 성질을 알려주는 것이 아니라, 대상과 관계하는 표상력들의 규정에서 합목적적인 형식만을 알려줄 뿐이다.[25]

이 언급에 의하면, 우리는 생명과 같은 대상의 '객관적 목적'을 상정하지 않고서도 주관적 근거에서 무엇을 합목적적인 것으로 판정할 수 있다. 대표적인 것이 아름다운 사태이다. 칸트에 의하면, 우리가 '무엇을 아름답다.'고 판정할 때, 이 판정의 근거는 그 무엇에 있지 않고 판정하는 주관 속에 있다. 예를 들어 우리가 꽃밭에 핀 장미꽃 한 송이를 바라보면서 '이 장미꽃은 아름답다'고 판단하는 경우를 보자. 칸트에 의하면 이때 우리는 장미꽃 자체가 아름다운지 어떤지는 알지 못한다. 이 장미꽃이 아름답다고 판단하는 근거는 장미꽃 자체에 있지 않고 판단하는 '나' 속에 있다. 칸트에 의하면 어떤 객체의 표상이 지니는 '심미적 성질'은 객체 자체의 성질이 아니며, 아름답다고 판단되는 그 객체의 표상은 주관 속의 쾌·불쾌의 감정과 결부된다.[26] 주관 내의 상상력이 주관의 인식력들에 적합한 객체의 표상을 받

21) KU, 44.
22) KU, 45.
23) 같은 곳.
24) KU, 46.
25) KU, 47.

아들일 때, 상상력은 아무런 의도 없이 오성과 자유롭게 조화를 이루게 되고, 그 결과 쾌의 감정이 유발된다.[27] 이때 우리는 그 객체에 대해 '아름답다'고 판단을 하게 된다는 것이다. 그리고 이렇게 판단할 때 객체의 '객관적 목적' 같은 것은 고려할 필요가 전혀 없다. 예를 들어, '이 장미꽃은 아름답다'고 심미적으로 판단할 때, 우리는 '이 장미'가 꽃으로서 식물에서 생식기관의 역할을 담당한다는 사실을 고려할 필요가 전혀 없다.[28] 칸트에 의하면 이처럼 객체의 개념을 전제하지 않고 그것에 대해 아름답다라고 판정할 때에만 '자유미'(pulchritudo vaga)가 가능하다. 따라서 순수하게 '무엇을 아름답다'고 판정하는 순수한 취미의 근거는 객체에 있지 않고 전적으로 주관에 있으며, 아름다움은 객체의 어떤 목적을 고려함이 없이 가능한 합목적성의 형식이라는 것이다. 이 같은 관점에서 칸트가 주장하는 합목적성은 더 이상 객관을 구성하는 원리가 아니기 때문에, 독단적인 칸트 이전의 목적론적 원리와는 구별된다.[29]

3. '목적 없는 합목적성'에 대한 헤겔의 해석

헤겔은 『미학강의』의 '예술의 참된 개념의 역사적 연역'이라는 부분에서 칸트의 미학을 직접 다루고 있다. 특히 '아름다움의 분석론'과 관련해서 헤겔은 질, 양, 관계, 양상이라는 취미판단의 네 계기에 따라 칸트가 도출한 아름다움의 네 가지 특징을 각각 분석하고 있다. 그중에서도 세 번째 계기에 해당하는 '목적 없는 합목적성'에 관한 논의가 상대적으로 가장 분량이 길다. 그러면 헤겔은 위와 같은 칸트의 '목적 없는 합목적성'이라는 정식을 어떻게 이해하고 있는지 살펴보자.

우선 헤겔은 세 번째 계기에 관한 논의가 근본적으로 앞선 두 계기와 중요한 점에 있어서 크게 다르지 않은 것으로 보고 있다. 헤겔은 '목적 없는 합목적성'을 설명하기 위해 우선 식물과 동물의 예를 든다. 헤겔에 따르면 식물과 동물과 같은 자연산물(ein Naturprodukt)은 합목적적으로 조직화되어 있어서, 이러한 자연산물의 실재성으로부터 목적의 표상을 분리할 수가 없다. 살아 있는 유기체들의 각 지절

26) KU, XLII.
27) KU, XLIV.
28) KU, 49.
29) A. Pfannkuche, "Der Zweckbegriff bei Kant", in: *Kant-Studien*, Bd. 5, 1901, 53, 62쪽 참조.

들의 목적은 생명(Lebendigkeit)으로서, 식물이나 동물이 살아가기 위해서는 '생명'이라는 이 목적이 유기체의 각 지절들에 내재해야 한다. 만일 그렇지 않다면 유기체의 지절들은 더 이상 살아 있는 지절들로 존재하지 못하게 된다는 것이다. 그런데 헤겔은 아름다움도 이 같은 방식으로 목적과 수단이 서로 분리되지 않은 채 그 자체로 합목적적인 것으로 실존한다고 주장한다.[30] 헤겔에 의하면 유한한 합목적성에서는 목적이 실현되는 질료와 목적 자신이 본래적인 내적 관계를 맺지 못하여, 목적과 수단이 분리되어버린다. 이 경우에는 목적이 실현되어 할 대상과 목적 자체가 구분될 수밖에 없다. 그러나 헤겔은 유기적 생명체의 각 지절들에 생명이 내재하듯이, 아름다운 대상의 내재적인 본성도 '내면과 외면의 합목적적인 상응'(Entsprechen)이어야 한다고 주장한다.[31]

취미판단의 세 번째 계기에서 칸트가 주장한 '목적 없는 합목적성'에 대한 이상과 같은 헤겔의 해석은 다음과 같은 특징을 지닌다. 우선 헤겔은 '목적 없는 합목적성'을 '목적의 실현' 또는 '목적과 수단'의 관점에서 접근하고 있다. 그런데, '목적 없는 합목적성'을 이 같은 관점에서 접근하는 것이 과연 칸트 자신의 입장에 적절한 것이냐라는 의문이 제기될 수 있다. 왜냐하면 취미판단의 분석론에서 합목적성은 '목적과 수단의 관계'보다는 '대상의 발생 원인'의 관점에서 주장되는 것이기 때문이다. 더 나아가 심미적 합목적성이 '목적이 없는 상태'라는 것은, '대상의 현실적인 발생 원인의 결여'라고 이해되어야 한다.[32] 그러나 헤겔은 '아름다움' 또는 '아름다운 대상'을 식물과 동물과 같은 유기적 생명체에 비유하여 합목적성을 설명하고 있다. 이에 비해 칸트 자신은 『판단력 비판』에서 목적이 없이도 합목적성이 가능하다는 데 논의의 초점을 맞추고 있다. 칸트는 다음과 같이 분명하게 말한다.

> 어떤 목적(그것이 객관적 목적이든 주관적 목적이든)도 없이 대상의 표상 속에 있는 주관적 합목적성만이, 따라서 우리에게 대상을 부여하는 표상 속의 합목적성의 단순한 형식만이 우리가 그 형식을 의식하는 한에서, 개념 없이 보편적으로 전달 가능하다고 우리가 판단하는 만족을 이루며, 취미판단의 규정근거를 이룬다.[33]

---

30) Ästhetik I, 87쪽.

31) 같은 곳.

32) KU, 32, 33 참조. A. Wachter, *Das Spiel in der Ästhetik. Systematische Überlegungen zu Kants Kritik der Urteilskraft*, Berlin · New York: Walter de Gruyter, 2006, 30–35쪽 참조.

이에 비해 헤겔은 '목적이 없는 상태'보다는 '이미 목적이 실현되어 있는 상태'에 초점을 맞추고 있다. 예를 들어, 생명 자체가 목적이라면 살아 있는 장미는 하나의 생명체로서 생명 자체를 영위하는 수단이다. 헤겔의 관점에서 볼 때, 한 그루 장미가 살아 있으려면 적어도 이 장미 속에는 '생명의 이념'이 실현되어 있어야 한다. 이처럼 목적과 수단이 분리될 수 없는 상태는 아름다움에도 적용될 수 있다는 것이 헤겔의 입장이다. 그래서 헤겔이 바라보는 아름다움이라는 사태는 칸트처럼 주관적인 판단의 결과가 아니다. 아름다움의 이념이 객관적으로 실현되어 나타난 것이 아름다운 자연이요 예술품인 것이다.

헤겔에게 아름다움은 '이념'이며, 이념은 '자신의 실재 속에 현재하면서 실재와 통일을 이루는 개념'이다.[34] 아름다움도 이념이라는 점에서, 헤겔은 한편으로는 아름다움이 '실재와 개념의 상응'이라는 진리 조건의 관점에서 진리와 동일하다고 주장한다. 다른 한편으로 헤겔은 아름다움이 '이념의 감각적 현현'(Scheinen)이라는 점에서, 즉자적으로 보편적 원리에 따라서만 존재하는 진리 자체와는 다르다고 주장한다.[35] 어느 경우든 헤겔에게 아름다움은 실재와 통일을 이루는 개념의 차원이나 이념이 실현된 관점에서 다루어져야 하는 것이다. 칸트와 비교하자면, 이는 다분히 아름다움에 대한 '객관주의적 입장'이라고 하겠다. 이 같은 객관주의적 입장에서 헤겔은 칸트를 이해하고, '목적 없는 합목적성'도 '목적의 실현'이라는 관점에서 해석하고 있는 것이다. 헤겔이 취미판단의 세 번째 계기에 관해 논하면서, 식물이나 동물과 같은 유기적 생명체를 비유적으로 함께 논하고 있는 것도 이러한 객관주의적 해석 관점으로부터 비롯된 것이다.[36]

이러한 해석 경향은 헤겔이 칸트를 비판하고 있는 구절을 통해 더욱더 분명히

---

33) KU, 35.

34) Ästhetik I, 145쪽.

35) Ästhetik I, 151쪽.

36) 이러한 관점에서 K. Düsing은 헤겔이 칸트의 목적론을 아리스토텔레스적인 관점에서 변형시켰다고 주장한다. 칸트에게 있어서 목적이나 합목적성 개념은 유기체의 존재론적 규정이 아니라 반성적 판단력에 의해 입안된 것이며, 인간이 자신의 '논증적 오성'을 통해 객관에 접근하기 위해 마련한 것이기 때문에 아리스토텔레스의 관점과는 다름에도 불구하고, 헤겔은 자신의 고유한 관점에 기초하여 칸트를 재해석하고 있다는 것이다. K. Düsing, "Naturteleologie und Metaphysik bei Kant und Hegel", in: *Hegel und die "Kritik der Urteilskraft"*, hrsg. von H.-F. Fulda & R.-P. Horstmann, Stuttgart: Klett-Cotta Verlag, 1990, 149쪽 이하 참조. 실제 헤겔은 『철학사 강의』에서 칸트의 『판단력 비판』을 논하는 부분에서 아리스토텔레스의 목적론을 직접 언급하면서 칸트와 비교하고 있다. TW20, 376쪽 참조.

드러난다. 헤겔에 의하면 칸트는 정신과 자연, 주관과 객관의 통일을 인식하기는 했지만, 이 통일을 '이성의 주관적인 형식으로만' 언표했을 뿐이다. 칸트는 '개념과 실재, 보편성과 특수성, 오성과 감성' 사이의 대립을 주관적인 방식으로만 해소하고 조화를 이루도록 했을 뿐이지, 이 해소와 조화를 '즉자대자적으로 참된 현실'로 만들지는 못했다는 것이다.[37] 이 점에서 『판단력 비판』도 헤겔의 비판에서 예외가 될 수 없다. 헤겔에 의하면 칸트는 『판단력 비판』에서 '자연과 예술의 아름다운 대상들'을 다루면서, 보편자나 개념, 목적과 외적인 특수자가 서로 상응하여 내재적으로 관계를 맺는 상태를 '합목적성'이라는 원리로 제시하면서도, 그것을 '주관적으로 판단하는 반성의 방식'으로만 고찰했을 뿐이라고 비판한다.[38]

그런데 이 같은 비판을 통해 우리는 역으로 칸트에 대한 헤겔의 해석 속에서 '전도된 칸트'의 모습이 드러나고 있음을 부인할 수 없다. 즉, 헤겔은 칸트가 극복하지 못한 주관적 형식주의를 극복하는 관점에서 칸트를 해석하면서, 그러한 해석을 자기 고유의 입장과 결부시키고 있는 것이다. 헤겔적인 관점에서 '목적'은 '즉자대자적인 개념'이므로, '합목적성'도 칸트와는 달리 단순히 주관적인 원리가 아니라 목적이 객관적으로 실현된 상태를 나타내는 원리여야 한다. 『미학강의』에서 헤겔은 유기체의 예를 통해 어떻게 목적이 아름다운 대상에서 지각되는지를 명확하게 보여주려고 시도하지만, 이에 반해 정작 칸트 자신은 심미적 판단과 유기체에 관한 판정을 구분하고 있다.[39] 칸트에 의하면 심미적 판정은 어떤 개념도 전제해서는 안 된다. 만일 어떤 개념이 심미적 판정의 기초로 작용한다면, 심미적 판정은 논리적 판정과 엄밀히 구분될 수가 없을 것이고, 그렇게 되면 심미적 판단은 더 이상 자기 고유의 원리를 주장할 수 없을 것이다. 심미적 판정은 어떤 개념도 자신의 기초로 전제하지 않고, 직관을 단순히 경험적으로 파악하면서 자연에서 대면하는 대상

---

37) Ästhetik I, 83-85쪽.

38) Ästhetik I, 85쪽.

39) 헤겔이 아무런 조건 없이 유기체와 아름다움을 결부시키지는 않는다. 헤겔은 "생동하는 자연미가 아름답다는 것은 이 감각적인 직접성 때문이 아니다. 자연은 아름다움 자체로서 현상하거나 혹은 아름답게 현상하기 위해 산출되는 것이 아니다. 자연미는 오직 미를 인식하는 우리들의 의식에만 아름다운 것으로 나타난다"고 한다(Ästhetik I, 167쪽). 그리고 『미학강의』 중 '자연미의 결함'이라는 부분에서 헤겔은 자연의 아름다움이 왜 예술의 아름다움보다 저급한 것일 수밖에 없는지를 논의한다(Ästhetik I, 190쪽 이하). 이처럼 헤겔에게서도 자연적으로 살아 있다고 해서 반드시 아름다운 것은 아니다. 오히려 헤겔에게 있어서는 정신적인 생명성, 생동성이 더욱더 중요하다. 유기체에 아름다움을 비교하는 것도, 자연적 생명성을 강조하기 위해서가 아니라, 유기적 조직이 내재적으로 지닐 수밖에 없는 논리적 구조를 강조하기 위해서다.

들을 합목적적이라고 파악할 수 있어야 한다.[40)]

이 같은 논의를 통해 우리는 헤겔과 칸트가 '목적 없는 합목적성'을 전혀 상이한 관점에서 접근하고 있다는 것을 확연하게 알 수 있다. 그래서 칸트의 입장에서 볼 때 자신이 주장한 '목적 없는 합목적성'을 헤겔식으로 해석하는 것이 과연 정당한가?라는 반문이 당연히 제기 가능하다.[41)]

4. 헤겔 해석의 정당성과 직관적 오성

이상에서 우리는 헤겔이 '목적 없는 합목적성'을 '목적의 실현'이라는 관점에서 해석하고, '심미적 판정'과 '유기체에 관한 판정' 사이의 밀접한 연관성을 부각시키고 있음을 알 수 있다. 이러한 확신은 두 가지 이유로부터 비롯된 것이다. 그중 하나는 헤겔의 고유한 입장과 관련된 것이고, 다른 하나는 『판단력 비판』에 등장하는 칸트 자신의 주장과 관련된 것이다.

첫째, 위와 같은 헤겔의 확신은 일차적으로 헤겔 자신의 고유한 입장에서부터 비롯된 것이다. 앞서 논의한 것처럼, 유기적 생명체와 아름다움을 상호 비교하는 『미학강의』의 논의를 통해 이미 드러난 바처럼, 헤겔은 '목적'이나 '합목적성'을 칸트와는 다른 관점에서 접근하고 있다. 이렇게 칸트와는 다른 헤겔 자신의 고유한 입장은 사실상 근본적으로 칸트와는 다른 헤겔의 '논리적 관점'에 기초해 있다. 헤겔이 '목적론'을 체계적이며 본격적으로 다루고 있는 곳을 꼽으라면, 『대논리학』의 '개념론' 중 '객관성' 부분에서 '기계론' 및 '화학론'과 함께 '목적론'을 체계적으로 서술하고 있는 부분을 들 수 있을 것이다. 여기서 헤겔은 "칸트가 철학에 가장 크게 공헌한 것 중 하나는 상대적 또는 외적 합목적성과 내적 합목적성을 구분한 데 있다. 내적 합목적성에서 칸트는 삶의 개념, 즉 이념을 밝혔다"[42)]고 칸트의 '합목적성'을 부각시키면서, 그것을 자신의 목적론과 연계시키려 하고 있다. 헤겔은 '목적'을 '자유' 개념과 동일시하면서 '자유로운 실존상태에 있는 개념' 또는 '자신의 실존상태에 있는 개념 그 자체', '자체 속에 특수성과 외면성의 계기를 지니고 있는 구체적 보편자'라고 표현한다.[43)] 헤겔은 『미학강의』에서도 목적 개념을

40) KU, 233.
41) B. Bradl, *Die Rationalität des Schönen bei Kant und Hegel*, München: Wilhelm Fink Verlag, 1998, 35쪽 참조.

이런 관점에서 전제하고 있기 때문에, '목적 없는 합목적성'도 '목적의 실현'이라는 관점에서 객관주의적으로 해석하는 것이다.

이와 같은 헤겔의 의도는 『미학강의』 외의 다른 글들에서 '합목적성'을 '직관적 오성' 또는 '신적 오성'과 연관시키는 부분에서 분명하게 드러난다. 헤겔은 『대논리학』뿐만 아니라 『엔치클로패디』에서도 다음과 같이 언급하고 있다.[44)]

> 합목적성이 지각되는 곳에서는 이 합목적성의 창시자(Urheber)인 하나의 오성이 가정된다.[45)]
>
> 직관적 오성의 원리는 반성적 판단력에 귀속하며, …… 이것은 예술과 유기적 자연의 산물들에서 경험된다. …… 직관적 오성, 내적 합목적성 등의 표상은 그 자체로 구체적인 것으로 사유되고 있는 보편자이다. 따라서 이러한 표상에서만 칸트 철학의 사변성이 드러난다. …… 칸트는 내용상 포괄적인 이념을 자연 또는 자연필연성과 자유의 목적의 요청된 조화 속에서, 실현된 것으로 사유되는 세계의 궁극목적 속에서 제시한다.[46)]

헤겔은 아름다움이나 유기적 생명체를 판정하는 근거를 단순히 주관적으로 정초하려 하지 않는다. 오히려 헤겔은 대상 세계가 합목적적으로 판단되는 것은 주관이 그렇게 판단하기 때문이 아니라, 오히려 대상 세계 자체가 그렇게 만들어져

---

42) GW12, 157쪽. 헤겔의 『대논리학』에서 이념은 주관과 객관이 '적실하게 일치하는 개념'이자 '객관적 진리'이며 '진리 그 자체'이다(GW12, 173쪽). 또한 이념 중 가장 먼저 등장하는 '생'의 이념은, "자신의 객관성을 관통하고, 자기목적으로서 이 객관성에서 자신의 수단을 취하면서 이 객관성을 자신의 수단으로 정립하기도 하며, 동시에 이 수단에 내재하면서 그 속에서 자기 스스로와 동일하면서 실현되어 있는 목적"이라고 정의된다(GW12, 177쪽). 『대논리학』 전체의 체계적 서술 과정을 고려한다면, 사실상 헤겔의 논리적 지평에서 목적은 '개념', '이념', '자유', '진리 그 자체' 등으로 다양하게 표현 가능하다. 『대논리학』에서 '목적' 개념에 대해서는 다음을 참조할 것. T. Pierini, *Theorie der Freiheit. Der Begriff des Zwecks in Hegels Wissenschaft der Logik*, München: Wilhelm Fink Verlag, 2006.

43) GW12, 155쪽, 159쪽. 여기서 헤겔이 외적 합목적성과 내적 합목적성의 차이를 『순수이성비판』의 세 번째 이율배반, 즉 '자유'와 '자연필연성' 사이의 이율배반으로 설명하고 있는 점을 고려하면, '목적' 개념은 '자유'개념과 동일시되고 있는 것을 알 수 있다. GW12, 157쪽 이하 참조.

44) 이미 체계 구상을 본격적으로 시작한 예나 초기에 쓰여진 「믿음과 지식」에서 헤겔은 '직관적 오성'을 생산적 상상력과 동일시하면서, 개념과 직관의 대립을 지양하는 측면에서 『판단력 비판』을 긍정적으로 평가하면서, 동시에 칸트 철학의 한계를 지적하고 있다. GW4, 325-346쪽.

45) GW12, 154쪽.

46) GW20, 93-94쪽(§55).

있기 때문이라고 생각한다. 그리고 이처럼 대상 세계가 합목적적이며 목적에 적합하게 존재한다는 것은, 역으로 이 '목적' 자체의 실현된 모습이 곧 대상 세계라는 말과 동일하다. 이러한 관점에서 헤겔은 유한한 주관적 지평에 제한되지 않는 절대적인 지평을 상정하고, 이 절대적 지평이 칸트 철학에서는 '직관적 오성'을 통해 표현된다고 확신한다. 그래서 헤겔은 '합목적성'과 '직관적 오성' 사이에도 매우 강한 연관이 있다는 것을 전제로, '목적 없는 합목적성'을 객관주의적 관점에서 해석하고 있는 것이다.

그러나 문제는 '과연 칸트 자신이 합목적성을 직관적 오성과의 밀접한 연관 속에서 구상하였는가?'라는 점이다. 만일 그렇지 않다면, 합목적성과 직관적 오성의 연관성을 강조하는 것은 칸트 본인의 입장과는 거리가 먼 헤겔의 해석에 불과할 것이다. 그런데 칸트는 『판단력 비판』에서 '목적 없는 합목적성'을 취미판단의 세 번째 특징으로 제시하면서, '목적'이 없이도 '합목적성'이 가능하다는 것을 설명하기 위해 §10에서 다음과 같은 언급을 하고 있다.

> 비록 어떤 객체나 심적 상태나 어떤 행위 등의 가능성이 반드시 어떤 목적의 표상을 전제하지 않더라도, 우리가 목적에 의한 인과성(eine Kausalität nach Zwecken)을, 다시 말해 어떤 규칙의 표상에 따라 객체나 심적 상태, 행위 등을 그렇게 정해놓은 하나의 의지(ein Wille)를 그 근저에 상정할 경우에만, 비로소 그 가능성이 우리에게 설명될 수 있고 이해될 수 있다고 하는 이유만으로도, 그러한 객체, 심적 상태, 행위 등은 합목적적이라고 할 수 있다. 그러므로 우리가 〔합목적성이라는〕 이 형식의 원인을 어떤 의지 속에 정립하는 것이 아니라, 그것을 어떤 의지로부터 이끌어냄으로써만 비로소 그러한 형식의 가능성에 대한 설명을 우리가 파악할 수 있게 되는 한에서, 합목적성은 목적 없이도 있을 수 있다.[47]

여기서 칸트는 목적이 없이도, 좀 더 정확히 말하자면 '목적의 표상'을 전제하지 않아도 어떤 객체는 합목적적으로 설명되고 이해될 수 있다고 한다. 그런데 이 경우에도 칸트에 따르면 목적은 없더라도 '목적에 의한 인과성' 또는 사태가 합목적적으로 보이도록 만들어놓은 '어떤 의지'는 상정되어야 한다. 이 점에서 칸트는 '목적'과 '목적에 의한 인과성'(eine Kausalität nach Zwecken)을 구분하고, '목적에 의한 인과성'을 '객체 등을 어떤 규칙에 따라 그렇게 정돈해놓은 듯이 보이는

47) KU, 33.

의지'라는 관점에서 이해하고 있다.

칸트 자신의 주장에 따라서 '목적 없는 합목적성'이 의미가 있으려면, 어떤 목적의 객관적 실재성을 규정하지 않은 상태에서 '마치 어떤 목적이 있는 것처럼'(ein Als-ob des Zwecks) 가정할 수밖에 없다.[48] 이 점에서 '목적 없는 합목적성'에서 '목적 없는'이라는 표현은, 객관적인 측면에서 어떤 목적도 단적으로 없다는 것을 의미하지 않는다. 정확히 말하자면, '목적 없는'이라는 표현은 형식적 목적관계에서 목적개념이 논리적 상관자로 등장하지 않는다는 것을 의미하지 않는다. 왜냐하면 만일 목적개념이 논리적 상관자로 전제되지 않으면 합목적성 자체가 성립될 수 없을 것이기 때문이다.[49] 그래서 '목적 없는'이라는 표현은 판단하는 주관이 '어떤 구체적인 목적을 고려치 않음'을 의미하는 것으로 보아야 할 것이다. '목적 없는 합목적성'은 목적이 있는지 여부를 주관이 '고려할 필요가 없이' 가능한 합목적성을 의미하지, 아무런 목적도 '없는' 합목적성을 뜻하는 것은 아니다.[50]

'목적 없는 합목적성'을 통해 칸트가 강조하려는 바는, 심미적 판단력의 관점에서는 주관이 목적 여부를 고려할 필요가 없이 오직 주관의 직접적인 감정에 기초하여 대상에 관해 판단을 내려야 한다는 점이다. 따라서 어떤 목적의 존재 여부를 논하는 것 자체가 심미적 판단의 논의와 상충되지는 않는다. 이 두 문제는 각각 별도로 논의의 맥락을 지닐 수 있는 것이다.

---

48) H. Spremberg, *Zur Aktualität der Ästhetik Immanuel Kants. Ein Versuch zu Kants ästhetischer Urteilstheorie mit Blick auf Wittgenstein und Sibley*, Frankfurt am Main: Peter Lang, 1999, 67쪽.

49) W. Euler, "Die Idee des Schönen. Hegels Kritik an Kants des ästhetischen Urteils", in: *Internationales Jahrbuch des Deutschen Idealismus, Ästhetik und Philosophie der Kunst*(4 · 2006), hrsg. von K. Ameriks & J. Stolzenberg, Berlin · New York: Walter de Gruyter, 2007, 117쪽 참조.

50) Kulenkampff는 '목적 없는 합목적성'이 의미가 있으려면, 여기서 목적은 의도된 특정한 목적이라는 의미로 해석되어야 한다고 주장하며, 칸트의 취미판단의 이론이 타당하려면 아름다운 대상의 보편적이며 필연적인 성질이 인식능력들의 자유로운 유희가 들어설 수 있는 조건으로서 필요하다고 주장한다. J. Kulenkampff, *Kants Logik des ästhetischen Urteils*, Frankfurt am Main: Vittorio Klostermann, 1978, 130쪽 이하 참조. 이와 유사한 맥락에서 Marc-Wogau는 '목적 없는 합목적성'은 '침묵 속에서(im Stillen)' 어떤 목적이 설정될 때에만 가능하다고 주장한다. K. Marc-Wogau, *Vier Studien zu Kants Kritik der Urteilskraft*, Uppsala, 1938, 73쪽 참조. 그러나 Stolzenberg는 Kulenkampff로 대표되는 이 같은 해석은 칸트의 미학 이론에 대한 '객관주의적 오류'라고 주장한다. J. Stolzenberg, "Das freie Spiel der Erkenntniskräfte. Zu Kants Theorie des Geschmacksurteils", in: *Kants Schlüssel zur Kritik des Geschmacks. Ästhetische Erfahrung heute-Studien zur Aktualität von Kants »Kritik der Urteilskraft«*, hrsg. von U. Franke, Hamburg: Felix Meiner Verlag, 2000, 19-22쪽 참조.

우리가 '무엇이 합목적적이다'라고 판단하기 위해서는 그 무엇이 어떤 의지에 의해 제작된 것처럼 보여야 한다. 칸트도 '목적에 의한 인과성'이라는 표현을 통해 이러한 사태를 염두에 두고 있다. 반성적 판단력에 의해 포착된 대상 세계는 인식적 오성이 개념적으로 파악한 대상 세계와는 다르다. 『판단력 비판』의 '서론'에서 규정적 판단력과는 다른 반성적 판단력의 기본적인 특징을 논하면서, 칸트는 오성에게는 우연적인 것으로 보이는 특수한 자연법칙들을 하나의 통일성 속에서 고찰하려면, 우리 인간의 오성과는 다른 "어떤 오성이 특수한 자연법칙에 따라 경험의 체계를 가능케 할 목적으로 우리의 인식능력을 위해 부여하기나 한 것 같은(als ob) 그러한 통일에 의해 특수한 자연법칙들이 고찰되어야 한다"고 주장한다.[51] 『판단력 비판』에서 인간과는 다른 이 오성은 "의도적으로 작용하는 세계의 최고 원인", 논증적 오성과 구분되는 "직관적 오성"(ein intuitiver Verstand), 모형적 지성(intellectus ectypus)과 구분되는 "원형적 지성"(intellectus archetypus), "초감성적인 기체"(das übersinnliche Substrat), "세계원인으로서 근원적 오성"(ein ursprünglicher Verstand als Weltursache)이라고 표현된다.[52] 만일 합목적성이나 합목적적인 세계를 설명하기 위해 이 같은 오성이 반드시 필요하다고 한다면, 『판단력 비판』 전체가 다루는 대상 세계는 마치 어떤 의지에 의해 의도적으로 산출된 것과 같은 성격을 지닐 수밖에 없다.[53] 그리고 만일 『판단력 비판』 전체가 대상 세계를 이렇게 상정하고 있다면, 『판단력 비판』을 구성하는 두 부분, 즉 '심미적 판단력 비판'과 '목적론적 판단력 비판' 사이의 상호 관련성도 포괄적인 목적론적 맥락에서 검토해볼 수 있을 것이다.[54]

일차적으로 칸트에 의하면 '이성을 그 행위의 기초에 두고 있는 선택의지에 의한 산출'만을 예술(Kunst)이라고 부를 수 있다.[55] 예술은 항상 어떤 것을 산출하려는 특정한 의도를 지니고 있다.[56] 그런데 칸트는 "아름다운 예술의 산물에서 합목

51) KU, XXVII.

52) KU, 335, 347, 353, 354.

53) 칸트는 자연이 자기 자신을 유기화한다는 점에서, '자연의 목적'으로서 유기적 생명체를 '예술(Kunst)의 유비물'이 아니라 '생명의 유비물'이라고 칭한다. KU, 293.

54) 칸트에게서 직관적 오성이 자연의 목적론에만 적용되지 않고 심미적 사태와도 관련되기 위해서는 아름다움이 보편자와 특수자의 직접적인 통일로 간주되어야 한다. 이럴 경우 직관적 오성은 『판단력 비판』의 두 부분의 상호 관련성하에서 논의될 수 있다. 헤겔은 칸트를 일관되게 이러한 입장에서 해석하려고 한다. 이에 대해서는 다음을 참조할 것. W. Euler, 앞의 글, 101-102쪽.

55) KU, 173-174.

적성은 비록 의도적이기는 하지만 그러나 의도적인 것으로 비쳐서는 안 된다."고 하면서 "아름다운 예술은 비록 우리가 그것을 예술로서 의식하고 있다고 하더라도 자연처럼 보여야 한다"고 주장한다.[57] 예술이 자연처럼 보이는 것은, 예술 작품에 고통스러움의 흔적이나 격식에 얽매인 흔적이 없고, 규칙에 예술가가 속박된 흔적도 보이지 않을 때 가능하다.[58] 역으로 칸트는 '자연은 동시에 예술처럼 보일 때 아름답다'는 견해도 피력한다.[59] 즉 자연은 단순히 물리적인 기계론적 법칙이 아니라 마치 어떤 누군가가 의도적으로 제작한 것처럼 보일 때 아름답다는 것이다. 그래서 칸트는 "자연은 자신의 아름다운 산물에서 단지 우연에 의해서가 아니라 의도적으로 합법칙적 질서에 따라 자신을 예술로서, 그리고 목적 없는 합목적성으로서 드러낸다"고 주장한다.[60] 이 같은 언급들을 고려한다면, 칸트 자신에게서도 우리는 최소한 '합목적성'과 '직관적 오성'이 무관한 것만이 아니며, 『판단력 비판』의 두 부분도 상호 관련성 하에서 이해될 가능성이 충분하다는 것을 알 수 있다.[61] 또한 '목적 없는 합목적성'이라는 개념이 자기모순적인 결과를 초래하지 않으려면, 『판단력 비판』의 두 부분에서 각기 다루어지는 심미적 판단과 삶(생명)과의 연관성을 고려할 필요가 있다는 주장도 가능하다. 왜냐하면 심미적 판단이 유발하는 충만한 생명성의 상태에서 우리는 특정한 의도나 목적 없이 우리 삶을 체험하기 때문이다. 아름다움의 관점에서 우리는 살아 있는 것들과의 근본적인 조화를 체험하고 유희적인 관계를 맺게 된다. 그래서 바로 우리가 참여하는 이 삶(생명)과의 관련을 고려해야만 목적 없는 합목적성은 이성적인 의미를 부여받을 수 있고, 예술이나 자연에서 드러나는 아름다움은 우리 자신에게서 증대되는 삶의 실현

56) KU, 180.
57) 같은 곳.
58) 같은 곳.
59) 같은 곳.
60) KU, 170-171. 칸트는 인간의 예술적 활동과 구분하기 위해 목적에 의한 자연의 인과성을 특별히 '자연의 기교'(Technik der Natur)라고 명명한다(KU, §74, §78 참조).
61) 그러나 Baum에 의하면 직관적 오성에게는 자연 속의 어떤 합목적성도 존립할 수가 없다. 왜냐하면 합목적성이라는 원리 자체는 직관적 오성이 아니라 인간의 인식능력과 결부되어 있고, '인간 오성의 허약함의 징표'이기 때문이다. 이 점에서 Baum은 헤겔이 특수한 경험적 법칙에 따라 가능한 자연을 체계적인 통일에 의해 고찰하기 위해 필요한 신적인 오성을 끌어들인 측면과 직관적 오성을 논하는 측면을 엄밀히 구분하지 않았다고 비판한다. M. Baum, "Kants Prinzip der Zweckmäßigkeit und Hegels Realisierung des Begriffs", in: *Hegel und die "Kritik der Urteilskraft"*, hrsg. von H.-F. Fulda & R.-P. Horstmann, Stuttgart: Klett-Cotta Verlag, 1990, 166-173쪽 참조.

을 통해서만 발현될 수 있는 것이다.[62] 이러한 관점에서 헤겔의 객관주의적 칸트 해석의 근거를 헤겔 자신의 입장에서만이 아니라 칸트 자신에게서도 모색해볼 수 있는 것이다. 이제 문제의 초점은 '과연 칸트 자신의 입장이 헤겔의 해석과 본질적인 면에서 차이가 없는가?'라는 데 모아져야 할 것이다.

가장 결정적인 차이점은, 헤겔과 달리 칸트는 목적 개념이나 합목적성을 객관적 세계의 실재적 원리나 규정적 원리로 설정하고 있지 않다는 데 있다. 그리고 이것은 '직관적 오성'을 이해하는 데 있어서도 드러난다. 헤겔은 칸트가 주장한 '직관적 오성'을 자기 고유의 '개념' 또는 '이념'이나 '정신'으로 해석하고 싶어 한다. 물론 헤겔이 그렇게 해석하고 싶어 하는 데에는 나름대로 이유가 있다. 즉, 칸트에게서도 직관적 오성은 논증적 오성과 구분된다. 논증적 오성에서는 보편과 특수, 개념과 직관이 분리되어 있다.[63] 그래서 기본적으로 논증적 오성은 어떤 산물의 원인을 인식하기 위해서는 자기에게 주어진 경험적 직관을 보편적 개념하에 포섭해야만 한다.[64] 이에 비해 직관적 오성은 특수에서 보편으로 나아가는 것이 아니라, "하나의 전체 그 자체의 직관"으로부터 부분으로 나아간다. 다시 말해 직관적 오성은 자신 아닌 다른 곳으로부터 주어질 수 있는 어떤 것과도 관계 맺지 않는다. 자신이 스스로 사유하는 것이 곧 구체적으로 실현되어 나타난다는 점에서, 직관적 오성은 '신적인 오성'이라고 불리는 것이다. 이 점에서 헤겔은 직관적 오성을 개념과 직관, 보편과 특수가 이미 통일되어 있는 '구체적 보편'이나 '정신'과 동일시하며, 이 직관적 오성에게 최고의 실재성을 부여해주려고 하는 것이다.

그러나 칸트는 직관적 오성을 상정하기는 하지만, 그것에 객관적 실재성을 결코 부여하지 않는다. 아름다움이나 유기적 생명체와 같은 현상들을 통일적으로 파악하기 위해서는 인간의 오성과는 다른 오성을 상정하는 것이 필요하기는 하지만, "그렇다고 해서 현실적으로 그러한 어떤 오성이 존재하는 것으로 상정될 수는 없다"고 칸트는 분명히 말한다.[65] '목적에 따라 행위하는 세계원인의 인과성'에는 실재성을 부여할 수 없으며, 단지 이 인과성은 '반성의 길잡이'로 사용될 뿐이다.[66]

---

62) V. Gerhardt, "Kunst und Leben", in: *Naturzweckmäßigkeit und ästhetische Kultur. Studien zu Kants Kritik der Urteilskraft.* hrsg. von K.-H. Schwabe & M. Thom, Sankt Augustin: Akademie Verlag, 1993, 81쪽 이하.

63) KU, 348.

64) KU, 349.

65) KU, XXVII.

66) KU, 318, 333-334 참조.

자연을 합목적적으로 판단하기 위해서 전제될 필요가 있는 초감성적인 근거는 독단적으로 규정될 수 없으며 인식될 수 없고 통찰(Einsicht)될 수 없는 것이다.[67] 또한 합목적성도 객관의 구성 원리가 아니라 인식능력의 규제적 원리일 뿐이며, 자연 가운데에는 실제로 있지 않은 특수한 종류의 인과성을 설명하기 위해 필요한 발견적 원리(ein heuristisches Prinzip)일 뿐이다.[68]

이러한 칸트 자신의 주장을 고려한다면, '목적 없는 합목적성'을 객관주의적 관점에서 접근하여 '합목적성'과 '직관적 오성'에게 객관적 실재성을 부여해주려는 헤겔의 해석은 칸트 자신에게는 과도한 것이라고 할 수 있다. 헤겔은 자기 고유의 입장에서 『판단력 비판』 전체를 목적론적 관점에서 통일적으로 해석하고 싶었던 것이다. 그렇다고 해서, 헤겔의 해석을 전적인 오해로만 결론지을 수는 없다. 누구보다도 칸트의 주관적 형식주의를 비판한 헤겔의 입장에서 본다면, 앞서 우리가 살펴본 것처럼 칸트의 어느 비판서보다도 『판단력 비판』 자체가 헤겔적인 입장으로 확대 해석될 여지를 남기고 있기 때문이다.

---

67) KU, 332, 352, 354.
68) KU, LVII, 355.

참고 문헌

1. 칸트와 헤겔의 저술

Hegel. G. W. F., *Gesammelte Werke*, in Verbindung mit der Deutschen Forschungsgemeinschaft, hrsg. von der Reinische-Westfälischen Akademie der Wissenschaften, Hamburg, 1968ff.(=GW)

_____, *Theorie Werkausgabe in zwanzig Bänden*, Redaktion von E. Moldenhauer & K. M. Michel, Frankfurt am Main, 1969ff.(=TW)

_____, *Vorlesungen über die Ästhetik* I, TW13.(=Ästhetik I)

_____, "Glauben und Wissen".(=GW4)

_____, *Wissenschaft der Logik – Die subjektive Logik*(1816).(=GW12)

_____, *Enyklopädie der philosophischen Wissenschaften im Grundrisse*(1830).(=GW20)

_____, *Vorlesungen über die Geschichte der Philosophie* III.(=TW20)

Kant, I., *Kant's Gesammelte Schriften*, hrsg. von der Königlich Preußischen Akademie der Wissenschaften, Berlin: Walter de Gruyter & Co., 1911ff.

_____, *Kant's Briefwechsel*, Bd.I (1747–1788), *Kant's Gesammelte Schriften*, Bd.X, hrsg. von der Königlich Preußischen Akademie der Wissenschaften, Berlin und Leipzig: Walter de Grunter & Co, 1922.(= BWI)

_____, *Kritik der Urteilskraft* (1790), *Kant's Gesammelte Schriften*, Bd. V, hrsg. von der Königlich Preußischen Akademie der Wissenschaften, Berlin: Druck und Verlag von Georg Reimer, 1913.(=KU)

2. 연구 문헌

Baum, M., "Kants Prinzip der Zweckmäßigkeit und Hegels Realisierung des

Begriffs", in: *Hegel und die "Kritik der Urteilskraft"*, hrsg. von H.-F. Fulda & R.-P. Horstmann, Stuttgart: Klett-Cotta Verlag, 1990.

Bradl, B., *Die Rationalität des Schönen bei Kant und Hegel*, München: Wilhelm Fink Verlag, 1998.

Düsing, K., "Naturteleologie und Metaphysik bei Kant und Hegel", in: *Hegel und die "Kritik der Urteilskraft"*, hrsg. von H.-F. Fulda & R.-P. Horstmann, Stuttgart: Klett-Cotta Verlag, 1990.

Euler, W., "Die Idee des Schönen. Hegels Kritik an Kants des ästhetischen Urteils", in: *Internationales Jahrbuch des Deutschen Idealismus, Ästhetik und Philosophie der Kunst*(4 · 2006), hrsg. von K. Ameriks & J. Stolzenberg, Berlin · New York: Walter de Gruyter, 2007.

Gerhardt, V., "Kunst und Leben", in: *Naturzweckmäßigkeit und ästhetische Kultur. Studien zu Kants Kritik der Urteilskraft*. hrsg. von K.-H. Schwabe & M. Thom, Sankt Augustin: Akademie Verlag, 1993.

Kulenkampff, J., *Kants Logik des ästhetischen Urteils*, Frankfurt am Main: Vittorio Klostermann, 1978.

Marc-Wogau, K., *Vier Studien zu Kants Kritik der Urteilskraft*, Uppsala, 1938.

Pfannkuche, A., "Der Zweckbegriff bei Kant", in: *Kant-Studien*, Bd. 5, 1901.

Pierini, T., *Theorie der Freiheit. Der Begriff des Zwecks in Hegels Wissenschaft der Logik*, München: Wilhelm Fink Verlag, 2006.

Schwabe, K.-H., "Kants Ästhetik und die Moderne. Überlegungen zum Begriff der Zweckmäßigkeit in der *Kritik der Urteilskraft*", in: *Naturzweckmäßigkeit und ästhetische Kultur. Studien zu Kants Kritik der Urteilskraft*. hrsg. von K.-H. Schwabe & M. Thom, Sankt Augustin: Akademie Verlag, 1993.

Spremberg, H., *Zur Aktualität der Ästhetik Immanuel Kants. Ein Versuch zu Kants ästhetischer Urteilstheorie mit Blick auf Wittgenstein und Sibley*, Frankfurt am Main: Peter Lang, 1999.

Stolzenberg, J., "Das freie Spiel der Erkenntniskräfte. Zu Kants Theorie des Geschmacksurteils", in: *Kants Schlüssel zur Kritik des Geschmacks. Ästhetische Erfahrung heute-Studien zur Aktualität von Kants »Kritik der Urteilskraft«*, hrsg. von U. Franke, Hamburg: Felix Meiner Verlag, 2000.

Tonelli, G., "Von den verschiedenen Bedeutungen des Wortes Zweckmäßigkeit in der Kritik der Urteilskraft", in: *Kant-Studien*, Bd. 49, 1957/58.

Wachter, A., *Das Spiel in der Ästhetik. Systematische Überlegungen zu Kants Kritik der Urteilskraft*, Berlin · New York: Walter de Gruyter, 2006.

서정혁, 「예술적 관심과 심미적 존재 – '무관심성'에 대한 칸트와 헤겔의 논의를 중심으로」, 『헤겔연구』, 제10호, 한국헤겔학회 편, 철학과 현실사, 2002.

하선규, 「칸트 전비판기의 합목적성 개념 – 『판단력 비판』의 생성사적 이해를 위해」, 철학연구회 편, 『철학연구』, 제44권, 1999.

Äthetisches Urteil und Zweckmäßigkeit ohne Zweck

Seo, Jeong-Hyok

Zusammenfassung

In *Kritik der Urteilskraft* sagt Kant, Schönheit ist Form der Zweckmäßigkeit eines Gegenstand, sofern sie ohne Vorstellung eines Zwecks an ihm wahrgenommen wird. In *Vorlesungen über die Ästhetik* anführt Hegel irgendein Naturprodukt, z. B. eine Pflanze, ein Tier als Beispiele der 'Zweckmäßigkeit ohne Zweck'. Hegel umdeutet dieses Prinzip 'Zweckmäßigkeit ohne Zweck' vom Standpunkt der Realisierung des Zwecks. Hegel's Umdeutung ist ein Objektivismus, denn Hegel voraussetzt 'Realisierung des Zwecks durch Mittel'. Diese Umdeutung ist verschieden von Kant's Standpunkt. Hegel bezieht dieses Prinzip der Zweckmäßigkeit auf intuitiven Verstand. Aber in *Kritik der Urteilskraft* äußert sich auch Kant über den Zusammenhang zwischen Zweckmäßigkeit und intuitiven Verstand. Kant sagt, ein Objekt oder Gemütszustand oder eine Handlung heißt zweckmäßig, wenngleich ihre Möglichkeit die Vorstellung eines Zwecks nicht notwendig voraussetzt, bloß darum, weil ihre Möglichkeit von uns nur erklärt und begriffen werden kann, sofern wir eine Kausalität nach Zwecken, d. i. einen Willen, der sie nach der Vorstellung einer gewissen Regel so angeordnet hätte, zum Grunde derselben annehmen. Deshalb können wir nicht im absoluten Sinn von einer 'Zweckmäßigkeit ohne Zweck' sprechen, sondern immer nur von einer Zweckmäßigkeit ohne irgendeinen bestimmten Zweck. 'Zweckmäßigkeit ohne allen Zweck' kann es nicht gegeben. Vom diesem Standpunkt ist es möglich zu interpretieren Kant's Behauptungen im Zusammenhang mit Hegel's Umdeutungen, und deshalb ist es auch möglich zu interpretieren *Kritik der Urteilskraft* weiter aus Ausführung des deutschen Idealismus nach Kant.

Schlagwörter: Zweckmäßigkeit ohne Zweck, intuitiver Verstand, Kausalität nach Zwecken, nexus finalis, Geschmacksurteil.

이 논문은 2008년 9월 10일에 접수하고 2008년 10월 17일에 심사 완료하여 2008년 10월 24일에 게재가 확정되었습니다.

헤겔과 '상이성 명제'

– 라이프니츠의 '구별 불가능한 것의 동일성 원리'에 대한 헤겔의 해석*

박 배 형

요약문

라이프니츠에게서 '구별 불가능한 것의 동일성 원리'는 단순히 논리적인 의미를 지닌다기보다는 오히려 형이상학적 내지는 존재론적 의미를 지닌다. 그는 또 이 원리가 절대적이며 보편적으로 타당함을 주장한다. 이 원리를 해석하면서 이를 '상이성 명제'로 명명하고 있는 헤겔 또한 이 명제의 객관적 타당성을 주장한다. 이 논문의 중점적인 과제는 첫째, 헤겔이 자신의 해석에 의거하여 '상이성 명제'를 객관적으로 타당한 명제라고 칭할 때, 이 객관적 타당성의 의미가 무엇인지를 해명하고 그 의미가 라이프니츠의 주장과 어떤 연관관계 속에서 파악될 수 있는지를 제시하는 것이다. 둘째로 이 논문은 '구별 불가능한 것의 동일성 원리'에 대한 라이프니츠 자신의 증명이 왜 성공적일 수 없는지를 밝히고 헤겔은 어떤 방식으로 새로운 증명을 시도하는가 하는 점을 고찰할 것이다. 이러한 고찰에서 이 논문이 지향하는 바는 헤겔 자신의 증명이 얼마나 성공적인지를 세세히 논하는 데에 있다고 하기 보다는, 오히려 헤겔의 해석과 함께 증명의 내용을 개괄적으로 구명하는 데에 있다.

헤겔의 해석에 따르면 – 그가 '상이성 명제'로 칭하고 있는 – 라이프니츠의

'구별 불가능한 것의 동일성 원리'는 반성규정의 하나인 상이성을 단적으로 표현하고 있는 명제에 다름 아니다. 이 명제의 객관적 타당성에 대한 증명에서 헤겔은 이러한 타당성의 근거가 결국 상이성이라는 반성규정이 모든 사물의 본질적 규정이라는 데에 있음을 밝히고 있다. 이는 달리 말하면 헤겔에게서 상이성이란 — 다른 반성규정들과 마찬가지로 — 사유되고 인식되는 현실을 구성하는 요소라는 것이다. 헤겔은 자신이 행한 '상이성 명제'의 증명을 통해 반성규정들이 어떤 방식으로 연관되고 있는지를 보여주는 한편, 왜 이 명제의 절대적 타당성의 주장이 허용될 수 없는지도 제시하고 있다.

● **주요어 : 구별 불가능한 것의 동일성 원리, 상이성 명제, 동일성, 모나드론, 반성규정, 대립**

I. 들어가는 말

'구별 불가능한 것의 동일성 원리'(principium identitatis indiscernibilium; Grundsatz des Nichtzuunterscheidenden; Principle of Identity of Indicernibles, 이하 PI로 축약)는 라이프니츠의 철학 일반에 있어 모순율 또는 동일률 및 충분근거율과 더불어 매우 중요한 의미를 지닌다. 이 원리는 다음과 같이 표현될 수 있겠다: 모든 사물은 상이하다.[1] 라이프니츠에게서 이 원리는 단순히 논리적인 의미를 지닌다기보다는 오히려 형이상학적 내지는 존재론적 의미를 지닌다. 즉 이 원리는 실재하는 것에 관련된 원리이지 단지 사고의 규칙만을 뜻하는 것이 아니다. 라이프니츠의 주장에 따르면 PI는 절대적이고 보편적으로 타당하며,[2] 충분근거율과 함께 전래의 형이상학을 혁신하는 데에 기여한다.[3]

헤겔은 라이프니츠의 PI가 지니는 중요성을 언급하기도 하지만,[4] 그것의 의미를 자신의 해석 속에서 상세히 설명한다. 헤겔은 그의 『논리학』중 「본질논리학」의 〈상이성〉 절(節)에서, 정확히 말하여 이 절의 주석(Anmerkung)에서 PI를 다루면서 이를 "상이성 명제(Satz der Verschiedenheit)"라고 명명한다.[5] 이 상이성 명제는 헤

---

* 이 논문은 한국헤겔학회 제 99회 월례 발표회에 발표되었던 것을 수정 · 보완한 것이다. 당시 논평을 맡아 주셨던 이광모 교수님과, 열띤 토론의 장을 만들어 주셨던 여러 선생님들께 깊은 감사의 마음을 전한다.

겔에 따르면 객관적으로 타당한 명제이다. 이와 같은 헤겔의 주장은 얼핏 보면 그가 PI에 관한 한 라이프니츠의 생각을 그대로 따르는 듯 하기도 하다.[6] 그러나 엄격히 말하면 헤겔은 라이프니츠의 주장을 결코 반복하고 있지 않으며 '상이성 명

---

1) 우리는 라이프니츠의 여러 글들에서 이 원리가 표현되고 있음을 발견하게 된다. 그렇지만 라이프니츠가 항상 동일한 표현을 사용하고 있는 것은 아니다. 다음의 문장들은 이 원리를 직접적으로 표현하고 있는 보기들이다: "구별이 불가능한 두 개의 개별적 사물이란 존재하지 않는다" ("Es gibt keine zwei ununterscheidbaren Einzeldinge"), 'Leibniz' Viertes Schreiben an Clarke', *Gottfried Wilhelm Leibniz Hauptschriften zur Grundlegung der Philosophie* (이하 HS로 축약), übers. von A. Buchenau u. hrg. von E. Cassirer, Bd. I, Hamburg, 1966, 1권, 145쪽 "〔...〕 자연에 존재하는 어떤 두 개의 사물도 완전히 동일하지는 않으며 모든 존재하는 사물들에게서는 내적 차이가 〔...〕 발견될 수 있다" G. W. Leibniz, *Monadologie*, § 9 in Bd. I: *Philosophische Schriften* (이하 PS로 축약), hrsg. u. übers. von H. H. Holz, Darmstadt, 1985, 443쪽. 이 원리는 관례적으로 '사물 x가 지닌 모든 속성과 사물 y가 지닌 모든 속성이 동일하다면 x와 y는 동일하다〔$\forall F(Fx \leftrightarrow Fy) \rightarrow x=y$〕'로 정식화되고 있다. 즉 두 사물이 있을 경우 양자가 지닌 모든 속성이 동일하다면, 그리하여 구별될 수 없다면, 양자는 동일하다는 것을 이 원리가 뜻하는 것이라고 받아들여진다. 그러나 매우 흥미로운 사실은, 필자가 아는 한 라이프니츠는 어느 곳에서도 바로 이와 똑같은 정식을 표명한 적이 없다는 점이다 우리의 인용문에서 본 바와 같이 모든 사물의 상이성을 단언적으로 표현한 문장들이 대부분이며 어떤 두 사물이 동일한지 상이한지를 판단하기 위한 비교의 원리처럼 서술하고 있지는 않다는 것이다. 물론 이 원리가 일종의 비교원리로 사용될 수는 있기는 하지만 – 예컨대 두 삼각형이 합동인지 아닌지를 판단해야 할 경우에서처럼 – 그것이 라이프니츠의 본래의 의도는 아닌 것이다. 칸트의 라이프니츠 비판을 다룬 한 논문에서 윤선구 역시 이 원리의 관례적 해석에 대한 문제점을 지적하면서 이 원리에 대한 칸트의 해석 또한 정확한 것이 아님을 언급하고 있다. 윤선구, 「〈순수이성비판〉 반성개념 장에서 칸트의 라이프니츠 비판에 관한 연구 (2) – 라이프니츠는 물자체의 비교원리를 현상에 적용하였나? –」, 『철학연구』 79집, 2007, pp. 59-65 참조.

2) 여기서 절대적이라 함은 PI가 상대적이지 않음을, 즉 제한적으로 타당한 것이 아님을 뜻하며, 보편적으로 타당하다 함은 PI가 현실적으로 존재하는 모든 사물에 대해 타당함을 뜻한다.

3) 'Leibniz' Viertes Schreiben an Clarke', Pt. 5, HS, Bd. I, S. 146 참조.

4) 예컨대 헤겔은 자신의 『철학사 강의』에서 PI와 관련하여 다음과 같이 말한다: "라이프니츠에게서 중요한 것은 바로 개별성의 원리와 구별불가능성 명제〔구별 불가능한 것의 동일성 원리〕에 놓여 있다." ("Das Wichtige bei Leibniz liegt in den Grundsätzen, in dem Prinzip der Individualität und dem Satz der Ununterscheidbarkeit"), G.W.F. Hegel, *Vorlesungen über die Geschichte der Philosophie*, Bd. 20 der von E. Moldenhauer und K. M. Michel besorgten Theorie-Werkausgabe (이하 TWA로 축약), Frankfurt, 1969ff., S. 255.

5) G.W.F. Hegel, *Wissenschaft der Logik II* (이하 WdL II로 축약), TWA, Bd. 6, S. 54. 같은 책에서 헤겔은 이 '상이성 명제'를 다음과 같이 표현하고 있다: "모든 사물은 상이하다(Alle Dinge sind verschieden)" 또는 "서로 동등한 두 사물은 존재하지 않는다(Es gibt nicht zwei Dinge, die einander gleich sind)." WdL II, S. 52.

6) 예를 들어 핀들레이는 헤겔이 라이프니츠의 구별 불가능한 것의 동일성 원리에 대해 확고부동한 동의("an uncompromising assent to the Leibnizian Principle of the Identity of Indiscernibles")를 보낸다고 말한다. J. N. Findlay, *Hegel. A Re-examination*, (3rd Impression), London/ New York, 1970, p. 191.

제'라는 이름 하에 PI를 새로이 해석하고 있다. 말하자면 그가 이 명제의 타당성을 말할 때 이 타당성은 라이프니츠가 PI에 부여했던 것과 동일한 의미의 타당성이 아닌 것이다.

이러한 새로운 해석과 함께 헤겔은 이 명제의 증명을 요구한다.[7] 그에 따르면 진정한 의미에서 철학은 증명되지 않은 어떤 주장도 참된 것으로 인정하지 않으며 이러한 요구는 학문이 준수해야할 기본적인 형식적 요건이다.[8] 그렇다면 PI도 증명에의 요구로부터 벗어날 수 없는 것이다. 이러한 헤겔의 요구는 다시금 라이프니츠의 주장을 상기시키다. 라이프니츠의 충분근거율은 바로 이러한 사상을 담고 있기 때문이다. 이 철학적 원리에 따르면 어떤 진술도 그것이 왜 바로 그러한 지에 대한 충분한 근거가 제시되지 않는다면 참된 것으로 인정될 수 없다.[9] 즉 충분근거율은 진리를 주장하는 모든 의미 있는 진술에 있어서 그 진리주장의 근거가 제시되어야 한다는, 그 타당성이 증명되어야 한다는 요구를 담고 있다. 그렇다면 우리가 문제 삼고 있는 PI에 있어서도 그것이 참되다면, 객관적으로 타당하다면, 이러한 사실이 증명을 통해서 입증되어야 할 것이다.

이 논문의 중점적인 과제는 첫째, 헤겔이 자신의 해석에 의거하여 '상이성 명제'를 객관적으로 타당한 명제라고 칭할 때, 이 객관적 타당성의 의미가 무엇인지를 해명하고 그 의미가 라이프니츠의 주장과 어떤 연관관계 속에서 파악될 수 있는지를 제시하는 것이다. 둘째로 이 논문은 PI에 대한 라이프니츠 자신의 증명이 왜 성공적일 수 없는지를 밝히고 헤겔은 어떤 방식으로 새로운 증명을 시도하는가 하는 점을 고찰할 것이다. 이러한 고찰에서 이 논문이 지향하는 바는 헤겔 자신의 증명이 얼마나 성공적인지를 논하는 데에 있다고 하기 보다는, 오히려 헤겔의 해석과 함께 증명의 내용을 개괄적으로 구명하는 데에 있다.

이와 같은 과제설정에 따라 이 논문은 우선 라이프니츠가 PI에 부여했던 의미가 무엇인지를 밝힐 것이며, PI의 타당성에 대한 라이프니츠의 주장을 비판적으로 살펴 볼 것이다. 그 다음 이 논문은 헤겔의 PI에 대한 해석을 고찰하면서 '상이성 명제'에 대한 헤겔 자신의 증명을 추적함으로써 헤겔이 이 명제에 부여하는 의미를

7) WdL II, S. 54.

8) "철학에서 증명과 연역이 빠져도 좋다고 생각하는 사람들은 자신들이 철학이 무엇인가 하는 것에 대한 가장 기본적인 생각으로부터도 멀리 떨어져 있음을 드러내는 것이다. 그들은 이런 저런 얘기를 할 수 있을지 모르나, 이렇듯 개념 없이 얘기하려 하는 사람들은 철학에서는 아무런 권리도 지니지 못한다." G.W.F. Hegel, *Grundlinien der Philosophie des Rechts*, § 141, Anm. TWA Bd. 7, S. 287.

9) G. W. Leibniz, *Monadologie*, § 32, PS, Bd. I, S. 453 참조.

보다 분명히 제시하고자 한다.

II. 라이프니츠에서의 PI의 의미

서두에 언급했듯이 PI는 모든 사물이 서로 다르다는 것을 언명하고 있다.[10] 그렇다면 라이프니츠가 PI에 입각하여 주장하는 '서로 다름'의 뜻은 무엇인가? 사물들은 (이미 그것들이 하나가 아니라 여럿이라는 의미에서 자명하게도) 이미 수적으로 다르다고 간주되어야 한다. 즉 두 개의 사물을 비교한다고 할 때, 그것들이 두 개라는 사실이 이미 양자의 수적 상이성을 내포하고 있는 것이다. 라이프니츠는 PI를 통해서 사물들의 이러한 수적 상이성을 주장하고 있는 것일까? 라이프니츠의 다음과 같은 언급을 보면 우리는 그가 단지 이러한 수적 상이성을 주장하고 있는 것이 아님을 쉽게 알 수 있다.

> 나는 더욱이 이렇게 주장한 바 있습니다: 두 개의 어떤 개별적인 사물도 〔...〕 전적으로 같을 수는 없으며 항상 수적으로 다른 것 이상으로 상이할 수밖에 없습니다.[11]

라이프니츠는 물론 사물들이 수적으로 상이하다는 것을 부정하는 것이 아니라, 수적으로만 다를 뿐 전적으로 같은 두 개의 사물이란 있을 수 없음을 말하고 있는 것이다. 따라서 라이프니츠에 따르면 한 창문에 붙어 있는 두 개의 물방울이나 한 식탁 위에 놓인 두 개의 달걀은 그것들이 아무리 유사해 보일지라도 단지 '수적으로 다른 것 이상으로' 상이하다. 그렇다면 라이프니츠는 그의 PI에 입각하여 사물들이 어떻게 다르다는 것을 주장하고 있는 것인가? 이에 대한 대답을 우리는 우선 그의 『모나드론』*Monadologie*에서 찾아볼 수 있겠다. 『모나드론』의 § 9에서 그는 사물들이 "내적인 차이"에 의해, 즉 "내적 규정(denomination intrinseque)"에 근거하는 차이에 의해 구별된다고 말하고 있다.[12] 즉 라이프니츠에 따르면 사물들은 모두 내적인 규정에 의거하여 상이한 것이다. 그리고 이것이 PI가 담고 있는 보다 구

---

10) 각주 1)참조.

11) G. W. Leibniz, *Nouveaux Essais*, PS, Bd. Ⅲ/1, S. XXIX. 라이프니츠는 또 다음과 같이 말하기도 한다: "통속적 철학자들은 단지 수적으로만 차이가 나는 사물들이 있다고 또는 단지 사물들이 하나가 아니라 두 개라는 이유만으로 구별된다고 여김으로써 오류에 빠졌던 것입니다." 'Leibniz' Fünftes Schreiben an Clarke', Pt. 26, HS, Bd. I, S. 174.

체적인 내용이라 할 수 있다.

그렇다면 이 "내적 규정"이라는 것은 또 무엇을 말함인가? 이는 어떤 사물을 그 사물이게 하는 본질적인 성질로 해석할 수 있겠다. 내적 규정들이 어떤 사물 자체에 귀속되는 성질들로 이해될 수 있다면, 외적 규정들이란 이와 대립되는 규정들로서, 어떤 사물 자체를 이루는 본질적인 성질이라 할 수가 없다. 이를테면 외적 규정들은 사물들 사이의 외적인 관계를 표현한다. 예를 들면, 외적 규정들이란 사물 A가 사물 B보다 크다거나 A가 B의 왼쪽에 놓여 있다거나 하는 외적 관계의 성질들인 것이다.[13] 이렇듯 라이프니츠가 PI에 의거하여 주장하는 모든 사물들의 상이성이란 내적 규정들에 의거하는 상이성을 뜻하기에, 그는 단지 시간이나 공간에 따르는 차이만 가지고는 사물들의 상이성과 동일성을 충분히 드러낼 수 없다고 주장한다.

> 시간과 공간의 차이 외에도 필연적으로 또한 내적인 구별의 원리가 존재한다. 그리고 물론 동일한 종에 속하는 많은 사물들이 있지만 그 중 어떤 두 사물도 전적으로 동일하지는 않다. 그리하여 시간과 공간이 〔...〕 사물들을 구별하는 데에 도움을 주기는 하지만, 그럼에도 불구하고 사물들은 내적으로 구별가능하다. 이렇듯 동일성과 상이성이 정확히 무엇인가 하는 것은 시간과 공간을 통해서는 충분히 해명될 수가 없다. 물론 사물들의 상이성은 시간과 공간의 상이성을 동반하고 있기는 하지만 말이다.[14]

라이프니츠는 PI에 입각하여 모든 사물들이 내적 규정들에 따라 상이하다고 주장할 뿐 아니라 PI가 객관적이고 보편적으로 타당함을 증명할 수 있다고 한다.[15]

---

12) *Monadologie*, § 9, PS, Bd. I, S. 443. *Nouveaux Essais*에서도 또한 라이프니츠는 모든 사물들이 서로 "내적 규정들(*denominations intrinseques*)"에 의거하여 구별된다고 말하고 있다. *Nouveaux Essais*, II, PS, Bd. Ⅲ/1, S. 100-1.

13) 내적 규정들과 외적 규정들에 대한 보다 자세한 논의는 B. Mates, *The Philosophy of Leibniz*, pp. 218을 참조할 것. 이 두 종류의 규정들은 의미상 서로 대립적이지만, 양자의 관계는 라이프니츠에게 있어 단지 대립적이기만 한 것이 아니다. 그에 따르면 내적 규정들은 외적 규정들의 근거이다. 따라서 엄밀히 말해 라이프니츠에 의하면 전자로부터 전적으로 단절된 후자, 즉 전적으로 외적인 규정들은 있을 수 없다. "내적인 규정을 그 근거로서(pro fundamento) 갖지 않을 정도로 그렇게 순전히 외적인 규정들이란 없다." G. W. Leibniz, *Die Philosophischen Schriften von Gottfried Wilhelm Leibniz* (이하 GP로 축약), 7 Bände, hrsg. von C. J. Gerhardt, Berlin 1875-1890 (Nachdruck, Hildesheim, 1960ff.), Bd. II, S. 240.

14) *Nouveaux Essais*, II, PS, Bd. Ⅲ/1, S. 390-393.

그런데 라이프니츠의 증명은 그의 실체론과 완전 개념(vollständiger Begriff)을 전제하고 있다. 이제 라이프니츠가 제시하는 이 증명에 대해 요약적으로 살펴보고자 한다.

III. PI의 객관적 타당성에 대한 라이프니츠의 증명

라이프니츠에 따르면, 이 우주는 무수히 많은 모나드(Monad)들로 이루어져 있는데 이들은 더 이상 분할될 수 없는 단순한 실체들이다.[16] 개개의 모나드는 우주 전체를 각자의 방식대로 표현하고 있는데[17], 우주를 각자의 방식대로 표현한다는 말은 각자의 방식대로 지각한다는 말에 다름 아니다. 개개의 모나드는 하나의 지각에서 새로운 지각으로 계속적으로 이행하면서 우주의 변화를 자신의 내부에서 표현하는데, 이러한 일련의 지각들의 총체가 바로 모나드를 이루고 있다. 따라서 라이프니츠에 의하면 모나드 속에서는 "지각들과 이들의 변화" 외에는 그 무엇도 발견될 수가 없다.[18] 이처럼 일련의 지각들이 모나드를 이루고 있기 때문에, 이러한 지각들 또는 지각의 내용들이 바로 모나드를 구성하는 내적인 규정들이다.

라이프니츠는 모나드들이 서로 구별되며 두 개의 동일한 모나드란 존재하지 않는다고 하는데,[19] 이것은 곧 모나드들이 지각의 내용들인 내적 규정들에 의해 구별된다는 것을 뜻한다. 그렇다면 지각내용들의 차이는 어디에 기인하는가. 그것은 라이프니츠에 따르면 위에서 언급한 대로 개개의 모나드가 각자 나름의 방식으로 우주를 지각하고 있기 때문이다. 따라서 모나드들은 아무리 유사할지라도 최소한 하나의 지각내용에 의해 구별될 수밖에 없다. 라이프니츠가 모나드들이 그것들이 지닌 고유한 성질들(qualités)에 의해 구별된다고 할 때, 이것은 곧 모나드들이 그 지각내용들에 의해 구별됨을 말하는 것이다.[20] 그런데 이 지각내용들이란 다름 아니라 앞에서 말한 바처럼 모나드를 구성하는 내적 규정들인 것이다.

15) 같은 책, S. 100-1.
16) *Monadologie*, § 1, PS, Bd. I, S. 438.
17) G. W. Leibniz, *Metaphysische Abhandlung*, § 9, PS, Bd. I, S. 76.
18) *Monadologie*, § 17, PS, Bd. I, S. 446-7.
19) *Monadologie*, § 9, PS, Bd. I, S. 442-3.
20) *Monadologie*, § 8, PS, Bd. I, S. 440-1. 다른 곳에서도 라이프니츠는 실제로 존재하는 것은 지각하는 주체들 즉 모나드들과 이들의 지각들뿐이라는 견해를 피력하고 있다. HS, Bd. II, S. 355.

라이프니츠에 의하면 모나드가 우주 전체를 지각하고 있으므로, 그 지각의 대상은 구체적으로 말하자면 이 우주에서 벌어지는 사태들일 수밖에 없다. 한편 우주를 이루고 있는 것은 모나드들이기 때문에 우리 인간이 지각하는 물질적 현상세계의 사태들이란 궁극적으로는 모나드들의 외적인 관계로 환원된다. 그러나 라이프니츠에 의하면 우리 인간은 — 인간의 영혼 또한 라이프니츠에 의하면 모나드들에 속한다 — 모나드들을 그 자체로 직접적으로 지각하지 못하기 때문에 현상세계의 인식을 결국 벗어나지 못하며, 이것은 곧 인간이 갖는 유한성의 표징이기도 하다.[21] 즉 라이프니츠에 따르면 현상계의 배후에 모나드들이 실재하고 있지만 인간의 인식능력이 제약되어 있기에, 무한한 인식능력을 지닌 신에게는 모나드들의 세계로 지각되는 것이 우리 인간에게는 물리적인 사물들의 세계로 나타나는 것이다.[22]

그런데 라이프니츠는 모나드가 각자의 방식대로, 각자의 관점에서 우주를 지각한다고 할 뿐 아니라, 모나드가 지각하게 될 사태들이 다음에서 보는 것처럼 그 모나드의 '개념'속에 포함되어 있다고 말한다.

> 모든 개별적 실체 〔모나드〕는 전 우주를 자신의 방식대로 표현하며, 그것의 개념 속에는 모든 사태들이 그것들의 정황(circomstances)과 함께 포함되어 있으며 또한 외적 사물들의 일련의 결과들 전체가 포함되어 있다.[23]

여기서 모나드의 "개념"이란 다름 아니라 완전 개념(notion complete; vollständiger Begriff)을 말하는 것으로 라이프니츠는 이 개념을 갖는다는 것이 모나드의 본성에 속한다고 말한다.[24] 어떤 한 모나드에 귀속하는 완전한 개념 속에는 이 모나드가 지각하게 될 모든 사태들과 그 정황들이 이 개념을 이루는 부분들, 즉 부분개념들로 포함되어 있다.[25] 그리고 모나드가 지각하는 모든 개별 사태들을 표현하는 부분개념들은 주어로서의 이 모나드의 술어들에 다름 아니다.[26] 이 완전개념이란 특수한 성격을 지니는 개념이다. 모든 완전개념은 단 하나의 모나드에만

---

21) 라이프니츠는 모나드들이 갖는 지각의 판명성 정도에 따라 모나드들의 등급을 정하고 있는데 이에 대해서는 다음을 참조할 것. *Monadologie*, §§ 18–9, 28–30, PS, Bd. I, S. 446–7, 450–3.

22) 신 또한 라이프니츠에 따르면 하나의 모나드로서 그는 신을 "본원적인 단순 실체(la substance simple originaire)"라고 부른다. *Monadologie*, § 47, PS, Bd. I, S. 458–9.

23) *Metaphysische Abhandlung*, § 9, PS, Bd. I, S. 76.

24) 같은 책, § 8, PS, Bd. I, S. 74.

적용되는 개념이란 점에서 일반개념이 아니라 개별개념이다. 모든 개별적 실체 즉 모나드는 바로 자신의 완전개념에 의해 완전히 규정된다. 그리고 모든 모나드가 서로 상이하다고 할 때 이 상이성은 바로 완전개념의 상이성에 상응한다. 그리고 이 완전개념들의 상이성은 이 개념들을 이루는 부분개념들, 즉 술어개념들의 상이성에서 유래한다. 이 술어개념들은 모나드의 지각내용, 즉 내적규정을 표현한다. 결국 모나드들이 내적 규정에 의거하여 서로 상이하다 함은 이들이 자신들의 완전개념들을 이루는 부분개념들에 의거하여 서로 상이하다는 것에 다름 아니다.

라이프니츠는 그러나 모나드들만이 서로 상이하다고 주장하는 데에서 그치지 않고 모든 사물들이 서로 상이하다고 주장한다. 그렇기 때문에 PI의 보편성이 운위될 수 있는 것이다. 현상세계의 물리적 사물들, 예컨대 어떤 두 잎사귀, 어떤 두 물방울도 서로 똑같을 수는 없다는 것이 라이프니츠의 주장이다.[27] 그렇다면 라이프니츠는 모나드 자체가 아닌 현상계의 사물들의 상이성을 어떻게 설명하는가? 위에서 언급한 대로 라이프니츠에 따르면 현상계의 사물들의 근저에는 모나드가 존재하며, 결국 이 사물들은 모나드들에로 환원된다. 따라서 이 사물들의 차이 또한 모나드들 간의 차이로 환원된다. 그리고 이 차이는 완전개념들 간의 차이에 상응한다.

이상이 라이프니츠의 PI에 대한 증명의 골자이다. 그러나 이 증명은 치명적인 결함들을 안고 있다. 그 첫째로, 라이프니츠는 모든 사물의 상이성을 증명하기 위해 이미 근원적인 사물들이라고 할 수 있는 모나드들의 상이성을 단지 전제하였다. 이들은 신에 의해 서로 내적 규정에 따라 상이하도록, 그리하여 서로 구분되도록 창조되었다. 모든 사물들의 상이성이 결국 모나드들의 상이성으로 환원되고 모나드들의 상이성은 신에 의한 창조라는 이름 아래 이미 전제되고 있다. 즉 라이프

---

25) 라이프니츠의 개념론에 따르면 모든 개념들은 단순하거나 복합적인데, 복합개념들은 단순개념들을 부분들로서 갖는다. 따라서 어떤 개념들이 어떤 다른 개념의 부분을 이룰 때 이들은 부분개념들로 불릴 수 있다. 흔히 언급되는 예로서 인간(Homo)이라는 개념은 동물(animal)과 이성적(rationale)이라는 부분개념들로 이루어진다.

26) 라이프니츠의 언어사용법에 따르면 술어들(Prädikate)이라는 표현이 항상 논리적인 의미 즉 어떤 판단 내에서 그 판단의 주어를 서술하는 데에 사용되는 개념들의 의미만을 지니는 것이 아니라, 또한 객관적인 의미, 즉 대상의 성질 또는 대상에 발생한 사태 자체의 의미까지 갖는다. 예컨대 여러 곳에서 라이프니츠는 "술어들 또는 사건들(Prädikate oder Ereignisse)" 이라고 쓴다. *Metaphysische Abhandlung*, § 14, PS, Bd. I, S. 97; G. W. Leibniz, *Der Briefwechsel mit Antoine Arnauld*. Französisch-deutsch, hrsg. u. übers. von Reinhard Finster, Hamburg, 1997, S. 100.

27) 'Leibniz' Viertes Schreiben an Clarke ' Pt. 4, HS, Bd. I, S. 146 참조.

니츠가 모든 사물들에 대해 말할 때, 여기에는 모나드 역시 일종의 근원적인 사물들(실체)로서 포함되고 있는데, 이 근원적인 사물들의 상이성으로부터 모든 사물들의 상이성이 도출된다면 이 근원적인 사물들의 상이성 자체는 증명되지 않은 채 전제되고 있는 것이다. 따라서 이 증명은 증명되어야 할 것을 이미 전제하고 있는 결함을 지닌다고 볼 수 있다. 두 번째로, 이미 언급한 것처럼 모나드는 그것이 갖는 완전개념에 의해 완전히 규정된다. 모나드들의 차이도, 이들에 근거하는 현상적 사물들의 차이도 결국 완전개념들을 통해 완전히 통찰된다. 그러나 이 완전개념들은 라이프니츠 자신이 지적하고 있듯이 우리 인간이 소유하는 개념들이 아니라 무한한 신적 오성에 속하는 개념들이다.[28] 오직 신만이 완전개념들을 통해 사물들의 모든 차이를 통찰할 수 있으며, 모든 사물들이 서로 내적 규정에 의거하여 구별됨을 완전히 인식할 수 있는 것이다. 따라서 완전개념들을 소유하지 못한 우리 인간은 PI가 타당한지 아닌지를 결국 알 수가 없다. 라이프니츠가 목표로 삼는 PI의 보편적 타당성의 증명은 성공적이라 볼 수 없는데, 그것은 이 증명이 인간의 인식 가능성을 뛰어넘는 신적 오성의 개념과 인간이 지닐 수 없는 완전개념을 전제로 하여 이루어지기 때문이다.[29]

IV. 헤겔에서의 '상이성 명제'의 의미

라이프니츠는 PI의 객관적이고 보편적인 타당성을 주장하였고 이를 증명할 수 있다고 했으나 그의 증명은 앞에서 본 바와 같이 성공적일 수 없었다. 헤겔은 라이프니츠의 PI를 자신의 해석 속에서 '상이성 명제'로 칭하며 이를 객관적으로 타당한 명제로 간주한다. 헤겔이 "모든 사물은 상이하다" 또는 "서로 같은(gleich) 두 사

---

28) *Der Briefwechsel mit Antoine Arnauld*, S. 133, 143; *Metaphysische Abhandlung*, § 8, PS, Bd. I, S. 75–77.

29) 라이프니츠는 필자가 아는 한 두 곳에서 PI가 충분근거율로부터 도출된다고 말하고 있으나 이러한 설명 역시 충분한 설득력을 지니기 어렵다. 라이프니츠는 신이 두 개의 전적으로 동일한 사물을 창조한다면 이것은 아무 근거 없이 행위하는 것이 되고 또 이것은 신의 지혜로움에 위반된다고 말한다. 그러나 이러한 주장은 신의 지혜로움에 대한 우리의 인식을 다시 전제하는 것이고 또 충분근거율 자체의 타당성을 증명해야 한다는 요구로부터 자유롭지 못하다. 'Leibniz' Fünftes Schreiben an Clarke ' Pt. 21–26, HS, Bd. I, S. 172–174; G. W. Leibniz, *Fragmente zur Logik*, ausgewählt, übersetzt and erläutert von F. Schmidt, Berlin, 1960, S. 440–441 참조.

물은 존재하지 않는다"라고 표현하는[30] 이 '상이성 명제'의 객관적 타당성은 이 명제가 하나의 논리적 명제로서 사물을 규정하는 본질적 규정을 담고 있다는 데에 있다. 이 본질적 규정이란 곧 반성규정으로서의 상이성(Verschiedenheit)을 말함이다. 헤겔에 따르면 상이성 명제는 우선 그가 말하는 반성규정의 하나인 상이성이 모든 사물에 귀속된다는 것을 표현한다.

헤겔에게서 반성규정들이란 동일성(Identität), 차이(Unterschied), 상이성 그리고 대립(Entgegensetzung) 등과 같은 논리적 관계들(Beziehungen)을 그 내용으로 하는 규정들로서, 이들은 상호간에 필연적인 연관관계를 갖는다. 이 규정들은 모두 단지 주관적인 의미에서의 특정한 유형의 개념들인 것이 아니라, 어떤 대상을 그 대상이게 하는 본질을 표현한다는 의미에서 객관적인 의미를 지니는 사고규정들이다.[31] 이러한 반성규정들은 헤겔에 따르면 기존의 형이상학과 형식 논리학에서 명제의 형식으로 표현되어 "보편적인 사고법칙들(die allgemeinen Denkgesetze)"로서 인정되고 증명될 수 없는 것으로 간주되어 왔다.[32] 그러나 헤겔에 따르면 실상 이러한 이른바 "보편적인 사고법칙"들은 절대적으로 타당한 것이 아니며, 직접적으로 참되다고 전제되어서는 안 된다.[33] 즉 헤겔은 이 법칙들이 증명되어야 함을, 그리고 이 증명과 함께 이 규칙들 속에서 표현되는 반성규정들 사이의 필연적 관계가 드러나야 함을 요구한다.

---

30) WdL II, 52; G.W.F. Hegel, *Enzyklopädie der Philosophischen Wissenschaften im Grundrisse* 1830, (Erster Teil: Die Wissenschaft der Logik mit den mündlichen Zusätzen), TWA, Bd. 8, (이하 Enz.로 축약), § 117.

31) 이와 같은 의미에서 헤겔은 "사고규정들(Denkbestimmungen)"이 "객관적인 가치(objektiven Wert)"와 "현존(Existenz)"을 갖는다고 말한다. WdL I, 45. 사실상 헤겔이 말하는 반성규정들이란 칸트가 『순수이성비판』의 「반성개념들의 모호성」 장에서 다루고 있는 반성개념들에 상응하는 것으로, 칸트는 이 특정한 개념들을 우리가 비교활동을 행할 때 사용하는, 단지 주관적인 의미만을 지니는 개념들로 이해한다. 반성개념에 대한 칸트의 이해에 대해서는 윤선구, 「〈순수이성비판〉 반성개념 장에서 칸트의 라이프니츠 비판에 관한 연구 (1) — 비판의 요점과 현상을 물자체와 구별하지 않았다는 비판에 대하여 —」, 『철학』 93집, 2007, pp. 99-109; Michael Wolff, "Der Begriff des Widerspruchs in der "Kritik der reinen Vernunft"", *Probleme der "Kritik der reinen Vernunft"*, hrsg. von B. Tuschling, Berlin, 1984, S. 194-202 참조.

32) "반성규정들은 〔...〕 흔히 명제의 형식으로 수용되어 왔는데, 그 형식 속에서 이 규정들은 모든 것에 대해 타당하다(von allem gelten)고 진술되었다. 이 명제들은 모든 사고의 근저에 놓여 있으며, 그 자체로 절대적이고(absolut) 증명불가능하며(unbeweisbar) 보편적인 사고법칙들로서, 또한 모든 사고에 의하여 〔...〕 직접적으로 그리고 무모순적으로 참되다고 인정된 〔..〕 그런 사고법칙들로서 간주되어 왔다." WdL II, 36.

33) "논리학은 〔...〕 사고의 규칙들과 법칙들을 전제할 수 없다. 왜냐하면 이것들이 바로 논리학의 내용 자체의 일부를 이루며 논리학 내에서 비로소 논증되어야 하기 때문이다." WdL I, 35.

헤겔에 의하면 '상이성 명제' 또한 위에서 언급된 이른바 "보편적인 사고법칙들" 중의 하나로서[34] 증명을 요한다. 헤겔은 '상이성 명제'가 절대적으로 타당하다고 간주하지 않으므로 이 증명 또한 그것의 절대적 타당성의 증명일 수 없다.[35] 그런데 헤겔은 '상이성 명제'의 타당성의 증명을 요구할 뿐 아니라[36] 사실상 스스로 이러한 증명을 행하고 있다. 그러면 그는 이 증명을 어떻게 수행하며 결국 이 증명이 목표로 하는 바는 무엇인가?

V. 헤겔에 의한 "상이성 명제"의 증명

'상이성 명제'가 증명을 요한다는 주장과 더불어 헤겔은 이 증명이 어떻게 수행되어야 할 것인가에 대해 다음과 같이 말한다.

> 이 명제〔상이성 명제〕는 〔...〕 증명을 필요로 한다. 이 명제는 직접적 명제(unmittelbarer Satz)로 내세워질 수 없다. 왜냐하면 인식의 통상적인 방식조차도 하나의 종합명제 속에서 서로 다른 규정들의 결합에 대해 증명 혹은 그 규정들이 서로 매개될 수 있는 제 삼자의 제시를 요구하기 때문이다. 이 증명은 동일성이 상이성으로 그리고 그 다음에 이것이 규정적 상이성(bestimmte Verschiedenheit)으로, 즉 부등성(Ungleichheit)으로 이행하는 것을 서술해야 할 것이다.[37]

---

34) 이 "보편적인 사고법칙들"로서 헤겔은 그의 「본질논리학」에서 상이성 명제 외에 동일성 명제(동일률), 배제되어야 할 제3자의 명제(배중률), 모순의 명제(모순율), 근거의 명제(충분근거율)를 들고 있다. WdL II, 36-83 참조.

35) 헤겔은 이른바 "보편적인 사고법칙들"이 타당할 수 있겠으나 절대적으로는 타당할 수 없는 이유를 이 "법칙들"의 바탕이 되고 있는 반성규정들의 본성에서 찾고 있다. 이 규정들은 상호 규정적, 상관적이며, 자세히 고찰해 보면 상호 대립적이다. 예컨대 동일성과 차이(Unterschied) 또는 동일성과 상이성은 함께 등장하는 일종의 쌍 개념이며, 상이하다는 것은 동일하다는 것의 반대라는 점에서 양 규정들은 대립적인 관계를 갖는다. 따라서 이 대립항의 한 쪽이 다른 한 쪽을 배척한다고 할 때에, 양자 모두가 명제의 형식 속에서 동시에 절대적으로 주장된다면 양자는 서로를 배제하며 무효화 한다. 이와 같은 사정을 헤겔은 다음과 같이 말한다: "*절대적인 사고규칙*들이라고 주장되는 몇몇의 명제들은 〔..〕 보다 세밀히 검토해 보면 상호간에 대립적(entgegengesetzt)이다, 이들은 상호간에 모순적이며 서로를 무효화한다. 〔...〕 이 명제들 중 어느 하나의 가정(Annahme)은 다른 하나의 가정을 허용하지 않는다." WdL II, 38.

36) WdL II, 54. 헤겔은 PI에 대한 진정한 증명이 이루어진 적이 없다고 간주하는 듯하다. 헤겔은 최소한 그의 『논리학』 내에서 라이프니츠의 PI에 대한 증명의 시도를 한 번도 언급하지 않는다.

헤겔에 따르면 철학적 증명이란 어떤 특정한 내용, 어떤 특정한 개념을 "결과(Resultat)"인 것으로서 나타내 보이는 것이다.[38] 그렇다면 '상이성 명제'의 증명을 이루는 것은 동일성이 상이성으로, 상이성이 다시 규정적 상이성으로 이행하는 과정을 필연적 결과로서 서술하는 것이며, 또한 이러한 서술 속에서 서로 다른 규정들을 매개하는 제 삼자를 제시하는 것이 된다. 그런데 이러한 서술이 행해지는 곳이 바로 헤겔의 「본질 논리학」의 〈동일성〉 절(節)로부터 〈상이성〉 절까지이므로, 이 두 절이 '상이성 명제'의 증명을 포함하고 있는 것이며, 헤겔 자신이 이 두 절에서 '상이성 명제'의 증명을 행하고 있는 것이 된다. 이제 이 증명의 과정을 요약적으로 살펴보고자 한다.

1) 동일성에서 상이성으로의 이행

헤겔에 따르면 하나의 반성규정으로서의 동일성은 그것이 본질의 규정인 한에서, 또는 "본질적인 동일성(wesentliche Identität)"인 한에서 일면적, "추상적(abstrakte)" 동일성과 구별된다. 차이(Unterschied)를 배제하는 추상적 동일성과는 달리 본질적 규정으로서의 동일성은 차이를 자신의 계기로 포함한다.[39] 이러한 동일성을 헤겔은 또 "구체적" 동일성으로 지칭한다.[40] 이 동일성은 차이를 자신의 한 계기로 포함하기 때문에, 차이 또한 이러한 동일성의 한 규정이라 할 수 있다. 그런데 이 동일성은 본질의 규정인 까닭에 이 차이 역시 본질의 한 규정이 된다. 본질의 한 규정으로서의 차이는 그러나 동일성을 자신의 계기로 포함한다. 왜냐하면 이

---

37) 같은 곳.

38) "철학에서는 〔...〕 어떤 개념의 *필연성*이 핵심인 것이며, *결과(Resultat)*로서의 진행과정, 되어짐(geworden zu sein)이 그 개념의 증명이자 연역이다." G. W. F. Hegel, *Grundlinien der Philosophie des Rechts*, § 2, Anm. TWA, Bd. 7, S. 31–2.

39) 본질(das Wesen)의 첫 번째 규정으로서의 동일성이 차이를 자신의 계기로 포함한다는 것은 본질의 개념으로부터 설명될 수도 있겠다. 본질은 『논리학』 내에서 선행하는 존재(das Sein)의 모든 규정들을 자신의 계기들로서 포함하며 이러한 상이한 규정들의 통일로서 파악되어야 한다. 즉 이러한 통일이면서 또한 자기 동일적인 본질은 차이를 배제하지 않는다. 이러한 본질은 한편으로 존재의 "부정(Negation)"이지만, 다른 한편으로는 존재로부터 생성된 "결과(Resultat)"이다. WdL II, 17–8. 헤겔이 말하는 본질의 규정으로서의 동일성은 라이프니츠의 모나드가 지니는 동일성과 유사한 의미를 지닌다. 모나드의 동일성 또한 내적 다양성과 변화 속에서의 통일로 이해되어야 하기 때문이다. 모나드의 내적 다양성과 자기 동일성에 대해서는 *Monadologie*, § 10, PS, Bd I, S. 443과 G. W. Leibniz, *Principes de la Nature et de la Grace*, § 2, PS, Bd. I, S. 415–7를 참조할 것.

40) Enz. § 115.

차이가 차이이기 위해서는, 즉 다른 것이 아니라 차이이려면 자기 동일적이어야 하기 때문이다.

그런데 본질의 한 규정으로서의 차이(Unterschied)는 헤겔에 따르면 상이한 단계로 구별된다. 동일성으로부터 상이성(Verschiedenheit)으로의 이행은 차이를 매개로 하여 이루어지는데 그것은 상이성이 차이의 첫 번째 단계이기 때문이다. 이 상이성을 헤겔은 또 "직접적 차이"(unmittelbarer Unterschied)라 칭한다.[41] 상이성은 우선 일반적으로 사물들의 무규정적이고 직접적인 차이를 나타낸다. 이러한 상이성의 규정 속에서 사물들은 서로 아무런 관계없이 단지 다를 뿐인 다수의 사물들인 것으로서 나타난다.[42] 즉 사물들은 우리가 이것들이 어떻게 특정하게 다른지에 대해 파악하기 이전에 우선 서로 다른, 다수의 사물들이며 이에 해당하는 규정이 직접적 차이로서의 상이성이다.

2) 상이성에서 규정적 상이성으로의 이행

헤겔에 따르면 상이성의 의미는 사물들이 단지 다르다는, 즉 그것들이 맺는 어떤 관계도 고려되지 않은 채 직접적으로 다르다는 의미에 국한되지 않는다. 사물들은 이러한 의미에서, 즉 수적으로 상이하다는, 다수라는 의미에서만 다를 뿐 아니라 특정한 관점에서 보아 상이하며, 이러한 상이성은 우리가 사물들을 비교할 때면 늘 개재되는 상이성이다. 즉 우리는 비교를 통해 두 사물이 어떤 점에서 같으며 어떤 점에서 다른지를 규정한다. 예를 들어 호랑이와 토끼는 모두 동물이라는 점에서는 같지만 서로 다른 종에 속한다는 점에서는 다르다. 무엇과 무엇을 동일시하고 무엇과 무엇을 구별하는 이 비교의 활동 속에서 우리는 한편으로 상이성의 개념을 사용하지만, 다른 한편으로 상이성은 바로 그러한 사태를 규정한다. 이렇듯 비교(Vergleichen)활동의 근저에 놓인 규정으로서의 상이성을 헤겔은 규정적 상이성(bestimmte Verschiedenheit) 또는 부등성(Ungleichheit)이라 칭한다. 그런데 이 부등성은 상등성(Gleichheit)과 필연적으로 관련되며 양자는 서로 분리되어서

41) Enz. § 117.

42) "상이성 그 자체(als solche)는 일반적으로 단지 다수성(Vielheit)에 불과한데, 이러한 규정 속에서는 그리하여 다수의 것들 중에서 어느 것도 그저 하나인 것이고, 따라서 다른 것들과 마찬가지의 것일 뿐이다. 그래서 여기서는 진정한 의미에서의 차이가 정립되고 있지 못하다." G. W. F. Hegel, 'Logik für die Unterklasse (1809/ 10)', *Nürnberger und Heidelberger Schriften*. 1808–1817, TWA, Bd. 4, S. 129.

는 안 되는 개념들이다. 왜냐하면 비교라는 것은 근본적으로 사물들이 어떻게 같고, 어떻게 다른지를 규정하는 행위이기 때문이다.[43] 또 비교는 비교되는 사물들이 같기도 하고 다르기도 하다는 것을 전제한다. 오직 상이한 것들만이 비교될 수 있다. 또 비교되는 사물들이 그 어떤 하나의 측면에서도 동일하지 않다면 비교의 기준이 성립되지 않으므로 역시 비교는 불가능하다. 예를 들어 두 사물들을 색에 따라 비교한다고 할 때 그 중 하나가 색깔을 갖지 않는다면 비교는 불가능하다. 결국 상이성이라는 반성규정은 무규정적이고 직접적인 상이성일 뿐 아니라 상등성과 부등성을 자신의 계기들로서 포함한다.

이상에서 우리는 반성규정으로서의 동일성이 어떻게 상이성 일반으로, 이 상이성이 어떻게 규정적 상이성으로 이행하는지를 간략하게 살펴보았다. 헤겔에 따르면 '상이성 명제'의 증명은 이러한 이행의 서술 속에서 이루어지는 것이지만, 앞에서 언급한 것처럼 서로 다른 규정들이 그 속에서 매개되는 제 삼자는 아직 밝혀지지 않았다.[44] 이것은 헤겔이 이러한 서술 후에 '상이성 명제'의 "해소(Auflösung)와 허무성(Nichtigkeit)"을 말하는 것과 관련하여 설명될 수 있다.[45] '상이성 명제'가 증명을 요한다고 주장하고 스스로 이 증명을 서술하고 있는 헤겔은 도대체 어떤 의미로 이 표현들을 사용하는 것인가? 헤겔은 이 표현들을 통하여 이 명제가 결국 공허하며 무의미하다고 주장하는 것인가? 그리고 제시되어야 할 제 삼자는 무엇인가?

---

43) 헤겔은 비교를 외적 반성(äußerliche Reflexion)이라고도 칭하는데, 그에 따르면 상등성(Gleichheit)과 부등성(Ungleichheit)은 "외적 반성의 규정들(die Bestimmungen der äußerlichen Reflexion)"이다. WdL II, 52. *Enzyklopädie*의 보록(Zusatz)에는 다음과 같이 쓰여 있다; "우리는 사물들을 단지 상이하다고만 고찰하는 데에서 머무르는 것이 아니라, 이들을 서로 *비교한다(vergleichen)*. 그리고 우리는 이를 통해 상등성(Gleichheit)과 부등성(Ungleichheit)의 규정들을 얻는다." (Enz. § 117, Zusatz) 비교가 외적인 반성이라고 지칭되는 이유는 모든 비교가 비교되어질 것들을 이미 주어진 것으로 가정하고, 이것들은 또 비교하는 주관의 관점에 따라 비교되기 때문이다. 이러한 외적 반성, 즉 비교로부터 결과하는, 상등성과 부등성의 규정들을 통해 표현되는 차이를 헤겔은 '외적 차이(äußerlicher Unterschied)'라고도 칭한다. (Enz. § 117 참조) 헤겔은 또 상이성 일반이 표현하는 차이가 내적으로 근거지어진 차이가 아니라는 점에서, 직접적이고 무규정적인 상이성과 규정적 상이성을 통칭하여 외적 차이로 부르기도 한다.

44) 각주 37) 참조.

45) WdL II, 54.

3) '상이성 명제'의 해소와 허무성

우리는 앞에서 반성규정으로서의 상이성이 결국 상등성과 부등성이라는 규정들을 포함하고 있음을 보인 바 있다. 헤겔은 "모든 사물은 상이하다" 또는 "서로 같은(gleich) 두 사물은 존재하지 않는다"로 표현되는 '상이성 명제'가 이 두 규정들을 동시에 담고 있다고 주장하며 다음과 같이 말한다.

> 두 사물들은 전적으로 상등하지(gleich)는 않다; 따라서 그들은 동시에 상등하고(gleich) 부등하다(ungleich); 그들은 이미 사물들(Dinge)이라는 또는 단순히 둘(zwei)일 뿐이라는 점에서 상등하다. 왜냐하면 이중 어느 것도 다른 것과 마찬가지로 하나의 사물 그리고 하나의 것(ein Eins)이기 때문이다. 즉 이런 점에서 이중 어느 것이나 다른 것과 마찬가지이다. 그러나 다른 한편 이것들은 이 명제가 말하듯이 부등하다. 이와 함께 양자의 계기 즉 상등성과 부등성이 *하나의 동일한 것(einem und demselben)* 속에서 상이하다는, 또는 외적으로 갈라져 나가는 차이가 동시에 하나의 동일한 관계(eine und dieselbe Beziehung)라는 규정이 존재하게 된다. 이와 함께 이 관계는 *대립(Entgegensetzung)*으로 이행하였다.[46]

상등성과 부등성이란 사실상 서로를 배제하는 개념들이다. 상등성의 부정이 부등성이며 부등성의 부정은 상등성이다. 헤겔은 한편으로 '상이성 명제'가 결국 상등성과 부등성을 동시에 진술함으로써, 다른 말로 하면 한 주어에 서로를 배척하는 두 술어를 동시에 귀속시킴으로써 모순을 범하며, 그런 한에서 이 명제는 해소되고 또 무화된다고 주장하고 있다.[47] 그러나 다른 한편 '상이성 명제'의 증명 과정을 통해 도달된 상등성과 부등성의 관계(eine und dieselbe Beziehung) 자체는 새로이 드러나게 된 관계를 지시한다.[48] 상등성과 부등성이 맺는 것과 같은 이러한 관계를 헤겔은 '대립(Entgegensetzung)'이라고 명명하고 있으며 바로 이 대립이라

46) WdL II 54.
47) WdL II 54f.
48) "〔...〕양자(상등성과 부등성)는 차이의 규정들이다. 이것들은 어느 한 쪽이 다른 한쪽의 부정이라는 그런 상호적 관계들이다. 상등함은 부등함이 아니고 부등함은 상등함이 아니다. 그리고 양자는 본질적으로 이러한 관계를 가지며 이러한 관계 밖에서는 아무런 의미도 갖지 않는다. WdL II, 50f. "〔...〕 이와는 달리 상등성과 부등성은 한 쌍의 규정들로서 상호간에 단적으로(schlechthin) 관계를 맺으며 한 쪽이 다른 한 쪽이 없이는 생각될 수 없는 그런 규정들이다." Enz. 118, Zusatz.

는 규정이 '제시되어야 할 제 삼자'가 된다.

그런데 '상이성 명제'의 해소라는 표현과 함께 헤겔이 이 명제의 전적인 무효화를 의미하는 것은 아니다. 왜냐하면 상등성과 부등성이라는 규정들을 낳은 상이성이 대립의 한 계기로서 바로 이 대립이라는 규정 속에 포함되어 있기 때문이다. 헤겔은 대립을 "동일성과 상이성의 통일(die Einheit der Identität und der Verschiedenheit)"로 규정하고 있다.[49] 모든 사물들은 단지 상이할 뿐만 아니라 동시에 하나의 동일한 관계 속에서 상이하다. 이렇듯 하나의 동일한 관계 속에서의 상이성, 바로 이것이 헤겔에 따르면 하나의 반성규정으로서의 대립을 의미한다. 상이성이 하나의 반성규정인 대립을 구성하는 한 계기인 한에서, 상이성은 이 대립으로의 이행과정에서 보존되고 있으며 따라서 '상이성 명제'도 전적으로 무효화되지는 않았다. 그러나 또한 상이성이 그 진정한 의미에서 다른 반성규정의 한 계기로 드러난 한에서 '상이성 명제'는 절대적으로 타당할 수 없다. 그것은 상대적, 제한적으로만 타당하다. 따라서 헤겔의 '상이성 명제'의 증명이 목표로 한 것은 바로 이 명제의 제한적인 타당성이었다.

VI. 맺는 말

라이프니츠는 PI의 절대적이고 보편적인 타당성을 주장하였으나 위에서 살펴본 바와 같이 그 타당성의 증명은 성공적일 수 없었다. 라이프니츠가 자신의 증명을 위해 전제하는 그의 실체론과 완전개념의 이론이 타당성을 확보하지 못하는 한에서 그의 이른바 증명은 설득력을 얻기에 힘들다. 헤겔은 이 PI를 반성규정의 하나인 상이성이 단적으로 표현된 명제로 해석하고 그 타당성을 증명하는 새로운 시도를 보여주었다. 헤겔에 있어 이 명제의 객관적 타당성의 근거는 결국 상이성이라는 것이 모든 사물의 본질적 규정이라는 데에 있다. 이것은 달리 말하면 헤겔에게서 상이성이 — 다른 반성규정들과 마찬가지로 — 사유되고 인식되는 현실을 구성하는 요소라는 것이다. 그런데 반성규정들은 상호간에 필연적인 연관을 맺고 있다. 헤겔은 자신이 행한 '상이성 명제'의 증명을 통해 반성규정들이 어떤 방식으로 연관되고 있는지를 보여주는 한편, 왜 이 명제의 절대적 타당성의 주장이 허용될 수 없는지도 제시한다. PI에 대한 헤겔의 해석과 그것의 증명은 어떤 철학적 원리

49) WdL II 55.

가 그저 전제되어야 할 것이 아니라, 왜 그리고 어떤 의미에서 타당한 하나의 원리일 수 있는지를 보여주는 하나의 설득력 있는 시도로 평가될 수 있다. 다른 한편으로, 본 논문은 헤겔이 이 증명의 과정에서 전개시키는 논증들이 세부적으로 모두 성공적인지, 그리고 헤겔의 PI에 대한 해석이 유일하게 정당한 해석인지, 또는 다른 해석의 가능성이 있는지의 문제들을 취급하지 않았다. 그러나 보다 면밀한 주석의 작업과 엄밀한 분석적 비판을 요하는 이 문제들은 본 논문이 설정한 과제의 범위를 벗어나며, 필자는 이들을 앞으로의 과제로 남겨 두고자 한다.

참고 문헌

I. 1차 문헌

Leibniz, G. W., *Die* philosophischen Schriften von Gottfried Wilhelm Leibniz (= GP), 7 Bände, hrsg. von C. J. Gerhardt, Berlin 1875–1890 (Nachdruck, Hildesheim, 1960ff.).

_____, *Philosophische Schriften* (=PS), hrsg. u. übers. von W. von Engelhardt und H. H. Holz, Darmstadt, 1985.

_____, *Hauptschriften zur Grundlegung derPhilosophie* (=HS), übers. u. hrsg. von E. Cassirer, Hamburg, 1966.

_____, *Opuscules* et Fragments inédits de Leibniz: Extraits des manuscrits de *la Bibliothèque royale de Hanovre* (= C), hrsg. von L. Couturat, Paris 1903 (Nachdruck, Hildesheim,1966).

_____, *Der Briefwechsel mit Antoine Arnauld.* Französisch–deutsch, hrsg. u. übers. von Reinhard Finster, Hamburg, 1997.

Kant, I., *Kritik derr einen Vernunft* (=KdrV), hrsg. von R. Schmidt, Bd. 37a der Philos. Bibliothek, Hamburg, 1956.

Hegel, G. W. F., *Werke* in 20 Bänden. Theorie–Werkausgabe (=TWA), hrsg. von E. Moldenhauer und K. M. Michel, Frankfurt a. M., 1969ff.

_____, *Wissenschaft der Logik II* (=WdLII), TWA, Bd. 6.

_____, *Enzyklopädie der Philosophischen Wissenschaften im Grundrisse* 1830, (=Enz.), TWA, Bd. 8.

II. 2차문헌

박배형, 「칸트의 라이프니츠 비판: '구별 불가능한 것의 동일성 원리'를 중심으로」, 『인문논총』 제56집, 서울대학교 인문학 연구원(편), 2006, 193–215.

윤선구, 「〈순수이성비판〉 반성개념 장에서 칸트의 라이프니츠 비판에 관한 연구 (1) – 비판의 요점과 현상을 물자체와 구별하지 않았다는 비판에 대하여 –」, 『철학』 93집, 2007, 95–132.

_____, 「〈순수이성비판〉 반성개념 장에서 칸트의 라이프니츠 비판에 관한 연구 (2) – 라이프니츠는 물자체의 비교원리를 현상에 적용하였나? –」, 『철학연구』 79집, 2007, 55–82.

Black, M., "The Identity of Indiscernibles", *Mind* 61, 1952, 153–64.

Broad, C. D., *Leibniz. An Introduction*, ed. by C. Lewy, London, 1975.

Findlay, J. N. *Hegel. A Re-examination*, (3rd Impression), London/ New York, 1970.

Fischer, K., *System der Logik und Metaphysik oder Wissenschaftslehre*, zweite völlig umgearbeitete Auflage, Heidelberg, 1865.

Frankel, L., "Leibniz's Principle of Identity of Indiscernibles", *Studia Leibnitiana*, 13, 1981, 192–211.

Guyer, P., "Hegel, Leibniz und der Widerspruch im Endlichen", in: R. P. Horstmann (Hrsg.), *Seminar: Dialektik in der Philosophie Hegels*, Frankfurt a. M., 1978, 230–260.

Hansen, F. P., *G. W. F. Hegel: Wissenschaft der Logik. Ein Kommentar*, Würzburg, 1997.

Herring, H., "Leibniz' Principium Identitatis Indiscernibilium und die Leibniz-Kritik Kants", *Kant-Studien* 49, 1957/58, 389–400.

Hoy, R. C., "Inquiry, Intrinsic Properties and The Identity of Indiscernibles", *Synthese* 61, 1984, 275–297.

Iber, C., *Metaphysik absoluter Relationalität. Eine Studie zu den beiden Kapiteln von Hegels Wesenslogik*, Berlin/New York, 1990.

Kauppi, R., "Einige Bemerkungen zum Principium Identitatis Indiscernibilium bei Leibniz", *Zeitschrift für Philosophische Forschung* XX, 1966, 497–506.

Kryger, E., "Identität und Unterschied", *Hegel-Jahrbuch* 7, 1974, 173–189.

Mates, B., *The Philosophy of Leibniz*, NewYork/Oxford, 1986.

Parkinson, G. H. R., *Logic and Reality in Leibniz's Metaphysics*, Oxford, 1965.

Reuter, P., *Kants Theorie der Reflexionsbegriffe*, Würzburg, 1989.

Rademacher, H., *Hegels Objektive Logik*, Bonn, 1969.

Russell, B., *A Critical Exposition of the Philosophy of Leibniz*, 8th Impression, London, 1951.

Wolff, M., *Der Begriff des Widerspruchs. Eine Studie zur Dialektik Kants und Hegels*, Königstein, 1981.

____, "Der Begriff des Widerspruchs in der 'Kritik der reinen Vernunft' ", *Probleme der "Kritik der reinen Vernunft"*, hrsg. von B. Tuschling, Berlin, 1984, 178–226.

Hegel und ‘der Satz der Verschiedenheit’

Park, Bai-Hyoung

Zusammenfassung

Den Leibnizschen Grundsatz des Nichtzuunterscheidenden, der oft unter dem lateinischen Namen *principium identitatis indiscernibilium* angeführt wird, betrachtet Leibniz neben den von ihm sogenannten zwei großen Prinzipien, dem des Widerspruchs oder der Identität und dem des zureichenden Grundes als ein weiteres philosophisches Prinzip. Dieser Grundsatz gilt nach Leibniz von allen Dingen wirklich und absolut. Leibniz nennt einerseits diesen Grundsatz “offenkundigstes Axiom”, andererseits glaubt er einen Beweis dafür geführt zu haben, dass dieser Grundsatz notwendig und allgemein gilt.

Hegel erblickt in diesem Leibnizschen Grundsatz des Nichtzuunterscheidenden “das Wichtige bei Leibniz” und nennt diesen Grundsatz in seiner eigenen Deutung “Satz der Verschiedenheit” Für Hegel ist zwar dieser Satz keine bloß logische Regel im subjektiven Sinne, sondern ein objektiv gültiger Satz, wie für Leibniz. Aber Hegel ist der Meinung, dass die Gültigkeit dieses Satzes nachgewiesen werden muss und nicht bloß angenommen werden darf. Daraus kann man mit guten Gründen ersehen, dass Hegel Leibniz’ Versuch nicht anerkennen wollte, diesen Satz zu beweisen. Hegel ist aber derjenige, der den Beweis dieses Satzes geliefert zu haben beansprucht. In seinem Beweis des Satzes der Verschiedenheit legt er dar, dass diesem Satz zwar objektive Gültigkeit zukommt, er aber nicht absolut gelten kann, wie Leibniz behauptete. Hegel interpretiert ihn auf seine eigene Weise und teilt ihm in seiner Darstellung der logischen Wissenschaft sowohl einen besonderen Status als auch eine spezifische Bedeutung zu.

Meine Untersuchung besteht nach dem Inhalt aus zwei Teilen, die jeweils Leibniz und Hegel behandeln. Sie soll die Unterschiede der Meinungen und Interpretationen der zwei Philosophen in bezug auf den Grundsatz des Nichtzuunterscheidenden nicht bloß aufzeigen und auch nicht bloß miteinander vergleichen. Vielmehr soll sie diese Unterschiede erklären und einen Zusammenhang deutlich machen. Dementsprechend möchte ich im Leibniz-Teil dieser Untersuchung zuerst die Bedeutung des Grundsatzes des Nichtzuunterscheidenden möglichst eindeutig herausstellen, die ihm Leibniz gegeben hat. Anschließend möchte ich Leibniz' Versuch rekonstruieren, den Grundsatz zu beweisen. Schließlich möchte ich zeigen, welche Probleme dieser Beweis enthält und inwiefern er als nicht gelungen angesehen werden muss.

Der Hegel-Teil dieser Untersuchung beschäftigt sich *zunächst* damit, wie Hegel den Leibnizschen Grundsatz des Nichtzuunterscheidenden versteht und Interpretiert. Hegel nennt diesen Leibnizschen Grundsatz in seiner eigenen Deutung "Satz der Verschiedenheit". Für ihn ist dieser Satz der Verschiedenheit ein Satz, welchem die Reflexionsbestimmung der Verschiedenheit zugrunde liegt. *Zweitens* möchte ich in diesem Teil auf Hegels Beweis des Satzes der Verschiedenheit eingehen und den Beweisgang kurz analysieren. Diese Analyse soll Hegels Beweisschritte erklären und zeigen, welche Bedeutung Hegel diesem Satz zuteilt und in welchem Sinne er diesen Satz als objektiv gültig ansieht.

Schlagwörter : der Grundsatz des Nichtzuunterscheidenden, Identität, Satz der Verschiedenheit, Monadenlehre, Reflexionsbestimmungen, Entgegensetzung

이 논문은 2008년 10월 10일에 접수하고 2008년 10월 17일에 심사 완료하여 2008년 10월 24일에 게재가 확정되었습니다.

헤겔과 하이데거에 있어서 철학의 과제와 방법론

– 헤겔에 대한 하이데거의 비판은 정당한가?

오 희 천

1. 들어가는 말
2. 헤겔의 철학적 과제와 방법론
3. 하이데거의 철학적 과제와 방법론
4. 나가는 말 : 헤겔에 대한 하이데거의 비판은 정당한가?

요약문

헤겔과 하이데거의 철학적 과제와 방법론은 그 내용에 있어서의 차이들에도 불구하고 형식적인 점에 있어서 공통점을 가지고 있다. 그들은 모두 절대자 또는 진리를 해명하고자 했다. 그들이 해명하고자 한 절대자는 전통적인 형이상학에서처럼 실체가 아니다. 그 실체가 존재자의 본질로서의 존재자성(Seiendheit)이건 아니면 초월적 존재자이건 간에 말이다. 헤겔에게 있어서 절대자 또는 절대적 이념은 절대적 부정성에 기초한 변증법의 사건이며, 하이데거에게 있어서 절대자는 존재자의 존재이다. 존재는 존재자성도 아니고 초월적 존재자도 아니다. 그에게 있어서 존재는 존재자가 존재하는 사건이다. 존재자는 현존과 부재의 모순운동에 의해 존재라는데, 존재는 이 현존과 부재의 모순운동에 의해 열려진 장이며 빛이다. 이 장과 이 빛에 존재자가 드러난다는 것이다. 물론 이때 열려진 장과 빛도 상징적인 의미에서 이해되어야 한다. 헤겔과 하이데거에 있어서 모두 절대적 이념 즉 그들이 해명하고자 한 "사실 자체"는 존재의 진리이다.

그런데 하이데거는 헤겔의 철학적 과제가 인식 대상의 대상성을 밝히는데 있다고 비판한다. 존재를 존재자로 이해하는 존재망각의 역사가 헤겔에서 완성되었다는 것이다. 그러나 하이데거의 이런 비판은 헤겔의 철학에서 사실 자체 또는 진리라는 개념이 가지는 이중적 의미를 간과한데서 비롯된 것이다. 즉 그는 헤겔의 『논리의 학』의 이중적 과제를 간과한 것이다.

하이데거와 헤겔은 구체적인 경험적 대상을 분석하여 거기에 내재하는 진리(das Wahre)를 밝히고자 한 방법론에 있어서 일치한다. 그러나 하이데거는 헤겔의 정신현상학의 이중적 의미를 간과했다. 헤겔 철학 체계 전체의 한 부분으로 본다. 그러나 정신현상학은 체계의 일부로서 주관적 정신인 동시에 논리학의 서론에 해당되기도 한다.

『정신현상학』에서 도달된 절대정신의 절대지식과 『존재와 시간』에서 분석된 현존재의 시간성은 그들의 철학에서 학문적 거점이라는 동일한 위치를 가진다. 사변적 방법론과 현상학적 방법론은 이 거점을 해체구성하는 작업이다.

● **주요어 : 정신현상학, 논리의 학, 절대적 이념, 존재(사건), 변증법, 존재론적 차이, 현존재, 시간성, 존재이해, 사변적 방법론, 현상학, 해체구성.**

1. 들어가는 말

헤겔 이후의 철학은 헤겔의 철학에 대한 부분적인 수용 또는 반발이라 할 수 있을 것이다. 하이데거의 철학도 헤겔의 철학을 비판적으로 수용한 결과로 볼 수 있을 것이다. 하이데거에 의하면 존재자의 존재론적인 절대적 근거를 추구하는 서양철학은 헤겔에게서 완성되었다. 철학의 역사는 존재망각의 역사이고 그 역사는 헤겔에게서 완성되었다는 것이다.

하이데거의 헤겔 비판은 크게 두 가지 방향에서 행해진다. 첫째, 그는 『존재와 시간』에서 헤겔의 시간 개념을 비판한다. 둘째, 『헤겔의 경험 개념』이란 강의와 『헤겔과 그리스인들』에서 헤겔의 철학이 형이상학의 전통에서 벗어나지 못했다고 비판한다. 헤겔이 존재를 존재자성으로 이해하여 – 하이데거에 있어서는 존재자성도 존재자이다 – 존재자존재는 존재자가 아니라는 존재론적 차이를 간과했다는 것이다. 그는 헤겔에 대한 이런 비판을 통해 자신의 철학이 실체를 주제로 다루는 전통적인 형이상학과는 달리 진정한 의미에서 존재(사건)를 다루는 존재론임을 부각시키고 있다.

하이데거는 의식의 경험에 관한 헤겔의 분석이 잘못되었다고 말하지 않는다. 그는 의식의 경험이 사변적 변증법에 의해 인식론적 이념인 주관성과 대상성의 일치에 이르는 과정의 탁월함을 인정한다. 하이데거가 비판하는 것은 헤겔이 존재를 존재자성(주관성과 대상성의 일치)으로 이해하여 존재론적 차이를 간과했다는 것이다.[1)]

이 논문은 헤겔에 대한 하이데거의 비판이 과연 정당한가 하는 문제를 중점적으로 다루고자 한다. 헤겔에 대한 하이데거의 비판은 주로 철학적 과제와 방법론에 관련된다. 따라서 하이데거의 비판이 정당한가 하는 문제를 다루기 위해서 먼저 이 두 철학자들에게 있어서 철학적 과제와 방법론을 밝히는 작업이 중요하다.

2. 헤겔의 철학적 과제와 방법론

1. 헤겔의 철학적 과제

헤겔에게 있어서 철학의 과제는 "신을 자연과 유한한 정신의 창조 이전의 그의 영원한 본질에서 드러내는 것"[2)]이다. 여기서 "신"은 종교적인 절대자를 의미하지는 않는다. 그렇다면 위에서 헤겔은 "신"이란 상징적 표현을 통해 무엇을 말하고자 했는가? 그 신은 스피노자의 능산적 자연이며, 셸링의 「자연」이며, 괴테가 말하는 만물에 내재하는 「근원적 현상」(Urphänomen)이다. 헤겔에게 있어서 그 신은 「절대자」이며 「사실 자체」이며 「절대적 이념」(absolute Idee: 이상적인 것)이며 「진리」이다. 그렇다면 헤겔에게 있어서 이념 또는 절대자 또는 진리는 무엇을 말하는가?

1. 이념들의 체계

헤겔에게 있어서 이념이란 우선 개념이다. 이것은 이념을 의미하는 그리스어 idea가 horao(내가 보다)의 제2단순과거 부정사인 idein(to see)의 과거분사로 "보

---

1) 하이데거는 헤겔의 존재개념을 "인식 대상의 대상성"으로 규정하는데, 존재자성이란 바로 이 인식 대상의 대상성을 의미한다. 참조, M. Heidegger, *Hegels Phänomenologie des geistes*, Frankfurt a.M. 1980, 198쪽. 이후로는 GA 32라 표기함.

2) G. W. F. Hegel, *Wissenschaft der Logik I*, Frankfurt a.M -Suhrkamp 1990, 44쪽. 이후로 이 저작이 인용될 때는 WdL I란 약호로 본문 가운데서 괄호 안에 표시될 것이다.

여진 것"을 의미한다는 사실에서도 알 수 있다. 그런데 이념이란 보여진 것이긴 하지만 감성에 의해 보여진 것이 아니라 이성에 의해 보여진 것을 의미한다. 따라서 이념은 이성에 의해 보여진 것, 이성에 의해 붙잡혀진 것(das Begriffene) 즉 개념(der Begriff)이다.

그러나 헤겔에 있어서 개념으로서의 이념은 플라톤에게서처럼 현실과 유리된(chorosmos) 이데아가 아니며 칸트에게서처럼 오성의 작용을 규제하는 원리도 아니다. 그에게 있어서 이념은 "충전적 개념"(adaequater Begriff: WdL II, 462)이다. 여기서 우리는 "충전적"이란 개념의 의미에 주목할 필요가 있다. "충전적"을 의미하는 독일어 adaequat는 라틴어 adaeco에서 유래한 것으로 "완전한 일치"를 의미한다. 그렇다면 무엇과 무엇의 일치인가? "개념과 현실성의 일치"(Identitaet von Begriff und Realitaet)이다. 예를 들어, 책상이란 개념이 실제의 책상과 일치할 때 그 개념은 이념으로서의 책상인 것이다. 그런데 여기서 주목해야 할 것은 헤겔에게서 이념은 플라톤에서처럼 완결된 존재자를 의미하지 않는다는 사실이다. 그에게 있어서 이념은 목적을 지향하는 과정으로서의 이념이다. 그리고 개념과 실제성이 일치하는 이념에는 개별적 이념들과 절대적 이념으로 구분된다. 개별적 이념들에는 생명의 이념, 인식의 이념, 그리고 정신의 이념이 있으며, 절대적 이념은 개별적 이념들의 체계 즉 그 이념들에 공통되는 논리적 구조이다.

생명의 이념은 유기체와 영혼의 결합으로서의 정신이며, 정신의 이념은 주관적 정신과 객관적 정신의 통일인 절대정신으로 절대적 자유의 정신이다. 주관적 정신은 자아의식이며 객관적 정신은 공동체와의 외적 관계에서 형성된 윤리적 실체이며 절대정신은 윤리적 실체이면서 동시에 자아의식을 가지는 절대적 자유의 정신 즉 "타자 속에서 자기 자신으로 있음"(Im anderen bei sich sein)이다.

절대적 이념은 개별적인 이념들의 체계인 논리적 구조인데, 헤겔에게 있어서 이 논리적 구조는 바로 변증법이다. 그리고 이 변증법은 모든 존재자들을 존재하게 하는 원리 즉 생성과 소멸의 원리로서의 존재이다. 헤겔에 의하면 "절대적 이념만이 존재이다."(WdL II, 549) 그런데 헤겔의 이 명제는 "존재는 절대적 이념이다"라는 표준형식의 정언명제로 바꿀 수 있다. 한편 "(절대적)이념 자체는 변증법이다"(VIII 427). 위의 두 명제들로부터 우리는 「존재는 변증법이다」는 결론을 이끌어낼 수 있다. 이런 의미에서 코레트는 다음과 같이 말한다. "변증법의 형식은 존재 자체의 내적 본질이다."[3] 헤겔에게 있어서 변증법은 존재 자체의 구조이다. 그는 변

3) Emerich Coreth S. J., *Das Dialektische Sein in Hegels Logik*, Wien 1952, 18쪽.

증법을 통하여 존재 자체의 구조를 설명하고자 했다.[4] 그런데 이때 존재란 하이데거가 말하듯이 존재자의 존재자성으로서의 본질을 의미하지 않는다.[5] 헤겔에게 있어서 존재는 한편에서는 주관과 대상의 절대적 일치에 의해 도달되는 인식의 이념으로서의 존재자성이며, 다른 한편에서는 개별적 이념들에 내재하는 논리적 구조인 절대적 이념으로서 존재자가 '존재하는(사건)'이기도 하다. 헤겔은 이런 존재사건이 무엇인지 그의 존재논리에서 논증하고 있다. 즉 존재자는 존재이며 동시에 무의 방식으로 존재하다. 존재자는 존재에서 무로 운동하며(소멸), 무에서 존재로 운동하는(생성) 방식으로 존재한다. 존재자는 그렇게 넘어가 있음(Uebergegangensein)의 방식으로 존재한다. 헤겔에게 있어서 존재는 이렇게 넘어가 "있음"(존재)의 사건이다. 그리고 이런 사건은 바로 변증법 이외의 다른 것이 아니다. 헤겔에게 있어서 절대적 진리, 절대자, 절대적 이념, 변증법, 그리고 존재는 모두 동일한 사태를 가리키는 개념들이다.[6]

2. 『논리의 학』의 과제

절대적 이념은 개개의 이념들의 체계 즉 그 이념들에 공통되는 논리적 구조로 변증법이다. 이와 같이 헤겔은 절대적 이념을 밝히고자 하는 그의 이상주의적 구상을 개개의 이념들을 먼저 밝힘으로써 완수하고자 한다. 우리는 그의 이런 구상의 대표적인 예를 『논리의 학』에서 발견할 수 있다. 『논리의 학』의 과제를 살펴봄으로써 그의 이상주의적 구상을 보다 자세히 살펴보자.

『논리의 학』은 인식론이며 동시에 존재론이다. 헤겔은 우선 사유하는 주체의 사유규정들 인 카테고리들을 사유하는 주관성의 논리적 구조로부터 도출하고자 한다. 그리고 주관성의 논리적 구조는 변증법이다. 그는 사유하는 주관의 변증법적 논리구조로부터 카테고리들을 도출한다. 이런 점에서 보면 『논리의 학』은 인식론의 영역에 속한다. 그런데 사유하는 주관의 논리구조인 변증법은 단지 사유의 논리일 뿐만 아니라 존재자 일반의 존재론적 구조이기도 하다. 변증법은 존재자 일반의 존재이다. 이런 점에서 『논리의 학』은 존재론이기도 하다.[7] 헤겔에 의하면 논

---

4) 참조, Oscar Daniel Brauer, *Dialektik der Zeit–Untersuchung über Hegels Metaphysik der Weltgeschichte*, Stuttgart 1982, 106쪽.
5) 참조, M. Heidegger, *Zur Sache des Denkens*, Tuebingen 1988, 68쪽 이하.
6) 헤겔에 의하면 "살아있는 실체는 주체로서 순수하고 단순한 부정성"의 운동이다. 그리고 이런 부정성의 운동 즉 변증법이 바로 "진리"(das Wahre)이다. 참조, G. W. F. Hegel, *Phaenomenologie des Geistes*, Hamburg 1988, 14쪽.

리의 학의 과제는 "부정적인 것이 동시에 긍정적이라는 논리적 명제, 자기모순적인 것은 무 즉 절대적 무로 화하는 것이 아니라 본질적으로 모순적인 것의 특별한 내용의 부정이 된다는 명제, 그러한 부정은 모든 것을 부정하는 절대적 부정이 아니라 해소되는 **특정한 사실의 부정**이며 따라서 특정한 부정이라는 명제"(WdL I, 49)를 인식하는 것이다. 우리는 이런 명제들의 내용이 변증법임을 알 수 있다.

『논리의 학』은 『정신현상학』에서 도달된 "학적 거점"(wissenschaftlicher Standpunkt)을 전제로 한다. 그 거점은 주관성과 객관성이 일치하는 "절대적 지식"이다. 여기서는 사유와 존재가 일치한다. 이런 거점으로부터 『논리의 학』은 순수사유의 논리적 규정들(카테고리들)을 밝히고자 한다. 그런데 이 논리적 규정들은 단지 주관과 무관한 사실의 규정들이 아니며 칸트의 경우처럼 단순히 주체의 규정들도 아니다. 그 규정들은 사유규정들이면서 동시에 존재규정들이기도 하다. 칸트는 카테고리들을 사실적인 언어사용을 분석하여 경험적으로 10개의 카테고리들을 도출한 아리스토텔레스에 근거하여 12개의 카테고리들을 도출한다. 그러나 헤겔의 논리의 학에서 중요한 것은 카테고리들을 순수사유의 논리적 구조로부터 근원적으로 도출하여 그 필연성을 제시하고자 한다. 카테고리들은 단지 사유하는 주체의 사유작용을 규정하는 것일 뿐만 아니라 동시에 존재의 규정들이기도 하다. 왜냐하면 순수사유에서는 사유와 존재가 일치하기 때문이다. 이와 같이 순수사유의 논리적 규정들(카테고리들)을 밝힌다는 점에서 볼 때 『논리의 학』은 인식론의 영역에 속한다.

그러나 헤겔에게 있어서 사유는 인간의 사유만을 의미하는 것이 아니다. 그에게 있어서 사유는 모든 존재자들의 존재의 원리인 로고스를 의미하기도 한다. 그리고 이 로고스야말로 『논리의 학』의 궁극적 과제인 절대적 이념 이외의 다른 것이 아니다. 헤겔은 아낙사고라스를 "누스(Nus) 즉 사유(Gedanke)가 세계의 원리"(WdL I, 44)라고 주장한 최초의 철학자라고 높이 평가한다. 그런데 이때 아낙사고라스에게 있어서 누스는 인간의 이성을 의미하는 것이 아님을 주목해야 한다. 여기서 누스는 존재자의 근원적인 존재원리로서의 로고스를 의미한다고 보아야 할 것이다. 여기서 우리는 『논리의 학』의 과제인 사유를 위와 같이 두 가지 측면에서 이해해야 할 것이다. 그렇다면 『논리의 학』의 과제는 사유하는 주체의 논리적 구조와 절

---

7) 『논리의 학』의 존재론적인 해석에 관해서는 참조, H. Marcuse, *Hegels Ontologie und die Theorie der Geschichtlichkeit*, Frankfurt a. M. 1968. 마르쿠제에 의하면 헤겔은 존재의 의미를 다양한 존재방식에서 체계적으로 제시한다.

대자의 이념을 동시에 드러내는 것이라 할 수 있다. 『논리의 학』은 인식론인 동시에 형이상학이다.

헤겔의 궁극적인 철학적 과제는 절대자를 그의 절대성에서 드러내고자 하는 존재론이다. 그런 의미에서 그의 철학은 "형이상학으로의 복귀"[8]이다. 코레트는 헤겔의 철학이 존재론이라는 입장에서 객관적 논리의 학의 첫 부분인 존재의 논리의 학에서 헤겔이 전개하는 "순수한 존재의 변증법"을 "진정한 존재론적 문제"와 동일시한다.[9] 슈타인뷰헬에 의하면 "헤겔의 철학은 동시에 존재론이다."[10] 왜냐하면 그의 철학은 전통적인 형이상학적 의미에서 "모든 개별적인 존재자를 존재 자체의 근원(Urgrund)으로부터 파악하기"[11] 때문이며, "존재자의 존재에 대한 물음이 헤겔 철학의 근본 문제로서 그의 전체를 관통하고 있기"[12] 때문이다.

카테고리가 사유규정이면서 동시에 존재규정이라면 그 근거가 되는 사유하는 주체의 논리적 구조 즉 변증법도 사유주체의 작용원리이면서 동시에 존재자 일반이 생성 소멸하는(Werden) 원리로서의 「존재사건」이다.[13] 헤겔이 『논리의 학』의 「존재논리」에서 존재와 무의 변증법을 통해 제시하고자 하는 것은 바로 이 존재사건이다. 그리고 이 존재사건이 바로 절대적 이념이다.[14]

헤겔에게 있어서 절대자 또는 진리(또는 절대적 이념)는 인식론적이면서 동시에 존재론적이다. 철학자들은 존재론적 근거로서의 진리에 관해 아르케, 로고스, (능산적)자연, 근원적 현상, 존재 등의 개념들을 사용했다. 헤겔이 「절대적 이념」, 「절대자」, 「사실자체」라는 개념들을 사용할 때 그는 바로 이런 형이상학적인 전통에

---

8) Richard Kroner, *Hegel zum 100. Todestage*, Tübingen 1932, 11쪽.

9) Emerich Coreth S. J, S. 10.

10) Theodor Steinbuechel, *Das Grundproblem der Hegelschen Philosophie I*, Bonn 1923, S. 355.

11) Steinbüchel, VI쪽.

12) Steinbüchel, VII쪽.

13) 헤겔에게 있어서 「존재」라는 개념은 다음과 같이 세 가지 의미로 사용된다. 1. 사물의 본질(Seiendheit) 2. 존재사건: 존재론적인 원리(존재와 무의 변증법적 사건) 3. 존재사건 즉 존재자의 존재론적 원리를 설명하기 위한 요소, 즉 존재와 무의 변증법에서 그 한 요소인 존재. (참조, Peter Ruben, "Von der 'Wissenschaft der Logik' und dem Verhältnis der Diakektik zur Logik", in: *Dialektik in der Philosophie Hegels* (hrg. Rolf-Peter Horstmann), Frankfurt a..M 1989, 96쪽).

14) E. 코레트는 "절대적 이념은 바로 존재이다"는 헤겔의 주장과 "절대적 이념은 그 자체가 변증법이다"는 주장에 근거하여 변증법이 존재 자체의 내적 본질이라고 주장함으로써 헤겔의 철학을 존재론적으로 해석한다. 참조, E. Coreth, *Das dialektische Sein in Hegels Logik*, Wien 1952, 특히 19쪽. 하이데거는 헤겔의 존재개념을 "의식 대상의 대상성"(GA 32, 198)이라고 생각하는데 이는 헤겔의 『논리의 학』을 인식론적인 관점에서만 이해했기 때문이다.

서 있다. 그러나 헤겔은 형이상학의 전통을 단순히 수용하는데 그치지 않는다. 그는 절대자를 형이상학적인 전통과는 다르게 이해한다. 그는 셸링과 괴테의 「자연」 「근원적 현상」이란 개념을 수용하지만 그들과는 전혀 다른 관점에서 이해한다. 즉 헤겔은 절대자를 실체로서가 아니라 사건으로 이해한다. 그에게 있어서 절대자는 모든 존재자들의 존재론적인 원리가 되는 사건이다. 이런 점에서 그는 만물의 근원을 로고스로 이해한 헤라클레이토스의 전통에 서 있다고 할 수 있겠다. 만물의 존재방식은 생성과 소멸의 운동인데 이 운동은 만물 속에 내재하는 모순 즉 「절대적 부정성」의 원리에 근거한다는 것이다. 절대적 부정성 즉 스스로에게 관계하는 부정성은 "모든 활동성 즉 유기체와 정신의 자기운동의 내적 근원이다"(L II, 496, 563).

헤겔의 철학적 과제는 절대자 즉 절대적 이념을 그의 영원한 본질에서 드러내는 것이다. 이런 점에서 그의 철학은 관념론 또는 이상주의(Idealismus)이다.

2. 헤겔의 철학적 방법론

위에서 보았듯이 헤겔의 철학적 과제는 절대자를 그의 영원한 본질에서 드러내는 것이다. 그리고 그 절대자는 만물에 내재하는 존재론적 원리로서의 변증법이다. 절대자를 실체가 아니라 변증법의 사건으로 본다는 점에 있어서 헤겔은 동시대의 셸링과 괴테와 다르다는 것을 보았다. 그런데 셸링과 괴테와의 차이는 그것만이 아니다.

헤겔의 철학은 그 형식에 있어서 피히테의 영향을 받았고, 그 내용에 있어서는 셸링과 괴테의 영향을 받았다. 헤겔은 피히테가 주장하는 「사실행위」의 형식적 구조를 더욱 발전시켜 그의 철학의 형식인 변증법을 전개하고, 셸링의 「자연」과 괴테의 「근원적 현상」으로부터 그의 철학의 내용을 취한다.

헤겔은 셸링으로부터 「절대자」란 개념을 수용하지만 그 개념을 셸링과는 다르게 이해했다. 즉 그 절대자는 마치 모든 암소가 검게 보이는 밤처럼 모든 것이 동일하여 구별이 없는 하나가 아니다. 헤겔은 이 절대자를 그의 철학의 출발점이 아니라 목적지로 삼는다.

한편 헤겔은 1825년 4월 24일 괴테에게 보낸 편지에서 그가 괴테에게서 받은 영향력에 관해 다음과 같이 쓰고 있다. "저의 정신적 발전과정을 돌이켜 보면 저의 사상 전반에 걸쳐 선생님의 영향을 발견하게 됩니다. 저는 감히 제가 선생님의 아들들 중 하나라고 부르고 싶습니다." 그러나 헤겔은 괴테의 「근원적 현상」을 소박한 것이라고 하여 거부한다. 그는 괴테가 너무 소박한 추상에 의해 그 근원적 현상을 주장한다고 말한다. "존경하는 선생님, 저는 자연현상들을 탐구하는데 있어서 선생님이 취하시는 방식을 소박하다고 말하고 싶습니다. 선생님께서 단순한 근원적 진리를 추상적으로 단언하시고 단지 그 조건들만 탐구하시어 그렇게 쉽게 그 조건들을 발견하시는데 놀랐습니다." (1827년 7월 20일)[15]

헤겔이 셸링과 괴테를 비판한 것은 그들의 철학적 방법론 때문이었다. 헤겔에게 있어서 중요한 것은 구체적으로 어떤 과정을 거쳐 그 절대자와 근원적 현상에 도달하는가 하는 것이다. "진리는 전체적인 것이다. 그러나 전체적인 것은 그 전체적인 것의 자기전개를 통해 완성되는 결과이다. 절대적인 것은 본질적으로 결과이며, 마지막에야 비로소 그의 참 모습이 드러나는 것이다. 바로 여기에 현실적이고 주체이며 자기 자신이 되는 그것의 본성이 있다." (PhäG 18-19) 헤겔이 셸링과 괴테를 비판하는 것은 그들의 절대자와 근원적 현상을 제시할 때 구체적이지 못하고 너무 추상적인 방법에 의존하고 있기 때문이다.

헤겔은 절대자를 드러내는데 있어서 절대자를 추상적으로 제시하는 셸링과 괴테와는 달리 구체적으로 입증하고자 한다. 헤겔의 철학이 가지는 고유성은 그가 변증법을 헤라클레이토스처럼 단순히 존재자를 존재하게 하는 원리로서 선언하는 데 그치는 것이 아니라 – 그렇다면 그의 철학은 도그마였을 것이다 – 인간이란 존재자의 존재방식으로서의 의식을 분석하는데서 출발하여 존재자 일반의 보편적 존재방식으로서의 변증법을 체계적으로 제시한다는 데 있다. 헤겔은 우선 『정신현상학』에서 인간의 의식을 분석하여 사유와 존재가 일치함을 밝힌 후 이를 거점(Standpunkt)으로 하여 『논리의 학』에서 절대자(변증법, 존재사건)를 드러내고자 한다. (이때 사유는 사유하는 존재자를 가리키며 존재는 존재자의 본질을 가리킨다.) 먼저 사유와 존재가 그 논리적 구조에 있어서 동일함을 밝힌 후 비로소 그 사유의 구조를 존재일반의 영역에 확대할 수 있기 때문이다. 이것이 바로 하나의 대표적인 존재자의 존재구조로부터 보편적인 존재구조를 추론해 내는 헤겔의 철학적 방법론이 가지는 고유성이다. 그의 이런 방법론은 다음과 같은 헤겔 자신의 언급에서 분명해진다. "『정신현상학』에서 나는 의식을 그 의식이 의식대상과 최초의 직접적인 대립으로부터 절대적 지식에 이르는 과정을 제시했다. 이 길은 **의식이 대상과 관계하는** 모든 형식들을 거친 후 그 결과로 **학문의 개념**에 도달한다." (WdL I 42쪽)

---

15) 헤겔과 괴테의 관계에 관해서는 참조, Arthur Hübscher, *Von Hegel zu Heidegger*, Reclam 1974, 10쪽 이하; K. Löwith, *Von Hegel zu Nietzsche*, Hamburg 1969, 17-43쪽.

"철학적 탐구의 참된 방법을 밝히는 작업은 논리의 학 자체에서 다루어진다. 왜냐하면 그 방법은 내용의 내적인 자기운동 형식을 밝히는 것이기 때문이다. 나는『정신현상학』에서 구체적인 한 대상 즉 의식을 이 방법을 위한 한 예로 들었다."(WdL I 49쪽)

하르트만(N. Hartmann)에 의하면 헤겔의 방법론은 경험적으로 주어진 것을 그의 지성적 구조에서 파악하고자 하는 것이다.[16] 그의 이런 방법론에 관해 크로너는 다음과 같이 말한다. "헤겔의 사유는 개별적 내용에서는 경험적이며 전체에 있어서는 사변적이다."[17] 이것은 경험적 내용을 예로 들고 그것의 절대적 이념으로서의 논리적 구조를 사변적 방법론에 의해 파악하는 헤겔의 방법론을 가리킨다. 헤겔에 의하면 "철학은 일어나는 사건을 설명하는 것이 아니라 그 사건 속에 내재하는 본질적 내용을 인식하는 것이며, 더 나아가 그 **본질적 내용**으로부터 그 설명에 단순한 사건으로서 나타나는 것을 파악하는 것이다."(WdL II, 260) 여기서 "단순한 사건으로서 나타나는 것"은 절대적 이념으로서의 변증법이다.

헤겔의『논리의 학』은 개별적 이념으로서의 절대적 인식과 절대적 이념으로서의 변증법을 드러내는 것을 그 과제로 한다. 이런 과제가 독단론에 머물지 않기 위해 먼저 경험적 내용을 분석하여 그 내용을 하나의 거점으로 삼는 것이 중요하다. 바로 이 거점을 확보하는 작업이 바로 정신현상학이다.『논리의 학』은 이런 경험론적 거점으로서의 정신현상학을 전제로 하여 그 경험적 내용에 내재하는 논리적 구조를 밝혀낸다.[18] 이때 우리는『논리의 학』이란 제목에서 소유격인 "논리의"를 목적격적 소유격(genetivus objectivus)의 의미로 이해해야 할 것이다.

절대적 이념을 드러내기 위해 헤겔이 취하는 방법론은 경험적 대상에 대한 분석과 그 대상에 대한 학적 인식이다. 우리는『정신현상학』의 부제가 "의식의 경험의 **학**"이란 사실에서도 그의 방법론이 가진 특성을 발견할 수 있다.『정신현상학』은 한편에서는 "**의식의 경험**의 학"이며, 다른 한편에서는 "의식의 경험의 학"이다. 이때 첫 번째 소유격(의식의)은 주격적 소유격(genetivus subjectivus)이며 두 번째 소유격(경험의)은 목적격적 소유격으로 이해되어야 한다. 즉 의식의 경험이 학의 대상이 된다. 정신현상학의 과제는 의식의 경험에 대한 분석을 대상으로 하여 거기

16) Nicolai Hartmann, *Die Philosophie des deutschen Idealismus II*, Berlin–Leipzig 1929, 167쪽.

17) Richard Kroner, 20쪽.

18) 예를 들면, 정신현상학에서 감각적 확신은 매개되지 않은 직접성이며 이것은『논리의 학』의「존재논리」에서 "순수 존재"에 해당된다.

내재하는 절대적 진리를 학적으로 드러내는 것이다. 그리고 의식의 경험에 내재하는 절대적 진리는 논리적 구조이기 때문에 의식의 경험을 대상으로 하는 학은 이미 논리의 학이다.

우리는 하나의 거점을 확보한 후 그 거점을 학문적으로 해체구성하여 절대자를 해명하는 헤겔의 이런 철학을 「사변적 이상주의(관념론)」이라 부를 수 있겠다. 즉 그의 철학은 절대자를 해명하고자 한다는 점에서 보면 이상주의이고 구체적 예(의식의 경험)에서 그 절대자를 본다는 점에서 보면 사변적이다. 어떤 점에서 이상주의이며 어떤 점에서 사변적인가?

헤겔이 이념(Idee)의 해명을 최우선의 과제로 생각한다는 점에서 그의 철학은 이상주의(Idealismus)이다. 그의 철학은 생각하는 자아를 진정한 실재로 보는 (주관적) 관념론이 아니며, 정신을 절대적 실재로 보는 심령주의(Spiritualismus)도 아니다. 물론 그가 인식의 이념과 정신의 이념을 말하기는 하지만, 이때 이념은 결코 어떤 실체를 의미하는 것이 아니라 모든 대립들이 지양된 「이상적인 상태」를 가리킨다.

오성의 반성작용에 의해 형성된 경험적 결과를 초월론적 또는 지성적 직관에 의해 보는 것은 사변적 이성의 작용이다. 사변적 이성은 분석적 기능과 종합적 기능을 가진다. 분석적 기능은 직접적으로 주어진 것에서 출발하여 그것의 개념적 규정들을 분석한다. 종합적 기능은 분석적 기능에 의해 주어진 것을 순수하게 즉 주관적 어떤 첨가물도 없이 보는 것(speculor)이다. 사변적 이성은 반성과 지성적 직관(또는 초월론적 지성)의 결합이다.[19] 사변적 이성을 의미하는 독일어 Spekulation이 거울을 의미하는 라틴어 speculum에서 유래되었음을 보면 헤겔의 사변적 방법론을 이해하는데 도움이 될 것이다. 거울에 비친 대상을 보고 그 대상을 직관적으로 파악하듯이 사변적 이성은 오성의 반성작용에 의해 주어진 경험적 내용으로부터 절대적인 것을 파악한다. 『논리의 학』은 사변적 이성에 의해 절대자를 파악하는 작업이다. 즉 거울에 비친 의식의 경험을 해체구성함으로써 거기서 절대적 이념을 찾아가는 작업이다. 그런데 이런 작업을 위해서는 먼저 경험적 대상의 상이 거울 속에 비추어져야 한다. 『정신현상학』에서 확보된 사유와 존재가 일치되는 절대적 지식은 거울 속에 비친 상의 역할을 한다.

---

19) 참조, K. Düsing, *Das Problem der Subjektivität in Hegels Logik*, Bonn 1976, 140쪽.

3. 하이데거의 철학적 과제와 방법론

하이데거에 의하면 철학사는 존재망각의 역사이다. 그는 망각된 존재를 기억하여 그 존재를 근원적으로 해명하고자 한다. 그리고 이 근원적 해명은 여러 단계를 거친다. 먼저 하이데거는 인간이란 존재자의 현사실성을 물음으로써(befragen) 거기서 문제가 되는 것(Gefragtes) 즉 인간의 존재방식으로서 염려구조를 드러내고 더 나아가 그 염려구조의 근거가 되는 것(Erfragtes) 즉 "시간성"(Zeitlichkeit)을 밝힌다. 다음 단계로 하이데거는 인간이란 존재자의 시간성을 물음으로써(befragen) 거기서 문제가 되는 것(Gefragtes)이 "존재의 시간성"(Temporalität: Praesenz: 현전성)이며 존재의 시간성은 다시 더 근원적인 것(Erfragtes)으로서의 존재사건(An- und Abwesenheit: 현존과 부재)에 기초하고 있음을 밝힌다. 그 다음 단계로 하이데거는 존재사건을 물음으로써(befragen) 그 존재사건의 의미(Erfrgtes)인 사방세계(das Geviert) 즉 하늘과 땅과 신적인 것과 죽을 자의 동근원적인 상호작용을 존재의 궁극적인 의미로 제시한다. 이 의미는 인간의 실존적 삶과 관련되기 때문에 우리는 그것을 「실존적 존재의미」라고 부를 수 있을 것이다. 그리고 각 단계들마다 전환이라 할 수 있는 것들이 일어난다. 이 전환은 사변적 이성의 해체구성 작업이라 할 수 있을 것이다. 여기서 우리는 하이데거 철학의 과제와 방법론을 읽을 수 있다. 그리고 그의 방법론은 하나의 학적 거점을 확보하고 그 거점을 해체구성하는 헤겔의 사변적 방법론과 다르지 않음을 발견한다. 그의 방법론을 살펴보자.

1. 현존재의 존재적 존재론적 우월성

존재해명은 직접적으로는 불가능하다. 왜냐하면 존재는 어디에도 드러나 있지 않고 단지 존재자의 존재이기 때문이다. 존재는 존재자의 존재로서 언제나 존재자 속에 은폐되어 있다. 따라서 존재해명은 존재자를 매개로 해서만 가능하다. 하이데거는 존재해명을 위한 가장 효과적인 방법으로 인간존재를 선택한다. 왜냐하면 인간은 존재를 이해하는 존재자이기 때문이다. 존재를 이해하는 존재자인 인간에게서 존재를 해명하는 것이 가장 확실한 방법이기 때문이다. 인간은 존재를 이해하는 존재자이기 때문에 존재물음에 있어서 존재적 우월성을 가진다. 왜 그런가? 이 물음에 답하기 위해 먼저 「이해」란 개념의 의미와 이 개념이 존재이해와 관련하여 가지는 이중적 구조에 주목할 필요가 있다.

그런데 현존재의 존재와 맺는 관계방식으로서의 존재이해는 이중적 구조를 가진다. 「존재이해」는 한편에서는 "현존재 자신의 본질규정" 즉 "현존재 자신에 속하는 본질적 경향"이다.[20] 「존재이해」는 현존재의 자유에 속한다. 그것은 존재와 관계를 맺는 현존재의 자유로운 행위이다. 그러나 다른 한편 현존재는 이러한 자유, 즉 자유로운 존재이해의 행위를 임의로 어찌할 수 없다. 현존재가 임의적으로 어떤 때는 존재를 이해하고 어떤 때는 이해하지 않을 수 있는 것이 아니다. 현존재는 존재를 이해하도록 던져진 존재자이다. 그는 그가 존재를 이해한다는 사실(Daß)을 거부할 수 없다. 존재이해는 현존재의 운명이며 존재 자체의 소명(Schickung)이다. 그것은 존재 자체의 사건으로 현존재가 거부할 수 없는 사실(Faktum)이다. 존재이해는 한편에서는 목적격적 소유격(genetivus objectivus)의 의미에서, 다른 한편에서는 주격적 소유격(genetivus subjectivus)의 의미에서 이해되어야 한다. 목적격적 소유격이란 의미에서의 존재**이해**는 현존재의 존재행위로 "존재와 사유는 사유에서 일치한다"는 헤겔의 명제에서 특징적으로 나타난다. 한편 **존재**이해는 「현존재의 존재규정」(SZ 12)이다. 이때 「존재규정」은 주격적 소유격의 의미로 이해되어야 하며 "존재와 사유는 존재에서 일치한다"는 하이데거의 명제에서 특징적으로 나타난다.[21]

현존재의 존재적 우월성은 그가 존재론적인 존재자라는 사실 즉 그가 존재를 이해하는 존재자라는 사실에 있다. 이때 존재이해는 현존재의 존재행위이면서 동시에 존재자체의 사건이다. 존재이해는 존재 자체가 현존재라는 존재자에게서 작용하는 사건이다. 그러므로 이 존재사건은 현존재를 통해서 해명되는 것이 가장 이상적이다.

2. 존재물음과 현존재분석의 이중적 동기

하이데거의 철학적 목표는 현존재의 실존론적 분석에 기초한 존재론적 분석을

20) M. Heidegger, *Sein und Zeit*, Tübingen 1986, 15쪽. 앞으로 하이데거의 이 책이 인용될 때는 본문 가운데서 SZ 라는 약호로 표시됨.

21) 참조, L. Eley, "Vorwort" zu: *Hegels Theorie des subjektiven Geistes in der "Enzyklopädie der philosophischen Wissenschaft im Grundrisse"*, L. Eley (Hg.), Stuttgart-Bad Cannstatt 1990, 13-14쪽. 한편 하이데거는 존재이해의 이러한 이중성을 후에 존재사유의 이중성이란 관점에서 보다 분명하게 제시한다. "단적으로 말해, 사유는 존재의 사유이다. 이때 소유격은 이중적인 의미를 가진다. 사유가 존재에 의해 일어나 존재에 속하는 한 그 사유는 존재의 것이다. 동시에 사유가 존재에 속하면서 존재의 소리를 듣는 한 그 사유는 존재의 사유이다" (M. Heidegger, "Brief über den Humanismus", in: *Wegmarken*, frankfurt a.M. 1976, 314쪽).

통해 「존재자에게서 경험된 존재」를 해명하는 것이다. 그는 존재 자체의 형식적 구조를 해명하기 위한 예비적 작업으로 『존재와 시간』에서 현존재의 본질적 존재 방식을 밝히고자 한다. 이때 그는 인간의 의식이 아니라 실제적인 일상적 삶에서 출발한다. 따라서 적어도 『존재와 시간』의 출판된 부분은 인간론이다. 이런 점에서 하이데거의 철학은 실존주의적이라 할 수 있다. 그러나 그의 궁극적인 철학적 의도에서 볼 때 그의 철학은 실존주의가 아니다. 왜냐하면 현존재의 실존론적 분석은 존재론을 향한 한 걸음에 불과하기 때문이다. 이때 중요한 것은 인간의 실존적 경험이 아니다. "인간에 대한 물음은 오히려 존재물음과 내적인 변증법적 관계를 가진다. 이러한 관계가 하이데거의 철학적 작업 전체를 구성하고 있다."[22] 이러한 사실을 분명히 하기 위해 현존재분석의 「예비적 성격」(Vorläufigikeit)에 관해 언급할 필요가 있다.

『존재와 시간』의 예비적인 목표는 인간 존재의 시간적 의미 즉 그의 시간성을 드러내는 것이다. 현존재 분석은 단지 예비적일 뿐이다. 하이데거는 현존재 분석을 단지 존재에 대한 물음으로 들어가는 하나의 길이라고 생각한다(참조, SZ 436-437). "그러나 현존재 분석은 불완전할 뿐만 아니라 예비적이기도 하다. 그것은 우선 인간의 존재를 드러낼 뿐 아직 그 의미를 해명하지는 않는다. 그것은 오히려 가장 근원적인 존재해명을 위한 지평의 열림을 준비해야 한다. 이 지평이 열릴 때 비로소 현존재에 대한 예비적 분석이 보다 높고 고유한 존재론적 토대에서 다시 검토될 수 있다." (SZ 17) 현존재 분석은 단지 하나의 길이다. 또 다른 길이 있다는 것이 배제되어 있지 않다. "존재론적인 근거물음을 해명하기 위해 하나의 길을 찾아 그 길을 가는 것이 중요하다. 그 길이 유일한 길인지 또는 도대체 옳은 길인지는 그 길을 간 후에 비로소 판단될 수 있다." (SZ 437) O. Pöggeler에 의하면 "특히 『존재와 시간』에서 처음 시도된 모든 「내용들」과 「견해」들과 「길」들은 우연적이며 따라서 사라질 수 있다."[23] 현존재분석은 "우리가 철학적 사유에서 사유되어져야 할 것에 다다르게 되는 거점(Stanspunkt)이다." (GA 68, 12) 사유되어져야 할 그것에 도달하기 위해 이 기점이 「존재 일반의 이념」을 향한 방향으로 지양되어져야 한다(참조, SZ 436). 존재를 향한 기점으로서의 현존재분석이 존재 자체로부터 재조명되어야 한다. 존재의 이념으로부터 그 이념에 도달하기 위한 기점인 현존재의 존재를 재조명할 때 비로소 현존재분석과 존재해명 사이의 순환적 과정은 완결된

22) H. Köchler, *Der innere Bezug von Anthropologie und Ontologie – Das Problem der Anthropologie im Denken Martin Heideggers*, Meisenheim am Glan 1974, 5쪽.

다. 따라서 우리는 여기서 현존재분석의 이중적 동기를 발견한다. 한편에서는 현존재의 존재를 드러내야 하며, 다른 한편에서는 존재 자체로부터 현존재가 재조명되어야 한다. 가다머는『존재와 시간』의 이러한 이중적인「동기」에 대해 다음과 같이 주장한다: "『존재와 시간』의 전체적인 사유구조는 다음과 같은 이중적인 동기에 의해 지배된다: 한편에서는 현존재의 존재행위의 모든 존재적 현상과 현존재의 본래성과 비본래성의 내적 긴장의 모든 존재적 현상의 근거를 이루고 있는 현존재의「개시성」(Erschlossenheit)이 가지는 존재론적 특성이 그것이다. 다른 한편에서는 현존재의 본래성을 드러내는 것이 중요하다. 이때 본래성은 야스퍼스적인 실존적 요청이란 의미에서 이해되어서는 안 된다. 현존재의 본래성은 그에게서 진정한 시간성이 드러내지고 존재의 지평이 보편적으로 획득되어지는데 있다. 하이데거가 당시 존재물음을 선험적으로 해명하고자 할 때 그의 근본적 의도에는 이 두 동기들이 종합적으로 작용하고 있다."[24]

위에서 언급된 현존재분석의 예비적 성격과 이중적 구조에서 우리는 하이데거 철학의 방법론적 특징을 발견할 수 있다. 그 특징은 먼저 현존재분석을 통해 현존재의 존재구조를 밝혀내고 이 존재구조에서 드러나는 존재 자체를 주제로 하여 드러내는 데에 있다. 바로 이러한 그의 방법론에서 칸트와의 차별성이 발견된다. 현존재의 존재구조의 핵심에는 존재 자체의 도식론이 있으며, 이 도식론 자체를 주제화함으로써 거기에 은폐되어 있는 존재 자체를 드러내는 것이 중요하다. 그리고 이러한 작업은 선험철학의 한계를 넘어선다. 왜냐하면 선험철학에서는 도식화 자체를 주제로 다루지는 않기 때문이다. 거기서는 도식화에 의해 가능해지는 존재자의 존재적 진리가 중요하기 때문이다. 도식화를 반성적 시각에서 주제화하는 것은 도식화의 사태 자체 즉 그 의미를 드러내고자 하는 현상학에 의해서만 가능하다.

---

23) O. Pöggeler, *Der Denkweg Martin Heideggers*, Tübingen 1990, S. 188. 하이데거는 현존재 분석의 이러한 예비적 성격을『존재와 시간』의 여백 주에서 보다 분명히 밝히고 있다. 그는 여기서 현존재를 존재 자체를 드러내기 위한 하나의 예로서 제시하고 있다: "Exemplarisch ist das Dasein, weil es das Beispiel, das überhaupt in seinem Wesen als Da-sein (Wahrheit des Seins wahrend) das Sein als solches zu- und bei-spielt - ins Spiel des Anklangs bringt." (SZ 7쪽, c, 439) 현존재의 예증적 기능을 염두에 두고 Jan van der Meulen은 헤겔에게 있어서『정신현상학』이『논리의 학』을 위한 길잡이 역할을 하듯이 하이데거의『존재와 시간』도 보편적 존재론에 이르는 서론이라고 주장한다 (*Heidegger und Hegel oder widerstreit und widerspruch*, Meisenheim/Glan 1953).

24) H.-G. Gadamer, "Der Weg in die Kehre", in: *Heideggers Wege*, Tübingen 1983, 110쪽.

3. 현상학적 방법론

왜 철학이 현상학적으로만 가능한가를 분명히 하기 위해 먼저 하이데거에 있어서 「방법」이란 개념의 의미에 주목할 필요가 있다. 하이데거에 있어서 「방법」이란 어떤 일을 수행하기 위한 도구로 그 일이 끝나면 버려도 좋은 어떤 도구와 같은 것이 아니다. 방법은 강을 건넌 후에는 버려두고 가도 좋은 배와 같은 어떤 것이 아니다. 「방법」(Methode)은 μετά(함께, 안에, 위에, 뒤에)와 ὁδός (길)의 합성어로 「길 안에 있음」, 「길 위에 있음」, 「길을 따라감」이란 뜻을 가진다. 우리의 논의와 관련시켜 볼 때 「방법」이란 사태 자체를 찾아가는 길, 존재 자체를 찾아가는 길 위에 있음을 의미한다. 현존재분석은 바로 이 길 위에 있음이다. 우리가 현존재를 분석할 때 우리는 존재를 찾아가는 길 위에 있으며 따라서 우리는 현존재분석을 존재에 이르는 방법이라 이른다. 길을 가는 사람은 그 길을 경험하며 그 길이 어떠함을 드러내 보여줄 수 있다. 하이데거는 헤겔의 『정신현상학』에 관한 주석에서 다음과 같이 말한다: "우리가 이와 같이 실제로 일하는 의미에서 인내를 가지고 이 작품과 함께 갈 때에만 그 작품의 진정한 의미(Wirklichkeit)가 드러나며 그와 함께 그 작품의 내적 형태도 드러난다."[25)]

헤겔의 『정신현상학』 「서론」에 대한 주석에서 하이데거는 빈번하게 「길을 감」(Gang)에 관해 언급한다: "길은 걸어감(땅 위를 걸어감)과 통과해 감(땅 아래의 통로)이라는 이중적 의미에서의 통로이다. 보다 정확하게 말해서 걸어감으로서의 통로(Gang)에서 비로소 그 통로(Gang)가 통로(Durchgang)로서 경험된다(er-fahren: fahren의 의미가 강조됨: 필자). 다시 말해서 그 길이 열려서 드러날 것이 드러날 수 있게 된다. 이 걸어감을 걸어가는 사람과 통로를 통과함은 표상(Vor-stellen)으로서의 의식 (현존재)이다. 표상(Vor-sich-stellen)이 앞으로 나아가고 열어놓으며 드러낸다. 이때 그 표상은 나타남의 에테르가 된다."[26)] 우리는 여기서 의식의 「경험」에 주목해야 한다. 헤겔에게 있어서 「경험」은 의식 내에서 이루어지는 작용이기는 하다. 그러나 이 경험에서 중요한 것은 감각을 통해 주어진 대상들에 대한 경험이 아니라 그 의식이 절대자의 움직임 또는 그의 길을 경험한다는 사실이다. 이러한 사실은 헤겔의 다음과 같은 주장에서 보다 분명해진다: "논리의 학에서 중요한 것

---

25) M. Heidegger, *Hegels Phänomenologie des Geistes*, Frankfurt a.M. 1988, 61쪽.

26) M. Heidegger, *Hegel. 1. Die Negativität (1938/39,1941), 2. Erläuterung der "Einleitung" zu Hegels "Phänomenologie des Geistes"*, Frankfurt a.M. 1993, S. 101 (이후로는 GA 68).

은 사유작용 밖에 놓여있는 어떤 것에 대한 생각 즉 진리의 단순한 징표들을 제시해 줄 형식들이 아니다. 사고작용의 필연적 형식들과 그의 고유한 규정들이 내용이며 최고의 진리 자체이다." (WdL I, 44) 하이데거의 다음과 같은 주석도 같은 의미로 이해되어야 한다. "의식은 '경험'에서 존재의 본질을 경험하기 때문에 그 의식은 자기 자신을 자세히 조사하여 자기 자신으로부터 이 조사의 척도가 되는 것들을 드러내 보여준다." (GA 68, 105)

헤겔에 의하면 그의 『논리의 학』은 의식의 경험을 해체구성함으로써 절대적 이념을 찾아가는 「온전한 회의주의」(Der sich vollbringende Skeptizismus)이다. (PhäG 61; GW 9, 56) "나타나는 의식의 전 영역에 지향된 회의주의는 소위 자연적인 표상들과 사고들과 견해들을 의심함으로써 비로소 정신을 그 진리에서 자세히 조사한다" (ebd.). *Hegels Begriff der Erfahrung*(1942/43)이란 강의에서 하이데거는 이러한 「온전한 회의주의」를 그 개념의 어원적 의미에 근거하여 사태 자체를 보는 작업으로서 제시하고 있다: "회의(σκέψις)란 존재자가 존재자로서 무엇이며 어떻게 나타나는가를 보는 것이며, 자세히 보는 것이며, 따라가 조사해 보는 것이다. 이런 의미의 회의주의는 존재자의 존재를 보면서 뒤따라가며, 그렇게 함으로써 사태 자체를 본다. (...) 절대자는 즉자적-대자적으로 우리 옆에 있어서 이미 우리와 접촉하는데 이 접촉수단이 바로 빛이다. 회의는 이 빛 안에서 이루어진다." (HW 148)

이상에서 보았듯이 하이데거에게 있어서 중요한 것은 현존재의 존재를 인간론적인 관점에서 제시하는 것이 아니라 현존재분석의 길에서 나타나는 사태자체를 밝히는 것이다. 그런데 이것은 현상학적으로만 가능하다. "현상학은 존재론의 주제가 되어야 하는 그것에 이르는 접근양식이며 그 주제를 분명하게 규정하는 방식이다. 존재론은 현상학으로서만 가능하다." (SZ 35)

존재해명은 현상학을 통해서만 가능하다. 그런데 우리는 여기서 현상학이 존재해명의 유일한 길임을 밝히기 위해 하이데거가 「현상학」이란 개념에서 「현상」(Phänomen)과 「학」(-logie)을 어떻게 이해하고 있는지 살펴볼 필요가 있다.

「현상」을 나타내는 그리스어 「파이노메논」(φαινόμενον)은 " ... 을 밝은 곳으로 드러내다"는 뜻을 가진 「파이노」(φαίνω)의 중간태 동사 「파이네스타이」(φαίνεσθαι)에서 유래한다. 따라서 여기서 우리는 그리스어에서 중간태 동사가 가지는 특수한 기능에 주목할 필요가 있다. 중간태는 동작의 목적과 원인이 주어 자체에게 있음을 나타내는 동사이다. φαίνω라는 타동사는 동작의 주체 밖에 있는 어떤 것을 나타나게 하는 것인데 반해, φαίνεσθαι(「나타나다」)라는 동사는 그 나타남의 주체가 바로 나타나는 것 자체임을 알 수 있다. φαίνω라는 타동사에서 보면 나타남이 어떤 다른 원인에 의해 주어지는데 반해, φαίνεσθαι라는 중간태에서는 나타남이 어떤 다른 외적인 원인에 의해 주어지는 것이 아니라 바로 나타나는 것 자체가 그 나타남의 원인이다. 따라서 φαινόμενον은 「스스로가 원인이 되어 나타나는 것」을 의미한다. 하이데거는 그 그리스어를 「Sich-an-ihm-selbst-zeigende」라고 번역하는데 이때 「an-ihm-selbst」는 바로 중간태 동사의 특수성을 염두에 둔 것이라 볼 수 있을 것이다.[27)]

하이데거는 「스스로가 원인이 되어 나타나는 것」을 이중적인 관점에서 이해한다. 현상학적 의미의 현상(Phänomen)과 소박한 의미의 현상(Erscheinung)이 그것이다. 소박한 의미의 현상은 현상학적 의미의 현상이 자기를 알리는(sich melden) 장소(Worin)이다. 하이데거는 소박한 의미의 현상을 경험적 직관에 의해 주어지는 존재자라고 보며 현상학적 의미의 현상은 존재자의 「존재」라 한다. 그런데 우리는 여기서 하이데거가 개념사용에 있어서 철저하지 못했음을 발견한다. 즉 그는 존재를 현상학적 의미의 현상과 동일한 의미로 사용하고 있는데 이것은 존재론적 차이에 대한 그의 주장과 모순된다. 존재를 현상이라고 보는 것은 존재론적 차이와 모순되기 때문이다. 존재는 존재자가 아니기 때문에 결코 스스로 나타날 수 없다. 존재자만 나타나고 무는 나타날 수 없다. 존재는 존재자가 아니기 때문에, 즉 그것은 무이기 때문에 나타나지 않는다. 나타난다는 것은 존재한다는 것인데 우리는 오직 존재자에 대해서만 「존재한다」, 「있다」(이다)라고 할 수 있다. 만일 존재를 나타나는 것으로 본다면 「존재가 존재한다」는 표현이 가능해야 하는데, 그렇다면 이 경우 존재는 존재가 아니라 존재자가 된다. 이러한 모순을 피하기 위해 우리는 「현상학적 의미의 현상」이란 개념 대신 「우리에 의해 현상학적으로 드러내져야 할 것」이란 표현을 쓰는 것이 좋을 것이다. 존재자만이 현상이며 존재는 결코 스스로 드러나지 않는 것으로서 우리에 의해 비로소 주제화되어야 하기 때문이다. 존재는

27) 이때 하이데거는 「an sich selbst」 대신 「an ihm selbst」란 표현을 사용하는데 하이데거는 그 이유를 헤겔과 관련하여 설명하고 있다. 그는 묻는다: "왜 헤겔은 「an sich selbst」 대신 「an ihm selbst」 라고 말하는가?" 그는 다음과 같이 대답한다: "왜냐하면 의식이 자기를 위해 하나의 척도를 제공하는데 그 원인이 의식에 있기 때문이다. 그 척도는 의식 밖의 어떤 곳으로부터 도입되어 의식이 그것을 받아들이고 그것을 자기를 위해 가지는 것이 아니다." (HW 155f.) 따라서 Das sich an ihm selbst Zeigende란 표현은 나타나는 것이 그의 나타남의 원인을 자기 자신 안에 가지고 있음을 강조한다. 나타나는 것은 어떤 외적인 요인을 필요로 하지 않는다. 그것은 an ihm selbst 나타난다.

결코 스스로 나타나지 않기 때문에 우리는 그것을 존재자를 매개로 해서 드러내야 할 것이다.

결코 스스로 나타나지 않는 존재를 주제로 하여 드러내는 것이 현상학의 과제이다. 「Phänomenologie」란 개념에서 「-logie」는 바로 이러한 「주제화」에 관계한다. 이렇게 존재를 주제화하여 드러내는 작업을 달리 표현하면 이론화 작업(Theoretisierung)이라 할 수도 있다. 주제화하는 작업과 이론화하는 작업의 이러한 동일성에 대해 하이데거는 다음과 같이 말한다: "존재자의 내부를 관찰할 때 보여지는 존재의 모습을 그리스어로 Θεά라 하며, 파악하여 보는 것을 그리스어로 본다는 의미에서 ὁράω라 한다. 어떤 모습을 보는 것, 즉 그리스어로 Θεάν-ὁράν을 Θεοράω, Θεορείν, Θεορία라 한다." (Par. 219) 여기서 볼 수 있듯이 하이데거에게 있어서 현상학은 존재를 드러내는 작업이며 그런 한에 있어서 해석학이다. "현존재의 현상학에서 λόγος는 ἑρμηνεύειν의 특징을 가진다. 현존재의 현상학은 단어의 근원적 의미에서 볼 때 드러내는 작업을 가리키는 해석학이다." (SZ 37)

현존재분석의 길에서 우리는 길 자체 (존재 자체)를 함께 경험한다. 『존재와 시간』은 이렇게 함께 경험된 길을 말함으로써 드러내고 있다. 하이데거는 이렇게 말하여서 드러내는 것을 「신화」라고 한다.[28] 그리고 이때 신화는 「존재의 집」으로서의 언어와 같은 기능을 한다. 신화는 존재가 그 속에 거하는 존재의 집이다. 그런데 우리는 「집」이라는 개념이 가지는 또 다른 측면을 간과해서는 안 된다. 즉 집은 존재를 그 안에 제한하기도 한다는 사실이다. 신화(말)는 존재를 제한하는 방식으로 그 존재를 드러낸다. 그러므로 존재를 완전하게 드러내기 위해서는 존재를 그 집(제한, 한정, 정의)으로부터 해방시키는 작업이 필요하다. 집을 허무는 작업이 필요하다. 현상학의 과제는 존재를 제한하는 이 집을 해체하여 존재를 해방시키는 작업이다. 다시 말해, 현상학은 이 신화 속에 주제화되지 않고 은폐되어 있는 것을 주제화하여 드러내는 「탈신화화」(Entmythologisierung)이다. 탈신화화가 현존재에 은폐되어 있는 존재를 드러내는 작업이라면 그 작업은 "신화적인 언표 즉 텍스트에서 그 진리내용(Wirklichkeitsgehalt)을 묻는 해석학적 작업" 이다.[29]

이러한 탈신화화하는 「전환」(Kehre)에 의해 비로소 하이데거의 존재물음에 대

28) M. Heidegger, *Was heißt denken*, Stuttgart 1992, 11쪽.

29) R. Bultmann, "Zum Problem der Entmythologisierung" (1963), in: *Glauben und Verstehen* IV, Tübingen 1975, 128쪽.

해 대답이 주어질 수 있다. 전환이란 무엇인가? 여기서 전환은 현존재에 대한 현상학적 구성 즉 현존재의 존재론적 분석으로부터 그 구성의 해체에로의 전환을 의미한다. 전환은 존재물음의 예비적인 단계로부터 본질적인 사유로의 넘어감이며, 현존재의 시간성(Zeitlichkeit)으로부터 존재의 시간성(Temporalität)으로의 넘어감이다.

4. 나가는 말 : 헤겔에 대한 하이데거의 비판은 정당한가?

이상에서 보았듯이 헤겔과 하이데거에 있어서 과제와 방법론은 그 내용에 있어서의 차이들에도 불구하고 형식적인 점에 있어서 공통점을 가지고 있다. 그들은 모두 절대자 또는 진리를 해명하고자 했다. 그들이 해명하고자 한 절대자는 전통적인 형이상학에서처럼 실체가 아니다. 그 실체가 존재자의 본질로서의 존재자성이건 아니면 초월적 존재자이건 간에 말이다. 헤겔에게 있어서 절대자 또는 절대적 이념은 절대적 부정성에 기초한 변증법의 사건이며, 하이데거에게 있어서 절대자는 존재자의 존재이다. 존재는 존재자성도 아니고 초월적 존재자도 아니다. 존재는 존재자가 아니기 때문에 무이다. 그리고 존재자는 이 무의 지평에서 드러난다. 따라서 이 무는 존재자를 존재자로서 드러나게 하는 지평이다. 드러나는 것은 빛에서 드러나기 때문에 이 무는 동시에 빛이기도 하다. 이와 같이 존재는 무이며 동시에 빛이다. 그렇다면 이때 존재로서의 무와 빛은 무엇을 말하는가? 그것은 존재자 밖에 있는 어떤 것이 아니라 바로 존재자의 존재이다. 존재는 존재자의 존재하기 즉 존재자가 존재하는 사건이다. 그런데 존재자는 현존과 부재의 모순운동에 의해 존재한다. 존재는 이 현존과 부재의 모순운동에 의해 열려진 (존재자의) 드러남의 장이며 빛이다. 이 장 즉 빛에서 존재자가 드러난다. 물론 이때 열려진 장과 빛도 상징적인 의미에서 이해되어야 한다. 열려진 장과 빛과 무는 변증법적인 존재사건이다. 헤겔과 하이데거에 있어서 모두 절대적 이념 즉 그들이 해명하고자 한 "사실 자체"는 존재의 진리이다.[30)]

그런데 하이데거는 헤겔의 철학적 과제가 인식 대상의 대상성을 밝히는데 있다고 비판한다. 존재를 존재자로 이해하는 존재망각의 역사가 헤겔에서 완성되었다는 것이다. 그러나 하이데거의 이런 비판은 헤겔의 철학에서 사실 자체 또는 진리

30) 참조, E. Coreth, 13쪽.

라는 개념이 가지는 이중적 의미를 간과한데서 비롯된 것이다. 헤겔에게 있어서 진리 또는 사실 자체는 한편에서는 인식주관과 대상이 완전히 일치하는 인식론적인 진리이며, 다른 한편에서는 그 인식론적 진리에 내재하는 논리적 구조로서의 변증법이다. 이 변증법은 모든 존재자들이 존재하는(생성 소멸하는) 원리로서 하이데거의 존재사건(Ereignis)과 동일하다.

하이데거와 헤겔은 구체적인 경험적 대상을 분석하여 거기에 내재하는 진리(das Wahre)를 밝히고자 한 방법론에 있어서 일치한다. 그러나 하이데거는 헤겔의 정신현상학의 이중적 의미를 간과했다. 헤겔 철학 체계 전체의 한 부분으로 본다. 그러나 정신현상학은 체계의 일부로서 주관적 정신인 동시에 논리학의 서론에 해당되기도 한다.

『정신현상학』에서 도달된 절대정신의 절대지식과 『존재와 시간』에서 분석된 현존재의 시간성은 그들의 철학에서 학문적 거점이라는 동일한 위치를 가진다. 사변적 방법론과 현상학적 방법론은 이 거점을 해체구성하는 작업이다. 하이데거의 현상학적 방법론은 후설의 현상학적 방법론과 헤겔의 사변적 방법론이 결합된 것이라고 볼 수 있겠다. 사변적 방법론과 현상학적 방법론은 동일한 방법론이다. 이때 본질직관과 초월론적 직관 또는 지성적 직관은 동일한 기능을 가진다.

하이데거는 헤겔의 시간을 지금의 연속이라고 하는데 이는 헤겔의 시간개념을 오해했기 때문이다. 이것은 헤겔에게 있어서 존재 개념의 이중성을 간과한 자연스런 결과이다. 헤겔은 시간을 다음과 같이 정의한다. "시간은 탈자성의 부정적 통일성이다. 시간은 있음으로써 없고 없음으로써 있는 존재이다."[31] 헤겔에게 있어서 시간은 존재이다. 그런데 이때 존재는 하이데거가 생각하듯이 존재자성을 의미하는 것이 아니라 "있음으로써 없고 없음으로써 있는" (존재자의) 존재방식이다. 그리고 우리는 여기서 "있음으로써 없고 없음으로써 있음"은 현전성(Praesenz)의 두 시간적 계기인 현존(Anwesen)과 부재(Abwesen)와 같은 의미로 이해되어야 할 것이다. 헤겔에게 있어서 시간은 곧 현존과 부재의 모순작용이며 순수한 차이의 사건이다. 그리고 이 차이의 사건은 존재자가 존재하는 존재사건 이외의 다른 것이 아니다. 헤겔이 "시간은 존재이다"라고 말할 때 그 존재는 존재자에게서 일어나는 이런 존재사건을 의미한다고 보아야 할 것이다.

---

31) G. W. F. Hegel, *Enzyklopädie der Philosophischen Wissenschaft*, Frankfurt a.M. - Suhrkamp, 258절.

참고 문헌

Hegel, G. W. F., *Phänomenologie des Geistes*, Hamburg 1988.

_____, *Wissenschaft der Logik I, II*, Frankfurt a.M –Suhrkamp 1990.

_____, *Enzyklopädie der Philosophischen Wissenschaft*, Frankfurt a.M. 1990.

Heidegger, M., *Hegels Phänomenologie des geistes*, Frankfurt a.M. 1980.

_____, "Brief über den Humanismus", in: *Wegmarken*, frankfurt a.M. 1976.

_____, *Zur Sache des Denkens*, Tuebingen 1988.

_____, *Hegel. 1. Die Negativität (1938/39,1941), 2. Erläuterung der "Einleitung" zu Hegels "Phänomenologie des Geistes"*, Frankfurt a.M. 1993.

_____, *Was heißt denken*, Stuttgart 1992.

_____, *Sein und Zeit*, Tübingen 1986.

Coreth S. J., Emerich, *Das Dialektische Sein in Hegels Logik*, Wien 1952.

Daniel Brauer, Oscar, *Dialektik der Zeit– Untersuchung über Hegels Metaphysik der Weltgeschichte*, Stuttgart 1982.

Marcuse, H., *Hegels Ontologie und die Theorie der Geschichtlichkeit*, Frankfurt a. M. 1968.

Kroner, Richard, *Hegel zum 100. Todestage*, Tuebingen 1932.

Steinbüchel, Theodor, *Das Grundproblem der Hegelschen Philosophie I*, Bonn 1923.

Ruben, Peter, "Von der 'Wissenschaft der Logik' und dem Verhältnis der Diakektik zur Logik", in: *Dialektik in der Philosophie Hegels* (hrg. Rolf–Peter Horstmann), Frankfurt a..M 1989.

Hübscher, Arthur, *Von Hegel zu Heidegger*, Reclam 1974.

Löwith, K., *Von Hegel zu Nietzsche*, Hamburg 1969.

Hartmann, Nicolai, *Die Philosophie des deutschen Idealismus II*, Berlin–Leipzig

1929.
Düsing, K., *Das Problem der Subjektivität in Hegels Logik*, Bonn 1976.
Eley, L., "Vorwort" zu: *Hegels Theorie des subjektiven Geistes in der "Enzyklopädie der philosophischen Wissenschaft im Grundrisse"*, L. Eley (Hg.), Stuttgart-Bad Cannstatt 1990.
Köchler, H., *Der innere Bezug von Anthropologie und Ontologie-Das Problem der Anthropologie im Denken Martin Heideggers*, Meisenheim am Glan 1974.
Pöggeler, O., *Der Denkweg Martin Heideggers*, Tübingen 1990.
Meulen, Jan van der, *Heidegger und Hegel oder widerstreit und widerspruch*, Meisenheim/Glan 1953).
Gadamer, H.-G., "Der Weg in die Kehre", in: *Heideggers Wege*, Tübingen 1983,
Bultmann, R., "Zum Problem der Entmythologisierung" (1963), in: *Glauben und Verstehen* IV, Tübingen 1975.

Philosophische Aufgabe und Methodologie bei Hegel und Heidegger

– Ist die Kritik Heideggers an Hegel gerecht?

Oh, Heecheon

Zusammenfassung

Das philosophische Anliegen von Hegel und Heidegger ist das Absolute oder die Wahrheit aufzuhellen. Das Absolute aber ist nicht die Substanz – gleichgültich, ob sie Seiendheit oder übernatürliches Seiende ist–zu verstehen wie in herkömmlicher Metaphysik. Das Absolute oder die absolute Idee Hegels ist Dialektik als das Geschehen der absolute Negativität, und das Absolute Heideggers ist das Geschehen des Seins des Seidenden. Wie geschieht das Sein des Seidneden? Ein Seidendes ist in der Weise, daß es jetzt hier anwest, aber dort abwest. D. h. es *ist* in der Weise des anwesenden Abwesens und abwesenden Anwesens. Die sich auf sich beziehehde Negativität von An– und Abwesens ist der Horizont, in der Ein Seiendes erscheint. Das Absolute oder die Sache selbst bei Hegel und Heidegger ist eben das Sein im oben erwähnten Sinne.

Heidegger kritisiert Hegel daran, daß die Aufgabe der Philosophie Hegels in der Aufhellung der Seiendheit des Seienden bestehe. Die Geshcichte der Seinsvergessenheit habe kulminiert bei Hegel. Seine Kritik aber beruht darauf, daß er den Doppelseitigkeit der Sachen selbst oder des Seins, d. h. die zweifache Aufgabe der *Wissenschaft der Logik* bei Hegel übersehen hat. Denn *Wissenschaft der Logik* ist bei Hegel Wissenschaftslehre und zugleich Metaphysik.

Heidegger und Hegel stimmen darin überein, daß sie zunächst ein konkretes Beispiel zu analysieren und dann das Wahre des so analysierten phänomenologisch bzw. spekulativ an den Tag zu bringen versucht haben. Hegels *Phänomenologie ses Geistesist* ist einerseits ein Teil seines Systems, und andererseits ein Beispiel, das als solches eine Rolle der Einleitung in die *Logik* spielt. Heidegger aber hält die *Phänomenologie* nur für ein Teil des Systems, und daher konnte er die Methode Hegels nicht richtig

Das absolute Wissen als Resultat der *Phänomenologie* und die Zeitlichkeit des Daseins in *Sein und Zeit* sind eine und dieselbe Stellung als den Standpunkt für Wissenschaft. Spekulative Methode Hegels und Phänomenologische Methode sind die Dekonstruktion des Standpunktes.

Stichwörter: Phänomenologie, Logik, absolute Idee, Sein, Ereigniss, Dialektik, spekulative Methode, ontologische Differenz, Dasein, Zeitlichkeit, Seinsverständnis, Dekonstruktion.

이 논문은 2008년 10월 6일에 접수하고 2008년 10월 17일에 심사 완료하여 2008년 10월 24일에 게재가 확정되었습니다.

인간적인 것이란 무엇인가?

– 헤겔과 마르크스의 인간관의 관점에서

허 정 수

요약문

이 글은 헤겔과 마르크스의 관점에서 '인간적인 것'에 대한 보완적인 개념 규정을 시도해 보는데 그 목적을 두고 작성되었다. 따라서 글의 서론부에서는 헤겔과 마르크스의 인간관을 비교 및 정리해보았으며, 본론부에서는 기존 휴머니즘적 입장에 대해 비판적으로 접근해 보고, 이를 바탕으로 헤겔과 마르크스의 관점 하에서 '인간적인 것' 및 더 나아가 '자연적인 것'에 대한 보완적인 개념 규정을 시도해보았다.

● **주요어 : 휴머니즘**(humanism), **인간적인 것**(human thing), **자연적인 것**(natural thing), **자유**(Freedom)

Ⅰ. 서론을 대신하여: 헤겔과 마르크스의 인간관

'인간적인 것'에 대해 서술하면서 누구의 의견을 빌린다거나 또는 그에 의지한다는 것은 어쩌면 이 주제 자체에 맞지 않는지도 모른다. 왜냐하면 글쓴이 자신이 곧 서술의 대상이기도 한 까닭에 이는 또한 글쓴이 자신에 대한 얘기이기도 한바, 요컨대 이 서술을 타인의 관점으로 바라본다거나 혹은 타인의 관점 하에 쓴다는 것은 결국 자기 스스로에 대해 말하면서도 자기 스스로에 대해 말하지 않는 것과 같은 것일 수 있기 때문이다.

하지만 모름지기 대상에 대한 개념이란 세계관을 반영하고 있는 것이며 또한 반영해야 한다는 점에서 글쓴이가 동의하는 세계관의 관점에서 바라본 '인간적인 것'에 대한 개념 규정이 이미 존재한다면 그러한 개념 규정에 따라 논의를 좀 더 풍부하게 만드는 것은 분명 의미 있는 일일 것이다. 이런 점에서 필자는 이 글이 헤겔과 마르크스의 인간관의 관점 하에서 쓰인 것임을 밝혀두고자 한다.

그런데 알다시피 헤겔과 마르크스는 언뜻 보기에 여러 가지 측면에서 상이한 견해를 지닌 철학자들이다. 허나 이 글은 헤겔과 마르크스가 최소한 '인간' 또는 '인간적인 것'에 대한 개념규정 자체에서 만큼은 공통된 지반을 점유하고 있다고 판단한다. 사실 헤겔과 마르크스 모두 '인간'이나 '인간적인 것'에 대한 순수한 개념규정 자체에는 그다지 큰 관심을 두지 않았다. 따라서 그들에게서 이에 대한 풍부한 개념규정을 발견하는 것은 쉬운 일이 아니다. 하지만 필자는 그들의 세계관과 인식론에 비추어[1] 그들 나름의 인간관의 단초와 개념규정을 유추해 보는 것이 그리 어려운 일은 아니라고 생각한다. 우선 지적할 수 있는 것은 흔한 얘기의 성선설, 성악설과 같은 순수비판적 관점을 그들에게서 찾는 건 힘들다는 점이다. 왜냐하면 그들은 어디까지나 인간을 활동하는 생명체이자 타고 난 것 자체로, 그리고 전면적인 능력을 지닌 존재로 간주하였기 때문이다. 헤겔의 경우 우리는 아래의 글을 통해 이를 엿볼 수 있다.

> 발전의 의미가 무엇인지를 이해하기 위해서는 두 가지 상태를 구별해야 한다. 첫째는 소질, 능력, 그리고 내가 즉자태 내지 잠재태라고 부르는 상태이며, 두 번째는 대자태 혹은 현실태라는 계기이다. 인간은 이성적이며 이성을 지니며 태어난다고 하지만, 이 때 인간은 이성을 단지 소질이나 맹아로 지니는 것뿐이다. '(……)' 따라서 본래의 즉자적인 잠재태에서 대자적인 현실태로의 이행을 통하여 이성을 깨닫게 될 때 비로소 인간은 현실성을 가지게 되며-실제로 이성적이 되고 또 이성과 합치되기에 이르는 것이다. 이것은 어떤 의미인가? 즉자적인 것, 본래의 것은 대상화되면서 인간 의식에 다가오게 마

1) "변증법은 (헤겔과) 마르크스주의의 인식론이다." (V. L. Lenin, *Collected works*, vol 38, translated by Bernard Isaac, Joe Fineberg, Progress(Moscow), 1964, 360쪽)

> 련인데, 이 경우 즉자적인 것은 인간에게 대자적이 되고 자각을 안겨준다. 그러나 실제로는 이렇게 인간에게 인식된 대상도 실은 그 대상이 즉자적으로 있던 본래의 것이다. 이를 통해 인간은 대자화되고 자각적이 되면서 그 스스로 이중화된다. 그러나 이 경우에도 그의 본래적인 즉자태는 그대로 보존되기 때문에, 이 때 그가 결코 다른 인간으로 변하는 것은 아니다. '(……)' 따라서 시원적이며 잠재적인 즉자태는 그대로 유지되지만, 이 때 즉자와 대자 사이에는 엄청난 차이가 있다. 즉, 즉자태와 대자태 사이에 새로운 내용이 발생하지는 않지만, 형식적인 측면에서 이 둘 사이에는 엄청난 차이가 발생하게 된다. '(……)' 결국 모든 인식, 지적 활동, 학문, 심지어 행동에서마저도 즉자적인 내면적인 것을 외면으로 이끌어내서 대상화하는 것만이 유일한 의미를 지니는 것이다.[2]

대상에 대한 인식을 강조하는 헤겔에게 있어 인간이란 그 무엇보다 먼저 이성적 존재로 간주된다. 그러나 인간은 태어날 때 이러한 이성을 단지 소질이나 맹아로 지닐 뿐이다. 이성 혹은 자기 안의 필연성은 계발되어야 하는 것이며 발전되어야 하는 것이다. 이는 현실태로의 이행을 통해 이루어진다. 이미 잠재되어 있던 것이 발현된다는 측면에서 보자면 내용적 측면에서 어떤 새로운 것이 덧붙여지는 것은 아니지만, 형식적인 측면에서 보자면 이는 즉자적 존재이자 피규정적 존재로서의 자기 스스로의 소외를 통한 변화와 그에 따른 자기 개념의 운동이라는 점에서 엄청난 단절을 의미한다.

하지만 이러한 이성의 인식과 계발은 피규정적 존재라는 인간의 자기 내적 규정성으로 인해 잠재태 이외의 또 다른 무엇을 요구하기 마련이다. 달리 말해 즉자적으로 내재하는 것을 외면으로 이끌어내어 대상화하기 위해서는 단지 즉자적으로 내재화된 천성만이 요구되는 것은 아니다. 물론 인간은 그의 삶 속에서 행해지는 다양한 노동에 있어 각자가 지니고 있는 천성에 따라 일정한 질적 차이를 보여준다. 따라서 즉자적으로 내재된 천성이란 차후 인간의 이성적 활동을 위한 근거라 할 만하다. 그러나 피아노를 칠 수 있는 훌륭한 소질을 지니고 있다고 한들 피아노가 그 앞에 놓여 있지 않다면 그러한 천성은 결코 인식되지도, 더 나아가 현실화 되지도 못한 채 다만 자체 내에 무기력하게 유폐된 채로 머물고만 말 것이다. 따라서 천성이란 구체적인 어떤 범주라기보다는 일종의 무규정적인 類적 범주로 이해되어야 할 것이며, 이러한 무규정적 범주로서의 천성은 오직 '규정받음'을 통해서만

---

2) G.W.F. Hegel, *Vorlesungen über die Geschichte der Philosophie I* , in: Gesammelte Werke, Bd. 18, hrsg. von Reinicke & Helmut, Frankfurt 1986, 39-40쪽.

현실적인 것이 된다고 할 수 있겠다. 결국 인간이란 어떤 구체적인 직업이나 소질에 지배받거나 규정당하기보다는 모든 직업이나 모든 노동을 내재화할 수 있는 가능성을 지닌 존재로 먼저 파악되어야 하며, 단 그러한 가능성을 구체화시킬 수 있는 여부 자체는 각각의 인간 앞에 주어지고 만들어지는 구체적인 현실적 제관계 속에서 파악되어야 하는 것으로 볼 수 있을 것이다.[3)]

그렇다면 맹아적 상태에 머물고 있는 이성과 자기 안의 필연성을 현실태로 존재하게끔 하기 위해 필요한 것은 무엇인가? 물론 이성의 실현을 위한 이러저러한 외재적 계기가 당연히 요청되어야 할 것이다. 허나 모름지기 운동은 양방향에서 이루어지는 것이며, 따라서 동일한 외재적 계기가 인간 앞에 주어진다고 한들 그것을 받아들이는 즉자에 따라 그 계기가 주는 의미는 상이할 수밖에 없다. 이런 점에서 헤겔은 즉자적 측면에서 이성의 자기실현을 위한 계기로서 '자유'를 요청한다.[4)] 자기 자신의 의지에 따라 자신의 행위를 규정하기 위해서는 모름지기 자기 자신을 인식하는 일이 선행되어야 한다. 설령 행위 자체가 구속받지 않는다 하더라도 정작 자기 자신에 대해 스스로 알지 못한다면 구속받지 않는 그 행위는 다만 구속받지 않는 행위일 뿐 자유로운 행위라 할 수는 없다. 인간은 자기 자신의 대한 앎을 통해서 자기 자신의 행위를 자유롭게 만들고, 자기 자신의 능력을 자기 자신에 대한 앎에 따라 자유롭게 방면하게 된다. 따라서 자유로운 존재는 필연성에 구속

3) 이는 다음의 글을 통해서도 엿볼 수 있다. 여기서 헤겔은 프로타고라스의 천성론을 설명하며 다음과 같이 말한다.
"βß) (프로타고라스에 따르면-인용자) 정치적인 덕을 선천적으로 타고난 인간은 드물다. 그러나 정치적인 덕이 뛰어나지 않다고 하더라도 교육을 통해 이를 갖춤으로써 교육을 받지 않은 사람보다는 월등한 지위를 누릴 수도 있다. 또한 선천적으로 정치적 덕을 갖춘 사람이 자식이나 친구에게 그의 뛰어남을 전수하지 않는다는 비난에 대해 프로타고라스는 다음과 같은 정확한 대답을 한다. "예컨대 한 국가의 모든 시민이 피리연주자가 되어야 한다면 그들 모두는 피리 부는 법을 배울게 될 것이다. 그들 중 몇몇은 매우 뛰어나고, 몇몇은 보통이거나, 드물게 열등한 사람도 있겠지만, 모두가 일정한 기량을 가지게는 될 것이다. 비록 명인의 자식이라도 열등한 연주자일 수가 있는데, 그것은 특수한 재능이나 소질에 좌우되는 것이기 때문이다. '(……)' 그러나 모든 시민은 피리 부는 법을 알 뿐만 아니라, 이를 모르거나 피리 부는 교육을 전혀 받지 못한 사람들보다는 분명 훌륭한 연주자일 것이다. '(……)' 결국 그들이 우수하다는 것은 국가의 법률, 교육 및 교양에 의한 것이다. 이상 예시된 것은 매우 납득이 가는 논증으로- 이는 키케로가 내놓은 천성적 소질론에 결코 뒤지지 않는다." (G.W.F. Hegel, 같은 책, 419-420쪽)

4) "동시에 자유란 결국 자기를 의식하면서, 무한한 필연성을 자체 내에 가지고 있는 것인바-왜냐하면 자유는 그 개념상 자기 자신에 관한 지를 뜻하므로- 그럼으로써 또 자기를 현실화시키는 것이다." (G.W.F. Hegel, *Vorlesungen uber die Philosophie der Geschichte*, in: *Gesammelte Werke*, Bd. 12, hrsg. von Reinicke & Helmut, Frankfurt 1986, 33쪽)

받는 존재가 아니라 필연성을 자기화하여 자신을 방면시키는 존재이다. 이에 반해 자기 자신에 대해 알지 못하고 일방적으로 필연성에 구속된 존재, 외적인 규정력에 압도당하고 마는 존재, 자기 자신의 능력과 소질을 계발하지 못하는 존재를 헤겔은 자연적 사물로 규정한다.

> 이와 달리 우리는 인간이 자유를 가지고 있다고 말하는데, 이에 또 다른 규정으로는 필연성이 있다. 정신이 자유롭다고 할 경우 이는 필연성에 지배되지 않는 것이며, 반대로 정신이 필연성에 지배받기 때문에 자유로운 것은 아니라고 말할 수도 있을 것이다. 여기서는 '…' 서로가 타자를 배척하는 것으로 자신을 구별한다. 그러나 진리는 정신이 구체적인 것이며, 그의 규정은 자유와 필연이라는 점이다. 정신은 필연성 속에서만 자유롭고 또 그 안에서만 스스로의 지위를 누리며 '…'. '(……)' 그런데 이와 달리 일방적으로 필연성에만 속하는 존재도 있는데, 자연적 사물이 그 예이다.[5]

> 따라서 이념은 필연의 체계이자 그 자체 필연이며, 그리하여 그것은 곧 그 자신의 자유인 것이다.[6]

허나 아직 해결되지 않은 문제가 하나 남아 있다. '자기 자신에 대한 앎'이 곧 자유를 지시하더라도, 여기선 그러한 앎을 가능하게 하는 자유가 또 요구될 수밖에 없기 때문이다. 물론 헤겔은『정신현상학』에서 노예라는 주체를 통해 이러한 자유의 쟁취 과정, 자기 자신을 알아가는 과정을 설명한 바 있다. 다만 여기서 말할 수 있는 것은 헤겔에게 있어 인간이란 이성적 존재이며, 이성적 존재이기 때문에 자기 자신을 인식하고 자기 자신의 필연성에 따라 자유롭게 자기 자신을 방면시킬 수 있는 존재라는 사실이다. 무한한 잠재태로서의 인간은 단지 일면적인 규정에 의해 지배받기보다는 그 자신의 능력을 무한히 계발하고 발전시킴으로써 그 스스로의 진정한 자유를 쟁취할 수 있는 존재로 나타난다. 그리고 이를 위한 첫 번째 전제가 자유, 즉 '자기 자신에 대한 앎'이며, 이는 다시 '자기 자신에 대한 앎을 위한 자유'를 요청하며, 더 나아가 '자유를 위한 자유'는 헤겔이 '시대의 노예'에게 기대했듯이 인간에게 이를 쟁취하기 위한 당위적 행위를 요청한다.

그렇다면 마르크스는 어떠한가? 우리는 아래의 글에서 마르크스의 인간관을 단

---

5) G.W.F. Hegel, *Vorlesungen über die Geschichte der Philosophie I*, 45쪽.
6) G.W.F. Hegel, 같은 책, 47쪽.

적으로 도출해낼 수 있다.

> (주관적으로, 다시 말해 한 인간만을 놓고 본다면-인용자) 음악은 인간의 음악적 감각을 일깨우지만, 비음악적인 귀에는 아무리 아름다운 음악이라도 아무런 의미가 없으며, 어떠한 대상도 될 수 없는데, 왜냐하면 나의 고유한 능력이 그 자체로는 주관적 능력이듯 나의 대상은 나에 대해서만 존재하며, 나의 고유한 능력들 중 하나를 확인해주는 것에 불과하기 때문이다. '(……)' 객관적으로 인간의 본질적 존재의 풍요로움은 선천적이거나 후천적으로 획득되는 주관적 감각의 풍요로움을 의미한다. '(……)' (그러나 -인용자) **자기를 실현할 기회를 갖지 못한 감각은 단지 제한적인 감각일 뿐이다(강조는 인용자).** 걱정과 고통에 가득 찬 인간은 아름다운 연극을 보더라도 아무런 감흥을 느끼지 못할 것이다. 광물 상인은 광물의 상업적 가치만을 알뿐, 광물의 아름다움과 고유성을 깨닫지는 못한다. 따라서 진정한 인간 본질의 대상화란 이론적으로나 실천적으로 봤을 때도 인간의 감각들을 인간적으로 만들 뿐 아니라, 풍요롭고 자연적인 본질에 부합하는 감각을 창조하는 활동이어야 한다.[7]

마르크스에 따르면 인간 각자 저마다의 천성은 분명 존재한다. 그러나 천성이라고 일컬어지는 어떤 단 하나의 고정된 속성이 인간의 삶 자체를 지배할 수 있는 것은 아니다. 왜냐하면 인간은 주어진 특정한 관계에 의해 영속적으로 그의 삶을 규정받기에는 너무나 전면적인 능력과 가능성을 지닌 존재이기 때문이다. 인간은 전면적인 존재이다. 비록 천성이란 것이 있다고 한들 마르크스에게 그것은 질적이기보다는 양적인 의미를 갖는다. 이런 점에서 인간은 악하거나 혹은 선한 존재가 아니라, 악할 수도 있고 선할 수도 있는 무한한 가능성을 지닌 존재이다. 단 인간은 사회적 관계, 역사적인 특수성에 따라 자신의 무한한 가능성을 제한적인 형태로 표출할 뿐이며, 각 인간을 둘러싼 특정한 관계에 따라 그러한 양적 차이는 더욱 심화되거나 줄어들게 된다(혹은 더욱 풍요롭게 되거나 퇴화된다). 마르크스의 말처럼 사회가 그에게 요구하는 바에 따라 자신의 소질을 재단한 광물 상인은 광물의 미적 가치를 보지는 않는다. 이런 점에서라도 진정한 인간 본질의 대상화란 주어진 인간의 소질과 감각들을 풍요롭게 만드는 창조적인 활동이어야 한다.

그런데 주어진 사회적 관계가 인간의 자기실현을 방해하는 질곡의 형태로 나타

---

7) K. Marx., *Economic and Philosophic Manusripts of 1844*, in: *MARX`ENGELS COLLECTED WORKS* 5, Progress Publishers, Moscow 1975, 301-302쪽.

난다면 어떻게 하는가? 마르크스의 관점에서는 자본주의라는 사회 · 생산관계가 바로 인간의 전면적인 자기 발전을 가로 막고 있는 질곡이었다. 임노동자라는, 자본주의적 관계에 따른 일면적 규정에 지배당하고 있는 많은 사람들은 그 자신의 수많은 잠재적 소질들을 그 규정 속에서 상실하고 억압당하며 자신도 모르게 퇴화시킨다. 하지만 이러한 임노동자로서의 자기규정은 프롤레타리아트로 하여금 자기 발전을 방해하는 자본주의적 질곡을 제거해야 하는 또 하나의 당위적 존재 가능성을 잉태하게끔 만들기도 한다. 물론 이러한 프롤레타리아트의 행위는 헤겔이 노예에게 그러했듯 마르크스가 임노동자에게 요구하는 당위적 행위이다.

> 따라서 프롤레타리아트가 엄격하면서도 그를 단련시키는 '노동'이라는 학교를 거쳐야 한다는 것은 결코 무의미한 일이 아니다. 이런 저런 프롤레타리아 혹은 프롤레타리아트가 당장 무엇을 자신의 목표로 삼아야 하는가 등이 중요한 것이 아니다. 중요한 것은 프롤레타리아트는 무엇이며, 그 존재에 부합하여 역사적으로 무엇을 해야 하는가 하는 점이다. 프롤레타리아트의 목표와 역사적 행위는 그가 처한 삶의 상황 속에서, 그리고 오늘날 부르주아 사회 조직 속에서 가시적이며 되돌릴 수 없는 것이 되었다.[8)]

만약 인간이 그러한 질곡으로부터 자기 스스로를 해방한다면 이제 인간은 어떤 존재로 자신을 드러내게 될까? 마르크스는 이를 다음과 같이 표현하고 있다.

> 아무도 배타적인 영역을 갖지 않는, 각자가 어떤 분야에서나 스스로를 실현시킬 수 있는 공산주의 사회에서는 사회가 전반적인 생산을 조절하기 때문에 사냥꾼, 어부, 양치기 혹은 비판가가 직접 되지 않고서도 내가 마음먹은 대로 오늘은 이것을, 내일은 저것을, 다시 말해 아침에는 사냥을, 오후에는 낚시를, 저녁에는 목축을, 밤에는 비판을 할 수 있게 된다.[9)]

마르크스에 따르면, 각자가 그가 원하는 분야에서 스스로를 도야시킬 수 있는 공산주의 사회에서 우리 인간은 –헤겔적으로 말하자면 이른바 자유의 왕국에서는– 자기 자신 안에 내재된 무수한 가능성을 현실화시키며 자신의 재능 사이를 자

---

8) K. Marx., *The Holy Family or critique of critique of critical criticism*, in: *MARX`ENGELS COLLECTED WORKS 4*, Progress Publishers, Moscow 1975, 37쪽.

9) K. Marx., *The German Ideology*, in: *MARX`ENGELS COLLECTED WORKS 5*, Progress Publishers, Moscow 1975, 47쪽.

유롭게 오가게 되는바, 그리하여 예컨대 아침에는 사냥을, 오후에는 낚시를, 저녁에는 목축을, 밤에는 비판을 하게 된다. 즉 마르크스는 자유가 주어진 조건 하에서 자기 자신 안에 내재된 능력을 마음껏 현실화시킬 수 있는 존재로서 인간을 보았던 것이다. 이런 점에서 우리는 마르크스의 인간관을 대략적으로 다음과 같이 정리해볼 수 있지 않을까 한다. 첫째 인간은 전면적인 가능성을 지닌 존재이다. 둘째 인간은 고정된 본성이나 관념이 아닌 스스로의 삶을 통해 노정되는 행위 속에서 그의 전면성을 드러내고 만들어가는 운동자이다.

요약하자면 헤겔이 자유를 위한 '자기 자신에 대한 앎'을 보다 강조했다면, 마르크스는 자유를 쟁취하기 위한 '인간의 투쟁'에 보다 초점을 두었다고 할 수 있을 것이다.[10] 하지만 우리는 다음과 같은 결론을 내릴 수도 있는바, 그것은 바로 인간 자체에 대한 규정에 있어서 양자는 거의 유사한 입장을 취하고 있다는 사실이다.[11] 그들은 인간과 인간의 행위를 선과 악의 이분법적 관점으로 접근하지 않았다. 그들은 어디까지나 무한한 잠재력의 측면에서 인간을 전면적인 존재로 간주하였을 따름이다. 물론 그러한 가능성과 무한한 잠재력은 실제 역사에 있어 때론 악으로 그리고 때론 선으로 혹은 이러저러한 행위들로 나타나기 마련이다. 하지만 그것이 설령 악한 행위로 규정받는다 할지라도 그 역시 지극히 인간적인 행위이자 인간의 참된 모습이라는 사실에는 변함이 없으며[12], 오히려 이런 면에서라도 그 악한 행위의 죄는 인간의 무한한 잠재태에 묻는 것이 아니라 그러한 잠재태를 현실태로 이행하게끔 한 외적 규정성 혹은 사회적 관계에서 우선 찾아야만 하는 것이 된다. 이런 점에서 양자의 인간에 대한 관심은 피규정적 존재로서의 인간을 관계지우는 해당 사회에 대한 관심으로 자연스럽게 이어진다. 헤겔적으로 말하자면 주관성(혹은 객관성)은 객관적 세계(혹은 주관적 세계)에 대한 인식을 통해 비로소 자유롭게 될 수 있기 때문이다.[13]

10) 사실 이러한 차이점 역시 양자가 처한 사회적 관계가 달랐기 때문이라고 할 것이다. 헤겔이 선험적인 진리를 강조한 전통적인 기독교 철학에 맞서 인간의 이성적 인식을 무엇보다 강조해야 하는 시대적 의무를 지니고 있었다면, 마르크스의 경우엔 헤겔에 의해 쟁취된 이성적 존재로서의 인간의 관점을 바탕으로 무엇을 인간 스스로 변혁해 나가야 하는 가에 관심을 두었기 때문이다.

11) 알다시피 마르크스는 인간을 노동하는 존재로 보았다.(박호성, 『휴머니즘론』, 나남, 2007, 206-211쪽 참조) 하지만 마르크스가 말하는 노동이라는 개념은 흔한 얘기의 육체노동, 좁은 의미에서의 주어진 현실태로서의 노동만을 말하지 않는다. 마르크스에게 노동이란 개념은 무한한 가능성이자 자신의 가능성을 실현하는 현실태적 개념으로 동시에 사용된다. 따라서 이점에서 보자면 헤겔이 위에서 언급한 행위 개념과 마르크스의 노동 개념은 큰 차이가 없다고 할 것이다.

이상으로 헤겔과 마르크스의 인간관에 대해 간단하게나마 살펴보았는데, 필자는 헤겔로부터 마르크스로 이어지고 있다고 보이는 이러한 인간관을 전제로 '인간적인 것'에 대한 필자 나름의 보완적인 개념 규정을 시도해 볼 것이다.

Ⅱ. 기존 연구 검토

고대로부터 우리 인간에 대한 관점은 '성악설과 성선설' 혹은 '헤브라이즘적 전통과 헬레니즘적 전통'의 양 갈래로 나뉘어져 왔다.[14] 내용상으로 보면 전자의 구분이 인간 본성에 대한 규정을 따라 내려진 것이라면, 후자의 구분은 객체로서의 인간과 주체로서의 인간, 달리 말해 신으로부터 인간이 얼마나 자유로운가 하는 정도에 따른 구분이라 할 수 있다. 그러나 이들의 논의는 모두 단순한 이분법적 논리 구조에 기대고 있다는 점에서는 공통점을 가진다. 달리 말해 인간은 그 자체 악

---

12) "인간의 참된 존재는 어디까지나 그의 얼굴이 아닌 그의 행위를 통해서 나타난다. 그의 참된 개체성은 행위 속에서 현실적일 수 있으며, 행위만이 사념된 것을 그 안팎의 두 측면에서 지양할 수도 있는 것이다. '(……)' (물론-인용자) 행위란 추상 속에서 포착될 수 있는 보편적인 것이란 단적인 규정을 가진다. 따라서 행위는 살인이나 절도 혹은 자선이나 용감한 행동이 될 수도 있으며, 우리는 이런 행위에 대해서 그것이 실현되는 그대로의 모습에 대해 말할 수도 있는 것이다. 이렇듯 '…' 행위의 참모습은 결코 그 무엇을 지시하는 것에만 있는 것이 아니라 그 자체 보편적인 것이라는 데 있다. 이와 같이 행위란 보편적인 것이며, 현실 속에서 현실적인 것이 되는 것이기 때문에 개체적 존재로서의 인간도 이러한 자신의 행위를 통해서 나타난 대로 존재할 뿐이다." (G.W.F. Hegel, *Phänomenologie des Geistes*, in: Gesammelte Werke, Bd. 3, hrsg. von Reinicke & Helmut, Frankfurt 1986, 242-243쪽.)
헤겔은 말한다. 인간의 참된 존재는 행위를 통해 자신을 드러내며, 그 행위는 살인이나 절도일 수도 있고, 자선이나 용감한 행동 따위가 될 수도 있다고. 좁게 보자면 여기서 행위는 흔한 구분에 따른 좋은 행위와 나쁜 행위를 지양한 보편성이다. 그러한 보편적 행위는 구체적인 관계에 따라 자신을 현실적으로 표현하며, 인간은 바로 그러한 구체적인 행위를 통해 존재한다. 따라서 인간의 행위는 나쁜 것일 수도, 좋은 것일 수도 있으나, 인간은 다만 그것이 어떤 것이든 간에 행위를 통해서 나타난 대로 존재할 뿐이다.

13) "바로 이와 같이 개념이 그의 객관성 속에서도 역시 마찬가지로 자유의 형식을 취하는 완성된 상태가 곧 '…'이념이다. 결국 이념의 영역에 해당하는 이성이야말로 그 스스로가 노정된 진리이거니와 '…' 이러한 진리 속에서 '…' 개념은 이제 이러한 진리의 객관적 세계를 그의 주관성 속에서, 그리고 이 주관성은 객관적 세계 속에서 인식하는 가운데, 마침내 자유로운 것으로 나타난다." (G.W.F. Hegel, 임석진 옮김, 『논리학 3』, 벽호, 1997, 52쪽)

14) 박호성에 따르면 오늘날까지 인류의 정신세계를 지배한 두 개의 전통적 흐름은 헤브라이즘과 헬레니즘이다. 헤브라이즘은 '인간은 하느님의 모상이다'라는 정의 속에서 인간을 비주체적이자 비자율적인 존재로 이해한다. 이에 반해 헬레니즘적 인간관은 '인간은 만물의 척도다'라는 언명 속에 드러나듯이 인간을 만물의 중심으로 간주한다(박호성, 같은 책, 81쪽 참조).

(혹은 신에 대해 부족하거나 악한 존재)이거나 혹은 선한 존재(혹은 신으로부터 자유로운 합리적이고 이성적인 존재)라는 두 가지 규정 중 하나에 위치할 수 있을 뿐이다.

이러한 이분법적 구도는 사실 근대 이후 인간적인 것 혹은 휴머니즘이라는 주제를 다룬 대부분의 글들이 담지하고 있는 속성으로 여겨진다.[15] 더 나아가 이러한 논리구조를 취하고 있는 글들에게서 우리는 다음과 같은 특징들을 또한 발견할 수 있는데 그것은 다음과 같다.[16] 첫째 그들에게 있어 인간은 선하고 자유로운 존재(혹은 선천적으로 악하기 때문에 선해야 하는 존재)이다. 여기서 인간의 본성은 추구해야 할 하나의 목적으로 설정된다. 요컨대 논의의 초점은 즉자태를 둘러싼 관계에 주어지기보다는 어떤 즉자태인가를 밝히고 그러한 고정된 특수성을 또 다른 특수성으로 전환하거나 혹은 이상향 속의 고정된 특수성을 현실 속에서 계속 고정시켜 두는 데 목적이 있다. 따라서 이런 논의들에 있어 인간의 즉자태는 헤겔이나 마르크스와 같은 시원 혹은 잠재태로서의 의미를 지니는 것이 아니라, 특정한 無로서의 의미를 지닌다. 예컨대 성선설적 입장 및 헤브라이즘적 입장에 서 있다고 볼 수 있는 대표적인 휴머니즘 이론가인 자크 마리탱(Jacques Maritain)은 특정한 無로서의 편협한 인간 중심적인 인간상 대신 그리스도교의 전통에 입각한 아름답고 정의로운 인간상 −그러나 그 역시 특정한 無인− 을 제시하고 있으며[17], 자크 마리탱과 반대의 입장에 서 있다고 할 흄(David Hume) 역시 행위를 행위로서 먼저 고찰하는 것이 아니라, 선한 행위 혹은 악한 행위로 규정한 후에 고찰한다는 점에서는 마찬가지라고 할 것이다.[18] 다시 말해 인간의 본성이나 행위는 도덕적인 관점에서 먼저 정의되고 그 관점에 따라 배제되는, 그리하여 인간의 본성과 행위는 특수자로 전락하고 마는 구조를 크게 벗어나지 않고 있다. 둘째 대부분의 논의는 인간적인 것을 정신적인 속성이나 도덕성, 다시 말해 관념적이고 정신적인 무엇에서만 찾는다. 쉽게 말해 휴머니즘 논의는 인간의 행위가 아닌, 행위가 배제된 인간의 정신에 대한 논의이다. 그러나 헤겔의 말처럼 인간의 참된 존재는 행위를 통해 드러나며,

---

15) 물론 휴머니즘이라는 논의를 담고 있는 글들은 대개 성선설 및 헬레니즘적 전통에 기인하고 있다고 볼 수 있을 것이다(Erich Fromm., 김남석 옮김,『휴머니즘의 부활』, 을지, 1983, 9쪽 참조).

16) 물론 휴머니즘에 대해 논의된 글들이 무수히 많은 까닭에 모든 글들이 본 글에서 다루는 내용들을 획일적으로 갖추고 있다고 말할 수는 없을 것이다.

17) J. Maritain, *Christlicher Humanismus*, Heidelberg, 1950, 157쪽 참조.

18) 악한 행위를 인간의 이성에 어긋나지 않는 것이라 주장한다는 점에서 흄이 인간을 일종의 잠재태로 간주하고 있다고 말할 수도 있을 것이다. 하지만 흄이 선한 행위를 인간과는 사실상 거리가 먼 것으로 보고 있다는 점 또한 지적해야 할 것이다(David Hume., 이준호 옮김,『인간본성에 관한 논고 2』, 서광사, 1996, 154쪽 참조).

행위는 이미 그 자체 정신의 발현이기도 하다. 셋째 이들은 인간을 여타의 다른 존재(혹은 생물)에 비해 우위에 놓는 관점을 견지하고 있다. 대부분의 논의들은 단지 그 지배자가 본성적으로 착한 존재인가 나쁜 존재인가에서만 입장 차이를 가질 뿐이다. 물론 인간은 여타의 동물들과 차이를 가지고 있으며, 어떤 면에 있어서는 그러한 차이점이 인간으로 하여금 그들 위에 군림하게끔 하는 것이 사실이다. 사실 여기서의 문제는 '인간적인 것'을 구하는 데 있어서 이러한 관점을 고수한다는 점이 여타의 존재와 다른 무언가를 인간이 가지고 있음을 전제하는 동시에 그것만이 참된 '인간적인 것'임을 주장하는 근거로 기능한다는 데 있다고 할 것이다.[19] 넷째 이들은 인간과 환경과의 관계 역시 이분법적인 구도 하에서 바라본다. 물론 대부분의 글들은 결론에 이르러 참된 인간과 환경 간의 친화적인 관계를 정립하는 데 주목한다. 그러나 논의를 시작함에 있어 이들은 언제나 그릇된 한쪽과 참된 한쪽이라는 대립구도를 출발점으로 삼고 있는바, 예컨대 루소와 같이 현재의 인간을 악한 존재로 보는 이들은 이에 대한 대당으로 자연을 선한 존재(혹은 선한 존재이지만 지배자인 인간에 의해 변질되는)로 보거나[20], 로크와 같이 인간을 본디 선한 존재로 보는 이들은 인간을 둘러싼 현재의 환경을 악한 존재로 본다.[21] 따라서 인간적인 것이 무엇이든지 간에 그에 대한 대당으로 화해할 수 없는 타자가, 다시 말해 소멸되어야 할 타자가 이들 논의에선 늘 존재한다.[22]

결론적으로 말해 기존의 휴머니즘 논의들은 이분법적 구분에 근거하여 보편자

---

19) 기본적으로 헬레니즘적 전통에 서 있다고 볼 수 있는 머레이 북친(Murray Bookchin)은 이런 점에서 주목할 만하다. 그는 선과 악이라는 단순한 이분법적 논의에 그치지 않고, 더 나아가 인간과 인간 이외의 생명체의 유사성을 주장하는 동시에 인간의 특수한 요구를 정당하게 강조하는 세계관이 있을 수 있다고도 주장한다(Murray Bookchin., 구승회 옮김,『휴머니즘의 옹호』, 민음사, 2002, 19쪽 참조). 비록 그가 인간을 이성적 존재로 파악하는 동시에, 그러한 이성의 개념을 협동과 감정 이입, 생명권에 대한 책임감, 공동체와 연대 등의 새로운 개념을 포괄하는 합리성으로 정의하고 있다는 점에서(Murray Bookchin., 같은 책, 18쪽 참조) 이분법적 논의를 완전히 극복하고 있다고 보기 힘든 면이 있기도 하지만, 그는 편협한 휴머니즘적 주장과 포스트모더니즘의 반인간주의적 주장을 비판하며, 궁극적으로 인간을 참된 생태주의적 공동체를 건설하기 위한 잠재력을 갖춘 존재로 파악하고, 더 나아가 그러한 사회를 건설하기 위한 전제조건으로서 자유의 성취를 들고 있다는 점에서 기존의 휴머니즘적 논의와는 분명 질적인 수준에서 차별성을 보여주고 있다고 할 것이다(Murray Bookchin., 같은 책, 364-370쪽 참조).

20) 박호성, 같은 책, 244쪽 참조.

21) 박호성, 같은 책, 134쪽 참조.

22) 기독교적 관점에서 휴머니즘을 분석한 박종대의 글 역시 이러한 경향을 보여준다(박종대,『진정한 휴머니즘과 사회윤리의 모색』, 서강대학교 출판부, 2002, 211-243쪽 참조).

와 특수자를 대립시키되, 그 중 그들이 취한 입장에 따라 선한 특수자라고 할 특수자를 선험적으로 보편자로 미리 규정해놓는다는 공통점을 가지고 있는 듯하다. 물론 이러한 구분 자체가 완전히 잘못되었다거나 필요 없는 것이라고 말할 수는 없다. 그러나 이들에게 있어 '인간적인 것'은 규정받기 이전에 이미 규정된 것으로 자신을 드러낸다. 물론 '인간적인 것'이란 늘 규정받는 것이다. 그러나 그것은 특수한 타자와의 대면 하에서 비로소 규정받는 것이지 선험적으로 미리 규정받을 수 있는 것이 아니며, 인간의 행위가 그러한 고정된 규정에 속박될 수 있는 것도 아니다. 따라서 먼저 고찰되어야 하는 것은 규정받기 이전의 '인간적인 것 자체'이지, '이러저러한 인간적인 것'이 아니다.

Ⅲ. 인간적인 것이란 무엇인가?

규정받기 이전의 '인간적인 것'에 대해 고찰한다는 것은 말처럼 쉬운 일이 아니다. 왜냐하면 인간의 모든 가시적인 행위 및 정신은 이미 규정된 것으로 자신을 드러내고, 또 그런 형태로만 포착되기 때문이다. 그러나 헤겔의 말처럼 이성은 오성을 꿰뚫는 것이며, 무수한 경험 속에서 자신의 본질을 드러내기 마련이다. 어쨌든 지금부터 얘기하고자 하는 '인간적인 것'이란 '나만의 것'인 동시에 '나 이외의 것'이기도 하며, 동시에 '인간만의 것'이면서 '인간만의 것이 아닌 것'이다.

1. 인간적인 것: 즉자적 존재로서의 인간

1) 인간적인 것

흔히 '인간적인 것'이라고 말할 때 우리가 그것에 대해 떠올리는 것은, 그것은 곧 '인간만의 것'이며 또한 '인간만의 것'이어야만 한다는 점이다. 예컨대 우리는 배설작용을 '인간적인 것'의 반열 위에 올려놓지 않는다. 왜냐하면 첫째 '인간적인 것'이란 모름지기 '정신적인 것'이어야 한다는 관념이 우리의 사고를 지배하고 있기 때문이요, 또한 배설작용이라는 것은 도대체가 생명체라면 그 무엇이든 지니고 있는 하나의 공통된 속성 일반에 불과하기 때문이다. 따라서 우리는 類적 존재 일반의 관점에서 볼 때 그 역시 어디까지나 하나의 엄연한 특수성에 지나지 않는 '인간적인 것'으로부터 '물질적인 것'과 '동물적인 것'이라고 판단하는, 그러나 엄밀한 의미에서 '인간 이외의 것'이라고는 할 수 없는 '인간적인 것'들을 인간으로부터 제외시킨다. 물론 이러한 배제 규정은 인간이 하나의 특수자에 불과한 존재라고 간주해서가 아니라 오히려 그 반대의 사고에서 비롯된 결과라고 할 것인바, 다시 말해 인간을 만물의 영장 혹은 타자 위에 우뚝 선 일반자로 간주하기 때문에 오히려 자신과 타자 간의 한계를 그어버리는 셈이다. 하지만 그 스스로를 타자로부터 한계 짓는다는 것은 이미 그 자신이 보편자가 아닌 한낱 특수자임을 스스로 증명하는 것과 같은 일이라고 하겠다.[23)]

그러나 우리의 배제작용은 거기서 그치지 않는다. 우리가 흔히 '인간적인 것'이라고 하는 관념적인 속성들은 대부분 긍정적이거나 선한 것들이며, 따라서 그것에 따르자면 우리 인간은 본디 마치 은은한 꽃향기로 몸을 치장한 천사와 같은 그런 순수한 존재 그 자체에 다름 아니다. 인간은 이성적 존재이자 자유로운 존재인 셈이다. 하지만 이것이 진작 알려주는 것은 신적 세계가 하나의 유토피아적 이상향에 그치고 있는 것과 마찬가지로 그러한 신적 세계에 반기를 들고 나온 휴머니즘적 사고 역시 인간을 인간으로서가 아니라 신으로서 신의 반열 위에 올려놓는다는 점이다. 다시 말해 신이 인간이 된 것이 아니라 이제는 신이 인간의 수만큼 늘어난다. '인간적인 것'이라고 흔히 명명되는 다음과 같은 것들, 즉 공동선, 인륜, 자유로운 존재, 관용, 사랑, 형제애 등등. 물론 이러한 것들은 분명 아름답고도 선한 것임에 틀림없다. 그렇다면 인간은 본디 이런 존재임에도 불구하고 지금 우리는 왜 그렇지 못한 것인가? 혹자는 인간은 본래 그런 고귀한 존재이며 자유로운 존재이나 환경이 인간을 왜곡시켰다고 말할 지도 모른다. 그러나 환경에게 모든 탓을 돌리는 것이 인간에게 진정한 면죄부를 줄 수 있는 것은 아닐 것이다.[24)]

물론 위에서 나열된 것들이 '인간적인 것'이 아니라는 말은 아니다. 이것들 역시 분명히 '인간적인 것'이며, 또한 그렇기에 인간은 고귀한 존재이기도 하다. 그러나 여기에는 애초부터 아무런 대립이 없다. 다시 말해 여기에는 대립이 없기에 발전이 없으며, 현실이 없기에 이상만 드높다. 여기선 다만 '있는 것'을 '없다'고 말하

---

23) 인간의 善한 정신을 구하는 데 주로 논의를 집중하는 기존의 휴머니즘 논의는 이런 점에서 한계를 스스로 드러낸다고 할 것이다. 물론 사상이란 것 그 자체가 관념적인 형식이면서 사유의 산물인 까닭에 한편으론 그 역시 정신적인 속성을 지닐 수밖에 없겠지만, 다른 한편으로 제아무리 사유가 정신적인 것이라고 한들 사유의 대상마저도 항상 정신적인 것은 아니라는 점에서, 설령 善한 정신을 구한다고 하더라도 善한 정신의 대상이 되는 행위 혹은 사물 혹은 환경에 대한 논의를 소홀히 해서는 안 될 것이다.

24) 여기에 대해선 헤겔의 다음과 같은 말이 정확한 답이 될 것이다.
"왜냐하면 오직 선을 위한 선 의지와 같은 공허한 것은 생동하는 현실 속에서는 결코 자리를 잡지 못하기 때문이다." (G.W.F. Hegel, *Vorlesungen über die Philosophie der Geschichte*, 44쪽)

거나, 혹은 '있지만 인간적인 것은 아니다'라고 말한다. 다시 말해 엄연히 '존재하는 것'을 '없다'고 말하거나, '있기는 하되 그것들은 참된 인간적인 것'이 아닌 '왜곡되어진 인간의 동물적 본성'이라고 얘기된다. 그렇다면 왜 어떤 것은 '있는 것'이며, 또 어떤 것은 '있음'에도 불구하고 '없는 것'이어야 하는가? 문제는 다시 시작된다. '인간적인 것'이란 무엇인가?

2) 그리고 또 인간적인 것

'인간'은 일자이다. 그러나 한편으론 일자가 아니기도 하다. 다시 말해 類적 존재로서의 인간은 분명 일자이지만 개체적 존재로서의 인간은 한낱 개별자에 불과하다. 또한 그 자체 하나의 추상적 범주라는 점에서 -인간 그 자체든, 개별적 인간이든 간에- 인간은 하나의 일자이지만, 개체적 특수성 혹은 각각의 인간의 다양성이란 측면에서 본 인간은 일자라는 추상적 범주로 단순히 묶을 수 있는 존재가 아니다. 인간은 특수하면서도 또한 개별적인 존재이며 그리고 보편적인 존재이다. 달리 말해 인간은 그 자체 내에 특수성, 개별성, 보편성을 모두 내재하고 있는 類적 존재 그 자체이다.

이런 점에서 보자면 인간이 가진 대부분의 특수성들을 결국은 인간 類적인 보편성을 내재화한 것이라고 볼 수 있는 것도 사실이다. 하지만 그것들 모두가 현상적인 차원에서 보편화되어 여러 다른 개체들에게까지 보편으로서 자신을 적용할 수 있는 것은 아니다. 왜냐하면 보편이란 특수와 동열에 위치할 수 있는 것이 아닌 까닭에 한낱 하나의 개체에게서 발견할 수 있는 현상 혹은 특수를 보편의 위치에 놓고서 그것을 모든 개체와 그 개체가 가진 현상 혹은 특성에 적용시킬 수는 없기 때문이다. 하나의 현상 혹은 특수성을 보편의 위치에 놓고자 하는 관점은 흔히 보편을 원리로 이해하기보다는 일종의 공통된 속성 정도로 간주하기 마련이다. 그런데 여기에는 큰 어려움이 따를 수밖에 없으니, 왜냐하면 그러한 식으로 보편을 추적해 나가다보면 마지막에 남는 것이란 결국 '인간은 존재한다' 혹은 '존재한다는 점이야말로 가장 인간적인 것'이라는 지극히 추상적인 명제 혹은 공통성 밖에 없을 것이기 때문이다. 따라서 어떤 한 인간에게서 나타나는 속성을 '인간적인 것'의 반열 위에 올려놓고 그것을 만인의 인간에게 적용해서는 안 될 것이다. 예컨대 물속에서 가장 잠수를 오래 하는 인간이 있다고 가정해보자. 여기서 잠수를 대개 인간이라면 누구나 할 수 있는 그런 속성 중의 하나라고 할 경우 이는 현상적인 보편(현상적인 보편이란 類적 인간이란 관점에서 보면 하나의 특수성이라고 할)이라 할 수 있을 것이다. 그러나 '가장 잠수를 오래 하는 이'가 있다면 그것은 단지 그 '인간만이 지닌 특수성'일 뿐이지, 그 자체 곧 '보편'은 되지 못한다. 따라서 이 경우에 있어 보편이란 '잠수를 가능하게 하는 일종의 가능성 및 능력'이라고 해야만 하겠다. 그러한 가능성은 저마다의 인간에 따라 잠수를 할 수 있는 정도와 시간 등이 상이하게 나타나며, 때론 전혀 잠수를 못하는 것으로도 나타나는 등 일종의 양적인 상이성을 띠며 자신을 드러낸다고 할 수 있겠다. 마찬가지로 위에서 얘기된, 일반적인 사회 통념상 '인간적인 것'으로 명명되는 인륜, 공동선, 사랑, 정의 등등. 이것들은 현실 속에서 단지 소수에 불과한 성인이나 군자, 또는 영웅들에게서만 현상적으로 발견되는 것들이다. 이런 점에서 이러한 '인간적인 것'들은 한낱 특수적인 것에 지나지 않는 것처럼 보인다. 물론 군자나 성인들이 지니고 있는 특수성은 한낱 특수적인 것은 아니라고 할 것이니, 왜냐하면 쉽게 말해 그들 역시도 인간이기 때문이다. 그러나 그들로 하여금 그러한 것들을 가능하게 한 구체적인 제관계라는 동일한 조건을 타자들과 공유할 수는 없기에 그러한 보편성은 양적인 규정에 따라 특수한 형태로 자신을 드러내기 마련이다.

그런데 인간을 우위에 놓는 휴머니즘적 사고는 보편적인 것(물론 이러한 보편성에는 이미 가치판단이 개입하게 되어 있다)을 선한 공통성의 관점에서 구하고자 한다. 그들은 특수성(본래 보편성이기도 한 특수성)의 보편성(그로 인해 실제로는 한낱 특수성으로 전락하고 마는 보편성)으로서의 정립을 위해 다른 보편적 속성을 배제한다. 이러한 그들의 논의는 당위적이다. 왜냐하면 그들이 당위적으로 정의내리는 '인간적인 것'이 제아무리 고상하고 고귀한 것이라 한들 이미 그러한 구별 속에는 그것과는 다른 저급한 것들이 '있음'을 전제로 할 수밖에 없기 때문이다. 따라서 그들이 말하는 보편성은 더 이상 순수한 보편성일 수 없는, 특정한 관계와 타자를 전제한 특수자라고만 해야 할 것이다.

이처럼 '인간적인 것'을 구한다는 것은 쉬운 일이 아니다. 만약 인간이 지구상에 단 1명뿐이라면 우리는 그가 지닌 모든 것을 '인간적인 것'이라 명하고, 그가 만약 성인의 품성을 지닌 사람이라면 '인간적인 것'이란 바로 그러한 것이라고 쉽게 규정할 수도 있을 것이다. 그러나 불행하게도 인간은 너무나 많다. 번화가를 걸어갈 때 옷깃을 스치는 수많은 사람들도, 찻집에서 잡담하며 떠드는 사람들도, 놀이터에서 뛰어 노는 아이들도 모두가 하나같은 인간이다. 결국 인간에 대해 말한다는 것은 그들 모두를 꿰뚫는 類적인 보편을 지향하는 것이어야 하며, '인간적인 것'을 알기 위해서 우리는 인간을 있는 그대로 알아야 되며, 거기서 더하거나 빼지 않아야 한다.

3) 총체적 존재로서의 인간

단 한 사람일지라도 그에 대해서 정확히 파악하는 것은 무척이나 힘들다. 우리는 흔히 다음과 같은 말을, 예컨대 그를 잘 아는 것은 그의 가족이거나 애인, 아니면 절친한 친구라는 말을 듣기도 하며, 우리는 입버릇처럼 '그 사람에 대해서는 내가 잘 아는데'라는 말을 내뱉기도 한다. 이런 식으로 우리는 누구나 자기가 제일 잘 안다고 생각하는 사람을 한두 명쯤은 가지고 있기 마련이다. 하지만 그러한 사람이 부모든 형제든 사랑하는 사람이든 친구이든 혹은 그 누구든지 간에 우리는 종종 그 사람에 대한 우리 인식의 한계를 느끼며 '내가 아는 한 그 사람은 그럴 사람이 아니야'라든가, 또는 '그런 사람이 아닌데 왜 그렇게 됐지'라는 말로 스스로를 위로해야만 되는 경우를 경험하게 된다.

제아무리 가족에게 따뜻한 마음 씀씀이를 지닌 사람이라 할지라도, 그 사람이 만약 기업가라면 그는 그의 피고용자들에게는 악독한 자본가일 수가 있다. 또는 인간에겐 그렇게 따뜻한 마음을 가진 사람이 단순히 사냥을 즐기기 위해 동물을 잔혹하게 죽이는 경우도 있다.[25] 결국 가족이나 애인, 친구가 알고 있는 그의 모습들이란 대개 그들에게만 그가 보여주는 '인간적인 것'에 지나지 않는다. 요컨대 그의 모든 것은 그가 맺고 있는 관계의 총화이며, 한편으론 상대적인 것으로 여겨지는 그런 상대적 절대성이 모여 한 인간으로서의 그를 이루고 있다. 살인자라고 해도 그의 부모에게 살인자인 것은 아니다. 그렇다면 그의 부모의 입장에서 그는 결코 살인자가 아니다. 결국 그에 대해서는 그를 둘러싼 모두가 제대로 알고 있는 것이며, 또한 모두가 제각각 그의 일부만을 알고 있는 셈이다. 그러나 그는 그럼에도 불구하고 바로 그이며 그 모든 관계가 내포하는 속성의 총체로서의 한 인간일 뿐이다.

4) '비로소 인간적인 것'

만약 사랑, 형제애, 부모에 대한 공경심 등이 인류의 역사가 출발한 이래 인류와 함께 해온 인간적인 행위라고 한다면 살인, 강간, 폭행, 절도, 사기 등도 인류의 역사와 더불어 지금까지 함께 해온 지극히 인간적인 행위이다. 그러한 인간적 속성

---

25) 이와 관련하여 다음과 같은 마르크스의 글을 보도록 하자.
"(자본가인-인용자) 당신은 모범적인 시민일지로 모르며, 동물학대 방지협회의 회원일지도 모르며, 거기다가 성인이라는 명성을 누리고 있는 사람일지로 모른다. 그러나 당신이 나와의 관계에서 대표하고 있는 그것'…'은 가슴속에 심장을 가지고 있지 않다." (K. Marx, 김수행 옮김, 『자본론 1권 상』 제2개역판, 비봉, 2001, 303쪽)

들은 지금 이 글을 쓰고 있는 글쓴이와 이 글을 보고 있는 독자 역시 마찬가지로 공유하고 있는 속성들이다. 우리는 뉴스나 여러 매체 등을 통해 잔혹한 살인마나 유아강간범 등을 보며 '저런 인간 같지도 않은 사람을 봤나'라는 말을 내뱉기도 한다. 그러나 분명한 것은 그도 역시 인간이란 사실이다. 그는 그러한 잔혹성을 인간으로서 행한 것이지 결코 악마로서 행한 것이 아니다. 그는 인간의 탈을 쓴 악귀가 아니라 인간으로서의 인간일 뿐이다.

그렇다면 왜 우리는 무의식적이든 의식적이든 간에 인간으로서의 그를 부정하곤 하는가? 이는 아마 인간이라는 類적 존재로서 지니는 자긍심에서 비롯된 것이 아닐까 한다. 요컨대 만약 살인을 즐기는 이를 인간으로 인정하고 그의 행위를 인간적인 행위라 한다면 그것은 그 살인마와 내가 인간이라는 점에서 일자임을 인정하는 꼴이 된다. 결국 내가 살인마가 같지 않기 위해서 그는 인간이 아니어야 하며, 최소한 인간이길 포기한 인간이어야 한다. 하지만 결단코 부정할 수 없는 건 그 역시 인간이라는 사실이다. 그도 나와 마찬가지로 심장, 더 나아가 사유할 수 있는 두뇌를 가진 존재이며, 그도 누군가를 사랑했을 것이며 누군가에게는 평생 미안한 마음을 가지고 살아왔을 지도 모른다. 그가 나에게 있어 인간이 아니라고 하여, 그가 인간으로서의 비존재인 것은 결단코 아니다. 無는 언제나 특수한 無이다. 마치 거지에게 돈이 없다고 하여 돈 자체가 없는 것이 아니듯 말이다.

'인간적인 것'이란 '인간적인 것'이며 '인간이 보여주는 그 모든 것'이다. 흔히 우리는 내 안에 또 다른 내가 있다고 말하지만, 그것은 또 다른 내가 아니라 오직 나일뿐이며, 같은 말로 인간의 또 다른 모습이 아니라 오직 인간의 모습일 뿐이다. 여기서 감히 헤겔을 흉내 내어 솔로몬의 다음과 같은 말을 빌리고자 한다.

> 태양 아래 새로운 것은 아무 것도 없다.

그리고 덧붙여 말한다. 인류의 역사 속에서 인간이 인간을 벗어난 적은 단 한 번도 없었다. 설령 그것이 사랑이든 강간이든 또는 한낱 배설작용이든 간에 인간은 지금까지 너무나 인간답게 잘 살아왔다. 인간 속에서 그러한 속성들은 동일한 질적 규정 내의 구별 아닌 구별로서의 의미를 지닐 뿐이다.

2. 자연적인 것: 피규정적 존재로서의 인간

이런 점에서 우리는 '인간적인 것'이란 헤겔의 말처럼 다름 아닌 잠재태임을 알 수 있다고 하겠다. 잠재태는 개체에 따라 양적인 차이를 가지는데, 이러한 양적 차이는 그러나 잠재태 내에서 순수하게 자신을 드러내는 것이 아니라 현실태로의 이행을 통해서 드러난다. 따라서 여기선 다시 잠재태와 맞서는 특수한 관계 혹은 잠재태의 양적 차이를 규정하는 외적 규정력으로서 타자가 나타나게 된다. 우리가 역사라고 부르는 것은 바로 이러한 인간의 자기 내적 규정력과 인간 외부의 자기 외적 규정의 결합의 산물에 다름 아니라고 할 것인데, 이런 측면에서 보자면 '인간적인 것'은 본래 '인간만의 것이 아닌 것'이라고 할 수 있을 것이다. 달리 말해 '인간적인 것'은 '인간적이지 않은 것'을 요구하고 '인간적이지 않은 것'과의 관계 속에서 '인간적인 것'을 만들어 온 것이 인간의 역사였던 셈이다.

알다시피 인류의 역사가 시작된 이래 그 속에서는 무수한 일이 벌어져왔다. 기록으로 확인이 가능하든 또는 그렇지 않든 간에 우리는 지나간 인류의 역사 속에 사랑, 관용, 평화 등의 아름다운 역사가 있었음을 쉽게 짐작할 수 있다. 우리는 선조들이 보여준 위대한 행적들을 보존하고 기록하며 그것을 '인간적인 것'의 본보기로 삼는다. 그런데 잠재태라는 측면에서 '인간적인 것'은 시대를 초월한 개념 그 자체이기도 하지만, 그것이 또한 현실태이기도 하다는 점에서 '인간적인 것'은 각각의 시대가 지닌 물적 관계(당시 현시점의 관점에서 보자면 인간적이지 않은 것)를 요구하며 그것에 부합하기 마련이다. 따라서 과거의 현실태로서의 '인간적인 것'들이 오늘날에도 '인간적인 것'일 수 있기 위해서는 단순한 잠재태 이상의 무언가를 요구할 수밖에 없게 된다. 다시 말해 과거의 '인간적인 것'이 오늘날에도 '인간적인 것' 내지는 최소한의 '교훈적 의미'를 지니기 위해서는 그것이 오래 전 '인간적인 것'으로서 자신의 지위를 누릴 수 있었던 과거의 물적 · 정신적 조건이 당대에도 어느 정도 마련되어 있어야만 할 것이다. 만약 그렇지 않다면 이는 헤겔의 말처럼 현실의 풍파 속에서 좌초되고 마는 한낱 도덕명제로 전락할 가능성이 높다고 할 것이다.

마찬가지로 개별적 인간의 관점에서 보더라도 '인간적인 것'은 여타의 존재와 마찬가지로 '자기 외의 것' 혹은 '타인의 인간적인 것'(자신의 관점에서만 보자면 비인간적인 것)을 요구한다. 인간은 혼자 스스로 태어난 신과 달리 태어나면서부터 누군가에 의해 그리고 누군가의 도움을 받아 태어난 관계적 존재이다. 따라서 '인간적인 것'을 비로소 자기화한 인간이라 할지라도 그는 이러한 자기 본성을 안은 채 현실적인 관계를 맺을 수밖에 없으며, 이러한 현실과의 대면 속에서 종래의 안정을 누렸던 자기 내의 인간적 본성은 다시금 갈등과 대립의 양상을 빚기 마련이다.

인간은 타자와 관계를 맺으면서 자기 자신을 지양한다. 더 나아가 헤겔의 말처럼 그 자신이 속한 집단과 사회, 그리고 역사, 다른 말로 객관적인 것들과의 관계를 맺으며 한낱 주관적이면서 개체적인 속성을 지양하게 된다. 이를 통해 내 안의 '인간적인 것'은 '자연적인 것'으로 지양된다. 이런 점에서 '자연적인 것'이란 '인간적인 것'이 자기 운동을 통해 자기 자신으로 복귀한 상태 혹은 존재를 의미한다. 물론 내 안의 '인간적인 것'이 '자연적인 것'으로 지양되는 과정에서 나의 인간적인 행위는 애초부터 '자연적인 것'일 수만도 없으며, 또한 정반대로 '자연적인 것'이 아닐 수만도 없다고 하겠다. 예컨대 자기 자신을 사랑하는 행위는 그 자체 인간적이면서도 자연적인 행위라고 하기에 부족함이 없으나 즉자대자적인 관계에 있어서까지 그것이 자연적인 행위라고 말할 수는 없는 노릇이다. 따라서 여기선 인간의 이기심을 가급적 타인이나 자연과 합일되는 방향으로 이끌 수 있는 외적 규정력이 요구되어질 수 있다.

물론 인간의 속성이 결과적 측면에서 그 어떤 결과를 불러오던지 간에, 인간은 형식적인 측면에서 끊임없이 자기를 파멸시키고 보존하는 지양의 과정을 되풀이하기 마련이다. 따라서 형식적인 측면만을 논하자면 인간의 행위는 그 자체 '자연적인 것'인 동시에 '인간적인 것'이며, '인간적인 것'인 동시에 '자연적인 것'이라고 할 수 있다. 그러나 여기엔 한 가지 해결되지 않은 문제가 남아 있다. 바로 '자연적인 것'이면서도 '인간적인 것'이 도대체 '누구의 의지'에 의해, 그리고 '어떤 의지'에 의해 형성된 것인가 하는 점이다. 만약 이러한 과정을 통해 도출된 '자연적인 것'이 특수한 주체에 머물며, 특수한 주체만을 호명하는 것이라면, 그것은 자기 자신을 지양한 완성된 인간주의라고 할 수는 없는바, 왜냐하면 이는 '자연적인 것'은 분명하지만 '자유'가 결여된 '자연적인 것'에 불과하기 때문이다. 따라서 우리의 논의는 다시금 '자유'의 문제로 돌아갈 수밖에 없게 된다.

Ⅳ. 결론을 대신하여 : 그리고 또 자연적인 것

자연의 인간적 특성은 오직 사회적 인간에 대해서만 존재한다. 왜냐하면 자연은 인간이 타자를 위한 존재 그리고 타자가 자기를 위한 존재가 되는, 그런 인간의 결집체로서 존재하는 인간 삶의 부분이기 때문이다. '(……)' 이와 같은 사회는 인간과 자연의 완전한 본질적 통일체이자 -자연의 진정한 회복이며- 완성된 인간의 자연주의이며, 완성된 자연의 인간주의이다.[26)]

지금까지 인간의 역사는 단 한순간도 자연의 역사를 벗어나 본 적이 없다. 인류의 역사가 시작된 이래 자연 역시 인간의 역사를 벗어나 본 적이 없다. 게다가 '자연적인 것'이란 모름지기 특수한 즉자적 상태 속에서도 그에 부합하는 즉자대자성을 마련해가는 까닭에 언제나 늘 그렇듯이 '자연적인 것'이다.

그러나 그러한 즉자대자성이 상호 간의 인정을 통해 이루어지지 않는 이상, 그것은 어디까지나 또 다른 지양의 과정에 들어서야만 하는 것이라고 하겠다. 알다시피 지금까지 인류가 이뤄온 역사의 대부분은 그러한 자유와 상호 인정이 결여된 역사였다. 이런 점에서 지금까지의 인간의 역사를 자연이긴 하되, 자유와 상호 인정이 결여된 '부자유의 자연'이었다고 말할 수도 있을 것이다. 결국 '인간적인 것'의 '보다 고차적인 자연적인 것'으로의 지양을 위해선 '자유'의 개념이 다시금 요청된다고 할 수 있겠는바, 이러한 개념 속에는 헤겔의 '자기 자신에 대한 앎으로서의 자유'의 개념과 이러한 헤겔의 개념을 실현하기 위한 마르크스의 '실천적 자유'의 개념이 모두 포함되어야만 할 것이다.

인간은 분명 자연적인 존재이다. 인간은 현실 속에서 늘 살아왔고 또 살아간다는 점에서 자연적인 존재이며, 또 다른 현실을 만들어 갈 수 있다는 점에서 또한 자연적인 존재이다. 이러한 자연은 역사가 우리 인간의 역사라는 전제 하에서 인간으로부터 비롯된 것이라 할 것이다. 예를 들어 오늘날의 인간에겐 현실태이자 과거의 인간에게 잠재태였던 현재는 미래의 인간에게 있어서는 그 자체 잠재태로서의 의미를 지니는 자연이라 할 것이다. 따라서 '자연적인 것'은 이미 '정신적인 것'이며, '인간적인 것'의 '자연적인 것'의 지양, 그리고 '보다 고차적인 자연적인 것'으로의 지양은 곧 '정신'의 지양을 의미하는 것이기도 하다.

역사로서의 잠재태 혹은 자연은 그 자체 질서를 가진다. 이러한 질서는 인간과 인간 간의 그리고 인간과 비인간 간의 관계를 규정한다. 우리가 흔히 사회적 관계 혹은 생산관계라고 부르는 것이 그것이다. 이러한 관계는 어떤 식이든지 간에 상호 간의 인정을 통해 이루어진다. 그러나 그러한 인정의 과정은 때론 개체의 무의식이나 무지에 의해, 또 때로는 비자발적인 강요에 의해, 또 때로는 자발적이기는 하나 체념에 의해 이루어지기도 한다. 상호 인정의 개념은 개체의 자유의사가 반드시 전제되어야만 한다. 인간은 자유를 통해 자기 자신을 알아가며, 자기 자신의 인간적인 것에 대한 앎을 통해 타자에 대해 즉자태로서 자신을 당당하게 드러낼 수 있다. 타자 역시 그러한 자유인으로서 즉자와 마주할 때 양자의 '인간적인 것'

26) K. Marx, *Economic and Philosophic Manusripts of 1844*, 298쪽.

은 완성된 인간주의이자 완성된 자연주의로 지양된다.

그런데 사실 '자연적인 것'은 반드시 인간을 필요로 하지 않는다. 추상 수준을 높일 경우 '자연적인 것' 내에서 '인간적인 것'이란 어디까지나 보편과 한낱 특수의 관계에 지나지 않는다. 특수가 보편을 자기 내에 받아들일 때 보편과 특수는 일자로 합일되지만, 특수가 보편을 잡지 못한다고 하더라도 보편은 특수를 제쳐두고 묵묵히 자기 자신의 길을 가기 마련이다. 예컨대 핵전쟁이 발발하여 지구가 초토화된다고 한들 '자연적인 것 그 자체'는 그러한 자신의 현실태를 받아들이며 또한 자신을 유지시켜 나갈 것이 틀림없으며, 그러한 상태 속에서 인간의 자연이란 자연 그 자체의 대열 속에서 다만 탈각되는 존재에 불과하다고 하겠다. 결국 자연 그 자체로서의 자연과 인간의 자연이 그 생의 영광을 함께 누리기 위해선 모름지기 '인간적인 것'이 '특수한 역사적 인간으로서의 자연적인 것', 더 나아가 '인간의 類적 보편으로서의 자연적인 것'에만 머무르지 않고 끊임없이 자신을 지양시켜 나가야 하는바, 결국 그것의 종착지이자 또한 행위의 범주가 되어야 하는 것은 특수성에 굴복하지 않는 보편적인 자유가 전제된 그러한 '자연적인 것'이어야만 할 것이다.

참고 문헌

박종대, 『진정한 휴머니즘과 사회윤리의 모색』, 서강대학교 출판부, 2002.

박호성, 『휴머니즘론』, 나남, 2007.

Bookchin, M., 구승회 옮김, 『휴머니즘의 옹호』, 민음사, 2002.

Fromm, E., 김남석 옮김, 『휴머니즘의 부활』, 을지, 1983.

Marx, K., 김수행 옮김, 『자본론 1권 상』 제2개역판, 비봉, 2001.

Hegel, G.W.F., 임석진 옮김, 『논리학 3』, 벽호, 1997.

_____, *Phänomenologie des Geistes*, in: *Gesammelte Werke*, Bd. 3, hrsg. von Reinicke & Helmut, Frankfurt 1986.

_____, *Vorlesungen über die Philosophie der Geschichte*, in: *Gesammelte Werke*, Bd. 12, hrsg. von Reinicke & Helmut, Frankfurt 1986.

_____, *Vorlesungen über die Geschichte der Philosophie I* , in: *Gesammelte Werke*, Bd. 18, hrsg. von Reinicke & Helmut, Frankfurt 1986.

Hume, D., 이준호 옮김, 『인간본성에 관한 논고 2』, 서광사, 1996.

Lenin, V. I., *Collected works*, vol 38, translated by Bernard Isaac, Joe Fineberg, Progress, Moscow 1964.

Maritain, J., *Christlicher Humanismus*, Heidelberg 1950.

Marx, K., *Economic and Philosophic Manusripts of 1844*, in: *MARX`ENGELS COLLECTED WORKS* 3, Progress Publishers, Moscow 1975.

_____, *The Holy Family or critique of critique of critical criticism*, in: *MARX`ENGELS COLLECTED WORKS* 4, Progress Publishers, Moscow 1975.

_____, *The German Ideology*, in: *MARX`ENGELS COLLECTED WORKS* 5, Progress Publishers, Moscow 1975.

What is human thing?

Hur, jung su

The purpose of this articles is to provide supplementary concept about 'human thing' in terms of Hegel and Marx. It compares and arranges human nature between them in the beginning in the paper and in the context, approaches critically previous position about human thing. Finally, it tried to give supplementary concept about 'human thing', further 'natural thing' in the viewpoint of Hegel and Marx.

Keywords: humanism, human thing, natural thing, Freedom.

이 논문은 2008년 3월 20일에 접수하고 2008년 10월 17일에 심사 완료하여 2008년 10월 24일에 게재가 확정되었습니다.

제2부

일반 논문

Zur Seite ihres Gatten ruht
Johanna Marie Fichte
geb. Rahn
am 24. ten Jänner 1819.
die würdigste Gefährtin
eines solchen Gatten
wandeln in ihrer Bahn
ihrem Vorbilde nach
FICHTE

14세기 오캄을 통해서 본 중세철학과 근대철학의 연속성*

이 재 경

요약문

서양철학사의 연구자들 가운데 중세와 근대를 단절로만 보고 각 시대 사이에 놓인 연속성에 주목하지 않는 경향이 최근까지 남아있다고 해도 그리 틀린 말은 아닐 것이다. 이 글은 두 시대 사이에 놓인 실마리를 14세기 사상가 윌리엄 오캄에서 찾는다. 필자는 신학과 철학의 관계설정에 대한 오캄의 문제의식이 중세를 벗어나 있다는 기존의 해석에 반대하여 철저히 중세적인 동시에 근대를 잇는 가교역할을 했다는 주장을 개진한다. 이런 작업은 오캄 사상을 대변하는 유명론, 경험론에 대한 설명을 통해 회의주의자의 면모를 드러내고, 그의 사상에 담긴 근대성을 타진하는 것에서 출발한다. 또한, 아리스토텔레스에 대한 비판적인 태도를 견지하는 오캄의 모습을 부각시킬 것이다. 마지막으로, 근대성을 예견하는 그의 작업들이 철학과 신학을 분리시키고자 했던 중세의 전통들 가운데 하나를 계승한 것임을 밝힐 것이다.

● 주요어 : 오캄, 연속성, 근대성, 유명론

I. 문제제기

서양철학사의 시대 구분에서 중세와 근대 사이만큼 사상적 전환이 큰 시기는 없다고들 한다. 근대철학이 신앙과 교회의 권위에서 탈피하고자 하는 노력과 스콜라 철학의 방법론과의 단절을 꾀하는 시도의 산물이라는 점에서 중세를 '낡은 것'으로 간주하는 것은 근대철학 연구자들에게 당연한 것일 수 있다. 이와는 대조적으로, 이성과 신앙의 불편한 동거를 청산하고 합법적인 결혼으로 이끌어내고자 한 중세를 '황금시대'라고 평가하는 중세철학 연구자들에게 근대는 '새로운 것'이라기보다는 애써 이룩한 문명을 무너뜨린 시대로 보일 수도 있다. 최근까지도 중세와 근대를 단절로만 보고 각 시대 사이에 놓인 연속성에 주목하지 않는 경향이 학자들 사이에 남아있다고 해도 그리 틀린 말은 아닐 것이다.

"낡은 것은 새로운 것의 밑거름이 되며 새로운 것은 전통에 입각하면서 발전해 나간다"는 격언은 그 어느 시대구분보다 중세와 근대에 적용해야 하지 않을까? 이 글은 중세적이면서도 근대사상의 맹아적 요소를 14세기, 그 가운데서도 윌리엄 오캄(William Ockham, 1285-1349)에게서 찾고자 한다. 이런 작업이 성공적이기 위해서는 두 시대를 아우르는 사료분석과 통찰력이 선행되어야 한다. 더욱이 13세기와 차별화되는 사상적 단초가 14세기에 발견된다는 사실을 지적하는데 그치지 않고 그 단초가 근대철학에 실제로 영향을 미쳤는지에 대한 문헌적 전거를 밝혀야 한다. 불행히도 그런 작업을 감당할 능력이 필자에게는 없다.

단지 필자는 신학과 철학의 관계설정에 대한 오캄의 문제의식이 중세를 벗어나 있다는 기존의 해석에 반대하여 철저히 중세적인 동시에 근대를 잇는 가교역할을 했다는 주장을 개진하는데 만족할 것이다. 이런 작업은 오캄 사상을 대변하는 유명론, 경험론에 대한 설명을 통해 회의주의자의 면모를 드러내고, 그의 사상에 담긴 근대성을 타진하는 것에서 출발한다. 또한, 아리스토텔레스에 대한 비판적인 태도를 견지하는 오캄을 부각시킬 것이다. 마지막으로, 근대성을 예견하는 그의 작업들이 철학과 신학을 분리시키고자 했던 중세의 전통들 가운데 하나를 계승한 것임을 밝힐 것이다.

* 이 논문은 2008학년도 연세대학교 신임교원 정착금의 지원에 의해 작성되었음.(2008-1-007)

II. 보편자 문제와 유명론

13세기는 신앙과 이성의 긴장관계가 극에 달한 시기인 동시에 그 둘의 결합을 추구한 시기이기도 하다. 아리스토텔레스의 저작들이 유입되고 전문적인 연구가 진행됨에 따라 그리스도교 신앙의 핵심교리와 상충되는 철학적 입장들이 등장하기도 했고, 이런 추세를 우려하면서 반발하는 보수적인 신학적 담론이 대안으로 떠오르기도 했던 반면, 극단적인 대립을 절충하려고 신앙과 이성의 조화를 꾀하고자 하는 이론도 나타났다. 그 시대에 벌어진 논쟁에 대한 평가를 차치하고서, 1270년과 1277년에 일어난 단죄는 어쩌면 창조적이고 생산적인 긴장관계를 더 이상 유지할 수 없게 한 결정적 요인이었을 것이다. 점차적으로 이성과 신앙 사이에 조화를 추구하는 노력은 사라지게 되었으며, 자연신학의 영역에 놓인 문제들조차 계시의 영역으로 귀속시키려는 경향이 생기게 되었다. 이런 경향성은 자연 이성으로는 신에 관해, 심지어 신 존재까지도 증명할 수 없다는 오캄의 주장에 밝히 드러난다. 이성이 신학에 대해 말할 수 있다면, 단지 변증론적 개연성 수준에 불과하다는 것이 그의 생각이다. 이런 이유로 인해 14세기에는 확실성(certitude)보다는 개연성(probability)에 주안점을 두는 변증론적 추론이 유행하게 되었다.

이런 개연성을 강조하게 된 배경에는 경험론과 유명론적 사고가 놓여있다. 오캄에 따르면, 세계는 개별자들로만 이루어진 것이다. 서로 간에 공통적인 것이라고는 존재하지 않는다. 개별자들의 유명론적 세계에서 하나의 대상이 또 다른 대상을 통해 알려질 수 없다. 각각의 대상은 단독으로 지각되어야 한다. 따라서 하나의 대상이 또 다른 대상의 작용인(作用因)이라는 점을 입증하는 어려움이 있다. 단지 경험만이 이 점을 보증한다. 즉, 경험이 있을 경우 결과가 따르고, 그것이 부재할 때 결과는 따르지 않는다.[1)]

기실 개별적 사물들에 어떤 식으로든 우리의 보편적 개념의 기초가 되는 '본성'이나 '본질'이 포함되어 있다는 생각은 13세기 스콜라철학자들 사이에 일치된 견해였다. 오캄은 이런 생각을 뒤집는다. 실재는 근본적으로 개별자이고 결코 공통적이거나 보편적이지 않다. 심지어 단어나 개념도 실재인 한에서 개별자다. 그것들의 보편성은 오직 여러 사물들의 기호(*signum*)라는 사실에서 찾아야 한다.

1) 이 점에 대해서는 Armand Maurer, "Some Aspects of Fourteenth-Century Philosophy", in *Being and Knowing: Studies in Thomas Aquinas and Later Medieval Philosophers*, PIMS, 1990, 456쪽 참조.

유명론과 실재론을 두고 중세에 벌어진 논란을 '보편자 문제'라고 부른다. 그 문제는 포르피리우스의 『이사고게』(*Isagoge*)에서 제기된 물음으로 거슬러 올라간다. '인간'이나 '동물'과 같은 종과 유가 있다면, 그것들은 무엇인가? 그것들은 세계 내에 스스로 존재하는가 아니면 단지 정신의 산물인가?

중세에서 보편자는 두 가지 의미를 지닌다. 1) 여러 대상 안에 동시에 존재할 수 있는 것과 2) 자연적으로 여럿에 대해 서술될 수 있는 것이 그것이다. 오캄은 명사가 여러 대상에 대해 서술될 수 있다는 점을 부정하지 않는다. 그러나 여럿에 대해 서술될 수 있는 다른 무언가가 존재한다는 생각을 받아들일 수 없었다. 1)을 수용하는 이들을 실재론자(realist)라고 부르는 반면, 보편자가 정신 안에만 존재한다고 주장한 이들을 중세에는 유명론자(nominalist)로 불렀다. 즉, 보편자는 명칭들(*nomina*)일 뿐이라는 것이다.

그렇다면 오캄에게 보편자의 본질은 무엇인가? 보편자는 정신 안에 있는 여러 사물의 기호라고 말한다. 그리고 규약적 기호와 자연적 기호라는 두 종류의 기호가 있기 때문에 이에 대응하는 두 부류의 보편자들이 있다. 발화되거나 글로 쓰여진 말들은 규약적 기호의 예다. 이들은 어떤 대상을 의미하도록 인위적으로 구성된 것이다. 이것을 입증하기 위해서는 세상에 여러 가지 언어들이 있다는 사실을 보여주면 된다. 한편, 자연적 기호가 있다. 예를 들어 신음소리는 고통에 대한 자연적 기호이며, 연기는 불에 대한 자연적인 기호이다. 자연적 기호들은 자연의 사태이므로 국가 간에, 그리고 사람들 간에 차이가 나지 않는다. 개념은 개별적 사물들에 대한 자연적 기호들이다. 만약 개념이 오직 하나의 사물의 기호라면 그것은 개별적인 개념일 것이다. 만약 개념이 여러 사물의 기호라면, 그것은 보편적인 개념일 것이다.

그 자체로서 모든 기호는 개별적인 사물이다. 기호가 말이든 개념이 되었건 간에 마찬가지이다. 그것의 보편성은 여러 사물을 의미한다는 사실에 놓여있다. 따라서 보편성은 의미기능의 문제이다. 보편성은 그 자체로서 사물이나 실재적인 것이 아니다. 이와 같은 면모는 모든 사물은 개별적이며 보편적인 사물들이나 실재들은 없다는 오캄의 이론을 확고하게 뒷받침한다.

유명론적 사고는 논리학과 형이상학은 물론 정치이론에도 드러난다. 개별자 말고는 그 무엇도 실재적이지 않다면 사회적 실재나 공동사회라는 실재는 없다. 사회는 개별자의 총합일 뿐이다.

III. 인식이론과 회의주의

유명론은 오캄으로 하여금 회의주의의 길로 들어서게 한다. 중세 초기에 그리스도교에 가장 큰 위협을 가하는 것으로 회의주의를 꼽을 수 있다. "내가 속는다면 나는 존재한다"(Si fallor, sum)는 유명한 명제를 통해 젊은 시절 심취했던 회의주의를 극복하고자 한 아우구스티누스 이후로 회의주의는 중세에서 그리 큰 영향력을 행사하기 힘들었다.

> 이런 진리 앞에서 아카데미아 학파의 논리, "만일 그대가 속는다면 어떻게 할 것인가?"라고 묻는 사람들의 논리는 아무 소용이 없다. 내가 속는다면 나는 존재한다. 존재하지 않는 자는 속을 수도 없기 때문이다. 그래서 내가 속는다면, 나는 존재하는 것이다. 그러므로 내가 속는다면, 나는 존재하는 것이다. 내가 속을 때에 내가 존재한다는 것이 확실한데, 내가 존재한다고 가정하면서 어떻게 내가 속을 수 있겠는가?[2)]

더욱이 아리스토텔레스의 실재론을 받아들이게 되면서부터 회의주의는 더 이상 문제거리가 되지 않았다. 그의 실재론은 인식행위 과정에서 주체가 대상 안에 존재하게 됨으로 인해 어떤 점에서 그 대상과 동일하게 된다는 소위 '인식의 동일성'(cognitive identification)[3)]을 전제한다.[4)] 인식주체와 인식대상의 동일성은 우리가 외적 세계에 대한 지식을 지닐 수 있는지의 여부에 대해 부정적으로 답변하는 회의주의 논변에 대한 탈출구를 제공한다. 이 점은 아리스토텔레스가 『영혼에 관하여』(*De anima*)에서 제시하는 도장이 달린 반지가 밀랍에 상을 만드는 비유를 통해 명확하게 이해될 수 있다.[5)] 즉, 반지는 밀랍 위에 상을 새길 때 그 생김새(형상)와 똑같은 복사본을 만든다. 하지만 거기에 금이나 청동과 같은 반지의 재료(질료)

---

2) 아우구스티누스, 성염 옮김, 『신국론』, 분도출판사, 2004. 11. 26.

3) 때때로 지향적 동일성(intentional identity)으로 표현되기도 한다. Claude Panaccio, "Aquinas on Intellectual Representation", in Dominik Perler, ed., *Ancient and Medieval Theories of Intentionality*, Brill, 2001, 186-187쪽 참조.

4) 감각의 지각작용에 적용되는 인식의 동일성주장에 대해서는 아리스토텔레스, 유원기 역주. 『영혼에 관하여』, 궁리, 2001, 2.5, 417a18-20; 418a3-6; 2.11. 지성의 사고작용에 적용되는 경우는 『영혼에 관하여』, 3.4, 430a3-5: "또한, 그것의 다른 대상들이 그렇듯이, {지성은} 그 자체가 사고대상이다. 왜냐하면 질료가 없는 것들의 경우에 '사고하는 것'과 '사고되는 것'은 같기 때문이다"; 431b21 참조.

5) 같은 책, 2.12, 424a20-22.

를 남기지는 않는다. 반지가 둥글다면 밀랍에 새겨진 상 역시 둥글다. 반지에 톱니 모양의 모서리가 있다면, 그 상에도 역시 그런 모양이 새겨질 것이다. 하지만 반지가 금이나 청동일지라도, 그 상은 여전히 밀랍일 뿐이다. 따라서 내가 돌에 대해 인식할 경우 일어나는 인식의 동일성은 문자 그대로 내가 돌이 된다는 뜻이 아니라 내 마음에 돌의 형상을 받아들인다는 의미로 해석되어야 한다.[6] 이런 실재론은 아리스토텔레스의 저술이 유입된 이후부터 13세기에 이르기까지 지배적인 이론이었다.

오캄은 인식주체와 인식대상 사이의 동일성 테제를 포기한다. 그는 형상, 즉 종과 공통본성의 실재성을 부정하는 한 인식의 객관성을 보장할 대안을 찾기 힘들게 된다. 따라서 유명론은 회의주의로 이르게 된다.

또한, "감각의 대상은 특수자고, 지성의 대상은 보편자다"는 원리는 13세기까지 인식이론에 핵심주장이었다. 아리스토텔레스를 따르는 이들은 인간의 인식능력을 크게 두 가지로 나눈다. 인간에게는 신체기관을 통해 작용할 수밖에 없는 물질적인 감각들과 신체기관과 무관하게 사고 작용을 수행하는 비물질적인 지성이 있다. 이런 인식능력들 사이의 구분은 정보의 차이, 즉 인식대상과 맥을 같이 한다. 우리는 특정 사물이 얼마나 큰지, 어떤 색깔인지 등과 같이 세계에 대한 특수한 정보를 획득할 필요를 느끼는 반면, 작다, 파랗다 등의 개념들처럼 세계 내의 사물들에 대해 사고하고 말하는 보편적인 개념들을 얻을 필요가 있다. 첫 번째 종류의 정보를 획득하고 보존하며 처리하기 위해 감각들이 요구되며, 두 번째 종류의 정보에 대해서는 지성이 필요하게 된다.[7] 신체를 가진 인간은 감각을 통해 세계에 대한 정보를 획득하게 된다. 또한 인간의 인식작용은 감각작용에서 비롯되며, 감각작용의 고유한 대상인 특수자가 보편자보다 먼저 알려지고 더 잘 알려진다.[8] 오캄은 이런 원리를 부정한다. 감각작용이나 지성작용은 모두 동일한 대상을 가진다. 그 대상은 개별자다. 개별자만이 존재한다. 여러 대상을 지칭하는 개별적 명사에 대해 알 수 있다. 보편자를 안다는 것은 바로 그런 의미에서다. 그 명사에 의해 그 명사가 나타내는 여러 사물들을 안다고 말할 수 있기 때문이다. 하지만 이것과 연

---

6) 같은 책, 3.8, 431b29-432a3: "그렇다면 {그 능력들은} 반드시 {대상}들 자체이거나 또는 {그 대상들의} 형상들이다. 그것들은 그 {대상들} 자체가 아니다. 왜냐하면 영혼 안에 존재하는 것은 돌이 아니라 형상이기 때문이다."

7) Thomas Aquinas, *Summa theologiae*, College Dominican, 1941-1945, 1.12.4c; *Sentencia Libri De anima*, ed. Leonine, vol. 45,1, 2.12.377 참조.

8) Thomas Aquinas, *Expositio libri Posteriorum*, ed. Leonine, vol. 1*, 2, 1.4.16.

관된 공통본성을 요청하지 않는다.

그렇다면 오캄의 생각을 주관주의의 형태로 이해할 수 있는가? 보편자가 정신 외부에 존재하는 것이 아니라는 주장은 결국 보편자가 인위적인 개별자나 사회계약의 산물이란 뜻인가? 물론 아니다. 만일 규약주의를 받아들인다면 학문의 가능성은 무너지고 말 것이다. 인위적인 것도 아니라면 객관적인 근거를 어디서 찾아야 하는가?

철수와 영희는 비슷하다. 즉, 그들이 모두 인간이라는 점에서 비슷하다. 이런 판단을 객관적으로 만들기 위해 세계 안에 대상을 설정할 필요가 없다. 세계 안의 대상들이 비슷할 경우 그 대상들이 정신 안에 보편적 판단을 야기한다. 범주들 가운데 성질의 경우를 보자.[9] "철수는 고수머리다"의 경우에서 '고수머리임'이라는 성질은 '철수'라는 실체 안에 내재한다. 이유인즉, 성질은 대상의 인과적 능력이기 때문이다.

철수에게는 자신이 만나는 이들의 정신에 '인간성'의 개념이 들어가도록 할 능력을 지닌 특성이 있다. 사람들이 철수를 만나는 경우 그는 그들에게 어떤 생각을 하도록 한다. 사람들이 영희를 만나는 경우 그들 역시 정확하게 동일한 생각을 하게 한다. 사람들이 '해피'라는 개를 만나는 경우 그들에게 이런 생각을 하도록 하지는 않는다. 물론 해피를 만나는 경우도 인간성에 대해 생각할 수도 있다. 그러나 해피는 인간성을 야기하지는 않는다. 그보다 철수와 영희와 같은 개별자들에 의해 야기된 개념의 기억을 촉발시킬 것이다.

인간성을 생각나도록 하는 이유를 설명하기 위해 철수와 영희 안에 어떤 대상을 설정할 필요는 없다. 영희에게는 속쓰림의 증상이 있고, 그 속쓰림을 일으키는 원인으로 '커피'와 '철수', 두 가지 있다고 하자. 커피와 철수는 동일하지 않다. 그럼에도 그것들 모두 속쓰림을 일으킨다. 그것들은 비슷한 것을 야기하기 때문에 비슷한 인과적 능력을 지녔다. 예컨대 영희는 금요일 커피를 마시고 속이 아팠고, 이후 그 증상이 사라진 후 토요일에 철수를 만나 속 쓰림이 다시 왔다. 마찬가지로, 소크라테스와 플라톤은 모두 인간성이나 흼에 대해 생각하도록 만들지만 동일하지 않다. 소크라테스와 플라톤은 보편자와 같은 것을 공유하지는 않지만 정신 안에 유사한 결과를 일으킨다는 것이 오캄의 생각이다.

9) 예컨대, "철수는 영희보다 더 크다"와 같은 관계는 정신 안에 있는 판단이다. 그러나 "-보다 더 크다"는 철수 안에 내재하지 않는다고 오캄은 말한다.

IV. 현실성에서 가능성으로

스콜라철학의 태동과 발전은 12세기 아리스토텔레스 저작의 발견을 통해 가능했다. 처음에는 신학자들을 비롯한 교회 권위들이 그의 철학에 의심에 찬 눈길을 보냈다. 그러나 그의 사상은 점차적으로 수용되기 시작했고 그리스도교 사상에 동화된다. 13세기의 화두는 아리스토텔레스에게 세례를 베푸는 것이라고 해도 과언이 아니다. 13세기 후반부로 갈수록 상황은 역전되어 아리스토텔레스에 대해 호의적이지 않게 되었다. 14세기 중엽에 이르러서는 아리스토텔레스는 낡은 이론이 되었다. 그보다 아리스토텔레스를 비판하는 것이 새로운 추세가 되었다고 말해야 할 것이다.[10] 물론 아리스토텔레스를 더 이상 가르치지 않았거나 읽지 않았다는 말은 아니다. 대학 교수들은 여전히 아리스토텔레스를 '철학자'로 여기고 그의 관념이나 언어를 사용했다. 그 교수들은 아리스토텔레스의 철학이 그리스도교 사상을 표현하는데 부적합하고 생각했다. 그들은 아리스토텔레스 철학의 한계를 강조했고 신학에 대한 새로운 전달수단을 발견하거나 만들고자 했다.

이런 추세를 반영하는 것이 현실적인 것보다 가능적인 것과 연관된 문제에 주목한다는 점이다. 오캄은 『명제론 주해』에서 "인간의 지성이 이승에서 신학적 진리에 대한 명백한 진리를 가지는 것이 가능한가?"라는 물음을 제기한다.[11] 신체를 지닌 인간은 이승에서 신앙의 신비에 대해 어슴푸레한 방식으로만 알 수 있다. 그렇다면 신이 절대적 능력을 통해 우리가 그 신비에 대해 명백하게 알 수 있도록 할 수 있는지를 묻는다. 오캄은 이런 종류의 가설적인 물음들을 자주 제기한다. 신은 현재 세계보다 더 나은 세계를 창조할 수 있는지? 신은 우리 세계와 다른 여러 세계를 창조할 수 있는지?

왜 가능적인 것에 주목하는가? 신의 전능성개념과 피조물의 우연성개념에 천착함으로써 생긴 결과물이다. 이 문제는 아리스토텔레스에게서 탈피하고자 하는 노력에서 파생된다.

아리스토텔레스에게 세계는 영원하고 필연적이다. 존재하지 않을 수 없고, 본질과 다를 수 없다. 개별자들은 변하기에 우연적이라고 할 수 있지만, 우주 전체와 그 자연적 종은 영원하고 필연적이다. 13세기에는 아리스토텔레스의 이런 세계관을

---

10) 물론 모든 유럽사회가 그렇지는 않았다. 라틴 아베로에스주의는 14세는 물론 15세기에는 부분적으로 이탈리아에서 여전히 강한 영향력을 행사했다.

11) William Ockham, *Scriptum in Librum Primum Sententiarum*, Prol. I; ed. G. Gál, St. Bonaventure, 1967, I, p. 3.

두고 의견이 분분했다. 한편, 14세기에 접어들면서 더 이상 그의 세계관은 효력을 상실했고, 그리스도교의 신이 전능하며 자유로운 창조자라는 사실을 의심의 여지 없이 받아들였다. 우주는 단지 신의 의지의 결정에 의해서만 존재한다. 신이 다른 방식으로 결정했다면 존재하지 않을 수도 혹은 다른 방식으로 창조되었을 것이다. 원한다면 신은 이 세계를 없앨 수도 있다. 간단히 말해, 신만이 필연적 존재자이고, 자연의 전체 질서를 지배하는 것은 우연성이다.

세계가 전적으로 우연적이면, 세계에 대한 필연적인 진리에 어떻게 다다를 수 있는가? 현실적으로 존재하는 것에 대한 모든 진리는 달리 될 수 있는 우연적인 진리일 수밖에 없지 않은가? 물론 아리스토텔레스는 우연적인 진리에 만족하지 않고 보편적이고 필연적인 진리를 인식하고자 한다. 우연적인 세계에서 현실적으로 존재하는 것에 대한 명제를 만듦으로써 그런 진리를 인식할 수는 없다. 그런 방식보다 가능성의 방식으로 자신의 주장을 개진함으로써 인식할 수 있다. 가능적인 것은 모순적이지 않는 것이다. 예컨대, 평면도형이 세 면과 세 각을 가지는 것은 모순적이지 않다. 그러므로 삼각형은 현실적으로는 존재하지 않을 수 있더라도 가능적이다. 삼각형들이 현실적으로 존재하는지의 여부는 우연적이다. 한편, 삼각형들이 존재할 경우 삼각형의 정의를 필연적으로 충족시켜야 한다. 그러므로 가능적이거나 비모순적인 것은 정신에 필연적인 대상을 제공하고, 그것에 대해 필연적인 명제가 형성될 수 있다.

우연적인 세계에 대해 필연적인 명제를 형성하는 또 다른 방식은 가설적인 방식으로 언명하는 것이다. 아리스토텔레스주의자에게 "인간은 인간이다" 처럼 동일성 언명은 무조건적으로 필연적이다. 하지만 오캄에게는 그것은 우연적인 명제다. 이유인즉, 인간의 존재 자체가 우연적이기 때문이다. 신이 인간을 창조하지 않았다면, 인간은 존재하지 않았을 것이다. 심지어 지금도 신은 모든 인간을 없앨 수 있을 것이다. 따라서 인간의 존재는 필연적이지 않다. "인간은 인간이다" 는 명제도 필연적이지 않다. 하지만 가설적 방식, 즉 "인간이 존재한다면 인간은 인간이다" 는 명제는 필연적이다.[12]

12) 이런 설명은 Armand Maurer, 같은 글, 447-460쪽을 참조했다.

V. 신학과 철학의 관계에 대한 정설(定說)과 이설(異說)

13세기와 비교할 때 14세기는 분열과 붕괴의 시대였다. 이 점은 당시 삶의 모든 분야에 걸쳐 드러난다. 교황권은 13세기에 정점에 달했다가 기울기 시작했다. 여러 가지 불미스런 일 가운데에서도 '바빌론의 유수'에 빗대어질만한 사건을 겪었다. 1305년 교황이 강제로 로마를 떠나 프랑스 왕 치하인 아비뇽에 거주하게 된 것이었다. 또한 교회는 위클리프(Wyclif)와 후스(Huss)의 이단적 주장으로 인해 분열되고 신앙심의 쇠퇴로 인해 약화되었다. 14세기에 들어 정치권에서는 강력한 국왕들이 발흥하게 되어 모든 그리스도인들을 포용하는 제국의 꿈을 산산이 깨뜨려 버렸다. 14세기 중반, 아마도 오캄의 생명도 앗아갔을 흑사병은 그리스도교 세계를 휩쓸며 중세 후기의 경제 및 사회적 격변에 적지 않은 몫을 담당했다.

이런 시대적 상황과 더불어 오캄의 사상은 근대성을 예견했다는 점에서 평가를 받겠지만 과연 중세의 연속선상에 있느냐고 반문할 수도 있다. 이런 비판에 직면하여 오캄에게서 중세와 근대의 연속성을 찾고자 하는 필자의 시도는 그의 문제의식이 중세를 벗어나 있지 않고 오히려 철저히 중세정신의 계승이라는 점을 입증해야 한다. 필자는 철학을 신학에서 분리시키고자 한 오캄의 노력이 중세전통을 일탈하고자 하는 새로운 시도가 아니라 중세에 면면히 내려오던 전통의 일부였다는 점을 보이겠다.

중세철학을 다른 시대의 철학과 차별화하는 특징은 무엇일까? 그 대답의 실마리는 중세의 시작과 함께 철학과 밀접한 관계를 유지했던 그리스도교라는 신흥 종교에서 찾아야 한다. 물론 중세철학이 그리스도교 철학 그 이상도 그 이하도 아니라는 점을 에둘러 말하고자 하는 것은 아니다. 그리스도교 문명이 중세에 주류를 이루었다고 해도, 유대교, 이슬람교의 영향을 무시할 수는 없다. 왜냐하면 그러한 종교들은 초기에서부터 서로 빈번한 접촉의 과정을 통해 발전되어 왔기 때문이다. 유대교는 다양한 셈족 종교 속에서 독자적으로 발전했고, 그리스도교는 유대교에서 파생되었으며, 이슬람교는 유대교와 그리스도교 모두와 관계 맺으며 발전했다.

중세철학을 요리에 비유한다면, 주재료로 그리스도교 외에 고대 그리스 · 로마의 철학적 유산을 포함시켜야 한다. 팔레스타인에서 태동한 그리스도교가 지중해 전체에 퍼져있던 그리스 · 로마 문화로 전파되기 위해서는 그 전통의 철학을 수용하는 것이 불가피했을 것이다. 재료만으로는 충분치 않다. 유대교와 이슬람교의 지적 유산에서 나온 다양한 양념으로 맛을 내야 한다. 그리고 1300년 동안 저어가며 끓이면 된다.[13] 문제는 요리의 주재료가 잘 섞이지 않는다는데 있다. 왜냐하면 초자연적인 권위에 호소하지 않고 설명능력만을 가지고 철학적 문제를 다루었던 고대 철학자들의 전통이 중세에 들어오면서부터 그리스도교의 종교적 믿음이라는 이질적인 요소들로 인해 토착화되는데 적잖은 어려움에 직면하게 되었기 때문이다. 단순화시켜 말한다면, 중세철학은 고대 그리스·로마 철학의 방법을 수용해 그리스도교 세계관을 체계화하는 과정에서 발달한 철학이라고 할 수 있다.

종교가 인간의 삶에 하나의 장(場)을 차지하고부터는 이성과 신앙의 관계는 늘 매끄럽지 못했다. 그리스도교는 물론 유대교, 이슬람교 문화권에서도 상황은 다르지 않았다. 고대 이교도 문화에 바탕을 둔 그리스철학의 출현이 종교와 마찰을 일으킴으로써 불협화음이 생겼을 것이라는 점을 추론하는 것은 그리 어렵지 않다. 12세기부터 유입되기 시작한 아리스토텔레스의 사상과 그리스도교 사이의 관계를 예로 들어보자. 거칠게 요약하면, 아리스토텔레스의 사상은 자연과 인간 역사의 자율성을 강조하는 반면, 그리스도교는 신의 인격성과 신의 세계 개입을 주장하는 경향이 있다. 두 세계관이 서로 혼합되거나 또는 하나의 세계관이 다른 세계관을 제거하는 대신에, 그 세계관들은 12세기부터 줄곧 '창조적인 긴장 상태'[14] 에 놓여있었다. 그 두 세계관들은 서로 다른 세계관을 이해하려는 태도를 지닌 채 반대 입장에 놓인 세계관의 견해들 가운데 일부를 수용할 수 있을 정도로 밀접한 관계를 지니고 있었다. 이처럼 이성과 신앙 사이에 벌어진 치열하면서도 생산적인 대화의 경향성은 '이해를 추구하는 신앙'(fides quaerens intellectum)이라는 중세의 모토에 함축되어 있다.[15]

이성과 신앙 사이의 창조적 긴장이 가장 첨예화되는 시기로는 중세에서도 13세기의 스콜라시대를 들 수 있다. 교부의 시대로 불리는 초기 중세와 달리, 오늘날 대학의 모태가 되는 학교를 중심으로 일어난 스콜라철학은 아리스토텔레스의 수용

---

13) 중세의 시작과 끝을 어디로 보아야 하는지를 두고서는 의견이 분분하다. 서로마제국의 멸망(476)을 고대의 종말로 보고, 오스만 투르크에 의한 콘스탄티노플의 함락(1453)이나 종교개혁의 발단(1517)과 더불어 근대가 시작된다고 평가하면서 약 1000년을 중세로 보아야 한다는 해석이 있다. 하지만 이런 시대구분을 놓고 역사적 사건에만 초점을 맞출 뿐 사상적인 연관성을 충분히 고찰하지 못한다는 비판이 제기되었다. 아우구스티누스(354-430), 나아가 초기 그리스도교의 교리를 체계화하는데 공헌했던 교부(敎父)들까지 포함하여 2세기부터 15세기까지를 중세철학의 범위로 설정해야 한다는 해석이 그 대안으로 힘을 얻었다.

14) 리처드 루빈스타인, 유원기 옮김, 『아리스토텔레스의 아이들』, 민음사, 2004, 369-370쪽.

15) 강상진의 경우, 이런 모토를 서구 합리주의 극치라고 본다. 이유인즉, "지금 기준에서는 도저히 이해할 수 없는 것으로 치부되는 신앙까지도 할 수 있는 한 이해해보겠다는 시도"로 해석하기 때문이다. 강상진, 「서양 고중세의 인문정신과 인문학」, 『지식의 지평 2』, 한국학술협의회 편, 아카넷, 2007, 73-74쪽.

과 궤적을 같이 한다. 기원전 322년에서 세상을 떠난 아리스토텔레스의 저술은 유럽 사회에서 사라지게 된다. 12세기 중반에 이르기까지 그리스도교 세계에서 회자되던 그의 저작은 『오르가논』(Organon)으로 알려진 논리학 저작의 일부뿐이었다. 따라서 그때까지 논리학자로 알려진 아리스토텔레스가 성서적 세계관에 도전할만한 인물은 아니었다. 그렇다면 어떻게 그의 전모가 밝혀진 것일까?

홍미로운 사실은 아리스토텔레스의 저작을 역사의 뒤안길에서 찾아내어 중세에 소개하고 비로소 빛을 보게 한 최초의 사람들은 그리스도인들도 유대교인들도 아니라 무슬림들이었다는 점이다. 일찍이 비잔틴의 옛 영토를 점령하면서 그리스 사상을 접했던 무슬림들은 9세기 무렵부터 그리스의 저술들을 아랍어로 번역하기 시작했다. 이후 아랍세계는 아비첸나(980-1037)와 아베로에스(1126-1198)와 같은 걸출한 철학자들을 배출하게 된다. 특히, 아베로에스는 중세에서 아리스토텔레스의 '주석가'로서의 명성 또한 자자했다. 아리스토텔레스의 사상을 충실히 따르려고 했던 태도뿐만 아니라 거의 모든 작품에 대해 세 가지 유형의 주해서를 집필할 정도로 애정이 각별했기 때문이다. 그리스도인들은 10세기경에 접어들어 무슬림들의 점령지인 스페인을 탈환하면서부터 들어 본적도 없는 책들이 아랍인들에 의해 번역되고 읽히고 있다는 사실을 깨닫게 되었다.

이미 아랍어로 아리스토텔레스 전집을 번역, 주석했던 이슬람 문명으로부터 그 저작과 후대 연구자들의 주석들이 그리스도교 세계에 입수되는 것은 1150년대에 이르러서야 가능했다. 이 사건을 계기로 아리스토텔레스를 바라보는 시각은 완연히 바뀌었다.

> 그의 작품들은 자연세계에 대한 인과적 설명이 무엇이며 그것은 어떤 기준들을 충족시켜야 하는지, 학문이 요구받는 체계는 어떤 것인지에 관한 과학철학적인 설명부터, 구체적인 관찰 자료와 설명을 보여주는 자연학적 저작, 영혼론, 윤리학, 형이상학에 이르기까지 당시 그리스도교가 독점적 위치를 점하던 모든 주제에 대해 감히 부인할 수 없는 지적 성취를 보여주고 있기 때문이다. 단순하게 아리스토텔레스를 수용하는 것이 최선인 부분도 있었다.[16)]

하지만 세계의 영원성이나 영혼의 불멸성, 인간의 행복과 같이 그리스도교 신앙의 핵심주제들에서 발견되는 아리스토텔레스와의 차이는 극단적인 대립으로 치닫

16) 같은 글, 76쪽.

게 된다. 성서는 세상이 무(無)에서 창조되었고 시작과 끝이 있다고 가르치는데 아리스토텔레스는 세상이 영원하다고 한다. 그리스도교는 원죄로 인해 상처받은 인간 본성상 영원한 행복과 구원을 위해 신의 은총이 필수적이라고 가르치지만, 아리스토텔레스의 윤리학은 인간에게 주어진 자연적 소질을 잘 연마하는 것으로 행복에 이를 수 있다는 낙관적 전망을 제시한다. 누구의 주장이 옳은가? 놀랍게도 신앙의 내용보다 아리스토텔레스의 말이 옳다고 생각한 이들이 중세에 있었다. 그들의 상당수는 파리 대학에 재직했던 인문학부 교수들이었는데, 그리스도인임에도 불구하고 이슬람철학자 아베로에스의 입장을 좇아간다고 해서 훗날 '라틴 아베로에스주의자들'이라는 명칭으로 불리기도 했다.[17] 그들은 아베로에스의 관점을 그리스도교 맥락에 동화시킴으로써 서방 라틴세계를 소용돌이로 몰아갔다. 왜냐하면 그들의 철학적 입장이 상당부분 그리스도교 교리와 정면으로 배치되었기 때문이다.

반면, 아베로에스주의자들과는 다른 방식으로 해결책이 모색되기도 했다. 이해를 추구하는 신앙의 길로 들어선 이후, 이성을 무시하거나 소홀히 다루는 길로 돌아갈 수는 없었던 중세는 이제 '정면 돌파의 길'을 간다. 이성과 신앙을 종합하는 길을 가는 것이다. 이런 이론적 작업을 완성하는 사람이 바로 토마스 아퀴나스(Thomas Aquinas, 1124-1275)다. 아리스토텔레스가 자연적 이성을 통해 발견한 진리나 인간의 이성을 넘어서는 것들에 대해 성서가 가르쳐준 진리 모두 하나의 원천에서 나오기 때문에 일견 모순으로 보이는 것도 결국에는 일치할 것이라는 생각이 이런 종합의 길에 담겨있다.[18]

당대 신학자들이 신앙과 이성의 결합에 모두 동의한 것은 아니었다. 나아가 신앙을 이해 가능한 형태로 만드는 과정에서 신앙의 고유한 내용이 훼손될 수 있다는 우려와 반발 또한 만만치 않았다. 아퀴나스가 죽고 3년 후인 1277년 파리 대주교가 행한 219개 명제에 대한 단죄는 앞으로 신앙과 이성의 창조적 긴장관계가 더 이상 생산적인 방식으로 유지될 수 없을 것이라는 표시로 보아야 한다. 이제 신학이 증거보다는 신앙과 권위에 의존하기 때문에 학문으로 자리매김 되기 힘들다고 본 오캄, 다른 한편으로는 이성의 능력자체를 부정하면서 신과의 신비적인 체험을 추구한 마이스터 에크하르트(1260?-1327?)를 통해 서서히 신앙과 이성이 분리되는 조짐이 보이게 된다.

---

17) 때때로 '급진적 아리스토텔레스주의자들'(radical Aristotelians)이라고 불리기도 한다.
18) 강상진, 「서양 고중세의 인문정신과 인문학」, 77쪽.

신앙과 이성의 철저한 분리는 중세철학이 처음부터 줄곧 천착해 온, 이해를 추구하는 신앙의 단념이요, 중세철학의 종결을 명백하게 선언한 셈이다. 철학의 진리와 신학의 진리가 완전히 구별된다면, 철학은 더 이상 교회의 가르침에 속박됨 없이 자유로이 탐구를 수행할 수 있게 되었을 것이다. 과학적 탐구활동이 인간적 지식이 도달할 수 있는 최선의 형태로 자리 잡아가면서부터 신학의 입장들은 결국 철학과 상관없는 독자적인 영역이 되었다. 대신 신학의 자리에 과학이 들어앉게 되었다. 즉, 중세를 신앙과 이성의 창조적 긴장으로 본다면, 근대는 과학과 이성의 관계로 읽을 수 있다. 결국 그리스도교 신앙에 구속받지 않은 자유롭고 새로운 철학의 탄생, 이것이 근대철학이다.

지금까지의 설명은 이성과 신앙의 관계문제를 통해 중세철학을 개관한 것이다. 이성과 신앙을 조화시키려는 아퀴나스의 시도를 중세철학의 이상적인 형태로 보는 질송(E. Gilson)에 따르자면, 아우구스티누스로 대표되는 '신앙의 시대'와 신앙과 이성을 조화시키는 아퀴나스의 스콜라철학이 성행하던 13세기 '황금시대'와 대조해 오캄이 활동하던 14세기는 '쇠락이나 붕괴의 시대'다. 이는 "가장 훌륭한 정신을 소유한 사람들이 그리스도교 계시의 가르침과 철학의 가르침을 조화시키기에 절망하기 시작할 때 이미 중세의 종말은 다가오고 있었다"[19]는 질송의 설명에 잘 드러난다. 따라서 아퀴나스의 기획이 영향력을 잃고 이성과 계시가 완전히 분리됨으로써 스콜라철학과 신학은 붕괴를 직면하게 되었다는 것이다.

필자가 생각하기에 이런 해석은 중세와 근대의 비연속성만을 강조한 나머지 두 시대에 놓인 연속성을 무시한다. 만일 철학과 신학 사이의 분리가 오캄으로 대변되는 14세기에 비로소 나타나게 된 산물이라면 질송의 해석에 수긍할 수도 있다. 하지만 이런 경향성이 13세기, 거슬러 올라가 12세기에도 발견된다는 것이 필자의 생각이다.

여기서 12세기 아랍철학자 아베로에스(Averroes)에 주목해보자. 그는 철학과 신학 간에 실제로 일어나는 충돌을 어떻게 설명하는가? 그의 답변은 두 학문이 상이한 방식을 사용할지라도 동일한 실재와 연관되어 있다는 전제에서 출발한다. 철학과 신학이 동일한 실재를 기술하기 위해 동일한 언어를 사용한다고 생각하는 것은 잘못이다. 만일 동일한 언어를 사용한다면, 상이한 사상 체계는 불필요하게 될 것이다. 따라서 그는 비록 하나의 진리만 있을지라도 그것은 상이한 방식으로 접근될 수 있다고 생각한다. 철학과 신학은 바로 상이한 두 가지 방식을 나타낸다. 그

---

19) 에띠엔느 질송, 강영계 옮김, 『중세철학입문』, 서광사, 1983, 89쪽.

두 가지 방식은 서로 다른 부류의 사람들에게 적합하다. 모든 이가 실재에 대한 이론적 통로인 철학적 접근방식을 가지는 것은 불가능하다. 반면, 종교적 통로인 신학은 모든 이가 공유할 수 있는 방식이다. 이 방식은 어떻게 살아야 하는지, 무엇을 믿어야 하는지를 알기 위해 실천적인 필요조건에 유의하기만 하면 된다. 이런 구분 위에서 아베로에스는 절대적 진리란 계시에서 발견되는 것이 아니라 아리스토텔레스의 저술, 즉 철학에서 발견된다고 주장한다. 순수한 이성의 증명에 의해 확립된 것만이 철학의 진리다. 철학적 진리만이 절대적 진리다.[20]

철학과 신학이 서로 다른 종류의 접근방식이라는 전제 위에서 철학을 진리의 최종중재자로 간주하는 아베로에스의 주장은 이슬람세계는 물론 13세기 그리스도교 세계에서 엄청난 반향을 불러일으킨다. 특히, 아퀴나스의 반론은 만만치 않았다. 그렇다면 그는 이성만을 도구로 사용하는 철학자들이 신앙과 모순되는 주장을 하는 경우가 현실적으로 발생하는 것을 어떻게 설명하는가?

> 철학자들의 주장 가운데 신앙과 상반되는 것을 발견한다면, 그것은 철학이 아니라 이성의 결함으로부터 기인되는 철학의 오용(誤用)이다. 따라서 그러한 오류가 전적으로 불가능하거나 필연적이지 않다는 것을 보여줌으로써 그 오류를 반박하는 것이 가능하다.[21]

이성과 계시는 모두 참이기 때문에 그 둘 사이에 충돌이 생긴다는 것은 불가능하다. 하지만 둘 사이에 충돌이 생긴다면, 신앙에 모순되는 철학자들의 주장을 잘못된 추론으로 생기는 철학의 오용이라고 설명한다. 결국 그 충돌을 해소하기 위해서는 우리 자신의 실수를 교정하기만 하면 된다는 것이다.

아퀴나스의 이러한 설명은 '신앙과 이성의 조화'라는 주장으로 귀결된다. 철학과 신학은 모두 인간으로 하여금 오류에 빠지게 할 수 없는 신의 선물이기 때문에 모순될 수 없다. 더욱이, 그 둘이 섞인다고 해서 혼란이 생기지는 않는다. 따라서 인간이성이 그 자체로 약하고 오류에 빠지기 쉬울지라도, 신학자들은 이성의 결론에 의심을 가질 필요는 없다. 아퀴나스는 철학과 신학이 섞이는 것을 마치 포도주와 물이 섞이는 것으로 비유한 반론에 대해 다음과 같이 답한다.

---

20) 아베로에스의 생애와 사상에 대해서는 아베로에스, 이재경 옮김, 『결정적 논고』, 책세상, 2005, 해제 참조.

21) Thomas Aquinas, *Super Boetium De Trinitate*, ed. Leonine, vol. 50, 2.3.

> 철학 텍스트를 신앙에 예속시킴으로써 성스러운 가르침에서 철학 텍스트를 사용하는 이들은 물과 포도주를 섞는 것이 아니라 물을 포도주로 변화시키는 것이다.[22)]

철학과 신학이 섞이는 것이 물이 포도주로 바뀌는 '기적적인 변화'라고 답하면서 오히려 신학에서 철학적인 논변들을 사용하기를 독려한다.

신학과 철학을 분리시키려는 시도는 아퀴나스의 강력한 이론적 반대에도 불구하고 포기되지 않고 면면히 이어져갔다. 라틴 아베로에스주의자들 가운데 대표적인 인물인 시제 브라방(Siger Brabant, 1240-1282)의 말을 들어보자. 그는 『형이상학 주해』에서 철학과 신학 사이에 놓인 학문적 성격의 차이를 밝히면서 어떤 식으로든 철학과 신학이 섞여져서는 안 된다는 확신을 피력한다. 아퀴나스는 철학적 논변이 신학에서 사용되어야 하는 이유를 신앙에 반대되는 논변을 물리치는데서 찾는다. 신앙의 진리에 반대하고 계시에 대한 믿음을 가지고 있지 않는 이에게 성서의 권위에 입각한 반론을 펼칠 수는 없다. 오히려 합리적 논증을 통해 어려움을 풀어야 된다. 신학자는 철학의 원리를 사용하여 불신자의 논변이 전적으로 불가능하다거나 필연성을 결여하고 있다는 점을 보여줌으로써 논적의 오류를 반박할 수 있다는 것이 아퀴나스의 요지다. 이와는 달리, 시제는 신학에서 어떤 식으로든 이성을 사용해야 할 필요성을 인정하지 않는다. 철학과 신학이 섞여서는 안 된다는 시제의 강한 태도는 "아는 것과 믿는 것은 별개다"(*unum scio, aliud autem credo*)[23)]는 언명에도 여실히 드러난다. 자연에 대한 철학적 탐구는 인간 이성에 의해 입증된 법칙들만을 제공하는 반면, 신은 이성적 법칙을 넘어서 있기 때문에 자연의 법칙들을 중지하거나 방해할 수 있다. 신앙의 진리는 자연이성의 상반되는 주장에 의해 부정되지 않는다. 이유인즉 계시 자체는 인간이성을 통해 도달될 수 없는 원천에서 도출되기 때문이다. 그러므로 이성을 통한 지식과 계시를 통한 신앙은 엄격히 구별될 수밖에 없다는 것이다. 신앙과 이성이 모두 신으로부터 나오기 때문에 그 둘이 결코 모순될 수 없으며, 이성과 신앙이 섞일 수 있고 서로 조화될 수 있다는 아퀴나스의 눈으로 보면 시제의 입장이 공연한 트집일수도 있다. 더욱이, 아퀴나스는 세계의 존재방식이 단 하나뿐이며, 적절한 방법론이 사용될 경우 두 가지 서로 다른 학문이 도출된 각각의 결론은 항상 일치하게 된다는 낙관적

22) 같은 책, 2.3 ad 5.

23) Siger Brabant, *Quaestiones in Metaphysicam*, ed. A. Maurer, Éditions de l'Institut supérieur de philosophie, 1983, 541, 282.28.

인 세계관을 가진다. 하지만 아퀴나스의 낙관론을 공유하지 않는 시제를 같은 잣대로 평가하기는 어렵다. 시제는 "어느 누구도 이성을 넘어선 신앙의 진리를 이성을 통해 탐구하고자 해서도 그러한 진리를 부정하는 논변들을 논박하고자 해서도 안 된다"[24]는 강한 확신에 차 있다. 시제는 그 자신의 철학적 결론이 신학에 미치는 영향을 미리 고려하지 않는다. 아마 현대 그리스도교를 믿는 물리학자나 철학자가 자신의 물리학이나 철학이 신학에 미치는 영향에 대해 항상 염두에 두지 않는 것과 유사할 것이다. 따라서 철학은 자연이성이 자연 질서에 대해 인식할 수 있는 것만을 인식한다. 물론 진리는 초자연적인 질서 안에 놓여 있다. 하지만 시제가 택한 것은 자연을 있는 그대로 묘사하는 철학자의 임무이다.[25]

이성과 신앙에 대한 시제의 입장은 신앙의 진리를 이성을 통해 탐구할 수 없다는 신념과 철학을 신학에서부터 분리시키고자 하는 의도를 반영하고 있다. 거슬러 올라가 이런 입장은 12세기 종교를 달리하는 아랍철학자 아베로에스에 뿌리를 둔다. 하지만 그리스도교 교리와 상반되는 아리스토텔레스의 해석으로 인해 경색된 당대 분위기와 맞물려 철학의 자율성을 증가시키고자 한 시제의 노력은 수많은 비판과 압력을 직면하게 된다. 1277년 단죄 이후 신학자들은 철학자들에 대해 점차 강한 의심의 눈길을 보내기 시작했다. 그렇다고 해서 철학적 자율성에 대한 노력을 중단시킬 수는 없었다. 아베로에스주의 전통 역시 사라지지 않고, 르네상스에 이르기까지 명맥을 유지하게 된다.[26] 더욱이, 시제의 입장을 좇아 철학자들은 그리스도교에 대한 관심사 없이 독자적인 길을 걷고자 했다. 결국 이런 시제의 노력 덕분에 신학이 증거보다는 신앙과 권위에 의존하기 때문에 학문으로 자리매김되기 힘들다고 본 오캄을 등장시키게 했다. 나아가 근대의 도화선 역할을 하는 오캄은 바로 이런 정신을 이어받고 있다는 것이 필자의 해석이다.[27]

---

24) 같은 책, 3.5. 412.41-3.

25) 필자의 논의는 이재경, 「조화에서 분리로: 13세기 이성과 신앙의 관계」, 『철학논총』, 제44집, 2006, 319-327쪽에 수록되어 있다.

26) 르네상스철학에 드러난 아베로에스주의 전통에 대해서는 이재경, 「폼포나치의 종교적 믿음에 대하여」, 『서양고전학연구』, 제27집, 2007, 255-276쪽 참조.

27) 이 글의 초고는 서양근대철학회 창립 10주년 기념 학술발표회(2008년 3월 15일)에서 발표되었다. 김율 선생님의 논평과 여러 선생님들의 지적에 감사드린다.

참고 문헌

강상진, 「서양 고중세의 인문정신과 인문학」, 『지식의 지평 2』, 한국학술협의회 편, 아카넷, 2007.

리처드 루빈스타인, 유원기 옮김, 『아리스토텔레스의 아이들』, 민음사, 2004.

아리스토텔레스, 유원기 역주. 『영혼에 관하여』, 궁리, 2001.

아베로에스, 이재경 옮김, 『결정적 논고』, 책세상, 2005.

에띠엔느 질송, 강영계 옮김, 『중세철학입문』, 서광사, 1983.

이재경, 「조화에서 분리로: 13세기 이성과 신앙의 관계」, 『철학논총』, 제44집, 2006.

이재경, 「폼포나치의 종교적 믿음에 대하여」, 『서양고전학연구』, 제27집, 2007.

Aquinas, Thomas, *Summa theologiae*, College Dominican, 1941–1945.

_____ , *Sentencia Libri De anima*, ed. Leonine, vol. 45,1.

_____ , *Expositio libri Posteriorum*, ed. Leonine, vol. 1*, 2.

_____ , *Super Boetium De Trinitate*, ed. Leonine, vol. 50, 2.3.

Brabant, Siger, *Quaestiones in Metaphysicam*, ed. A. Maurer, Éditions de l'Institut supérieur de philosophie, 1983.

Maurer, Armand, "Some Aspects of Fourteenth-Century Philosophy", in *Being and Knowing: Studies in Thomas Aquinas and Later Medieval Philosophers*, PIMS, 1990.

Ockham, William, *Scriptum in Librum Primum Sententiarum*, ed. G. Gál, St. Bonaventure, 1967.

Panaccio, Claude, "Aquinas on Intellectual Representation", in ed. Dominik Perler, *Ancient and Medieval Theories of Intentionality*, Brill, 2001.

The Continuity between Medieval and Modern Philosophy in 14th Century Thinker William Ockham

Lee, Jaekyung

Abstract

This paper aims to investigate the continuity between late medieval thought and early modern philosophy. I will focus on William Ockham, one of the most prominent thinkers in the 14th century in order to show the way that medieval thought served as a fertile basis for developments in the early modern period. The first part of this paper attempts to pinpoint what the modernity in Ockham's thought is through examining his nominalism and empiricism. Second, I will deal with the question how he criticizes the medieval Aristotelianism. Finally, I wish to argue that his account of separation between philosophy and theology culminated in their divorce in modern times is largely continuous with the mainstream of medieval thought.

Keyword: Ockham, continuity, modernity, nominalism

이 논문은 2008년 8월 28일에 접수하고 2008년 10월 17일에 심사 완료하여 2008년 10월 24일에 게재가 확정되었습니다.

피히테의 "반정립" 구조

-『전체 학론의 기초』(1794)의 두 번째 원칙을 중심으로

권 기 환

요약문

이 글은 피히테의 저작,『전체 학론의 기초』(1794)의 두 번째 원칙에 있어서 반정립의 구조를 밝히는 것이다. 이런 반정립의 구조에는 근본적으로 자아와 비아의 대립이 필연적으로 전제되어 있다. 첫 번째 원칙 자체는 다른 원칙들과는 독립적이지만, 그럼에도 불구하고 자아의 사행(Tathandlung)은 그 자체로 증명되지 않는다. 자아의 활동성(Tätigkeit)에 대한 증명은 '실재성'(Realität)의 연역을 범주화함으로써, 자아의 무한한 순수한 활동성 자체에서 유한한 반성적 활동에로의 하강운동이 이루어진다. 이렇게 유한화된 자아의 활동성은 '반정립'의 형식을 통해 비아와 조우한다. 이것은 범주(Kategorie)에서 보면, '실재성'의 범주에 대한 대립이 '부정'의 범주와 연관 속에 있기 때문이다. 원칙의 지평에서 보면, 이런 대립은 첫 번째 원칙과 두 번째 원칙의 형식적 대립이지만, 첫 번째 원칙 자체의 독립성에서 우리는 이와는 다른 최고명제, 즉 "자아는 자아이다"(Ich bin Ich) 라는 명제를 떠올릴 수 있다. 그러나 이러한 명제는 첫 번째 원칙 내부에서 선험적으로(a priori) 규정되고 있기 때문에, 첫 번째 원칙인 "자아가 존재한다"(Ich bin) 라는 원칙의 명제에 대해서는 어떠한 증명도 할 필요가 없다.

첫 번째 원칙에서 자아의 정립은 두 번째 원칙에서 비아의 출현을 예고한다. 자아의 반정립이 비아의 정립을 의미하는 한, 비아는 비아 자체가 아닌, 표상된 어떤 것이고, 자아에 의해서 정립되지 않는 비아, 즉 자아의 정립 밖에 있는 비아는 무(無)이다. 이런 의미에서 '실재성' 범주의 부정은 자아 존재의 부정이고, 비아는 비존재이다.

그러나 피히테는 실재성 자체가 아닌, 활동성으로 실재성을 규정한다는 사실로 보아, 비아는 활동성이 정지된 자아이다. 더불어 원칙부분은 범주연역을 구체적으로 전개하고 있지 않다. 두 번째 원칙에서 중요한 것은 자아와 비아의 대립이 '반정립'의 구조에서 반정립적 과정에 의해 반정립적 판단의 산출이다. 반정립적 판단에 의한 대립은 정립적 판단에 의해서가 아니라, 긍정적-종합적 판단과의 연관 하에서 발생한 것이다. 왜냐하면 정립적 판단은 대립된 판단(종합적-긍정적 판단, 분석적-부정적 판단) 이전에 최고의 판단이기 때문이다. 이러한 두 번째 원칙에서의 반정립은 세 번째 원칙에서 "가분성"과 "제한"을 통해 종합된다. 그러나 두 원칙들은 상대적이기 때문에, 절대아는 필연적으로 상정된다. 자아에 대한 비아의 관계, 그 반대의 관계가 동일하게 범주연역에 다른 상호 작용을 통한 변환작용을 지속적으로 수행하면서, 이론적 영역과 실천적 영역까지 확대한다.

● **주요어 : 절대아, 활동성, 모순, 제한, 실재성, 부정의 범주, 가분성, 대립, 반정립, 사행, 범주연역, 종합적-긍정적 판단, 분석적 – 부정적 판단, 정립적 판단, 반정립적 판단.**

1. 들어가는 말

이 글의 과제는 이른바『전체 학론의 기초』(Grundlage der gesamten Wissenschaftslehre, 1794)에 설정된 두 번째 원칙(Grundsatz)[1]의 분석을 통해 '반정립'의 구조를 파악하는 데 있다. 이러한 작업은 두 번째 원칙에서 비아(Nicht-Ich)의 개념에 대한 설명을 전제한다. 그러나 이 글은 비아개념에 대한 추상적 설명이

1) 여기에서 필자는 "Grundsatz"를 "원칙"이라고 번역하였다.

나 개념규정보다는 두 번째 원칙에 포함되어 있는 '반정립적' 구조에 매개되어 있는 자아와 비아의 관계를 규정하는 방향으로 전개하는 것이 두 번째 원칙에 대한 다른 해석보다 훨씬 용이하다. 반정립적 구조에서 중요한 것은 한편으로는 비아의 반정립이 자아의 정립에 근본적으로 대립해 있다는 사실과, 다른 한편으로 자아와 마찬가지로 비아를 정립하기 위해서는 비아를 자아의 영역으로 끌고 들어와야 한다는 사실이다.

이런 맥락에서 우리는 반정립의 구조에 대한 피히테적 구상에 대해 다음과 같은 의문을 던질 수 있다. 비아가 자아에 반정립되어 있는 원칙에서, 직접적으로 자아의 정립적 측면으로 고찰해 보면, 첫 번째 원칙에서 정립하는 자아의 순수성(Reinheit) 혹은 절대성을 상실하고 있는 것은 아닌가? 거칠게 표현하자면, 비아의 출현으로 대립적으로 설정된 자아가 첫 번째 원칙에서 설정된 자아의 변환을 통해 필연적으로 파생한 자아이므로, 첫 번째 원칙에서 정립한 자아는 두 번째 원칙에서의 반정립을 수행하는 자아와는 동일한가? 라는 물음이다. 이러한 필자의 문제의식들은『전체 학론의 기초』의 원칙론에 대한 이해를 위해 두 번째 원칙과 첫 번째 원칙의 관계설정에서 자아와 비아의 관계를 중심으로 전개되면서, 더 나아가 원칙론에 대한 전체적 파악의 토대를 구축하는 데에 도움을 준다.[2]

이를 위해, 필자는 첫 번째로 두 번째 원칙이 어떠한 방식으로 연역되는지를 간략하게 설명하고자 한다. 두 번째로 두 번째 원칙의 도출[3]을 통해 절대자아와 비아의 관계가 어떻게 파악되는지에 대해 고찰하고자 한다. 세 번째로 자아의 반정립적 판단이 구체적으로 무엇을 의미하는지 고찰할 것이다. 마지막으로 범주적으로 대립되어 있는 실재성과 부정의 관계를 통해 두 번째 원칙에서의 "부정"의 범주가 "실재성"에 대한 부정으로 귀결됨을 밝히고자 한다.

2. 두 번째 원칙의 연역

피히테에 의하면 두 번째 원칙은 첫 번째 원칙에서 논의되고 있지 않는 자아와 비아의 관계를 특별한 형식으로 서술하고 있다. 두 번째 원칙에서 "(...) 하나의 비아는 자아에 단적으로 반정립된다."[4] 두 번째 원칙을 통해, 우리가 알 수 있는 것은 비아가 자아는 아니라는 사실이다. 우리는 그것을 반정립(Entgegensetzen) – 정립에 대립해 있다는 의미에서 – 이라고 부른다. 첫 번째 원칙에 의하면, 정립행위란 "모든 의식의 근저에 놓여 있으면서 그러한 의식을 가능하게 하는"[5] 사행(事行)[6]을 통해서 이루어지는 자아의 순수한 행위자체이다. 그러나 그러한 사행에서는 첫 번째 원칙의 정립(Setzen)에 대립하는 활동성(Tätigkeit)으로서의 행위가 전혀 도출되지는 않는다. 근본적으로 확실한 첫 번째 원칙은 그 어떠한 대립을 필요로 하지 않는다. 대립이 있는 원칙이라면, 그러한 원칙은 단적으로 절대적인 원칙의 성격일 수 없다. 그런 한에서, 두 번째 원칙은 결코 첫 번째 원칙에서 정립했던 원칙보다 더 진전된 원칙이 아니다. 피히테가 두 번째 원칙에서 "반정립적" 행위를 말한 근본이유는 자아의 정립적 활동성에 단순히 대립하는 행위, 예컨대 활동성에 대한

---

2) 이 글은 단지 두 번째 원칙에 대한 해석이나 주석이 아니다. 두 번째 원칙을 분석하면서도 첫 번째 원칙과 세 번째 원칙과의 연관성을 찾기도 하지만, 그럼에도 불구하고 첫 번째 원칙은 다른 원칙들과는 다른 독립적 원칙이라는 점, 그리고 두 번째 원칙에서의 반정립적 구조를 통해 여러 가지 대립적 요소를 자아와 비아에 대한 관계를 통해, 그러나 원칙론에 한정하여 설명한 것이다. 이러한 관점은 한국적 연구 상황에서서 좀처럼 논의되기 힘든 부분이다. 한국에서는 두 번째 원칙에 대한 연구를 독자적으로 다룬 논문보다는 세 원칙에 대한 분석을 주로 다룬 두 편의 석사 논문만이 있을 뿐이다. 1984에 임 재진 교수가 *피히테에 있어서의 이론 철학의 문제*를 테마로 쓴 서울대 석사 학위 논문과 1999년에 건국대에서 최 충호가 석사논문으로 쓴 *피히테의 지식학에 나타난 자아 – 활동성에 관한 연구*, 그리고 2004년에 백 훈승 교수가 『피히테의 자아론 ; 피히테 철학 입문』으로 더 진전된 내용으로 쓴 단행본도 마찬가지이다. 독일어권의 단행본이나 연구논문의 경우에는 피히테철학에 대해서 많이 논의되어 왔고, 많이 토론된 바 있다. 헨리히 교수의『피히테의 근본적 통찰』(1967)과 얀케 교수의『피히테, 존재와 반성』(1977)은 아마도 가장 널리 알려진 단행본들이다, 헨리히 교수는 자신의 저작을 통해 일찌기 피히테철학을 자기의식에 대한 이론으로 확립하였고, 피히테의 첫 번째 원칙에서 순환의 문제를 제기함으로써, 피히테 연구를 새롭게 진전시켰고, 얀케 교수는 자신의 저작을 통해 피히테 철학의 전 · 후기 철학을 체계적으로 조명하면서, 각기 다른 자아의 버전을 제시함으로써, 피히테연구를 전반적으로 심화시켰다. 두 단행본 역시 두 번째 원칙에 대한 부분만을 전면에 내세우지는 않았다. 따라서 그 외의 다른 연구논문 혹은 단행본들을 여기에서 모두 인용하기는 어려움이 있을 수밖에 없기 때문에, 필자는 별도로 그러한 문헌들을 언급하지 않았다. 뒷면에서 언급한 경험자아의 문제는 특히 피히테의 실천철학과 관련해서 독일에서도 많은 토론이 진행되었고, 일본 학계에서마저도 생소한 내용이기 때문에, 필자가 특별히 참고하여 언급하고자 한다.

3) 필자는 "연역"이라는 용어와 "도출"이라는 용어를 문맥에 따라 혼용하여 썼다.

4) J. G, Fichte, *Grundlage der gesamten Wissenschaftslehre* (이하 *GWL*. 로 표시함), GA. I/2, hrsg. von R. Lauth & H. Jacob, Stuttgart-Bad Cannstatt 1965, 266쪽.

5) 같은 책, 255쪽.

6) 여기서 필자는 "Tathandlung"을 사행으로 번역하였는데, 그 이유는 적절한 한국어 번역을 아직 찾지 못했기 때문이다. "Tathandlung"은 자아의 순수하면서도 무한한 자아의 정립만이 아니라 자아를 산출하는 자아의 행위결과까지도 포함하는 순수한 활동성 자체를 뜻한다. 그러한 "Tathandlung"은 우리의 의식으로는 그 자체를 인식할 수 없고 오로지 지적 직관을 통해서만 파악가능하다. 국내에서는 Tathandlung을 실행, 활행 등으로 번역하고 있기는 하나, 모두 피히테적 본래의 의미를 타당하게 담고 있지는 못하다. 이에 대해서는 좀 더 연구가 있어야 할 것으로 보인다.

부정으로서의 수동(Leiden)을 말하거나 혹은 실재성에 대립된 이념성을 규정하기 때문에, 두 번째 원칙이 반정립적 성격임을 말한 것이 아니다. 오히려 그 이유는 반대로 두 번째 원칙에서 비아의 반정립적 행위가 첫 번째 원칙에서의 정립적 행위에 대립하기 때문에, 첫 번째 원칙은 다른 원칙들과는 전적으로 구분되는 독립적인 활동성의 성격임을 명백하게 규정한 것이다.

그러나 원칙론의 내용적 측면에서 보면, 반정립은 무엇보다도 정립을 전제로 하기 때문에, 두 번째 원칙은 이미 제약된 명제이다. 말하자면, 반정립은 반정립적 행위사실에 의해 선행하는 정립적 행위가 존재할 경우에만 내용적으로 타당하다. 그렇지 않을 경우에, 반정립은 일어나지 않는다. 따라서 반정립은 정립에 대해서 절대적이 아닌, 단지 상대적일 경우에 한에서 설정된다. 그 때문에 두 번째 원칙은 부차적인 위치에 머물러 있는 원칙일 뿐, 첫 번째 원칙과 동일하거나 근본적으로 중요한 위치를 차지하지 못한다.[7] 이러한 의미에서, 피히테의 두 원칙들은 모순되지는 않는다. 첫 번째 원칙은 형식과 내용에 있어 절대적이고 무제약적으로 타당한 원칙이다. 두 번째 원칙은 무제약적 형식에 한해서만, 무제약적 타당성을 갖게 되며, 그 내용적 측면은 조건적인, 다시 말해 가설적인(hyopothetisch) 경우에만 필연적으로 타당하다. '가설적'이란 정립이 추론된다면, 반정립도 역시 추론될 수 있다는 의미이다.[8]

피히테가 두 번째 원칙을 연역하는 과정을 살펴보면, 첫 번째 원칙에서 "A=A"의 타당성에 관한 논리적 증명은 "A를 정립한 자아가 그 안에서 정립되는 자아와 동일하다"[9]는 데에서 성립한다. 이것은 "자아가 존재한다"(Ich bin)라고 하는 명제가 "A=A"를 통해서가 아닌, 경험의식의 사실에서 확실하게 규정되는 한, 증명될 수 있다. 따라서 존재하는 모든 것은 자아가 정립된 경우에만 존재하고 자아 밖에는 아무것도 존재하지 않기 때문에, "A=A"라는 명제는 확실한 명제이다. 두 번째 원칙을 도출하기 위해, 피히테는 첫 번째 원칙으로부터 두 번째 원칙을 대립적으로 놓지 않고, 오히려 반대로 두 번째 원칙을 통해 첫 번째 원칙과 병립시키면서, 두 번째 원칙 속에서 자아와 비아를 대립적으로 설정한다. 여기에서 그는 "A=A"에서와 마찬가지로 "−A≠A" 라는 명제를 "누구에게나 의심할 여지없이 완전히 확실하게 결정적인 것으로 인정된"[10] 명제로 간주한다. 그러나 "A=A"나 "−A≠A"

---

7) 그렇기 때문에 많은 연구논문들이 두 번째 원칙에 대해 그다지 큰 비중을 두고 있지 않다.
8) 세 번째 명제는 형식에 의해 제약되지만, 내용에 의해 무조건적인 명제를 말한다.
9) op. cit, 261쪽.

는 증명될 수도 연역될 수도 없는 명제들이다. 만약 후자가 연역된 명제이어야만 한다면, 그것은 전자로부터 연역되어야만 한다. 그런데 피히테에 의하면, '–A'가 'A'에 의해 반정립된 것이라면, 반정립의 형식은 정립의 형식에 포함되지 않고 대립된다. 그러므로 "–A≠A"의 명제는 "A=A"의 명제로부터 연역된 명제일 수 없다. 이것을 자아의 활동성에 연관해서 파악해 보면, "반정립된 것 일반(Entgegengesetztsein überhaupt)은 자아를 통해 단적으로 정립된다."[11] 이제 반정립에 의한 자아의 활동성은 형식과 내용(Gehalt)에 있어서도 대립적이게 된다. 그렇다면 이러한 대립은 어디에서 발생하는가? 피히테에 의하면, 대립은 인간정신의 활동성을 통한 메카니즘에서 발생한다. 그러한 메카니즘은 마찬가지로 "절대적으로 대립적인 것(ein absolutes Entgegengesetztsein)을 통하지 않고서는 달리 설명될 수 없다."[12] 인간정신의 활동성이 "살아있는 정신이며, 생성하면서, 자기 창조적 절대성"[13]의 성격을 지니는 한, 그 특징을 전적으로 보여주는 인간정신의 활동성은 대립에 대한 인식이다.

두 번째 원칙은 자아에 비아가 반정립하는 위치에서 시작하기 때문에, 비아의 출현은 불가피하다. 여기에서 반정립적 행위는 두 번째 원칙에서 자아와 비아의 대립적 관계를 형성한다. 두 번째 원칙에서 일어나는 문제는 첫 번째 원칙에서 단적인 자아의 정립, 즉 그 어떤 대립이나 반성 없는 원칙에서 어떻게 두 번째 원칙이 도출되는가이다. 우리가 두 번째 원칙에서 비아를 도외시하고 "자아가 스스로에 대해서 반정립한다"(Das Ich setzt sich entgegen) 혹은 "자아가 단적으로 반정립 되어 있다"(Das Ich ist schlechthin entgegengesetzt) 라고 독해한다면, 그러한 독해들은 반정립적 구조의 핵심을 직접적으로 자아로서 언표하고, 더 나아가 첫 번째 원칙에서 정립된 통일된 자아로부터 자기분열된 자아를 통해 두 번째 원칙에 대한 이해이다. 따라서 첫 번째 원칙과 두 번째 원칙의 관계는 좀 더 분명하게 연관된다고 해석해 볼 수 있다. 그러나 피히테 자신은 그렇게 말하고 있지 않다. 앞에서 언급된 두 번째 원칙 속에서의 자아는 단지 선언적 자아일 뿐이고, 피히테가 의도한 바에 의하면, 자아의 다른 성격으로서 비아를 출현시킴으로써, 자아와 비아의 대립을 두 번째 원칙에서 표출하고자 하는 데에 있다. 그러나 그러한 대립은 자아와 비아가 완전히 서로 다르기 때문에 생긴 대립이 아니다. 피히테 의하면, "비아가

10) 같은 책, 264쪽.
11) J. G. Fichte. 같은 책, 266쪽.
12) 같은 책, 368쪽.
13) R. Kroner. *Von Kant bis Hegel*, Tübingen 1921, 398쪽.

따라서 단순한 자아의 다른 관점(Ansicht) 이외에 다른 어떤 것도"[14] 아니다. 따라서 비아는 단지 정지된 자아의 다른 성격에 불과하다.[15] 독단론자와 다르게 관념론자는 비아를 사물의 특별한 방식으로 받아들이기 때문에, 결코 비아를 취하지 않고, 자아를 선택하는 태도이다.[16]

다른 한편으로 피히테는 두 번째 원칙을 규정함에 있어서, "비아가 자신을 단적으로 정립한다"(Das Nicht-Ich setzt sich schlechthin)이거나 혹은 "비아가 자신을 자아에 정립한다"(Das Nicht-Ich setzt sich dem Ich entgegen) 라고도 말하지 않았다. 만약 그가 그렇게 말했었다면, 비아의 위치는 근원적으로 자아와 다르지 않게 된다. 비아는 자아의 정립 없이 결코 정립되지 않는다. 비아의 정립방식은 비아로서 그 자체로(an sich) 존재하는 것이 아니다. 그것은 표상을 통해 비아에 대립해 있는 자아의 표상에 의존한다.[17] 따라서 비아의 자기규정은 자아 안에 정립된 표상과 자아 밖에 놓여 있는 어떤 것으로 분리된다. 그렇기 때문에, 전자는 자아의 정립에 연관된 자아의 다른 모습인 비아로서 특징을 지니게 된다. 그러한 비아는 자아에 반정립된 것이고, 자아의 정립 이후에 자아에 반정립적인 것이다. 반면에 후자는 자아의 정립에 어떠한 영향도 미치지 않고, 아무런 의미도 없는 것이다. 자아 밖에 놓여 있는 또 다른 어떤 것, 다시 말해 자아에 의해서 전혀 정립되지 않는 것은 무엇인가? 피히테 자신은 두 번째 원칙에서 그러한 의문에 대해 아무런 답변도 하지 않았다. 그러나 우리가 이것을 피히테적 의미에서 사물자체 (Ding an sich)에 대한 문제와 연관시켜 간략하게 고찰해 본다면, 사물자체란 자아 안에 정립된 것이면서 동시에 자아 밖에 정립된 것이기도 하다. 따라서 피히테에게 있어서 사물자체란 그 자체가 이미 모순이고,[18] 사물자체는 자기 자신을 지양한다.

그렇다하더라도 비아가 직접적으로 사물자체인가? 만약 비아가 사물자체라면, 비아는 사물 자체가 폐기될 때에, 비아자체의 자기규정(Selbstbestimmung) 마저도 철저하게 제거되어야 한다. 피히테가 사물자체의 제거(Abhebung)를 통해 획득한

---

14) J. G. Fichte. *Wissenschaftslehre nova methodo. Kollegnachschrift K. Chr. Fr. Krause 1798/99*, hrsg. E, Fuchs Hamburg 1994, 42쪽.

15) Vgl. 같은 책, 43쪽.

16) 반대의 경우는 독단론자가 취하는 태도이다. 그에게는 자아가 사물의 특별한 방식이고, 전혀 자아를 취하지 않는다 라고 주장한다.

17) 이것은 독단론(피히테는 독단적 관념론이라는 용어를 쓰지 않는다!)에 의해 주장한 내용이 아니다. 비아가 능 동적으로 그러한 분열을 수행하는 것이 아니라, 자아의 정립에 의해 자아와 연관된 경우에 한해서, 자아와 비 아는 양적으로 구분된다.

18) 필자는 사물 자체와 비아의 관계 설정에 대한 연구를 다음 기회로 미루고 싶다.

것은 비아의 정립이 독자적 자기정립이 아니라, 자아의 정립이후에 정립된다는 사실이다. 다른 말로 하면, 자아에 의해 정립되지 않은 것은 그에 있어서 그 어떠한 것도 인정되지 않는다. 자아의 철저한 자기정립을 통해 정립하지 않는 것은 자아 밖에 놓여 있는 것이므로, 그것은 단지 남겨진 잔여(殘餘)일 뿐이다. 그렇기 때문에 그것은 자유롭지도 활동적이지도 않는 것이다.

두 번째 원칙에서 자아와 비아는 물론 대립적이다. 발생론적으로 보면, 정립과정에서부터 반정립과정을 경유한 종합과정은 타당하다. 그러한 종합은 정립과 반정립의 모순을 지양한다. 그러나 이러한 파악방식은 지나치게 피상적이다. 왜냐하면 그러한 방식은 자아와 비아의 종합을 하위단계에서부터 최고단계까지 이르는 과정을 단계적으로 만들기 때문이다. 이것을 피히테의 원칙론에 의한 전개방식에 비추어 보면, 첫 번째 원칙과 두 번째 원칙간의 관계설정은 두 번째 원칙과 세 번째 원칙간의 관계만큼 긴밀하지 않다. 그리고 두 번째 원칙과 세 번째 원칙이 긴밀하게 연관되어 있더라도, 그 두 원칙이 첫 번째 원칙자체로 환원되는 것은 불가능하다. 왜냐하면 첫 번째 원칙에서 자아의 정립은 반성 혹은 대립이 발생하지 않지만, 두 번째 원칙은 반성으로 인해 자아에 대한 비아의 대립구도를 형성하기 때문이다. 그런 한에서 첫 번째 원칙은 세 번째 원칙과 새로운 대립이 있게 되고, 그 해소는 이론철학과 실천철학의 전개에서 이루어진다.

첫 번째 원칙에서 비아가 존재하지 않고, 자아만 존재하는데, 어떻게 두 번째 원칙에서 자아와 비아가 대립되면서, "비아가 자아에 반정립된다" 라는 원칙이 확실하게 등장하는가? 여기에서 우리는 직접적으로 두 원칙간의 연관성을 발견하기 쉽지 않다. 피히테는 근원적 대립을 통해 근원적으로 타당한 것을 증명하고자 하였다. 이러한 피히테적 사고는 첫 번째 원칙에서 자아의 정립이 대립, 즉 근원적 대립과 연관되지 않는 한, 증명될 수 없다는 것이다. 근원적 대립이란 자아와 비아의 대립이다. 이렇게 보면, 두 번째 원칙은 첫 번째 원칙자체로부터 연역될 근거는 없다. 두 번째 원칙에서 비아의 출현은 첫 번째 원칙의 정립행위의 활동적 성격의 변형에 의해, 자아에 반정립된 구조를 세우는 데에 있다. 따라서 이로 인해 첫 번째 원칙과 두 번째 원칙도 대립적 성격의 구도 하에 놓이게 된다.

두 번째 원칙의 측면에서 고찰해 보면, 두 번째 원칙은 첫 번째 원칙으로부터 연역된 원칙이라고 해석해 볼 수 있는 여지가 있다. 그러나 이러한 해석방식은 자아가 자기정립하는 경우와 반대로 자아가 비아를 반정립하는 경우를 대립적으로 서술할 경우에 한정된다. 이것은 자아가 자기 자신을 정립한 이후에, 비아를 반정립한다는 것이다. 그러나 우리는 "자아가 자기자신을 정립한 이후에, 왜 비아를 반정립해야 하는가?" 라고 반문해 볼 수 있다. 더 이상 어떠한 대립이 없는 원칙에서 비아를 반정립할 필요는 없다. 그것은 자아에 있어서는 분명한 자기손실이다. 그런데도 첫 번째 원칙에서 두 번째 원칙을 도대체 도출할 필요가 있는가? 피히테가 두 번째 원칙을 설정한 이유는, 비록 첫 번째 원칙이 근본적 원칙이기는 하되, 아직 최고명제로서 증명된 명제는 아니기 때문이다. 그 증명을 위해서는 자아에 대립된 비아와의 관계에서 자아의 반정립적 성격 – 다른 말로 하면, 비아의 정립적 성격과 마찬가지인 – 을 규명함으로써, 세 번째 원칙에 이르러서야 비로소 첫 번째 원칙도 최고명제로 고양됨으로써, 증명된 명제 하에 들어가야 함을 보여준다. 이러한 의미에서 첫 번째 원칙자체는 두 번째 원칙과는 별개의 원칙이고, 따라서 첫 번째 원칙은 무제약적이고 독립적인 원칙이다. 그럼에도 불구하고 첫 번째 원칙에서 두 번째 원칙으로의 이행이 가능한 것은 자아의 사행을 통한 활동적 성격의 변형, 즉 자아의 무한한 사행을 통해 정립된 자아의 성격이 유한으로의 하강운동에 따라 자아와는 다른 성격의 타자인 비아를 추출하는 행위를 나타난다. 이럴 경우에 두 번째 원칙에서 자아의 반정립적 행위는 비아의 정립으로 귀결된다.

첫 번째 원칙에 대한 고찰을 통해, 그 안에 선험적으로 규정되어 있는 "자아는 자아이다" 라는 최고명제는 자아의 이중적 성격을 분명히 보여준다. 한편으로는 자아의 자기정립에서 '자아가 존재한다' 라는 첫 번째 원칙에서 "자아는 자아이다"라는 최고명제를 향해 상승하는 방향으로 고양되고, 다른 한편으로는 전자로부터 독립존재(Fürsichsein)의 획득을 통해, 후자를 첫 번째 원칙으로부터 독립적으로 만든다. "내가 존재하기 때문에, 나는 단적으로 존재한다"[19]와 "내가 존재하는 바, 나는 단적으로 존재한다"[20]의 두 계기는 첫 번째 계기로서 "단적으로 타당한 판단"[21]에 의해 정립된 것으로, 자아의 자기정립으로서의 주관의 위치보다 반성에 선행하는 근원적 활동성을 전제로 한다. 자아의 자기정립과 자아의 존재는 바로 사행의 내면적 파악, "정립존재로부터 존재에로의 추론의 형식"[22]으로 동일성명제를 표시한다. 왜냐하면 정립존재(Gesetztsein)는 자기정립의 산물(Produkt)이기 때문이다. 두 번째 계기는 "자아는 자아이다" 라는 최고명제 안에 함의하고 있는 반성된 자아, 자아의 반성(Reflexion)으로 표현한다. 반성된 자아로서 나타난 자아의 계기적 파악이 첫 번째 계기와는 구분된다는 사실이다. 피히테에 있어서 반성

19) J. G. Fichte. *GWL*. 260쪽.
20) 같은 책, 같은 쪽.
21) 같은 책 259쪽.
22) 같은 책 261쪽.

에로 정향되어 있는 것은 존재이고, 자아 존재규정은 "자아가 존재한다", 즉 "나는 존재한다"는 자기존재의 분명한 확인인 셈이다.

"내가 존재한다"는 사실은 어느 누구도 부인할 수 없는 나의 존재가 있을 수밖에 없다는 의미에서 단적으로 확실한 명제, 즉 "나는 나이다"는 명제와 다르지 않다. 그런데 이 명제는 이미 질료화(Materialisierung)가 된 명제[23]이기 때문에, 두 번째 원칙으로의 이행이 가능하다. 왜냐하면 두 번째 원칙은 내용(Gehalt)에 의해 제약되지만, 형식은 무조건적이기 때문이다. 만약 두 번째 원칙이 첫 번째 원칙을 전제하게 된다면, 후자는 그 자체로 증명되는 것이 타당하다. 그렇지만 피히테는 첫 번째 원칙을 "가설적"으로만 설정하고 있다. 그렇기 때문에 첫 번째 원칙은 그 자체로 증명도 범주연역도 불가능하고, 그에 따라 두 번째 원칙도 그 자체로는 증명이 불가능하다.[24] 그렇다고 해서 피히테가 원칙에 관해 어떠한 증명도 하지 않았는가? 그 답은 비교적 분명하다. 피히테가 증명하고자 했던 것은 원칙 자체에 대한 증명이 아니라, 학론의 최고명제였다. 원칙들 간의 관계는 자아와 비아의 대립을 종합에 의해 그러한 명제를 필연적으로 요청할 수밖에 없는, 또 그렇게 해야만 하는 데에 전적으로 의존한다.

피히테는 "자아는 자아이다"라는 최고명제를 증명하기 위해 첫 번째 원칙 안에 포함되어 있지만, 종속적 방식이 아닌 선험적으로 규정되어 있는 이 최고명제를 증명하기 위해, 첫 번째 원칙에서 두 번째 계기에 정향된 반성을 통해 자아와 비아의 대립을 표현한 두 번째 원칙으로의 이행을 도출한다. 첫 번째 원칙과는 달리 두 번째 원칙은 첫 번째 원칙의 형식을 자아의 정립이 비아의 정립과 대립되는, 이른바 자기 모순적인 형식으로 나타나고 있다. 피히테는 세 번째 원칙으로의 이행을 통해 그 해소를 시도하였고, 더 나아가 이론 철학과 실천 철학의 영역 안에서 세 가지 원칙을 적용함으로써, 이론철학에 대한 실천철학의 분명한 우위를 확보하고자 하였다.

---

23) Vgl. J. G. Fichte. *Zürlicher Vorlesungen. Über den Begriff der Wissenschaftslehre Februar 1794. Nachschrift Lavater*, hrsg. Erich Fuchs Neuwied 1996, 89쪽.

24) Vgl. J. G. Fichte, op. cit. 264쪽.

3. 절대아와 비아의 관계에 대한 해명

피히테의 두 번째 원칙을 통해 증명되어진 것은 "대립의 행위"[25]의 연역적 증명이 아니라, "대립된 자아가 비아와 같아야만 하는"[26] 것에 관한 증명이다. 다시 말해 두 번째 원칙은 내용에서는 제약되어 있지만, 형식에 있어서는 첫 번째 원칙과 마찬가지로 무제약적 근본 특징을 가지고 있다. 그러한 내용적 측면의 무제약적 특성은 바로 자아에 대립된 비아에 관한 원칙에 의한 특징으로 귀결된다. 따라서 원칙의 형식에 의해 제약된, 두 원칙들에 의해 규정된 세 번째 원칙은 행위의 측면에서 선행하는 두 원칙들 – 내용이나 형식에 의해 제약되는 – 을 통해서 "규정적으로 주어지지만, 그 해소는 주어지지 않는다."[27] 왜냐하면 형식이든 내용이든 제약된 명제들은 제약될 수밖에 없기 때문이다. 따라서 두 원칙들간의 문제의 해결은 오직 무제약적 "이성의 힘"(Machtanspruch der Vernunft)[28]에 의해 정립될 때에만 비로소 가능하다. 그렇다면 우리는 다음과 같은 의문을 가질 수 있다. 첫 번째로 두 번째 원칙이 대립행위에 대한 증명이 아니라는 사실은 다른 어떠한 것을 통해서만 도대체 그런 행위를 증명할 수 있다는 말인가? 두 번째로 세 번째 원칙에서의 행위의 증명의 문제 역시 해결되지 않고, 그 해결이 이성의 무제약성을 담보할 수 있는 절대적으로 정립가능한 명제를 필요로 한다면, 그것은 어떤 명제를 통해서인가?

우리가 이 문제들을 다시 역진적으로 첫 번째 원칙을 통해 재구성하면서, 첫 번째 문제와 두 번째 문제에 대한 답변이 과연 첫 번째 원칙을 최고명제로서 이성의 무제약성을 담보하는 명제인가라는 문제로 바꾸어 본다면, 우리는 위의 문제들에 대한 답변을 위해 적절한 단서를 잡을 수 있다. 위의 질문에 대한 답은 의외로 간단하다. 만일 첫 번째 원칙이 최고명제라면, 피히테의 사유에서 원칙으로서 두 번째 원칙과 세 번째 원칙을 제시할 필요가 있겠는가라는 문제가 다시 제기될 수 있다. 최소한 그런 정당성이 확보되었다 할지라도 여전히 문제는 남아 있다. 그렇다면 모든 원칙들은 첫 번째 원칙으로 환원하지 않으면 안된다. 그러나 두 번째 원칙도, 세 번째 원칙도 그러한 환원은 불가능하다. 만일 그것이 가능하다면 비아, 곧 반정립된 자아도 환원되어져야 한다. 그것은 처음에 어떠한 대립자도 허용하지 않는

25) 같은 책, 268쪽.

26) Ibid.

27) Ibid.

28) Ibid.

자아의 단적인 정립 하에서는 불가능하다. 그럼에도 불구하고 피히테적 해결은 존재한다. 첫 번째 원칙으로의 환원 불가능성에 대한 비판은 첫 번째 원칙을 "자아는 자아이다"라는 명제로 간주한데서 비롯된다. 즉 이 명제는 명제상의 단순한 동어반복이기는 하되, 자아의 자기확실성의 가장 완전한 명제이다. 그러나 피히테가 말한 첫 번째 원칙, "자아가 있다"는 명제는 보편적으로 인정할 수밖에 없는 원칙이지만, 그것 자체에 대한 증명을 이끌어 낼 수 있는 근거는 첫 번째 원칙자체를 통해서는 존재하지 않는다.

"자아는 자아이다"라는 학론(Wissenschaftslehre)의 최고명제와 "자아는 존재한다"는 첫 번째 원칙 사이의 구분은 물론 절대아의 정점에서 사라진다. 그러나 절대아는 단순히 이념(Idee)으로서 "자아는 자아이다"라는 최고명제가 선언적으로 요청한 자아이긴 하되, 첫 번째 원칙자체에서 정립한 자아로서 규정되지는 않는다. 오히려 그러한 명제는 모든 원칙들의 도출이 종결된 이후에 비로소 획득된 결과에 의해서 증명될 수 있다. 왜냐하면 그 때에 자아와 비아는 상대적 성격으로 상호제한되기 때문에, 이 양자를 통합하는 절대아가 요구되기 때문이다. 또한 피히테에 있어서 사행이 이러한 자아의 활동적 행위의 결과마저도 포함하고 있는 자아의 무한한 행위 자체라는 점을 고려해 본다면, 우리는 "자아는 자아이다"라고 설정된 최고명제를 세 번째 원칙의 한계(Schranke)라는 범주를 통해 절대아와 비아의 문제로 도출할 수 있다.

첫 번째 원칙에서 "자아가 존재한다"는 원칙은 자아의 자기규정과 자아의 자기근거를 기초지우는 계기적 통일을 통해, 자아의 최고명제로서 언명한 "자아는 자아이다"라는 최고명제로 이행한다. 이러한 이행은 피히테의 첫 번째 원칙자체에 잘 드러나고 있지는 않다. 그러나 우리가 명제상으로 자아의 가장 완전한 명제를 표현한다면, "자아가 존재한다"는 명제만으로 그칠 수 없다. 왜냐하면 우리가 "자아는 존재한다"를 말할 때, "경험자아"의 존재가능성으로도 해석할 수 있다면, 예컨대 첫 번째 원칙의 자아는 "순수자아"(reines Ich)와 "경험자아"의 공존의 맥락으로 "자아는 자아이다"라는 명제로의 이행을 예비하고 있다고 생각할 수 있기 때문이다. 물론 이렇게 될 때에 경험자아는 절대아에 종속된다. 순수자아는 바로 절대아와 구분되지 않고, 자아의 활동성의 하나의 축으로 작동하지만, 후자는 자아의 다른 측면, 예를 들면 비아와의 관계 하에, 그러나 증명될 수 있는 자아, 그 자아는 "순수자아"도 아니고, "절대자아"도 아닌 전혀 새로운 자아이다.[29] 경험자아의 발생은 자아의 활동성이 자아 자신과의 교호작용(Wechselwirkung)을 통해 무한 속으로 가고 있는 자아의 활동성으로부터 하나의 충돌(Anstoß)로 인해 자아자신으로의 복귀한 자아의 활동성이 자신의 고유한 활동성을 그대로 보존하지 않고, 절대아에서 경험자아로 이행하는 데에서 비롯한다.

그러나 피히테 자신은 그러한 "경험자아"의 문제를 지금의 첫 번째 원칙에서 직접적으로 언급하고 있지는 않다. 위의 논리에 의하면 "순수자아"와 "경험자아"를 포괄하는 제 3의 자아, 즉 절대자아가 요구되는 것은 필연적이다. 세 번째 원칙을 통해, 두 자아는 "상대적" 자아들로 규정되고, 그 제3의 자아는 "절대적" 자아와 연관되면서 선험적으로 규정에 정치한다. 이러한 관계를 좀 더 고찰하기 위해, 피히테를 추종하던 청년 셸링이 쓴 논문 "철학의 원리로서의 자아 혹은 인간 지식 속에 무조건적인 자에 관하여"(Vom Ich als Prinzip der Philosophie oder über das Unbedingte im menschlichen Wissen)를 간략하게나마 살펴보는 작업은 의미가 있다. 셸링은 절대아와 경험자아의 관계를 비교적 분명하게 설정하고 있기 때문이다. 다음과 같은 그의 말에 집중해 보자. "즉 경험자아가 자아라는 사실은 절대자아가 자아이게 하는 그 절대적 인과성 덕분이다. 그러나 경험자아의 제한과 인과성의 유한성은 단지 객관들 덕분일 뿐이다."[30] 결국 경험자아란 절대자아의 원리에 의해 규정된 자아이지만, 양자를 구별하는 기준은 원리가 아닌 양에 의해 규정된다.[31]

셸링은 피히테의 세 번째 원칙을 절대성에 제약된 원칙으로 이해하며, 이것도 마찬가지로 자아의 무제약적 원리에 의해 가능하다고 생각한다.[32] 셸링의 논리대로라면, 세 번째 원칙에서 비아는 경험자아와의 관계로 성립하게 된다. 그렇다면 이 같은 셸링의 논리가 피히테의 본래적 의도와 일치하는가? 유감스럽지만, 그런

---

29) Wolfgang H. Schrader, *Empirisches und absolutes Ich. Zur Geschichte des Begriffs Leben in der Philosophie J. G. Fichtes* Stuttgart-Bad Cannstatt 1972, 58쪽. 그에 의하면 『전체 학론의 기초』 실천적 지식의 기초 중 §5는 이론자아로도 실천자아로도 해석될 수 있다고 본다. 슈라더에 의하면 만약 그렇지 않 을 경우, §5는 §1과 모순된다. 따라서 그는 첫 번째 원칙마저도 절대아와 경험자아의 공존이 가능하다고 주 장한다. 자아의 사행은 자아의 활동성의 결과로서 자기 자신으로 복귀하는 가운데, 자아의 민첩성으로 인해 처음에 설정된 자아와는 다른 자아(경험자아)로 이행하게 한다. 필자의 의견으로는 피히테가 'GWL'의 §1의 원칙에서 사실(Tatsache)과 사행(Tathandlung)을 동시에 서술하고 있다는 점에서, 라인홀트의 의식명제에 대한 비판적 수용과 극복의 의미가 내포되어 있다. 경험자아의 문제를 통해 우리는 사행이라는 번역이 오류 가 있음을 분명히 알 수 있다.

30) F. W. J. Schelling, *Vom Ich als Prinzip der Philosophie oder über das Unbedingte im menschlichen Wissen* (1795), SW. I Stuttgart 1976, 169쪽.

31) Vgl. 같은 책, 같은 쪽.

32) 박영선,「초기 셸링의 칸트 수용과 비판 : 『철학 일반의 형식의 가능성에 대하여』와 『철학의 원리로서의 자아에 대하여』를 중심으로」,『칸트 연구』21집, 2008 17쪽 참조.

기대는 빗나간다. 피히테는 자아의 무제약성을 무제약적 원칙으로서 설정하고는 있지만, 그것은 무제약자 – 무제약적이기 때문에 무제약자인 특징을 갖는 자 – 의 의미로서가 아니다. 그는 무제약적 원칙에서 자아의 사행을 의식의 사실 (Tatsache des Bewusstseins)과는 다르게 구분하고, 사행을 학론의 원리로 잠정적으로 설정하고 있을 뿐이다. 이 의미는 무제약자가 있다는 사실보다 무제약적 활동 자체가 우리의 의식에 있어 경험사실보다 선행해야 할 필연적 조건임을 제시하고 있다. 그것은 아직 증명되지 않았지만, 비로소 세 번째 원칙에 있어서 앞서의 두 원칙을 종합하고 나서야 비로소 이성의 힘으로 정립한다.

셸링의 논리에 따르면 설정된 절대자아의 무제약성을 통해, 이미 이성에 단적으로 무제약적 특징이 확인되기 때문에, 경험자아 혹은 비아는 자아의 생산성이론에 전적으로 의존하게 된다. 피히테의 논리에 따른 경험자아의 도출에 대한 피히테 자신과 셸링의 설명방식은 분명히 구분된다. 셸링은 경험자아도 비아의 관계를 절대자아와 비아의 관계와 동일한 '관계' 범주의 문제로 이해하고, 경험자아의 제한과 유한성을 주관이 아닌 객관에 의존하고 있다는 점에서 경험자아의 문제로 끌고 가서, 자연의 영역 안에서 설명한다. 반면 피히테는 경험자아의 문제를 비아의 자아에 대한 관계에서 실천철학적으로 다룬다. 여기서 우리 밖에 있는 자연과 살아 있으면서, 감각을 지닌 신체(Leib)와의 관계가 본격적으로 규정되면서, 그 관계는 살아 있는 생동하는 종합이 아니라, 화학적(chemisch) 종합으로 파악된다.

우리가 피히테에 있어서 절대자아와 비아의 관계를 두 번째 원칙의 측면으로 고찰해 보면, 자아와 비아의 대립은 자아의 반정립적 구조에서 곧장 절대자아와 비아의 대립을 잉태한 것으로 해석될 수도 있다. 자아의 최고명제가 상정되어야 하는 한, 비아는 절대아와도 순수자아와도 대립한다. 그러나 비아는 경험자아와의 관계에서만 대립하지 않는다. 경험자아는 실천철학의 중심으로 이해되고 있지만, 그 관계에 대한 설명은 두 번째 원칙에서 다룰 문제가 아니다. 만약 절대아와 비아의 관계가 두 번째 원칙을 통해서 발생한 대립의 해소로서 세 번째 원칙의 한계규정에 의해 해결되지 않는다고 가정한다면, 절대아와 비아의 대립적 구도는 절대아와 절대 비아의 문제로 전환된다. 헤겔이『피히테와 셸링철학의 체계』에서 파악했듯이, "그 첫 번째 원칙은 자아의 무한한 자기 정립이며 무한정립으로서의 자아이었다. 다시 두 번째 원칙은 무한한 비아의 절대적 대립 내지 정립"[33]인 것이다. 헤겔은 세 번째 원칙에 앞서 두 원칙의 자아와 비아의 분할을 통한 통합과 동시에 무

33) G. W. F. Hegel, 임석진 역,『피히테와 셸링 철학 체계의 차이』지식 산업사, 1989 67-68쪽.

한으로 분할될 수 있는 자아와 분할될 수 있는 비아의 분점을 제시하고 있다.[34)]

그러나 피히테 자신의 논리에 따르면, 두 번째 원칙에서 자아와 비아의 관계는 무한한 자기 정립관계의 차원이 아닌, 유한한 관계의 차원에서 다루어진다. 비아라는 자기규정은 자아의 다른 성격일 뿐, 전혀 이질적인 것은 아니다. 전혀 이질적인 것이란 정립할 수 없는 것, 말하자면 자아 정립 밖에 놓여 있는 것이다. 그것은 절대비아가 아니라, 무(無)이다. 절대아와 비아의 대립은 그 활동성의 변형, 혹은 무한에서 유한으로의 이행에서 현상계에서 새롭게 전개된다. 그러한 이행은 유한과 무한의 대립구도에서 이론자아의 한계에 도달하고, 그와 더불어 이론자아와 실천자아의 관계에서 실천자아의 추구(Streben)를 통해 욕구의 무한성을 통해 유한과 무한의 대립을 넘어서는 것이다.[35)]

4. 반정립적 판단

반정립적 판단은 "-A는 A가 아니다"라는 논리적 명제에서 성립된다. 피히테는 두 번째 원칙에서 이러한 논리적 명제의 성격을 다음과 같이 규정하고 있다.

> -A는 A가 아니다 라는 명제는 누구에게나 의심할 여지없이 아주 확실한 것으로(für völlig gewiß und ausgemacht) 인정되며, 누구도 그 증명을 요구하리라고는 거의 기대될 수 없다.[36)]

여기서 피히테는 "-A≠A" 라는 명제를 "A=A"의 명제와 똑같은 확실한 명제로 본다. 그러나 전자는 후자의 연역을 통해서는 논리적으로 증명할 수 없다. 이것은 모순율에 의한 증명이 아니기 때문이다. 만약 그런 경우였다면, 모순율은 동일률의 결론명제(Folgesatz)에 불과했었을 것이다. 물론 피히테는 "-A≠A"는 "A=A"를 전제하고 있다. 그러나 "-A"에서 "A"의 대립을 지양한다는 의미에서가 아니라, 전자로부터 후자에로의 변형이 있을 수 없다. 전자가 "-A는 -A이다" 라는 명

34) 같은 책, 68쪽 참조.

35) Vgl. J. G. Fichte, GWL. GA. I/2, 401-403쪽. 실천자아에 관한 연구는 세 가지 원칙부터 새롭게 재구성되 어야 한다. 그러한 작업은 지금까지의 연구와는 상이한 방식으로 진행되기 때문에, 필자는 그 작업을 후일의 연구과제로 남겨두고 싶다.

36) 앞의 책 264쪽.

제에 근거하고 있는 한, 이러한 비교(Vergleichung)에서 대립은 제거되며, 또다시 동일성으로 정립된다.

정식화된 모순율에서 분명한 것은 어떤 다른 것과의 비교에서 부정된 주체인 "-A" 와 정립된 술어인 "A" 에 의해 지지되고 부정하는 계사에 의해 서로 연결되어 있다는 점이다. 그런데 부정 판단(negatives Urteil)은 동일률을 정립하는 판단에서 판단항의 논리적 연결기능으로 완전하게 도출되지는 않는다.[37] 그 때문에 우리가 알 수 있는 것은 비동일성이 동일성과 대립되어서 논리적 의미를 획득한다는 사실이다. 바로 여기서 반정립은 비동일적인 것(Nichtidentifizieren)을 지칭한다.

이렇게 보면, 동일성과 비동일성은 동일하지 않다. 그 두 가지가 동일해지기 위해서는 하나에서 다른 하나가 도출되어야 하고, 공통적인 제3의 것에서 동일해져야만 가능하다. 동일성에서 비동일성, 혹은 그 반대의 도출은 불가능하다. 더욱이 그와 같은 도출은 양자의 비교를 전제하고 있지만, 원리적으로는 동등하지 않다. 왜냐하면, 동일성과 비동일성의 동일은 논리학의 법칙인 동일률뿐만 아니라, 모순율과도 충돌되고, 더 나아가 모순율에 함유되어 있는 배중률과도 충돌하기 때문이다.

우리는 어떤 것을 하나의 동일한 관점에서는 A 혹은 -A의 속성으로서 생각할 수 있지만, 제3의 가능성은 존재하지 않는다. 그것은 A와 -A를 아무런 의미도 없이 논리적으로 상충된 모순을 지닌 한갓된 가능성에 불과하다는 데에 있다. 모순율이 확실한 명제라는 사실은 동일률에서 모순율을 도출하는 것이 불가능하기 때문에, 동일률로 다시 환원되지 않는다는 점에서도 드러난다. 따라서 모순율은 자립적이다. 비록 반정립이 내용적으로 정립을 전제하고 있다고 해도, 반정립의 형식은 동일성의 정립에서 도출된 것이 아니다. 만약 어떤 것이 앞의 진행에서 전혀 정립되어 있지 않다면, 아무 것도 그와 같은 어떤 것에 대립될 수 없다. 따라서 피히테의 두 번째 원칙은 내용에 의해 제약된다는 특징을 가진다.

반정립이 동일성의 정립에서 도출된 것이 아니다 라는 사실은 우리에게 A가 정립된 것과 마찬가지로 반정립된 -A 역시 정립해야 한다는 점을 각인시킨다. 반정립의 행위(Akt)는 정립에 대립한다. 반복적인 말이지만, 전자는 후자에서 도출될 수 없다. 반정립행위로 A에 대립된 -A에서처럼 어떤 것이 존재할 수 있다. 피히테는 "-A≠A"는 명제를 통해 행위를 정립하는 결과를 탐구했는데, 그것은 바로 반정립을 인식하는 자아에 의한 사유내용의 산출을 의미한다. 이러한 산출을 통해

37) Vgl. J. G. Fichte. 앞의 책, 264-265쪽.

반정립된 자, −A는 정립된다. 우리는 이런 −A에 하나의 추상수단(Abstraktionsschritt)이 놓여 있다는 사실을 알 수 있다. 왜냐하면 반정립된 자는 반정립적 의식의 행동과는 분리되어 있기 때문이다.

모순율은 의식에 선행된 사실, 즉 앞서 수행된 사실을 다루는 법칙일 뿐이다. 반정립의 행위는 행동을 선취하는 자아의 행위를 함축한다. 그렇다면 우리는 그러한 사실들을 사행으로 환원할 수 있다. 모순율이 성립하기 위해서는 반정립행위로서의 반정립과 반정립된 자가 존재해야만 하고, 논리적 법칙의 가능성을 위한 선험적 조건으로서 자아에 반정립이 존재해야 한다. 근본적인 방식에서 자아에 반정립의 행위가 존재할 수 있다면, 논리적 반정립이 존재할 수 있고, 자아가 수행하는 반정립행위이기 위해서, 자아자신에 반정립된 자가 있어야 한다. 여기서 첫 번째 원칙의 자아가 단순히 정립되었다면, 그것에 대립된 자아의 행위에 의한 반정립은 비아일 수 있다.[38] 피히테의 주장처럼, "자아에 반정립된 자가 비아"라는 엄밀한 증명[39]은 첫 번째 원칙에서 자아가 독립적으로 정립하고 있을 경우에 성립한다. 어떤 다른 것을 정립해야만 한다면, 이것은 자아의 정립에서 논리적으로 부정된 것, 즉 비아의 정립에서 성립한다.

반정립적 판단은 정립적 판단에 대립된다. 피히테에 의하면 정립적 판단은 "어떤 것이 다른 것에 동일하지 않고, 대립하지 않고, 오히려 단지 자기 자신과 동일하게 정립된"[40] 것이다. 최고명제, "자아는 자아이다"는 바로 정립적 판단의 전형(Muster)을 보여준다. 그러나 이 판단에 있어서 "인간정신의 과정은 (...) 자기자신을 통한 자아의 정립에 단적으로 근거하고 있다."[41] 따라서 이러한 판단을 통해 우리는 반정립적 판단의 근거를 세울 수 있다. 그러나 두 번째 원칙에서 반정립적 판단은 판단의 형식으로서 분명하게 규정하고 있지 않다. 피히테는 세 번째 원칙에서 제한(Limitation)에 의한 정립된 가분성을 통해 자아와 비아가 부분적으로 정립[42]된다는 맥락에서 반정립적 판단을 말하고 있다. 그는 이런 판단을 반정립적 과정의 산출로 규정하면서, 다음과 같이 강조하고 있다

> 우리가 비교된 것에서 판단들이 *대립되어 있는* 특징(Merkmahl)을 찾아가고 있기 때문

---

38) Vgl. J. G. Fichte, 앞의 책, 268쪽.
39) 같은 책, 같은 쪽.
40) 같은 책, 277쪽.
41) 같은 책, 278쪽.
42) Vgl. J. G. Fichte, 앞의 책, 270쪽.

> 에, 그 행위는 *반정립적* 과정을 칭한다. 그러나 부분적으로 우리는 하나의 개념으로부터 종합을 통해서 비로소 집어넣지 않는 어떤 것을 아마도 전개할 수 있다는 의견을 남겨두기 때문에, 또 부분적으로 분석적 과정이 종합적인 것의 반대라는 반정립이라는 이름을 통해 더 분명하게 제시하기 때문에, 분석적이라는 표현은 덜 적절하다. (...) 인식의 모든 내용과 우리가 그 인식에 도달하는 방식이 완전히 추상된 단순한 논리적 형식에 의하면, 반정립적 과정의 방식으로부터 산출된 판단은 반정립적 판단 혹은 부정적 판단이라고 칭한다 (...)[43]

위의 인용에 따르면, 반정립적 과정은 비교에 의한 판단 속에서 대립적[44] 성격을 가진다. 반정립적 판단은 반정립적 과정(Verfahren)에서 산출된 것이기 때문에, 그와 같은 판단은 부정적-분석적 판단이기도 하다.[45] 그러나 피히테는 반정립적 판단의 대립을 정립적 판단에서가 아닌, 종합적-긍정적 판단에서 찾는다. 종합적 과정에 의해 대립이 동일하게 되는 과정은 다시 처음의 판단으로 환원되지 않는다. 그것은 정립적 판단이 반정립적 판단이나 종합적 판단으로는 규정할 수 없는 판단형식이기 때문에, 아무런 근거가 아무것도 없음에도 불구하고 가장 확실한 판단형식임을 보여준다.

5. 부정의 범주적 성격

두 번째 원칙은 비존재(Nichtsein)에서 반정립존재(Entgegengesetztsein)의 추론을 통해 첫 번째 원칙에서 도출한 범주인 실재성에 대한 부정에서 성립한다. 간단히 말하면, 실재성은 활동성으로서 존재규정이고, 그 부정은 비존재이다. 비아는 어떠한 경우에도 실재성자체를 포함할 수 없다.[46] "실재성의 범주가 적용되어야 하는 가능한 그밖의 모든 것에 대해서, 실재성이 자아로부터 자아가 존재하는 한, 그것이 존재해야만 한다는 사실에로 전가될 것이라고 제시되어져야만 한다."[47] 그

---

43) 같은 책, 273-274쪽.

44) 여기에서 필자는 'entgegengesetzt'를 '대립적'으로 번역하였다. 그러나 다른 곳에서는 문맥에 따라 '반정립 적' 이라고도 번역하였다. 위의 원문 번역에서는 'antithetisch' (반정립적)라는 말이 있어서, 혼동을 피하기 위해, 'entgegengesetzt ' 구분하여 '대립적'으로 번역하였다.

45) 반대의 경우는 종합적-긍정적 판단이다.

것은 피히테에 있어서 비아의 자기규정이란 자아에 대한 부정임을 의미한다.

실재성의 부정으로서 이해된 부정의 범주에서 두 번째 원칙의 반정립은 질적 범주를 규정한다. 이것은 자아와 비아의 관계자체가 피히테에 있어 양적규정이 우선시 되는 방식과는 구분되는 질적인 방식으로 전개되고 있음을 보여준다.[48] 부정의 범주는 바로 비아에 의한 자아의 실재성에 대한 부정이기 때문에, −A는 형식과 내용에 따라 구분된다.

> −A의 *형식*은 행위를 통해서 단적으로 규정된다. −A는 반정립의 산물이기 때문에, 그것은〔A의〕 반대이다.〔−A의〕 질료(*Materie*)는 A를 통해서〔규정된다.〕 −A는 A가 있지 않다는 것이다. −A의 전체본질은 A가 있지 않다는 것에서 존립한다. 나는 −A에 대해서, 그것이 그 어떤 A의 반대라는 것을 안다. 내가 그것〔A의 대립이 −A임〕을 알고 있는 −A가 있는지, 혹은 있지 않는지는, 내가 A를 안다라는 조건 하에서만 알 수 있다.[49]

여기에서 피히테는 −A의 질료적 내용을 A가 있지 않다는 데서 찾는다. 여기에서 후자의 부정이 바로 전자의 내용에 대한 부정, 그 실재성에 대한 부정이다. "−A ≠A"를 학론의 명제에 적용해 보면, "비아는 자아가 아니다." 이 명제의 의미는 비아란 선행한 자아 – 자아의 정립 – 이 아니다. 비아의 자기규정 전체는 자아로부터 독립해 있지만, 반대로 자아는 비아의 규정에 연관되어 있다.

우리가 비아를 자아의 실재성에 대한 부정이라고 설정한다면, 그렇다고 해서 자아에 대한 비아의 성격이 절대 무(無)인가? 이 물음은 자아가 절대아로서 절대존재이고, 비아는 절대비아로서 절대무와 동일하다는 전제를 내포하고 있다. 그러나 절대무가 절대비아로서 절대아의 완전한 타자라면, 절대존재는 절대아와 동등하게 설정되어야 한다.[50] 그러나 이것은 피히테에게 불가능하다. 왜냐하면 자아에 의해서, 자아 속에서 정립되지 않는 것은 아무런 의미도 없기 때문에, 그것은 무이고, 공허한 것일 뿐이다.

비아는 그 자체로 존재하는 것이 아니라, 표상된 어떤 것이다. 비아는 그런 경우

46) Vgl. Wolfgang Class/Alois Soller, *Kommentar zu Fichtes Grundlage der gesamten Wissenschaftslehre* Amsterdam / New York, 2004 119쪽. 이것은 존재론적 차원의 해명이다.

47) J. G. Fichte, 앞의 책, 262.

48) 필자는 범주의 연역에 대해서는 다음 연구로 미루고자 한다.

49) op. cit. 266쪽.

50) 헤겔의 논리학 중 존재론에서 존재 – 무 – 생성의 변증법적 논리를 상기하라.

에만 의미를 지닌다. "비아는 자아가 아니다"는 명제는 "자아는 자아이다"는 명제의 부정에서 도출된 명제이다. 후자의 부정은 "자아는 자아가 아니다" 혹은 "자아는 비아이다"가 된다. 즉 자아가 자기자신을 반정립한 것이다. 그렇다면 이것은 분명한 자기모순이다. 자아는 자아이지, 자아가 아닌 비아가 될 수 없다. 비아도 역시 마찬가지다. 이 두 가지를 연결해서 나온 명제를 원칙으로 표현하면, "비아는 단적으로 자아에 반정립된다"라고 규정할 수 있는 피히테의 두 번째 원칙이 도출된다.

여기서 반정립의 구조는 자아에 있어서의 문제이다. 자아의 측면에서 그 반대인 비아는 자아에 대한 부정이고, 동시에 그 실재성에 대한 부정으로서, 비아라는 표상에 연관된다. 자아의 정립 속에 들어 온 비아의 표상이 결국 비아의 정립으로 드러난다. 비아의 표상을 통한 정립은 자아의 정립으로 인한 비아자체의 자기분열의 결과이고, 궁극적으로 자아의 반정립적 특징이다. 그러나 "실재성"의 반대는 "부정"을 통한 자아의 존재규정에 관한 부정으로서 자아의 분열에 의한 자아의 다른 성격을 비아로 규정한다. 두 번째 원칙에서 자아의 또 다른 성격으로 이입된 표상으로서 비아는 자아와 마찬가지로 정립되지만, 그 비아는 이제 자기 자신을 지양하고, 세 번째 원칙에서 자아와 비아의 가분성을 통해 종합된다.

비아는 자아에 반정립된 자이긴 하지만, 자아의 정립과 마찬가지로 정립되는 한, 자아의 자기규정으로서의 실재성과 비아규정을 통한 자아의 부정이 양자의 "가분성"에 의한 "한계" 범주를 통해 양자의 교호작용으로 전개된다. 피히테의 학론은 이러한 관계를 범주연역을 통해 구체적으로 보여주고, 다시 이론철학의 영역과 실천철학의 영역으로 확대한다. 두 번째 원칙은 첫 번째 원칙에 대한 "부정"이 아니라, 비아의 출현을 통해 자아와의 대립 관계가 첫 번째 원칙과의 대립적 맥락에서 자아와 비아의 대립을 보여준 원칙이었다. 결국 이것은 부정이라는 비아를 정립하는 부정의 범주에서 자아의 실재성에 대한 부정으로 전개된다. 범주관계에서 부정의 범주는 자아와 비아의 관계를 질적으로 만들지만, 원칙들간의 관계에서는 양적이다. 부정의 범주는 자아의 존재규정에 대한 폐기가 아니라, 비아의 출현을 위한 실재성의 반대인 부정, 비존재에 대한 적극적인 범주적 설정이다. 피히테는 자아의 반정립을 통해 획득한 부정의 범주 자체를 범주연역에서는 적극적으로 활용한다. 범주연역에서 자아의 실재성은 활동성의 맥락에서 변증법적 방법의 대립과 교호작용을 통해 밝혀진다. 따라서 실재성의 연역은 원칙들에서 제시한 기본범주에 의해 복잡다기하게 펼쳐진다. 예를 들면 자아의 실재성을 연역하기 위해 자아의 활동성에 대한 부정은 비아에 있어 수동으로 규정되지만, 자아와 비아의 교호작용과 제한범주를 통해 질적 관계가 변화한다.

피히테의 “부정” 범주는 세 번째 원칙의 “가분성” 속에 스며들어 있는 자아와 비아의 종합에 의해 자아와 비아간의 교호작용을 지속적으로 변환하는 방식으로 전개된다. 그러나 피히테의 종합은 자아와 비아의 완전한 지양에 의한 종합이 아니라, 한계 속에서 자아와 비아의 관계와 차이를 연관해서 새로운 범주의 출현에서 모순의 해소로 나타난다. 물론 이것이 자아와 비아의 대립관계의 완전한 해소인가에 대한 의문은 아직 남아 있다. 그러나 피히테의 관점은 이러한 대립의 해소에 대한 정도상의 문제로 향하고 있지 않다. 그는 오히려 그러한 모순을 지양하는 측면보다는, 오히려 모순적일 수밖에 없는 활동성의 양상을 극단으로까지 밀고 나가고, 거기서 우리의 인식상의 한계를 드러내는 데에 집중한다.『전체 학론의 기초』에서 ‘이론적 지식의 기초’ 부분은 바로 이 지점에서 유한과 무한을 경계지우고, 동시에 이론적 지식의 한계, 다시 말해 이론자아의 한계를 서술하고 있다. 그 한계를 통해 유한과 무한의 문제가 발생하고, 그 문제의 기원은 자아와 비아의 서로 화해할 수 없는 근본적 대립이 세 번째 원칙을 통해 완전히 해소되지 못한 데에 있다. 그러나 피히테는 이것을 실천철학, 즉 이론자아에 대한 실천자아의 우위를 통해 해소하고자 하였고, 후자를 통해 절대아도 자기의식의 조건으로 됨으로써, 절대아마저도 연역한다.

6. 나가는 말

지금까지 필자는 피히테에 있어서 반정립의 구조를 해명하였다. 그러한 반정립의 구조는 비아를 정립하는 차원에서 성립된 것이지만, 비아의 정립이 자아의 정립 이후에 수행된다는 점에서 비아의 정립은 자아에 의해 정립된 비아만을 정립하고, 자아의 밖에 있는 것은 무로 간주된다. 피히테의 두 번째 근본원칙에 따르면, 결과적으로 비아란 자아에 반정립된 원칙일 경우에 존재한다. 그러나 그것은 첫 번째 원칙과는 다른 원칙이고, 그 때문에 첫 번째 원칙이 독립적 원칙임을 제시한다. 첫 번째 원칙은 자아의 두 계기의 종합을 통해, 자아에 있어서 “자아는 자아이다”는 최고명제의 계기적 통일을 위한 요소로 작동한다. 첫 번째 원칙은 자아의 무한한 사행자체에 관한 증명이 아니라, 학론의 원리를 포함하고 있다는 사실을 제시한 원칙이다.

비아의 출현은 피히테에 있어서 두 번째 원칙의 자아와 비아간의 대립을, 첫 번째 원칙과의 관계에서 최고명제를 질료화하는 역할을 한다. 그러나 반정립에 의해 정립된 자아의 다른 성격인 비아는 표상으로서 자아의 영역 안에 끌어 들인다. 이런 비아는 자아에 의해 정립된 자아와의 대립에서 비아의 본래적 자기규정 속에서 분열을 일으키고, 그러한 분열은 세 번째 원칙에서 자아와 비아의 가분적 정립에 의해 종합된다.

그러나 비아는 두 번째 원칙 내에서의 자아와 비아의 대립에서만이 아닌 세 번째 원칙에 의해 해소될지라도, 또 다른 자아인 절대아와의 관계에서는 종속될 수밖에 없다. 이러한 자아, 비아, 그리고 절대자아의 관계는 전적으로 선험적으로 규정된다. 비아의 자기규정은 자아의 정립이 수행하는 실재성의 범주에 대립될 경우에, 부정의 범주가 설정된다. 그러나 비아가 자아의 부정일 경우에, 자아존재의 부정이나 비존재를 의미하지만, 이것도 표상에 의한 어떤 것일 경우에만 타당하다.

피히테가 설정한 원칙들에 대한 해명은 원칙론에서 원칙들간의 *연역방식*으로 설명된다. 반정립의 구조에서 자아와 비아의 대립도 두 번째 원칙 그 자체에 의해서가 아닌, 세 번째 원칙의 종합에 의해 해소된다. 그러나 이 두 원칙들은 첫 번째 원칙 자체로는 환원되지 않는다. 따라서 세 가지 원칙은 절대아의 명제를 최고명제로서 필연적으로 설정해야 한다. 바로 이 지점에서 절대아는 적극적 역할을 할 수 있게 된다.

반정립의 구조를 통해 비아와 자아의 관계에 대한 해명, 판단과 범주에서의 대립적 구도는 두 번째 원칙에 대한 이해를 기반으로 한다. 그러나 두 번째 원칙은 『전체 학론의 기초』에서 첫 번째 원칙자체와는 구분되지만, 세 번째 원칙 속에서 다시금 첫 번째 원칙과 종합된다. 그러나 여전히 첫 번째 원칙 자체와 세 번째 원칙간의 대립은 해소되는 것이 아니다. 이러한 모순의 해결은 최고명제에 의해서 해소된다. 이제 첫 번째 원칙 안에 내재해 있되, 선험적으로 규정되어 있는, 그렇기 때문에 첫 번째 원칙에서 아직 대립이 발생하지 않는, 최고명제가 세 번째 원칙에 의한 자아와 비아의 종합과 첫 번째 원칙으로부터 최고명제에로의 고양은 절대아를 요청함으로써, 이론자아가 유한과 무한의 경계에 도달하고, 궁극적으로는 이론자아도 실천자아로 이행한다.

이 글을 통해 피히테의 두 번째 원칙이 첫 번째 원칙과는 다른 차원의 피히테적 사유의 극단을 보여 주었다는 것을 밝혔다. 피히테 철학에 대한 국내연구가 미진한 현 상황에서, 이 글로 피히테 철학에 대한 관심을 증대시키는데 작은 보탬이 되고자 한다. 더불어 필자는 독일 관념론의 전체역사에서 피히테철학과 셸링철학을 둘러싼 문제들을 자아와 비아에 대한 관계설정으로 확대해 나감으로써, 그 논의에 대한 하나의 철학적 단초가 새롭게 마련되기를 기대해 본다.

참고 문헌

박영선,「초기 셸링의 칸트수용과 비판 :『철학 일반의 가능성의 형식의 가능성에 대하여』와『철학의 원리로서의 자아에 대하여』를 중심으로」,『칸트 연구』21집 2008, 127-159.

Class, W./ Soller Alois, *Kommentar zu Fichtes Grundlage der gesamten Wissenschatslehre* Amsterdam / New York 2004.

Fichte, J. G., *Grundlage der gesamten Wissenschaftslehre*(1794), in : *Gesamtausgabe* (=*GA*), Bd. I/2, hrsg, von R. Lauth & H. Jacob Stuttgartt-Bad Cannstatt 1965.

_____, *Wissenschaftzslehre nova methodo. Kollegnachschrift K. Chr, Fr. Krause* (1798/99), hrsg, E. Fuchs Hamburg, 1994.

_____, *Züricher Vorlesungen. über den Begriff der Wissenschaftslehre Februar 1794.* Nachschrift Lavater, hrsg. E. Fuchs Neuwied 1996.

Hegel, G. W. F., 임석진 역,『피히테와 셸링철학 체계의 차이』지식 산업사 1989.

Kroner, R., *Von Kant bis Hegel* Tübingen 1921.

Schelling, F. W. J., *Vom Ich als Prinzip der Philosophie oder über das Unbedingte im menschlichen Wissen*(1795), in: *Schelling Werke* 1(=SW), hrsg. W.G. Jacobs & J. Jantzen, W. Schieche Stuttgart 1976.

Schrader, W.H., *Empirisches und absolutes Ich. Zur Geschichte des Begriffs Leben in Philosophie J. G. Fichtes* Stuttgart-Bad Cannstatt 1972.

Die Struktur des 'Entgegensetzen' bei Fichte

– als Mittelpunkt vom zweiten Grundsatz der 『*Grundlage der gesamten Wissenschaftslehre*』(1794)

Kwon, Ki–Whan

Zusammenfassung

Die vorliegende Arbeit beschäftigt sich damit, die entgegengesetzte Struktur im zweiten Grundsatz der *GWL* Fichtes darzustellen. In dieser Struktur des Entgegensetzen ist der Gegensatz von Ich und Nicht–Ich notwendig vorausgesetzt. Der erste Grundsatz selbst ist von den anderen Grundsätzen unabhängig, gleichwohl die Tathandlung des Ich nicht an sich bewiesen wird. Indem der Beweis für die Tätigkeit des Ich die Deduktion der Realität kategorisiert, führt es sich auf die absteigende Bewegung nach der endlichen, reflektiven Tätigkeit vom unendlichen, reinen Tätigkeit an sich aus. Auf solche Weise trifft die verendliche Tätigkeit des Ich mit dem Nicht–Ich zusammen. Vom Standpunkt der Katergorie aus betrachtet, bezieht der Gegensatz der Kategorie der Realität sich auf die Kategorie der Negation. Vom Gesichtspunkt des Grundsatzes aus betrachtet, ist der Gegensatz vom ersten und zweiten Grundsatz formell, aber wir können uns im anderem höchsten Satz, nämlich 'Ich bin Ich' als dem ersten Grundsatz wegen der Unabhängigkeit vom ersten Grundsatz selbst einfallen. Da dieser Satz aber innerhalb des ersten Grundsatzes a priori bestimmt wird, bedarf es keines Beweises für den ersten Grundsatz, 'Ich bin'.

Das Setzen des Ich im ersten Grundsatz kündigt das Erscheinen des Nicht–

Ich im zweiten Grundsatz an. Insofern das Entgegensetzen des Ich das Setzen des NichtIch bedeutet, ist das Nicht-Ich etwas, was nicht das Nicht-Ich selbst, sondern das Vorgestellten ist. Damit das Nicht-Ich, das nicht durch das Ich gesetzt ist, gleichfalls das Nicht-Ich, das außerhalb des Setzen des Ich liegt, heißt Nichts. In diesem Sinn negiert die 'Negation' des Ich, welche die Realität, die Seinsbestimmung des Ich bezeichnet.

Dass Fichte die Realität als die Tätigkeit, aber nicht die Realität selbst bestimmt, ist die Tätigkeit des Nicht-Ich aufgehalten. Aber entwickelt er nicht die konkrete Kategoriendeduktion im Teil der Grundsätzen. Was im zweiten Grundsatz wichtig ist, produziert der Gegensatz von Ich und Nicht-Ich in der entgegengesetzten Struktur durch das antithetische Verfahren das antithetische Urteil. Der Gegensatz vom antithetischen Urteil entsteht nicht aus dem thetischen Urteil, sondern bezüglich auf das bejahend-synthetische Urteil, denn das thetische Urteil ist das höchste vor dem gegensätzlichen Urteil(das synthetisch-bejahende Urteil, das analytisch-verneinende Urteil). Das Entgegensetzen im zweiten Grundsatz synthetisiert die 'Teilbarkeit' und die 'Schranke' des dritten Grundsatzes. Da zwei Grundsätze aber relativ gesetzt ist, ist das absolute Ich unentbehrlich gestellt. Das Verhältnis des Nicht-Ich zum Ich, und umgekehrt führt gleichfalls die Wechselbestimmung durch die Kategoriendeduktion dauernd aus und bis zum theoretischen und praktischen Bereich erweitert.

Schlagwörter : Absolutes Ich, Schranke, Realität, Tätigkeit, Tathandlung, Kategorie der Negation, Entgegensetzen, Gegensatz, Kategoriendeduktion, Teilbarkeit Synthetisch-bejahedes Urteil. Analytisch-verneiendes Urteil. Thetisches Urteil, Antithetisches Urteil.

이 논문은 2008년 8월 31일에 접수하고2008년 10월 17일에 심사 완료하여 2008년 10월 24일에 게재가 확정되었습니다.

셸링 유기체론의 생태학적 함의*

조 영 준

요약문

본 연구의 목적은 오늘날 인류를 위협하는 생태 위기의 대안 모색이라는 관점에서 셸링의 유기체론과 그 현대적 의의를 본격적으로 고찰하는데 있다. 자연을 생명 없는 단순한 기계로 간주하는 데카르트의 기계론적 자연관과는 달리, 자연을 스스로 생성하고 조직하는 하나의 거대한 유기체로 본 셸링은 우리에게 생태학적 사유의 단초를 제공하는 '유기체적-전체론적 자연관'을 제시한다. 여기서 스스로를 조직하면서 형성하는 원리를 통해 방법적으로 구조화되는 유기체 개념은 셸링 자연철학의 핵심을 이해하는 열쇠이다. 그는 특히 유기체론에서 기계적 조직에 대한 유기체의 우위성을 강조하면서, 선형적인 기계적 조직이 순환적이고 완결적인 유기체의 질서 속으로 편입되어 양자의 대립이 지양되는 하나의 전체로서의 자연이념을 제시한다. 그는 또한 유기체 내지 생명 생성의 최종 근거를 설명하지 못하는 '생기론(생기력 이론과 블루멘바흐의 형성충동 개념)'과 한 영역을 다른 영역에로 환원하려는 '방법론적 환원주의'를 비판하면서 자연의 '비환원주의적 통일이념'을 제시한다. 궁극적으로 무분별한 자연파괴를 초래하는 기계론적 자연관에 맞서 인간과 자연을 구원할 수 있는 대안적인 패러다임으로서 새롭게 평가될 수 있는 셸링의 비인간중심적 유기체론은 인간중심주의 입장의 중지와 그것의 근본적인 극복을 함축한다는 점에서 칸트와 헤겔보다 더 근원적인 생태학적 통찰을 보여 준다.

● 주요어 : 셸링, 유기체, 유기체론, 기계론, 생기론, 유기체적 – 전체론적 자연관.

1. 생태 위기와 셸링 자연철학

최근 철학적 주제로서의 자연과 그에 대한 자연철학적 탐구는 생태 위기와 그 대안 모색이라는 관점에서 계속 관심이 증가하고 있다. 지구와 인류를 파국으로 이끄는 생태학적 위기는 더 이상 자연을 자연과학 연구의 영역에 국한시키거나 무분별하게 산업 · 기술적으로 이용하도록 우리를 내버려 두지 않는다. 따라서 이러한 위기를 초래하는데 정신적 뿌리를 제공한 근대의 기계론적 자연관에 대한 반성으로서 대안적인 자연관들이 지금까지 다각도로 모색되어 왔다. 우리는 약 200년 전 셸링과 헤겔 그리고 20세기 초 화이트헤드의 유기체적 자연관에서, 또 그것의 현대적 계승이라고 할 수 있는 카프라(F. Capra)의 신과학적 논의에서 하나의 대안 모델을 발견할 수 있고, 여기서 "전체성(Ganzheit)"과 더불어 "유기체(Organismus)" 개념이 핵심으로 등장함을 알 수 있다.

특히 자연을 스스로 생성하고 조직하는 하나의 거대한 유기체로 본 셸링은 인간과 자연, 정신과 물질을 별개의 존재로 보는 데카르트의 이원론과는 달리, 양자를 유기적–전체론적(organisch–ganzheitlich) 관점에서 통일적으로 파악한다. 따라서 그는 인간적인 주체와 자연적인 대상을 분리하고 자연을 생명 없는 단순한 기계로 간주하는 데카르트주의의 기계론적 자연관을 거부하고, 자연의 "형이상학은 모든 기계론의 대립이다"(*Über das Wesen deutscher Wissenschaft*, SW I/8, 10)[1]고 강조한다. 이처럼 기계론에 대항하는 자신의 구상을 위해 셸링은 인간적인 주체와 객관적 자연을 재결합함으로써, 피히테처럼 인간의 자기의식의 한계에 머무르는 것이

* 이 논문은 한국헤겔학회 2008년 9월 월례발표회에서 발표한 원고를 일부 수정한 것이다. 당시 진지한 학문적 관심으로 발표를 듣고 문제를 제기해 주신 헤겔학회 여러 선생님들과 유익한 논평을 해 주신 심철민 선생님께 감사의 마음을 전한다.

1) 본문과 각주의 인용문에서 셸링전집(F. W. J. v. Schellings sämmtliche Werke, hrsg. von K.F.A. Schelling, I. Abteilung: 1–10 Bände, II. Abteilung: 11–14 Bände, Stuttgart/Augusburg, 1856–1861)은 SW로 표시되며, 저서는 제목 또는 그 약어, 원본의 I, II부/권수와 쪽수만을 기입한다. 그리고 인용문의 굵은 글자는 셸링에 의해 강조된 것이다.

아니라, 오히려 자기의식의 가능성의 조건을 발생론적으로 탐구한다. 셸링에 따르면 참된 앎(Wissen)은 – 피히테가 유일하게 가능한 두 철학 입장인 독단론(Dogmatismus)과 관념론(Idealismus) 사이에서 조건 없는 결정을 요구하는 것과 달리[2] – 주체와 객체 양자의 결합에서 성립하므로, 기계론적 자연관의 대안 구상은 인간에게 자연의 전체구조를 하나의 "지적 직관(intellektuale Anschauung)" 속에서 실제적으로 인식할 것을 요구한다. 그리하여 셸링은 자연의 즉자적 차원을 단순한 이념이 아니라 직접적으로 접근 가능한 존재로 파악함으로써, 칸트 이성비판의 한계 및 피히테 자기의식의 한계를 넘어선다. 이점에서 셸링의 인식론적 관점은 주관적 관념론에서 객관적 관념론으로 바뀐다. 칸트에 있어서 자연의 유기적 통일이 오직 인간적 인식의 요청으로써 접근 가능하다면,[3] 셸링은 새롭게 자연의 전체성에 대한 **존재론적** 표현과 접근을 허용하는 것이다.[4] 이제 자연은 자신의 고유한 가치를 지닌 살아있는 유기체로서, 즉 스스로를 조직화하는 유기적 전체 내지 주체로서 간주된다.

셸링의 자연철학에서 중심을 이루는 유기적인 것(das Organische)은 이미 헤르더와 괴테 그리고 슐레겔의 작품에서 특별히 언급되었지만, 셸링과 더불어 그 중요한 이론적 의미와 유기체 사상에로의 철학적 전환이 본격적으로 시작된다. 그는 낭만주의 미학 영역에서 일면적으로 적용된 유기체 개념을 모든 가능한 영역에로 확장한다. "유기체는 사물의 원리"(*Von der Weltseele, eine Hypothese der höheren Physik zur Erklärung des allgemeinen Organismus*: 이하 *Weltseele*로 약칭, SW I/2, 500)로서 셸링 자연철학의 중심 개념을 형성하며, 따라서 살아있는 자연을 설명하는 방법론적 원리이자 범주로서 사용된다. 이렇게 셸링 자연철학 전체를 이해하는 열쇠로서 이해되는 유기체 개념은 『지식학의 관념주의에 관한 해명을 위한 논고』(*Abhandlungen zur Erläuterung des Idealismus der Wissenschaftslehre*, 1796/1797)

---

2) 피히테는 우리에게 가능한 철학의 입장은 독단론〔존재의 절대근거를 객체, 즉 비아(Nicht-Ich)에 두는 입장〕과 관념론〔존재의 절대근거를 주체, 즉 자아(Ich)에 두는 입장〕 두 가지 밖에 없으며, 이 중에서 어떤 것을 선택하느냐는 각 철학자의 정서(Gefühl)에 달려 있다고 한다.

3) 셸링의 견해에 따르면 칸트의 초월철학에서는 다만 자연에 대한 제한적인 접근만이 가능하다고 한다. 주관적인 것은 앎 속에서 대상이 되는 반면에, 객관적인 것으로서의 자연은 다만 간접적으로 경험될 뿐이고 또 앎의 행위 속에서 사라진다고 한다(*System des transzendentalen Idealismus*, SW I/3, 345쪽 참조).

4) 초월철학의 존재론화를 통해 셸링 자연철학의 기원을 설명하는 자세한 논의에 대해서는 필자의 논문, 「생태위기의 대안으로서 셸링 자연철학」, 『칸트연구』, 제20집, 한국칸트학회, 2007, 289-294쪽과 299쪽 이하를 참조 바람.

에서 처음 제시되고, 『자연철학의 이념』(*Ideen zur einer Philosophie der Natur*, 1797: 이하 *Ideen*으로 약칭)에서 확장되며, 『세계 혼』(*Weltseele*, 1798)이르러 그 구상이 세부에 이르기까지 완성된다. 또 『자연철학 체계의 제1기획』(*Erster Entwurf eines Systems der Naturphilosophie*, 1799: 이하 *Erster Entwurf*로 약칭)과 『전체 철학 및 특히 자연철학의 체계』(*System der gesammten Philosophie und der Naturphilosophie insbesondere*(= *Würzburger Vorlesungen*), 1804: 이하 *Würzburger Vorlesungen* 으로 약칭)를 비롯한 저서들에서 유기체 개념에 대한 포괄적인 암시와 해석이 재차 나타난다.

이 글의 목적은 생태 위기에 대한 대안적 자연관 모색이라는 관점에서 셸링의 유기체론을 본격적으로 고찰하는데 있다. 우선 기계론(Mechanismus)이 살아있는 유기적 자연의 고유한 특성을 온전히 밝히지 못한다는 셸링의 비판을 논의의 출발점으로 하여, 기계적 조직에 대한 유기체의 우위성 및 유기체의 본질과 특징을 구체적으로 살펴본 후, 또한 그의 유기체 개념이 환원될 수 없는 생명 현상의 고유성에 주목했음에도 불구하고 추상적 형이상학적 사변에 머문 생기론(Vitalismus)이나 한 영역을 다른 영역에로 환원하려는 방법론적 환원주의(methodischer Reduktionismus)를 통해서는 옳게 해명되지 않는다는 점을 지적하고, 더 나아가 셸링의 유기체론에는 생태학적으로 어떤 의미가 숨겨져 있는지를 밝히고자 한다.

2. 셸링의 기계론적 자연관 비판

기계론적 자연관은 자연을 살아있는 유기체가 아니라 역학의 법칙에 따라 작동하는 죽은 기계로 파악한다. 이 견해에 따르면 자연은 생기 없는 사물의 집합체로서, 마치 체계 속의 부분들이 복잡하게 연결되어 있지만 서로 명백하게 인과관계에 따라 작동하는 하나의 거대한 시계와 같다. 이것은 자연현상이 근본적으로 단순한 원인과 결과의 연쇄로 환원될 수 있다는 것을 전제로 하기에 자연현상을 물리적, 기계적 운동의 결과로 파악한다.

자연을 단순한 기계로 간주하는 근대의 기계론적 자연관은 수학의 원리로 자연을 이해한 데카르트와 뉴턴에서 그 전형적인 형태가 발견된다.[5] 특히 데카르트는 "연장(res extensa)"과 "사유(res cogitans)"를 두 개의 독립 실체로 보고 물체를 공간적 연장으로 등질화함으로써 그 운동과 인과관계를 수량으로 파악하는 근대적 자연관의 방향을 세운다. 그러나 데카르트는 인간의 신체를 연장으로 이해할 뿐만 아니라 식물과 동물 또한 내면(Innenseite)을 갖지 않는 기계로 간주하기 때문에,[6] 자연에서 수학화 될 수 없는 질적 영역인 내적 세계를 추방한다. 자연은 이렇게 수학적 방법과 원리를 통해 이해됨으로써 이제 자신의 주체성과 고유한 가치가 박탈당하고 인간에 의해 조작 가능한 낯선 존재로 전락하고 만다. 따라서 근대 과학과 기술의 근본 특징이라 할 수 있는 기계론적 자연관은 자연을 결국 인간에 의해 지배되는 죽은 물질로 간주하고 환경 파괴와 생태계의 위기를 초래하는 결과를 가져온다.

셸링은 자연에서 생명의 중요성을 박탈하는 수학적 자연과학의 추상적 방법들을 반대하면서, 그 당시 지배적이었던 데카르트주의의 기계론적 자연관에 대한 자신의 비판을 다음과 같이 서술한다.

> 나는 여기서 시대와 관련해서 〔사람들이 생각하는〕 나의 주요 오류는 본래 내가 자연을 기계적이 아니라 역동적으로 고찰한다는 사실에 근거하고 있다는 것을 언급하고자 한다. 만약 사람들이 자연은 단순한 기계론에서 성립한다고 나를 설득시킬 수 있었다면, 나의 전향은 즉시 이루어졌을 것이다. 그 경우에 자연은 부정할 수 없이 생명력을 잃고, 그리고 모든 다른 철학자들은 옳을 수 있고 나만이 틀릴 것이다. 이제 데카르트 이후의 모든 지배적인 철학은 이 기계론적인 견해에 따라 개조되고 있다. 이 지배적인 철학에서 역동적으로 살아있는 자연은 전혀 고려되지 않는다. 〔...〕 따라서 자연철학에 대한 지배적인 철학의 싸움은 근본적으로 동역학(Dynamik)에 대한 역학(Mechanik)의 싸움이기 때문에, 지배적인 철학은 불공평하고 그의 측면에서 상당히 무모한 싸움에 빠진다.(*Darlegung des wahren Verhältnisses der Naturphilosophie zu der verbesserten Fichteschen Lehre*, SW I/7, 103; 〔 〕안 글쓴이)

기계론적 자연관에 대한 셸링의 비판은 직접적으로 그의 자연철학적 근본 입장에서 설명된다. 이에 따르면 자연에는 최소한 기계론적으로 설명될 수 없는 하나의 사실이 있다. 즉 무제약적 성격을 띠는 자연의 생산적 활동은 인과관계를 기반

5) 코페르니쿠스의 지동설, 갈릴레이의 실험과 수식화를 배경으로 하여 형성된 근대 기계론적 자연관은, 수학적 방법론을 통해 자연을 이해한 데카르트에 의해 그 기본 방향이 세워졌고 운동의 세 법칙과 만유인력을 바탕으로 역학적 체계를 세운 뉴턴에 이르러 강화되었다. 이 기계론적 입장은 그 후 열역학, 상대성이론, 양자역학 등의 성과로 보강되면서 서구 자연관의 주류가 되었지만 이 입장에 의해서도 아직 생명 전체는 해명되지 않고 있다.

6) 르네 데카르트, 『방법서설/정신지도를 위한 규칙들』, 이현복 역, 문예출판사, 1997, 213쪽 이하 참조.

으로 하는 기계론으로는 설명 불가능하다는 것이다.

셸링은 기계론을 원인들과 결과들이 각각 외적인 조건들로서 작용하는 하나의 선형적인(linear) 연결로 이해한다. 기계적인 체계는 부분들의 선형적인 연속 또는 계승으로, 기껏해야 하나의 집적(Aggregat)으로 구성된다. 그러나 이것은 유기체처럼 전체성을 나타내지 않는다. 다시 말해 기계적인 부분들의 병렬적 연속은 유기체를 특징짓는 완결성과 전체성을 산출하지 않는다. 따라서 셸링은 『자연철학의 이념』에서 기계론의 한계를 다음과 같이 지적한다.

> 이제 자연을 형성하는 것은 전적으로 기계론만이 아니다. 왜냐하면 우리가 **유기적 자연**의 영역으로 넘어가자마자, 원인과 결과의 모든 기계적인 연결은 중단되기 때문이다.(*Ideen*, SW I/2, 40)

이처럼 우리가 객관적 자연의 피상적 세계를 떠나 살아있는 자연의 심연을 들여다보면, 기계론의 인과원리는 생산주체가 아닌 생산물로서의 자연에 한해서만 정당성을 가진다는 것을 알 수 있다. 셸링은 자연의 한 체계로서 기계론의 정당성을 의심하거나 원리적으로 배척하지 않는다. 자연의 전 영역에로 기계론을 일반화하고 확장하는 것을 비판하는 것이다.[7] 최소한 자연에는 기계론적인 설명방식이 기능을 발휘하지 못하는 하나의 영역이 있다. 그것은 생물학적인 자연, 즉 유기체의 영역이다. 기계적 조직(Mechanismus)에서 "원인은 결코 결과와 동일하지 않는"(같은책, 같은곳) 반면에, 유기체에서는 스스로가 원인이고 결과이다. 따라서 유기체를 선형적인 기계적 조직과 뚜렷이 구별시키는 것은 유기체 자신의 재생산에서 작동하는 '순환적인 인과형태(zyklische Kausalform)'이다.

3. 셸링의 유기체론

1) 유기체의 우위성

셸링에 따르면 자연의 총체성은 기계적 조직보다 우위에 있고 모든 것을 포괄하

7) Michael Rudolphi, *Produktion und Konstruktion. Zur Genese der Naturphilosophie in Schellings Frühwerk*, Stuttgart-Bad Cannstatt 2001, 122쪽 참조.

는 유기체의 조직기능에서 잘 드러난다. 그러면 기계적 조직에 대한 유기체의 우위성을 주장하는 그의 견해는 어디에 근거하는가? 이것을 해명하기 위해 우선 원인과 결과의 결합에 관한 양자의 파악방식을 구체적으로 비교해보자.

유기체와 기계적 조직은 서로 상이한 방식으로 원인들과 결과들의 연속성을 배열한다. 유기체가 원인과 결과를 하나의 순환적이고 "완결된 체계"(*Erster Entwurf*, SW I/3, 118; *Würzburger Vorlesungen*, SW I/6, 404)로 결합시키는 반면에, 기계적 조직은 인과연쇄가 선형적으로 작동하는 하나의 열린 체계를 형성한다. 다시 말해 '순환적인 완결성(zyklische Geschlossenheit)'은 유기적인 인과연쇄를, '선형적인 개방성(lineare Offenheit)'은 기계적인 인과연쇄를 특징으로 한다. 셸링은 이것을 기하학의 예를 들어 설명한다.[8] 그는 유기체의 완결성을 설명하기 위해 – 길이가 0(Null)이 되지 않고, 또 한 선의 종점이 동시에 다음 선의 출발점이 되는 – 무한히 많은 선들을 설정한다. 이런 방식으로 대개 원둘레가 무한히 작은 선들로 구성되는 하나의 원이 생성된다. 여기서 선들의 순서는 그 출발점으로 되돌아가기 때문에 유기체는 그 자체적으로 완결된다. 이 완결성을 셸링은 단순한 인과연쇄가 아니라, 오히려 보다 높은 질서의 한 단계에로 고양되는 원인과 결과의 – 서로 수단과 목적의 관계에 있는 – 연속으로 이해한다.

> 이 높은 차원에서 바라보면, 무한히 작은 직선들로서의 각 원인과 결과의 연속들(이것은 기계론의 가상과 더불어 우리를 기만한다)은 유기체의 포괄적인 원둘레 속에서 사라진다. 그리고 이 원둘레 안에서 세계 자체는 앞으로 나아간다.(*Weltseele*, SW I/2, 350)

한편 선형적인 개방성은 기계적인 인과연쇄를 나타낸다. 원이 유기체의 완결성을 상징한다면, 전체 연관에서 고립되어 있는 개별적인 선들의 순서는 기계론의 인과연쇄를 표현한다. 선형적인 연속에서 원인은 결과와 동일하지 않기 때문에 양자사이에는 어떠한 상호관계가 존재하지 않는다. 선들은 원 전체의 연관에서 분리됨으로써 결국 기계적인 인과연쇄의 선형성은 유기체의 순환적인 질서에서 파생되는 것이다. 따라서 셸링은 기계적인 인과연쇄를 유기적인 수단과 목적 관계의 추상으로 파악한다.

우리는 여기서 기계적인 것에 대한 유기적인 것의 우위성을 발견할 수 있다. 셸

---

8) *Abhandlungen zur Erläuterung des Idealismus der Wissenschaftslehre*, SW I/1, 444쪽 이하와 Weltseele, SW I/2, 349쪽 이하 참조.

링에 따르면 기계적 조직은 유기체의 조직단계로부터 파악되고, 그 역은 아니다. 단순한 부분들의 기계적인 결합을 통해 보다 높은 질서의 단계가 생기지 않는다.[9] 즉 유기체는 기계적인 과정들의 결과가 아니라, 유기체 속에서 작용하는 기계적 조직의 조건이고 토대이다: "**유기체 일반** 자체는 **기계적 조직**의 **조건**(그리고 이점에 있어서 **적극적인 것**)"(같은 책, 같은 곳)이다. 이점에서 기계적 조직은 그 자신보다 더 먼저 존재하는 것이라 할 수 있는 "유기체의 소극적인"(*Weltseele*, SW I/2, 349) 면으로 간주된다. 따라서 셸링은 양자의 관계에서 유기체의 개념을 기계적 조직의 개념보다 상위에 두면서 다음과 같이 말한다.

> 우리의 철학은 (소극적인 것으로서) 기계적 조직을 근거로 삼을 수 없다. 오히려 (적극적인 것으로서) 유기체를 근거로 삼아야 한다. 그래서 후자는 당연히 전자로부터 설명될 수 없다. 〔...〕 기계적 조직이 없는 곳에 유기체가 있는 것이 아니라, 오히려 반대로 유기체가 없는 곳에 기계적 조직이 있는 것이다.(같은 책, 같은 곳)

한편 유기체의 질서가 기계적 조직을 잠재적으로 포함한다고 할지라도, 자연의 생산물 영역에서는 유기체와 기계적 조직이 구분된다. 이 구분이 드러나는 생산물로서의 자연에서는 – 셸링의 주체로서의 자연개념에 따르면 – 근원적인 것이 도출될 수 없다. 따라서 생산물로서의 자연은 근원적인 자연의 정립을 위해 유기체와 기계적 조직의 구분이 지양되는 자연의 생산적 원리에로 초월되어야 한다. 이러한 관점에서 셸링은 원인과 결과의 **'연속성'**과 **'동시성'**을 **함께** 지니고 있는 "하나의 **전체**로서의 자연이념"을 제시함으로써 "유기체와 기계적 조직의 대립"(*Weltseele*, SW I/2, 348)을 해소한다. 다시 말해 그는 칸트처럼 자연 전체의 합목적성의 이념을 통해 양자의 대립을 극복하려고 한다.[10]

> 결국 우리가 자연을 하나의 전체 안에서 총괄해보면, 원인과 결과의 하향적 순서인 **기계론**과 기계론으로부터의 독립성, 원인과 결과의 동시성인 **합목적성**은 서로 대립한다. 우리는 그래도 이 두 극단을 다시 통합함으로써 우리에게 **전체**의 합목적성의 이념이 생겨

---

9) 우주의 기원과 생물의 진화를 연구하는 현대 진화론은 셸링 자연철학의 사변적인 단초와는 대립되는 입장을 취한다. 빅뱅이론(우주는 처음에 모든 물질이 한 점에 모여 일으킨 대폭발의 결과라는 천문학이론)을 비롯한 현대 진화론은 우주 및 생명의 전개를 가장 원시적이고 단순한 형태로부터 고도의 복합적인 유기적 체계에 이르는 과정으로 파악한다. 이에 반해 셸링은 복잡하고 정교한 유기체의 생성은 단순한 요소들의 결합으로부터 설명될 수 없다고 한다.

> 나게 되고, 자연은 자기 자신에로 되돌아가며 자기 자신 안에서 완결되는 체계인 하나의 원환이 된다. 여기서 원인과 결과의 순서는 완전히 중단되고, **수단**과 **목적**의 상호결합이 생겨난다. 아마 개체는 전체 없이는 **실제적으로** 될 수 없었을지도 모르고, 또 전체는 개체 없이는 **실제적으로** 될 수 없었을지도 모른다.(*Ideen*, SW I/2, 54)

셸링은 두 가지 관점을 단순히 결합시키지 않는다. 오히려 그는 인과적-기계론적(kausal-mechanistisch) 관점을 유기적-전체론적 관점 뒤로 후퇴시킴으로써 자신의 유기체적-전체론적 자연관의 구상을 발전시킨다.

2) 유기체 개념 : 유기체의 본질과 특징

셸링 자연철학의 근본 의도는 자연과학처럼 자연현상을 실증적으로 연구하는 것이 아니라, 자연의 근저에 존재하는 근원적인 작용원리를 밝혀내고 그에 근거하여 자연을 통일적, 전체적으로 파악하는데 있다. 따라서 자연전체의 유기적 연결을 강조하는 그의 유기체적-전체론적 자연관에 따르면, 자연을 전체의 유기적 관계를 벗어나 단순한 인과관계의 연속으로 파악하는 기계론적 고찰방식은 더 이상 유기체의 본질을 온전히 밝힐 수 없다.

앞에서 유기체와 기계적 조직을 구별하면서 언급했듯이, 유기체는 자신의 구조 안에 원인과 결과의 연속이 자기 자신에게로 되돌아가는, 즉 스스로를 재생산하는 과정을 지닌다.

> 유기체는 **자기 자신**을 산출하며, **자기 자신으로부터** 생겨난다. 각각의 식물은 다만 **같은 종류**에 속하는 개체의 산물이다. 이렇게 각각의 유기체는 무한히 **자신의 유**(Gattung)만을 계속 산출하고 또 재산출한다. 따라서 어떠한 유기체도 〔선형적으로〕 **나아**가지 않고, 오히려 늘 자기 **자신**에게로 무한히 되돌아간다.(*Ideen*, SW I/2, 40; 〔 〕안 글쓴이)

---

10) 칸트가 『판단력 비판』에서 "반성적 판단력(reflektierende Urteilskraft)"에 근거하는 자연의 목적론적 산출원리를 통해 물질적 사물에 대한 기계적 해석의 일반적 필연성과 그 불가능성 사이의 대립(이율배반)을 해소하듯이, 셸링도 유기체 설명의 일반적 전제인 자연의 합목적성의 이념을 통해 기계론과 유기체론의 대립을 해소한다. 칸트의 목적론적 판단력에서 제기되는 이율배반과 그 해소방식에 대한 상세한 논의에 관해서는 『판단력 비판』의 제2부 제2편 "목적론적 판단력의 변증론", 69-78절과 부록 "목적론적 판단력의 방법론" 중 79-81절을 참조 바람.

재생산 그 자체가 아니라 **자기**재생산(**Selbst**reproduktion)의 능력이 살아있는 유기체의 본질에 속하고,[11] 스스로 원인이자 결과인 자기재생산의 '**순환적인 인과형태**'는 유기체 조직의 기본 특징을 나타낸다. 여기서 셸링은 오늘날의 생명의 자기조직화(Selbstorganisation) 과정을 상기시키는 방식으로 유기적인 것을 이해하고 있다고 말할 수 있다.[12]

칸트에 있어서 자연이 그 자체 실재하는 것이 아니라 이론 인식의 보편적 법칙에 따라 구성되거나 또는 목적론적 판단력 아래 주어진 것으로 간주됨에 반하여,[13] 셸링에서 자연은 자신의 내재적 원리를 통해 규정되는 하나의 살아 있는 유기체이다. 본래 유기체 조직은 그 현존에 있어 외적인 원인들로부터 자유롭기 때문에 "모든 유기적 산물은 스스로 원인과 동시에 결과가 되고"(같은 책, 같은 곳) "자신의 현존의 근거를 **자기 자신** 안에 지닌다"(같은 책, 같은 곳). 더 나아가 "어떤 개별적 부분도 그 전체 안에서가 아니면 생성될 수 없고, 이 전체 자체는 오직 그 부분들의 **상호작용** 안에서만 성립한다"(같은 책, 같은 곳). 이처럼 부분이 전체와 전체가 다시 부분과 유기적으로 연결되어 있기 때문에, 유기체는 그 구성부분들이 전체 안에서 합

---

11) 셸링은 **자기**재생산 능력이 없는 것을 죽은 자연으로 간주한다: "가장 높은 관점에서 바라보면, 물론 죽은 자연 또한 지속적으로 재생산되는 것에서 성립한다. 그러나 죽은 대상은 자기 자신을 통하여 성립하는 것이 아니라, 오히려 전체 여분의 자연을 통해 성립한다."(*Erster Entwurf*, SW I/3, 146)

12) 이러한 순환적인 인과형태의 생성은 자기조직화 이념의 단서를 제공한다. 셸링의 자기재생산 개념, 달리 말해 자기조직화 개념은 현대의 자기조직화 개념과 거의 일치한다. 두 개념은 패러다임 상으로 생명의 생성에 관련되어 있고, 또 이 생성과정의 본질적인 특징으로서 원형 안에 선형적 인과(기계)론을 포함한다(Marie-Luise Heuser-Keßler, *Die Produktivität der Natur. Schellings Naturphilosophie und das neue Paradigma der Selbstorganisation in den Naturwissenschaften*, Berlin 1986, 52쪽 참조). 한편 자기조직화 이념에 관련해 슈미트-코바르칙(W. Schmied-Kowarzik)은 셸링에 있어 물질로부터 인간까지의 자연 전체의 형성과정을 하나의 고유한 자기조직과정으로 파악함으로써 그를 오늘날 자기조직화 사유의 선구자로 간주한다(Wolfdietrich Schmied-Kowarzik, "Friedrich Wilhelm Joseph Schelling (1775-1854)", in: G. Böhme (Hrsg.), *Klassiker der Naturphilosophie. Von den Vorsokratikern bis zur Kopenhagener Schule*, München 1989, 254쪽 이하 참조). 셸링의 자연철학과 자연과학의 자기조직화 이론의 연관성에 대한 상세한 논의에 대해서는 Marie-Luise Heuser-Keßler, *Die Produktivität der Natur. Schellings Naturphilosophie und das neue Paradigma der Selbstorganisation in den Naturwissenschaften*, Berlin 1986과 M.-L. Heuser-Keßler/W. G. Jacobs (Hrsg.), *Schelling und Selbstorganisation. Neue Forschungsperspektiven*, Berlin 1994를 참조 바람.

13) 칸트에 있어서 자연 규정의 변천에 관한 상세한 논의에 대해서는 Wolfdietrich Schmied-Kowarzik, *Das dialektische Verhältnis des Menschen zur Natur. Philosophiegeschichte Studien zur Naturproblematik bei Karl Marx*, Freiburg/München 1984. 19-34쪽을 참조 바람.

목적적으로 함께 작용하고 동시에 이 작용을 통하여 자신과 전체를 생산하는 유기적 전체이며 통일체이다. 따라서 유기체는 부분들의 임의적인 합성을 통해서 생성되지 않는다. 그것은 – 식물에 있어서 잎과 뿌리의 상호관계처럼 – 서로 의존적으로 연결되어 있는 부분들의 전체적인 역동적 상호작용을 통해서 생성된다. 전체가 일차적이며, 일단 전체의 역동성을 이해하고 나면 최소한 원리상으로 부분들의 상호작용의 속성과 형태들을 유도해낼 수 있다. 달리 말해서, 전체로서의 유기체는 "상호 연관된" 부분들의 "역동적인 그물망"[14]이기에, 어떤 부분이 이 그물망에서 분리된다면 그것은 자신의 동일성을 잃어버리고 만다. 셸링의 표현처럼 "각각의 부분은 전체의 개념에 의해 혼이 불어 넣어진다" (*Würzburger Vorlesungen*, SW I/6, 378).[15] 이와 같은 근거에서 유기체의 역동적인 조직은 하나의 자율적이고 전체론적인 인과구조(autonomes und ganzheitliches Kausalgefüge), 즉 그 속에서 스스로 완결적이고 원인과 결과들이 전체적으로 서로 균형을 유지하는 그런 인과구조 안에서만 성립한다고 하겠다. 이 인과구조와 관련해 여기에서 유기체가 하나의 **'완결된 체계'**[16]라는 유기체 조직의 또 하나 특징이 나타난다. 셸링은 이렇게 유기체를 부분들의 단순한 총합이 아니라 부분들이 전체적으로 연결되어 있는 하나의 완결된 체계로 파악함으로써, 유기체에 대한 전일적(holistisch)인 해석을 제시한다. 이러한 전일적 사고방식은 오늘날 카프라에 의해 어떤 현상을 보다 큰 전체의 맥락 속에서 이해하는 "시스템적 사고" 또는 "맥락적 사고", 더 나아가 "환경적 사고"로 불려지며[17] 생태학적 세계관의 기본원리가 된다.

14) 프리초프 카프라, 『생명의 그물』, 김용정 · 김동광 역, 범양사 출판부, 1999, 62쪽.

15) 부분과 전체의 이러한 관계는 셸링의 후기사상에서도 다음과 같이 언급된다: "이제 개별적인 것의 전체에 대한 이러한 관계가 형성된다. 이 관계에서 개별적인 것은 그 현실성에서 전체를 이미 이념 속에 현존하는 것으로 전제하고, 또 일반적으로 하나의 유기적인 것으로 고찰한다." 〔*Die Weltalter. Fragmente. In den Urfassungen von 1811 und 1813*, hrsg. v. M. Schröter, München 1946, S. 81 (WA 1811, 148)〕

16) 여기서 완결된 체계란 유기체의 내적인 완결성에 근거하여 환경의 영향을 자율적으로 유리하게 이용할 줄 아는 "그 **자체**에서 **전체적이고 완결된 것**" (*Weltseele*, SW I/2, 516)을 의미한다. 화이트헤드도 셸링처럼 유기체는 여건인 환경을 수용하면서 자신을 형성한다고 설명한다. 그러나 그는 – 유기체 작동의 내적인 완결성을 강조하는 셸링과는 달리 – 유기체가 환경의 영향을 받아 자신의 내적 구조를 변화시킨 후, 또 스스로가 타자의 형성에 기여하는 여건인 환경이 된다는 '과정의 원리'를 강조한다. 이 과정에서 환경은 유기체가 되고, 유기체는 환경이 된다. 화이트헤드의 과정의 원리에 따르면 결국 유기체와 환경은 같은 몸이라 볼 수 있다. 화이트헤드의 유기체개념에 대해서는 Alfred North Whitehead, *Prozeß und Realität. Entwurf einer Kosmologie*, Frankfurt/M 1987, 제1부 3장과 4장을 참조.

17) 프리초프 카프라, 앞의 책, 59쪽.

계속해서 셸링은 부분과 전체의 객관적 관계를 나타내는 개념이 유기체 외부가 아닌 자체 안에 있음을 강조함으로써 유기체의 본질적 특징을 해명한다.

> 부분들과 전체 사이에는 하나의 **객관적** 관계가 존재한다. 말하자면 모든 유기체에는 하나의 **개념**이 그 근거에 놓여 있다. 왜냐하면 부분들에 대한 전체의 그리고 전체에 대한 부분들의 필연적 연관이 있는 곳에 **개념**이 존재하기 때문이다. 이 개념은 그러나 **유기체 자체 안**에 있는 것이며, 결코 유기체와 분리될 수 없다. 유기체는 **스스로 자신을 조직화하며**, 어떤 경우에도 단지 예술품은 아니다. 왜냐하면 예술품의 경우 그것의 개념은 그 **외부의** 예술가의 오성 안에 현존하기 때문이다.(*Ideen*, SW I/2, 40 f.)

모든 유기체 근저에는 하나의 개념이 놓여 있기 때문에, 유기체에서 "전체의 개념은" 기계에서처럼 "낯선 관계를 통해 부분과 연결되지"(*Würzburger Vorlesungen*, SW I/6, 378) 않는다. 오히려 "유기체에서 전체의 개념은 동시에 부분 자체의 개념이고 그리고 부분에로 넘어가서 부분의 개념과 완전히 일치한다"(같은 책, 같은 곳). 유기체의 기능적인 체계 안에서 개별적 부분들은 서로 서로 전체의 기능과 또 부분 기능들의 상호 의존성과 연관되어 설명되기 때문에, 유기체 자체는 "하나의 **개념**의 통일"(*Ideen*, SW I/2, 42)을 형성한다. 따라서 개념의 통일에 상응하는 유기적 부분과 전체의 합일은 외적인, 부분에 강요된 통일이 아니라 역동적인 자기조직화로 이해될 수 있다. 이러한 관점에서 유기체는 외적 영향을 통해 산출된 예술품이 아닌 바로 그 자신이 고유한 예술가로서 간주되고, 자신의 성립근거를 자기 내부에 가지고 있기에 자기규정, 자기보존, 자기산출의 활동들을 포괄하는 자기조직으로 일컬어진다.

유기체는 상호작용하는 자연현상들 근저에 있는 역동적인 유기적 조직이지만, "이미 유기적으로 조직화되어 있지 않고서는 자신을 조직화"(*Ideen*, SW I/2, 41)할 수 없다. 이것은 마치 "외부 물질의 동화작용(Assimilation)을 통해 성장하고 존속하는" 식물이 이미 스스로 "유기화되어 있지 않고는 어느 것도 동화할 수 없는"(같은 책, 같은 곳) 것과 같다. 이렇게 유기체는 "그의 형식뿐만이 아니라 그의 **현존**도 합목적적이고"(같은 책, 같은 곳), 그렇기 때문에 또 유기체에서 형식과 질료(물질)는 불가분리적인 성격을 띤다. 셸링은 형식과 질료, 개념과 대상의 불가분리성을 통해 유기체의 계속적인 특징을 설명한다.

> 오직 유기체로부터만 유기체가 형성된다. 바로 그 때문에 유기적 산물에서 형식과 질

> 료는 불가분리적이다. 규정된 질료는 오직 규정된 형식과, 또 반대로 규정된 형식은 오직 규정된 질료와 동시에 나타나고 발생할 수 있다.(같은 책, 같은 곳)

> 유기체의 근저에 있는 개념은 〔질료를 떠나〕 그 **자체** 어떠한 실재성을 가지지 않으며, 또 반대로 규정된 질료는 〔개념을 떠난〕 질료 자체**로서가** 아니라 오히려 오직 규정된 질료에 내재하는 **개념**에 의해서만 **유기화된 물질**(organisierte Materie)이 된다. 따라서 규정된 대상은 오직 이 개념과 동시에, 그리고 규정된 개념은 오직 규정된 대상과 동시에 발생할 수 있다.(*Ideen*, SW I/2, 44; 〔 〕안 글쓴이)

형식(개념)과 질료(대상)의 이와 같은 특성 때문에 규정된 질료(유기적 물질)는 단지 규정된 형식(유기적 조직)을 통해서 산출된다. "여기에서 우리가 흔히 하듯이" 개념 또는 형식을 단순히 우리의 판단력에 귀속시켜 "개념과 대상, 형식과 질료를 분리하는 것은 더 이상 도움이 되지 않는다. 왜냐하면 적어도 **여기**〔유기체〕에서는 양자가 우리의 표상 안에서가 아니라 오히려 **대상** 자체 안에서 근원적이고 필연적으로 통합되어 있기 때문이다"(*Ideen*, SW I/2, 41 f.; 〔 〕안 글쓴이). 따라서 셸링은 유기체의 포괄적 특징을 다음과 같이 언급한다.

> 각각의 유기체는 하나의 전체이다. 그것의 통일성은 그 자체 안에 놓여 있으며, 그것을 하나 또는 다수로 생각하는 우리의 자의(Willkür)에 의존하지 않는다. 원인과 결과는 지나가고 사라지는 어떤 것이며, (일상적인 의미에서의) 단순한 **현상**일 뿐이다. 유기체는 그러나 단순한 현상이 아니라 오히려 그 **자체** 객체이며, 더 정확히 말해서 자기 스스로 존립하는, 그 자체로 전체적이고 분할 불가능한 객체이다. 그리고 그것에서는 형식이 질료로부터 분리될 수 없으므로, 유기체의 **근원**은 물질 자체의 근원과 마찬가지로 기계론적으로 설명될 수 없다.(*Ideen*, SW I/2, 41)

한편 『세계 혼』(*Weltseele*)에서 셸링은 유기체를 그 자체에서 현존의 근거를 가지고 있는 분할 불가능한 실재(unteilbare Entität)로 간주하고, 그것의 합목적적 조직 형태를 다양하고 변화무상한 자연현상 가운데서 **지속적인 것**을 나타내는 "**개념(Begriff)**"(*Weltseele*, SW I/2, 516)으로 이해한다. 이 개념에는 질료(물질) 속의 변화·분할·파괴될 수 없는 어떤 것(etwas Unwandelbares, Unteilbares, Unzerstörbares)이 상응한다. 셸링은 유기체 조직의 이러한 특징들을 다음과 같이 언급한다.

물론 이러한 생산물에서 **변화하지 않는 것**은 오직 다음과 같은 사실이 나타내는 **개념**이다: 질료와 개념이 이 생산물에서 분할 불가능하게 통일되어 있기 때문에 이 생산물의 **질료** 안에 또한 **파괴되지 않는 어떤 것**이 놓여 있어야 한다.(*Weltseele*, SW I/2, 516 f.)

무한한 분할을 통해서는 질료의 어떠한 부분도 만날 수 없고, 이 부분은 아직 전체를 표상하지 않고 전체를 거부한다.(*Weltseele*, SW I/2, 517)

우리가 유기체의 질료를 분할한다면 살아있는 조직으로서의 유기체의 형식은 회복할 수 없을 정도로 파괴될 것이다. 이것은 시계처럼 단순히 다시 조립될 수 있는 것이 아니기 때문이다. 분할과정에서 목재나 철 같은 비유기적 물질들이 자신의 질료변화 없이도 분할될 수 있는 반면에, 유기적 물질은 전체의 화학적 조직에 의존하기 때문에 분할되면 원상회복이 불가능하다. "따라서 **생산물**의 질료는 단지 **분할되지 않는** 한에서만 파괴되지 않을 수 있다. 즉 질료 **일반**(Materie **überhaupt**)이 아니라(이 경우 질료는 **분할**되어야 한다), 오히려 **규정된 생산물의 질료**인 한에서"(같은 책, 같은 곳) 분할되지 않고 파괴되지 않는다. 이러한 근거에서 유기적 "**물질**은 **그 자체 파괴될 수 없고**, 모든 **실재성**은 물질의 이 **근원적인 파괴 불가능성**에 달려있다"(같은 책, 같은 곳). 이렇게 유기체를 분할과 파괴 불가능하고, 또 "**자연에서 개체의 특성을 지닌 것**"(*Weltseele*, SW I/2, 519 f.)으로 파악하는 셸링의 유기체 사상에서 우리는 라이프니츠 단자론(Monadenlehre)의 영향을 엿볼 수 있다.[18]

3) 셸링의 생기론과 환원주의 비판

셸링은 유기체 조직의 성립근거를 탐구하기 때문에 유기체를 단지 생물학적 영

18) 사실 초기 셸링은 라이프니츠의 영향을 많이 받았다. 그는 『자연철학의 이념』에서 라이프니츠에 열광하며 "우리가 그의 철학을 복구시킬 수 있는 시기가 다가 왔다"(*Ideen*, SW I/2, 20)고 언급하고, 또 『자연철학 체계의 제1기획』에서는 더 이상 환원될 수 없는 자연의 요소로서 근원적 생산성을 "자연단자(Naturmonade)"(*Erster Entwurf*, SW I/3, 23)라고 명명한다. 초기 셸링에 미친 라이프니츠의 영향에 대해서는 Hans Heinz Holz, "Der Begriff der Natur in Schellings spekulativem System. Zum Einfluß von Leibniz auf Schelling", in: H. J. Sandkühler (Hrsg.), *Natur und geschichtlicher Prozeß. Studien zur Naturphilosophie F. W. J. Schellings*, Frankfurt/M 1984, 202-226쪽과 Enno Rudolph, "Die Natur als Subjekt. Zur Leibniz-Rezeption des frühen Schelling", in: K. Gloy/P. Burger (Hrsg.): *Die Naturphilosophie im Deutschen Idealismus*, Stuttgart-Bad Cannstatt 1993, 101-115쪽을 참조 바람.

역을 통해서만 아니라, 그 영역을 산출하는 근원적인 과정을 통해 파악한다. 그러므로 그는 하나의 생물학적 영역에 국한되지 않는 자연 전체(Gesamtnatur)의 관점에서 유기체를 고찰하고, 또 유기체 전체를 관통하는 힘 내지 요소로서 생명(Leben)의 근원을 묻는다.

셸링은 살아있는 생명체가 죽은 물질과 다르지 않다는 기계론을 반대함은 물론이고, 유기체에 물리주의자들이 말하는 힘과는 다른 종류의 특별한 "생기력(Lebenskraft, Entelechie, élan vital 등)"이 있다는 생기론(Vitalismus)의 주장 또한 거부한다. 생명의 원리는 외부로부터 물질에 부가되는 것이 아니므로, 셸링은 생명을 비공간적-비물리적인, 즉 형이상학적인 작용요소인 생기력을 가정하는 것 없이 물질자체의 역동적인 요소들로부터 설명한다. 따라서 그는 생기론이 살아있는 물체에서 물리와 "화학의 법칙들을 제거하는"(*Ideen*, SW I/2, 49) 생기력을 가정함으로써, 자연현상으로서의 생명을 자연법칙으로부터 설명할 수 없는 실수를 범한다고 말한다.

> 동일한 사람들〔대부분의 자연연구자들〕의 한 부류가 살아있는 존재에서 자연법칙들의 모든 작용을 제거하는 하나의 신비한 힘으로서 특별한 **생기력**을 가정하다면, 그들은 바로 이와 동시에 유기체 조직을 물리적으로 설명할 모든 가능성을 선험적으로 제거하게 된다.(*Weltseele*, SW I/2, 526; 〔 〕안 글쓴이)

"생기력은" 셸링에 있어 "무지의 응급수단으로서 고안되었고 게으른 이성의 참된 산물"(*Erster Entwurf*, SW I/3, 80)로서 간주되기에, 실제로 어떤 것을 설명하는 것 없이 단지 일종의 의외의 해결책으로서 도입된 것이다. 생물학적 영역에서만 효능이 있는 생기력을 통해 생물학적 영역을 물리학적 영역의 굴레에서 벗어나게 하려는 생기론은 사실 비유기적 물질로부터의 생명의 발생론적 구성을 설명할 수 없다. 이점에서 셸링에 의해 "**생리학적 비물질론**(physiologischer Immaterialismus)"(*Erster Entwurf*, SW I/3, 81)으로 불려지는 생기론은 자연의 통일의 원리를 손상시킨다. 따라서 생기력은 자연의 일반적 힘들 내지 자연발전의 일반적 원리들로부터 구성되어야 하며, 이런 맥락에서 생명의 원천이 최소한 물리적 자연을 통해 가능하려면 생명을 물리적으로 설명할 가능성이 있어야 한다. 셸링은 이점을 강조하며 다음과 같이 언급한다:

> "유기체와 생명이 자연원리로부터 설명되어질 수 없다는 것은 하나의 오래된 망상이

> 다. 그래서 자주 유기적 자연의 **최초** 근원이 **물리적으로** 탐구될 수 없다고 말해진다면, 이 **입증되지 않은** 주장은 연구자의 용기를 꺾는 것 외에 아무 것도 아니다." (*Weltseele*, SW I/2, 348)

한편 그는 이런 종류의 생기론, 즉 생기력 이론(Lebenskraftstheorie)을 강하게 거부한다고 할지라도, 칸트 시대의 생기론 중 후성설(Epigenesistheorie)의 대표자인 블루멘바흐(Blumenbach)의 '형성충동(Bildungstrieb)' 개념에는 어떤 진일보를 인정한다. 이 개념은 유기적 물질, 즉 생명의 기계적인 작용원인을 가정하는 것이 아니라 그것의 "역동적인 전개(dynamische Evolution)" (*Erster Entwurf*, SW I/3, 61)를 추구하는 것으로서 기계론적 자연개념의 한계를 넘어서는 것이다. 따라서 이것은 유기체에서 법칙 없이 작동하는 생기력과 달리 "자유와 합법칙성의 통일" (*Weltseele*, SW I/2, 527)을 그 자체 안에 지니고 있는 장점을 가진다. 그럼에도 불구하고 셸링은 블루멘바흐의 형성충동 개념이 자유와 합법칙성 통일의 설명근거를 제시하지 못하기 때문에 아직 불충분한 것으로 간주한다.

> 그러나 **형성충동**은 단지 모든 자연형성에 있어서 자유와 합법칙성의 근원적인 통일의 한 **표현**일 뿐이지, 이 통일자체의 한 **설명근거**는 아니다. 그것은 (**설명근거**로서의) 자연과학의 기반위에서는 완전히 **낯선** 개념이다. 즉 이 개념은 – 만약 **구성적인** 의미를 가져야 한다면 – 어떤 구성도 할 수 없는 것, 탐구하는 이성의 차단목(Schlagbaum) 또는 이성을 진정시키기 위해서는 모호한 성질의 충전재료(Polster) 외에 아무 것도 아니다.(같은 책, 같은 곳)

지금까지의 설명을 통해 우리는 생기론(생기력 이론과 블루멘바흐의 형성충동 개념)이 유기체 내지 생명 생성의 최종 근거를 설명하지 못한다는 것을 알 수 있다. 따라서 셸링은 다음과 같은 결론에 도달한다: 생기론은 특유의 생기력 내지 생물학적 형성충동의 지주로서 유기적 물질인 생명을 전제한다. 달리 말해 그것을 주어진 어떤 것으로 간주한다는 것이다. 따라서 생기론은 생명의 근원을 인식할 수 없고, 생명의 적극적인 원인 또한 서술할 수 없다.[19] 셸링에 따르면 결국 유기체의 본질요소로서 생명은 생기론적 표상이 아니라 자연의 역동적인 생성원리로부터 해명되어야 한다. 이처럼 객체로서의 자연(물질 또는 생명)을 단순히 주어진 것으로

---

19) *Weltseele*, SW I/2, 527쪽 이하 참조.

전제하지 않으면서, "**객체**인 것을 그 **첫 근원**에서 파악하고" (*Erster Entwurf*, SW I/3, 13) 구성하는 것에 셸링 자연철학의 근본 목적이 있다.

한편 셸링이 유기체를 기계론이나 생기론의 관점이 아닌 자연의 원리를 통해 설명하지만, 여기서 자연의 원리는 단순히 생물학적 영역을 물리학적 영역에로 환원하거나, 반대로 물리학적 영역을 생물학적 영역에로 환원하는 것을 의미하지는 않는다. 그가 생기론 비판에서 생명이 물리 · 화학의 법칙에 따라 설명될 가능성을 열어놓았다고 할지라도 셸링을 단순히 물리주의자(Physikalist)로 보기는 힘들다. 왜냐하면 그가 자연철학에서 의도하는 것은 한 영역을 다른 영역에로 환원하는 '방법론적 환원주의'가 아니라, 두 영역을 산출하는 **하나의** 역동적인 과정으로서 자연의 **근원적인 생성과정**의 해명에 있기 때문이다. 여기에서 물리학적 물질도 근원적인 것이 아니고, 생물학적 물질도 근원적인 것이 아니다. 오히려 양자는 서로 합법칙적 연관성을 가지는 것으로 하나의 근원적인 생성과정의 산물이며 단계들이다. 양자의 법칙 또한 마찬가지다. 예를 들어 "비유기적 자연은 **첫 번째** 잠재적 활력(Potenz)의 산물이고, 유기적 자연은 **두 번째** 잠재적 활력의 산물이다." (*Einleitung zu dem Entwurf eines Systems der Naturphilosophie*, SW I/3, 322) 이와 같이 셸링의 근본 의도는 자연의 **비환원주의적 통일**이념(nichtreduktionistische Einheitsidee)을 제시하는데 있다: "하나의 현상이 다른 현상에 의존한다는 것이 아니라, 모든 현상이 하나의 공통적인 근거에서 나온다는 것, 이것이 자연의 통일을 형성한다." (*Vorlesungen über die Methode des akademischen Studiums*, SW I/5, 320)

4. 셸링 유기체론의 생태학적 의미

이상에서 우리는 셸링의 기계론적 자연관 비판, 유기체 개념, 그리고 생기론과 환원주의 비판을 통해 그의 유기체론의 핵심을 살펴보았다. 셸링은 자연을 죽은 물질로 간주하는 기계론적 자연관과는 반대로 자연의 생성, 자기산출, 유기적 조직화 등을 그 자체 고유한 힘의 활동으로 파악함으로써 자연을 살아있는 주체로서 간주하였다. 여기서 스스로를 조직하면서 형성하는 원리를 통해 방법적으로 구조화되는 유기체 개념은 – 자연 혹은 물질을 주어진 어떤 것으로 전제하는 것이 아니라, 오히려 그것을 원천에서 파악하고 구성하는 것이 목표인 – 셸링 자연철학의 핵심을 이해하는 열쇠이다. 그는 특히 유기체론에서 기계적 조직에 대한 유기체의 우위성을 강조하면서 기계적 조직이 유기체의 질서 속으로 편입되어 양자의 대립이 지양되는 하나의 전체로서의 자연이념을 제시하고, 또 유기체에는 기계론이나 생기론적 설명원리로는 파악되지 않는 고유한 특징이 있다고 역설한다. 그러나 이러한 유기체론 내지 자연관은 오늘날 생태 위기의 시대에 자연을 대상으로 간주하여 무분별한 자연파괴를 초래하는 기계론적 자연관에 맞서 인간과 자연을 구원할 수 있는 대안적인 패러다임으로서 새롭게 평가될 수 있는가?

셸링에 있어서 유기체는 기계적 조직의 선형적인 개방성과는 달리 그 자체에서 순환성을 바탕으로 서로 연결되어 있는 전체적으로 완결된 체계이기에, 셸링의 유기체론은 유기체의 '상호의존성'에 의거한 '순환성'과 '항상성' 그리고 모든 유기체의 '통합성' 또는 '일체성'에 살아있는 시스템의 본질이 있다는 생태학의 사고와 상통한다. 따라서 우리는 셸링의 전일적인 유기체 해석에서 오늘날 기계론적 자연관을 대체할 수 있는 새로운 패러다임, 즉 생태학적 세계관의 단초를 발견할 수 있다. 생태계의 위기를 초래하는 기계론적 자연관에는 인간중심적인 요소가 강한 반면에, 생태학적 세계관의 일종인 유기체적-전체론적 자연관에는 생태계 전체를 고려하는 비인간중심적 요소가 강하다. 인간중심적 세계관으로부터 벗어나 생태계 전체를 고려하는 전체론적 세계관에로의 근본적인 변화가 절박한 오늘날 상황에서 유기체적-전체론적 자연관은 생태계 전체를 구성하는 각 요소들의 불가분의 공생관계와 그 보존을 중시하기 때문에 새롭게 주목을 받고 재평가 되고 있다. 이러한 자연관은 - 자연을 유기체적이고 목적론적으로 이해했음에도 불구하고 여전히 인간중심주의 관점을 벗어나지 못한 - 칸트나 헤겔보다 셸링의 유기체론에서 두드러지게 나타나며, 또 이와의 유사성은 오늘날 기계론적 사고로부터 유기체적 또는 시스템적 사고에로의 전환을 주장하는 카프라, 자기조직화 이론을 전개한 프리고진(I. Prigogine), 하켄(H. Haken), 마뚜라나(H. R. Maturana), 더 나아가 러브록(J. Lovelock)의 가이아 가설 등에서도 발견된다.

한편, 셸링은 자연을 그 전체성에서 비유기적-유기적 단계들을 거쳐 인간의 자기의식으로까지 스스로를 전개하는 하나의 유기체로 파악하지만, 자연 전체 과정에서 인간과 인간의 주체성을 절대화하는 사고의 위험을 경고한다. 이점에서 그의 자연관은 비인간중심적 유기체론으로 평가될 수 있고 칸트 및 헤겔의 인간중심적 유기체론과는 뚜렷이 구별된다. 칸트가 유기체로서의 자연을 목적론적 또는 목적지향적 활동을 하는 존재로 파악하였지만, 그의 목적론적 자연이해는 인간을 "지상에 있어서 창조의 최종 목적"[20]으로 설정하고, 또 모든 자연존재자들의 합목적적 활동을 인간의 문화 창달을 위한 수단으로 규정하고 있기 때문에 결국 인간중심주의 관점을 벗어나지 못한다. 헤겔 또한 자연의 자립성과 자율성을 부정하고 자연을 자기 귀환 과정에 있는 정신의 계기, 즉 "타재(Anderssein)라는 형식 속에 있는 이념"[21]으로 봄으로써, 자연을 정신으로서의 인간 자유의 확대라는 인간의 목적 실현을 위한 매개로서 간주한다. 이점에서 헤겔이 비록 정신과 자연을 대립적으로 사유하는 경직된 이원론적 태도를 벗어나 자연을 고찰하려고 했지만, 결국 이것을 절대정신에로 지양되어야 하는 것으로 파악한 점에서 그의 자연철학은 여전히 인간중심주의를 벗어나지 못한다. 이와는 대조적으로, 인간을 더 이상 자연의 지배자가 아니라 자연과 함께 하는 생명체로 파악하는 셸링의 비인간중심적 유기체론은 – 그가 후기 저술인 『자유론』에서 인간의 의지를 절대화하여 자연으로부터 그 근거를 부정하고 관계를 단절시켜, 자연을 그 자신의 목적을 위한 수단에 불과한 것으로 간주하는 것은 스스로를 파멸시키는 모순에 빠지는 행위라고 지적하듯이[22] – 인간중심주의 입장의 중지와 그것의 근본적인 극복을 함축한다는 점에서 칸트와 헤겔보다 더 근원적인 생태학적 통찰을 보여 준다.

---

20) I. Kant, *Kritik der Urteilskraft*, Hamburg 1993, S. 295(B 383).

21) G. W. H. Hegel, *Enzyklopädie der philosophischen Wissenschaften II*, in: G. W. F. Hegel, *Werke* in 20 Bänden, Bd. 9, hrsg. von E. Moldenhauer und K. M. Michel, Frankfurt/M 1970, S. 24.

22) *Philosophische Untersuchungen über das Wesen der menschlichen Freiheit und die damit zusammenhängenden Gegenstände*, SW I/7, 390쪽 이하 참조.

참고 문헌

1. 셸링의 저술

Friedrich Wilhelm Joseph von Schellings sämmtliche Werke, hrsg. von K. F. A. Schelling, I. Abteilung: 1–10 Bände, II. Abteilung: 11–14 Bände, Stuttgart/Augusburg, 1856–1861 (= SW).

- *Abhandlungen zur Erläuterung des Idealismus der Wissenschaftslehre* (SW I/1).
- *Ideen zu einer Philosophie der Natur als Einleitung in das Studium dieser Wissenschaft* (SW I/2).
- *Von der Weltseele, eine Hypothese der höheren Physik zur Erklärung des allgemeinen Organismus* (SW I/2).
- *Erster Entwurf eines Systems der Naturphilosophie* (SW I/3).
- *Einleitung zu dem Entwurf eines Systems der Naturphilosophie oder über den Begriff der spekulativen Physik und die innere Organisation eines Systems dieser Wissenschaft* (SW I/3).
- *System des transzendentalen Idealismus* (SW I/3).
- *Vorlesungen über die Methode des akademischen Studiums* (SW I/5).
- *System der gesammten Philosophie und der Naturphilosophie insbesondere* (= *Würzburger Vorlesungen*) (SW I/6).
- *Darlegung des wahren Verhältnisses der Naturphilosophie zu der verbesserten Fichteschen Lehre* (SW I/7).
- *Philosophische Untersuchungen über das Wesen der menschlichen Freiheit und die damit zusammenhängenden Gegenstände* (SW I/7).
- *Über das Wesen deutscher Wissenschaft* (SW I/8).

Schelling, F. W. J., *Die Weltalter. Fragmente. In den Urfassungen von 1811 und 1813*, hrsg. von M. Schröter, München 1946.

2. 그 외의 문헌

조영준, 「생태위기의 대안으로서 셸링 자연철학」, 『칸트연구』제20집, 한국칸트학회, 2007.

데카르트, 르네, 『방법서설/정신지도를 위한 규칙들』, 이현복 역, 문예출판사, 1997.

카프라, 프리초프, 『생명의 그물』, 김용정 · 김동광 역, 범양사 출판부, 1999.

Hegel, G. W. H., *Enzyklopädie der philosophischen Wissenschaften II*, in: G. W. F. Hegel, *Werke* in 20 Bänden, Bd. 9, hrsg. von E. Moldenhauer und K. M. Michel, Frankfurt/M 1970.

Heuser-Keßler, M.-L., *Die Produktivität der Natur. Schellings Naturphilosophie und das neue Paradigma der Selbstorganisation in den Naturwissenschaften*, Berlin 1986.

Heuser-Keßler, M.-L./Jacobs, W. G. (Hrsg.), *Schelling und Selbstorganisation. Neue Forschungsperspektiven*, Berlin 1994.

Holz, H. H., "Der Begriff der Natur in Schellings spekulativem System. Zum Einfluß von Leibniz auf Schelling", in: H. J. Sandkühler (Hrsg.), *Natur und geschichtlicher Prozeß. Studien zur Naturphilosophie F. W. J. Schellings*, Frankfurt/M 1984, S. 202-226.

Kant, I., *Kritik der Urteilskraft*, Hamburg 1993.

Rudolph, E., "Die Natur als Subjekt. Zur Leibniz-Rezeption des frühen Schelling", in: K. Gloy/P. Burger (Hrsg.): *Die Naturphilosophie im Deutschen Idealismus*, Stuttgart-Bad Cannstatt 1993, S. 101-115.

Rudolphi, M., *Produktion und Konstruktion. Zur Genese der Naturphilosophie in Schellings Frühwerk*, Stuttgart-Bad Cannstatt 2001.

Schmied-Kowarzik, W., "Friedrich Wilhelm Joseph Schelling (1775-1854)", in: G. Böhme (Hrsg.), *Klassiker der Naturphilosophie. Von den Vorsokratikern bis zur Kopenhagener Schule*, München 1989, S. 241-262.

Schmied-Kowarzik, W, *Das dialektische Verhältnis des Menschen zur Natur. Philosophiegeschichte Studien zur Naturproblematik bei Karl Marx*, Freiburg/München 1984.

Whitehead, A. N., *Prozeß und Realität. Entwurf einer Kosmologie*, Frankfurt/M 1987.

Die ökologische Bedeutung von Schellings Organizismus

Cho, Young-Jun

Zusammenfassung

Es ist das Ziel der genannten Abhandlung, Schellings Organizismus und ihre Aktualität in der Perspektive eines Alternativentwurfes der ökologischen Krise zu betrachten. Während Descartes′ mechanistische Naturauffassung die Natur als einen seelenlosen Mechanismus ansieht, begreift Schelling sie als einen sich selbst organisierenden Organismus. Er zeigt deshalb die organisch-ganzheitliche Naturauffassung auf, die Ansatzpunkt für das ökologische Denken bietet. Hier ist der Organismusbegriff der Schlüssel zum Verstehen der Schellingschen Naturphilosophie, und seine methodische Funktion ist es, die Natur als sich selbst organisierende Idee strukturieren zu können. Schelling betont den Vorrang des Organismus vor Mechanismus. Indem er die Ordnung des Organismus (zyklische Geschlossenheit) den Mechanismus (lineare Offenheit) potentiell enthalten lässt, zeigt er die Idee der Natur als eines Ganzen, in der endlich der Gegensatz zwischen Organismus und Mechanismus völlig aufgelöst wird. Auch Schelling kritisiert am Vitalismus (Lebenskrafttheorie und Blumenbachs Theorie des Bildungstriebes), dass dieser keinen letzten Grund zur Erklärung der Entstehung von organischer Materie darstellen kann. Außerdem kritisiert er den methodischen Reduktionismus, der eine Sphäre auf die andere reduziert, und somit zeigt er die nichtreduktionistische Einheitsidee der Natur. Gegen mechanistische Naturauffassung impliziert der nichtanthropozentrische Organizismus Schellings wesentlich die Suspendierung des anthropozentrischen Standpunktes und seine fundamentale Überwindung. Tiefer als Kant und Hegel gewinnt er deshalb einen Einblick ins Alternativnaturkonzept der ökologischen Krise.

Schlüsselwörter: Schelling, Organismus, Organizismus, Mechanismus, Vitalismus, Organisch-ganzheitliche Naturauffassung.

이 논문은 2008년 10월 6일에 접수하고 2008년 10월 17일에 심사 완료하여 2008년 10월 24일에 게재가 확정되었습니다.

니체 사유에서 디오니소스의 정체

윤 병 태

1. 문제 제기
2. 신화를 통해 본 디오니소스 자그레우스
3. 오르페우스 신앙에서 디오니소스 자그레우스의 위치
4. '에우리피데스에서 비극의 종말'에 대한 니체 생각의 되비판
5. 에우리피데스의 소크라테스적 경향성과 미학적 소크라테스에 대한 니체 평가의 문제점

요약문

디오니소스는 포도주의 신 또는 주신(酒神)인 바코스로 우리에게 널리 알려져 있다. 니체 역시 이 상식적 이해에서 벗어나지 아니한다. 니체는 디오니소스를 아폴론과 대비시켜 예술사상을 전개하고 그것을 생(生)철학 전반에 확산시켜 고유의 독특한 사유 지평과 경지를 개척 한다. 이러한 그의 성과는 현대 철학에 지대한 그림자를 드리우며 때로는 시대적 사유 혁명으로 칭송되기도 한다.

니체는 아폴론적인 것으로서 "꿈"과 디오니소스적인 것으로서 "도취"를 예술의 두 충동으로 간주하고 이 대립자들의 상호충돌과 상호삼투에 의해 다양한 예술 장르들이 생겨나고 발전한다고 생각한다. 여기서 꿈은 한갓 환상이나 허상이 아니라 현실을 현실이게끔 하는 형상적 근거라는 점에서, 또 도취는 단순한 환각의 엑스터시가 아니라 취함의 몽롱함과 비틀거림이되 현실에 활력과 영혼을 제공하는 동인(動因)이라는 점에서, 이 둘은 예술뿐 아니라 삶과 현실의 본원적 충동이다. 아폴론적인 것은 궁극적으로 꿈의 현실을 확장시켜 문화와 역사의 조형성을 구성하고, 디오니소스적인 것은 그 내면에 흐르는 생명성을 제공하게 된다는 것이다.

본래 "도취"란 제정신의 반대말로 술에 취했을 때의 명정상태(酩酊狀態)를 일컫는 말이다. 이 상태의 대표적 특징은 니체 자신도 지적하듯이 "망각"이다. 그러니까 주신(酒神) 바코스 디오니소스의 도취한 명정상태는 망각을 초래한다. 그러나 도취와는 정반대의 상태인 제정신, 다시 말해 기억과 분별력 같은 이성적 로고스를 본성으로 하는 또 다른 디오니소스가 존재하거나, 술에서 깨어나 도취와 망각을 후회하고 제정신의 상태를 유지하고자 하는 디오니소스도 존재한다. 이 또 다른 성격의 자그레우스 디오니소스는 니체가 아폴론에 분여하고 있는 일체의 유비적 상징적 의미들을 함축한다는 사실에서 아폴론의 다른 이름이기도 하고 아폴론적 소크라테스라고도 할 수 있다.

그런데도 니체가 아무 유보 조건 없이 바코스와 자그레우스를 구분하지 않고 성격이 동일한 신으로 간주하는 것은 옳지 않다. 만일 필자의 지적이 옳다면 디오니소스의 정체에 대한 새로운 반성이 요구될 뿐 아니라, 니체가 그리스 비극의 종말을 가져온 것으로 평가하는 소크라테스적 에우리피데스는 그의 평가와는 반대로 그리스 비극의 진정한 완성자이며 소크라테스와 그의 이성은 디오니소스의 새로운 부활의 상징으로 이해될 것이다.

● 주요어 : 금욕, 기억, 꿈, 도취, 디오니소스, 망각, 바코스, 비극, 아폴론, 이성, 자그레우스, 절제

1. 문제 제기

이 글은 니체의 디오니소스 상(像)을 우리가 아무 유보 조건 없이 수용할 수 있는지 하는 의문에서 시작된 것이다. 일반적으로 디오니소스는 포도주의 신 또는 주신(酒神)인 바코스로 더 잘 알려져 있고 니체 역시 이 일반적 이해에서 벗어나지 아니한다. 다만 니체는 디오니소스를 아폴론과 대비시켜 예술사상을 전개하고 그것을 생(生)철학 전반에 확산시켜 고유의 독특한 사유 지평과 경지를 개척하며 이와 같은 그의 성과는 현대 철학에 지대한 영향을 끼친다. 이 대비가 디오니소스에 대한 전반적 오해는 아니더라도 중요한 부분의 사실관계에 대한 무시에 기초한 것이라면 비록 그것이 천재적 재기의 산물이라 해도 주요 부분에서 심각한 수정이 요구된다.

주지하다시피 니체는 아폴론적인 것으로서 "꿈"과, 디오니소스적인 것으로서 "도취"를 예술의 두 충동으로 간주하고[1] 이 대립자들의 상호충돌과 상호이입과 삼투에 의해 다양한 예술 장르들이 생겨나고 발전한다고 생각한다. 여기서 꿈은 단순한 환상이나 허상이 아니라 현실을 현실이게끔 하는 동인(動因)이라는 점에서, 또 도취는 한갓 술 취함의 몽롱함이 아니라 현실에 활력과 영혼을 제공하는 동력이라는 점에서 이 둘은 예술뿐 아니라 삶과 현실의 본원적 충동이다. 아폴론적인 것은 궁극적으로 꿈의 현실을 확장시켜 문화와 역사의 조형성을, 디오니소스적인 것은 그 내면에 흐르는 생명성을 의미하게 된다.

일반적으로 아폴론은 빛과 대낮, 이성과 분별력, 형체와 개별성, 기억과 깨어 있음을 상징하고, 디오니소스는 어둠과 밤, 감성과 무분별, 무형과 보편성, 망각과 도취를 상징하는 신으로 이해된다. 니체 역시 이런 일반 이해에 입각해서 전자에 기쁨과 환희를, 후자에 공포와 두려움, 고통과 비탄의 상징성을 덧붙인다〔기쁨과 환희는 경우에 따라 무아적(無我的) 도취의 상태에서 기인되기도 하므로 디오니소스적인 것의 감정 상태로 언급되기도 한다〕. 더구나 그는 궁극적으로는 아폴론적인 것이 아니라 디오니소스적인 것을 예술 및 삶과 문화의 근원충동으로 설정하고 일체의 감정과 의지 상태가 진정한 삶과 예술의 본고향이라고 강조함으로써 독특한 생철학적 시인의 자리를 마련한다.

필자의 의혹은 디오니소스의 "도취"에 대한 상식적인, 그러나 일면적인 이해를 니체가 별 생각 없이 받아들임으로써 중대한 실수를 하지 않았나 하는 것이다. 본래 "도취"란 제정신의 반대말로 술에 취했을 때의 명정상태(酩酊狀態)를 일컫는 말이다. 이 상태의 대표적 특징은 니체 자신도 지적하듯이 "망각" 이다.[2] 그러니까 주신(酒神) 바코스 디오니소스의 도취한 명정상태는 망각 상황를 초래한다는 것은 널리 알려진 상식이기도 한 것이다. 그러나 도취와는 정반대의 상태인 제정신, 다시 말해 기억과 분별력 같은 이성적 로고스를 본성으로 하는 또 다른 디오니소스가

---

1) Nietzsche Werke, Kritische Gesammtausgabe, begrdt. von Giorrio Colli umd Mazzino Montinari, weitgf. von Wofgang Müller- Lauter und Karl Pestalozzi, hrsg. von Johann Figl mit anderen, Berlin 1967ff.(=KGW). KGW, Bd., III-1, 22쪽. '꿈' = Taum, '도취 ' = Rausch.

* 이 글에서는 한글 번역 『니체전집』, 전 21권, 김기선, 이진우 외 역, 정동호, 이진우, 김정현, 백승영의 편집, 책세상, 2000ff. (=니체전집)을 대본으로 하나, 특별히 필요하다고 생각되는 경우에는 독일어판 KGW.를 이용함.

2) KGW, Bd., III-1, 52쪽. '망각' = Vergessenheit.

존재하거나, 술에서 깨어나 도취와 망각에 진저리치며 후회하고 제정신으로 돌아와 멀쩡한 상태를 유지하고자 하는 술 끊은 디오니소스도 존재한다는 것이 필자의 관점이다.[3] 이 또 다른 성격의 디오니소스(자그레우스)는 니체가 아폴론에 분여하고 있는 일체의 유비적 상징적 의미들을 함축한다는 사실에서 아폴론의 다른 이름이기도 하고 아폴론적 소크라테스라고도 할 수 있다. 물론 니체도 디오니소스 자그레우스의 이름은 언급하고는 있지만 그 이름을 디오니소스 바코스의 별명으로 간주할 뿐이다. 만일 필자의 생각이 옳다면 니체가 그리스 비극의 종말을 가져온 것으로 평가하는 소크라테스적 에우리피데스는 그의 평가와는 반대로 그리스 비극의 진정한 완성자이며 소크라테스와 그의 이성은 디오니소스의 새로운 부활의 상징이 된다.[4]

2. 신화를 통해 본 디오니소스 자그레우스

디오니소스 신화에는 여러 종류가 있다. 문제는 서로 다른 신화에 등장하는 다양한 디오니소스가 모두 하나의 주신(酒神)으로서 동일 신인지 아닌지는 아직 완전히 밝혀지지 않았다는 데 있다. 즉, 대부분의 디오니소스는 바코스로서 주신인 것은 사실이지만 디오니소스 자그레우스 역시 그와 동일 신인지는 아직 분명하지 않다는 것이다. 일반적으로 신화라는 것은 사실의 설명이나 서술적 묘사가 아니라 그야말로 문화적 · 종교적 상황으로 감싸인 사건들에 대한 은유와 상징과 비유를 통한 암시적 이야기이기 때문에, 또 그 작가나 연대가 일정하지 않고 여러 시대, 여러 사람들의 생각과 언어가 뒤섞여 후대에 정리되기 때문에, 신화에서 사실관계를 확인하는 것도 어렵고, 사건의 현상과 실재, 가상과 본질, 사실과 상징을 구분하는 것도 어렵다.[5] 디오니소스 신화 역시 이런 요소들을 그대로 간직하고 있다.

디오니소스라는 이름이 처음 나오는 곳은 호메로스의 『일리아스』인데 여기서

---

3) 필자는 오래전부터 동명이신(同名異神)의 두 디오니소스가 존재하지 않을까 추정하다가 몇 해 전 신화학자 이진성 교수와의 대화 및 그의 연구 성과를 통해 이 추측이 확신으로 바뀌게 되었음을 여기서 밝힌다.

4) 니체는 존재하는 모든 것은 안과 밖, 내용과 형식, 본질과 현상의 두 요소로 되어 있고 이 이중성이 가장 선명하고 첨예하게 나타나는 곳은 그리스 예술, 특히 그리스 비극이라는 것과 비극의 제각기 다른 주인공들의 내면과 내용 그리고 본질에는 디오니소스적인 것이 흐르며 이 흐름을 구체화하고 개별화, 형태화하는 데에 아폴론적인 것이 틀을 잡는다고 이해한다. 소크라테스는 에우리피데스의 시작(詩作)을 실제로 도와주었다고 전해진다.

디오니소스는 올림포스 신들의 반열에 있지 않은 잡신들 중의 하나이다. 그는 국가의 기존 규범을 손상시키는, 말하자면 일종의 신흥종교의 교주로 희화되는데, 자유라는 이름으로 신도들과 떠돌아다니며 그 시대 도시국가의 관습과 질서를 파괴함으로 해당 도시국가의 왕은 이에 강력하게 저항하고 규제한다. 이 저항과 규제는 디오니소스의 편에서는 핍박과 억압이다. 그 교세가 확장되었을 때 신도들은 교주 디오니소스를 수난받는 신으로 묘사하게 된다. 그는 헤시오도스에 와서 비로소 올림포스 신으로 격상되며 고통과 수난은 물론 환희와 즐거움을 주는 포도주의 신으로 예찬된다.[6] 이와 확연히 다른 디오니소스 자그레우스 신화가 있다.

이 신화의 한 계열 중에 오르페우스 신앙과 관련된 것이 있는데 그 기록은 기원후 1세기 말이나 2세기 초에 쓰여진 것으로 여겨지는 『24편의 음유 서사시로 된 성스러운 이야기』에 전해진다. 이것이 모두 전해지는 것은 아니고 지금은 176개의 단편만이 남아 있다. 그 이야기의 출처들은 기원전 5세기 말경의 것에서부터 이 서사시가 쓰이기 이전까지의 것들로 추정된다. 이 음유 서사시에 의하면 늙지 않고 지혜가 사라지지 않는 시간을 뜻하는 크로노스가 우주 구성의 근원적 힘으로 나타나며 그가 투명한 허공 아이테르와 깊고 넓은 심연 카스마를 낳고 이어서 투명한 허공 아이테르가 우주를 함축한 눈부신 알을 낳았다 한다.[7] 이 알에서 우주 만물의 주관자인 파네스가 나와 세계의 통치자가 되고 그 후 밤의 여신 닉스를 낳아 그에게 세계의 두 번째 통치권자 자리를 넘겨준다.[8] 그 뒤를 이어 우라노스가 세 번째 지배자가 된다. 네 번째 세계의 통치자는 흥미롭게도 우주의 근원적 힘이며 창조자인 크로노스(Chronos)와 동명이인인 크로노스(Kronos)인데 그 이름의 의미는 "적절한 때" 또는 "적절한 기회"를 뜻한다. 이 신이 자기 아버지 우라노스의 남근을 자른 바로 그 크로노스이다.[9] 크로노스는 자신의 권력을 빼앗기지 않기 위해 자기 아들들을 낳는 대로 먹어치웠으나 그 무지막지함을 미워한 아내 레아의 지혜로 막내 제우스가 살아남아 크로노스를 제거하고 다섯 번째 통치자로 등극한다. 새

5) 신화 해석의 문제와 그 진리성에 대해서는, F. Creuzer, *Symbolik und Mythologie der alten Völker, besonders der Griechen*, 6Bde., Darmstadt 1822, F. W. J. Schelling, *Philosophie der Mythologie*, 2Bde., Schellings Ausgewählte Werke, Bd.4-Bd.5, Darmstadt 1986, K. Hübner, *Die Wahrheit des Mythos*, München 1983을 참조.

6) 헤시오도스, 『신통기』, 천병희 역, 한길사, 2004, 이 책 속의 「신통기」, 941, 947, 「일과 날」, 614, 「헤라클레스의 방패」, 400.

7) 같은 곳. '크로노스' = Chronos, '카스마' = Chasma.

8) '파네스' = Phanes, 닉스 = Nyx.

9) 헤시오도스, 위의 책, 101쪽과 117쪽. '크로노스' = Chronos, '크로노스' = Kronos.

통치자가 된 제우스는 세계를 다시 창조하고 새 질서를 부여하기 위해 첫 번째 우주 만물의 주관자인 파네스를 잡아먹고 페르세포네(헤시오도스의 『신통기』, 911~914에서는 지하 명부의 신 하데스의 왕비인 데메테르의 딸로 나타남)와 결혼하여 디오니소스를 낳는다. 이 디오니소스가 바로 디오니소스 자그레우스인데 제우스는 이 아들을 자신의 후계자로 삼아 여섯 번째 통치자로 삼으려 한다. 제우스의 본처인 헤라는 질투가 발동하여 티탄들에게 디오니소스를 죽이라고 부탁한다. 헤라의 명을 받은 티탄들은 온갖 속임수로 어린 디오니소스를 유혹하여 죽인 후 사지를 찢어 구워 먹지만 심장은 아직 남겨둔 상태인데 분노한 제우스에게 들켜 그들은 번갯불에 맞아 타 죽어 잿더미로 변한다. 제우스는 티탄들이 먹다 남긴 어린 디오니소스의 심장을 아테네 여신에게 가져 오도록 해서 이것을 세멜레의 몸에 넣어 다시 잉태케 한다. 한편 티탄들이 타고난 재가 땅의 흙과 섞이자 거기에서 인간이 탄생한다. 이렇게 해서 인간과 디오니소스의 특별한 규정이 새로이 정립된다. 인간은 사악한 티탄으로, 즉 잘 속고 잘 속이며 살인을 주저치 않는 습성을 가진 존재이면서 동시에 흙과 재로 되어 있어서 흙과 재로 돌아갈 수밖에 없는 본성을 가진 실존으로 규정된다. 이러한 인간 존재는 그냥 흙과 재로 흩어지기도 하지만 또한 두 번 태어남의 고통, 육체적 탄생과 정신의 탄생으로 구분될 수 있는 고통을 통해 디오니소스적 구원을 얻을 수도 있다. 그리고 이 구원은 오르페우스 신앙에서 기원한다(그 이후 고전기 그리스 문화와 비극에서 디오니소스는 수난과 고통과 부활과 구원의 신으로 표현되는데 이때부터 바코스와 자그레우스의 혼동 역시 일반화되기 시작한다). 그런데 이 신앙에서 디오니소스는 바코스와는 무관한 오르페우스적 순결과 금욕과 절제, 이성과 조화를 덕목으로 하는 신으로 묘사된다. 이 점을 분명히 하기 위해 우선 오르페우스 신앙에 대한 간략한 설명이 필요하다.

3. 오르페우스 신앙에서[10] 디오니소스 자그레우스의 위치

오르페우스는 음악과 시를 통해 절대세계, 신의 세계를 넘나든 인간신(人間神)이

10) 기원전 6세기 참주 페이시스트라토스(Peisistratus)의 역관(易官), 오노마크리토스(Onomakritos)가 오르페우스의 시와 그의 제자 무사이오스의 신학을 정리한 것이 최초의 오르페우스 신앙의 문헌이다(이진성, 『그리스 신화의 이해』, 아카넷, 2004, 112쪽). 당시 구원신앙으로 널리 유포된 사상을 정리한 것으로 이해된다. 그 밖의 자료들은 기원후 5~6세기까지의 다양한 문건들을 여러 사람들이 정리한 것들이다. 특히 후대의 신플라톤주의자들이 관심을 가지고 플라톤 사상과의 연관점을 찾으려 한다(같은 책, 112).

며 동시에 신인간(神人間)이다. 오르페우스 신앙은 대체로 기원전 6세기부터 기원 후 5~6세기의 1,000여 년에 걸쳐 소아시아에서 남이탈리아 연안에 이르기까지 실천종교적 영향을 가지게 된다. 오르페우스의 시와 노래에 관해서는 이미 기원전 6세기에 그리스 전역에 퍼져 있었지만 그에 대한 여러 가지 이야기들은 다양한 문학작품들과 자료들에 분산되어 있다. 오르페우스에 관한 최초의 문헌은 기원전 6세기 참주 페이시스트라토스의 궁정학자 오노마크리토스가 그때까지의 오르페우스의 시와 그의 제자 무사이오스의 신탁을 정리한 것이다.[11] 참주 페이시스트토스라는 정치를 수월하게하기 위해 당시 민중신앙으로 확산되는 오르페우스교를 적극적으로 장려하여 민중의 지지를 이끌어내려 한 것으로 추정된다. 참주란 대개 왕이 정통성과 전통을 무시하여 민심이 등을 돌리게 될 때 그 틈을 타서 권력을 잡는 토호 또는 귀족들을 뜻한다. 요컨대 그들은 민중과 여론으로 쿠데타를 일으켜 권력을 잡고 유지하는 체제의 실력자를 말하며 따라서 권력이 확립되어 제대로 왕의 구실을 하기까지는 좋든 싫든 민중과 대중의 눈치를 보지 않을 수 없다. 이런 요구 때문에 그 이전부터 널리 퍼져 있던 오르페우스와 무사이오스의 예언과 신탁을 정리한 것으로 여겨진다.[12] 그 후 19세기에 기원전 4~5세기경의 것으로 추정되는 돌에 새겨진 오르페우스 서판(書板)이 발견되는데, 이에 의하면 오르페우스 믿음은 아티카는 물론 시칠리아와 남이탈리아를 거쳐 로마에까지 확산되었다고 한다.[13]

오르페우스의 출생 역시 다양한 설이 있으나 트라키아에 있는 강의 신 오이아그로스와 뮤즈의 딸 칼리오페의 자식이라는 것과 아폴론의 아들이라는 것이 널리 알려져 있다.[14] 그가 이아손의 아르고 원정대에 참여하여 괴물에 홀려 위험에 빠진 선원들을 구한 사건은 유명하다. 그는 원정에서 돌아와 에우리디케와 결혼하나 곧 그녀가 뱀에 물려 죽자 명부에 내려가 노래와 음악으로 하데스와 페르세포네를 감동시켜 자기 부인의 영혼을 데리고 나온다. 그러나 뒤를 돌아보지 말라고 약속한 금기를 망각한 대가로 다시 그녀를 죽음으로 되돌려 보내는 운명에 처해진다. 후자의 이야기, 즉 노래와 음악으로 명부에서 아내를 구해오나 금기를 망각해서 다시 잃게 되는 이야기는 오르페우스 숭배의 중요한 단초를 제공한다. 오르페우스의 노래와 시와 음악은 단순히 미감적 감성의 표현을 뜻하는 것이 아니라 일종의 종

11) '참주' = Tyrannos, '페이시스트라토스' = Peisistratos, '오노마크리토스' = Onomakritos.
12) 그러나 플라톤이나 에우리피데스는 오르페우스 종교와 신도들을 탐탁하게 생각지 않았다.
13) 이진성, 위의 책, 112쪽.
14) '오이아그로스' = Oiagros, '칼리오페' = Kalliope.

교적 주술이요 주문이다.[15] 당시에는 음악과 시는 서로 분리되어 있지 않았고 리라를 켜면서 영혼과 정신과 자연을 노래함으로써 영혼과 정신과 자연을 감동시키는 오르페우스야말로 단순한 주술사가 아니라 바로 영혼과 정신과 자연을 일깨우는 활력으로 생각된 것이다. 이것은 분명 신적인 위력이다. 이 위력으로 명부를 움직여 아내 에우리디케를 구해서 암흑의 터널을 빠져나오다 '돌아보지 말라'는 하데스의 금기를 잊어버리고 뒤를 돌아봄으로써 다시 암흑의 명부로 그녀를 되돌려 보낼 수밖에 없게 된다는 것은 인간적인 면모이다. '망각'이란 금기만 잊는 것이 아니다. 그것은 의무도, 권리도, 희망도, 절망도, 의식과 정신 속에 있는 모든 것을 무화(無化)시키는 어둠이나 암흑과 같은 것으로서 인간적 위력의 대표적 전형이다. 이 점을 염두에 두고 니체는 망각이야말로 실존의 축복으로 예찬한다. 그러나 사실은 니체의 망각은 오르페우스의 망각과는 근본적으로 다른 종류이다. 오르페우스에서 해야 할 것을 하지 못하게 하는 망각은 단지 인간적인 속성의 의미만이 아니라 재앙의 의미를 가진다. '돌아보지 말라'는 금기를 잊어버리지만 않았어도 새로운 삶의 행복과 부활이 보장되었던 에우리디케는 부활은커녕 부사(復死), 즉 두 번 죽음을 맞이한 것이다. "잊지 말아야 할 것을 잊었기 때문에 오르페우스의 언어와 노래의 주술적 효력은 사라졌다. 오르페우스 신앙의 신자들은 먼저 이 교훈을 반드시 기억해야 했다. 그들에게 망각은 고통스러운 삶의 '반복'을 뜻했다. 그들의 금욕생활은 망각에 빠지는 것을 막아주었다."[16] 오르페우스가 망각 때문에 파멸하고 고통을 당하고 종국에는 죽게 된다는 것은 인간 신의 전형적 초상화를 보여준다. 그는 본시 뮤즈 칼리오페의 아들이며 그의 어머니 뮤즈는 기억의 여신 므네모시네의 딸이다. 결국 망각의 상처가 오르페우스를 죽음으로 몰고 가게 되니, 기억은 삶과 같은 말이요, 망각은 죽음과 동의어가 되는 셈이다.[17] 기억은 단지 지난 것을 의식으로 되살려내는 것만이 아니라 삶과 존재와 문화의 원동력이다. 노래와 음의 질서도, 주술적 언어와 시의 내용도 모두 기억의 산물이며, 본질세계의 구성과 그 체계의 되살려냄도 기억의 산물이다. 오르페우스가 죽고 나서 외할머니 므네모시네와 어머니 뮤스를 저승에서 다시 만난다는 것은 그가 기억과 지혜, 그리

15) 이진성, 앞의 책, 107쪽.

16) 같은 책, 108쪽. 오르페우스는 지상으로 돌아와 7개월 동안 칩거하면서 고통스러운 날을 보내고 새로운 삶을 얻게 되었다고 한다. 후에 그는 제우스의 벼락에 맞아 죽었다고도 하고, 여인들이 그를 잡아 죽이고 머리를 잘라 리라(현악기)와 함께 강에 버렸다고도 하고, 자기의 죽은 부인만을 생각하고 다른 여자들은 거들떠보지 않자 질투가 난 여인들이 그를 찢어 죽였다고 한다.

17) 이진성, 위의 책, 109쪽.

고 언어와 음악예술의 신, 즉 예언자의 신으로의 격상되고 있음을 뜻한다.

오르페우스 신앙은 일종의 민간 무속신앙으로 특히 그리스 고전기의 민주정치 체제의 발전과 그 궤를 같이한다. 그 이전에만 해도 신과 인간은 상호 자유로운 교호작용의 관계로서가 아니라 주종관계, 다시 말해 한쪽에서는 제물을 바치고 다른 쪽에서는 그 제물을 향유하는 관계로 되어 있었고 이 관계는 정치 지배 계층에 의해 더욱 강화되었다. 왕후장상들이나 그들과 결탁한 영웅호걸들은 신들의 후손임이 강조되고 따라서 신인관계가 주종화되면 될수록 왕권과 시민에 대한 지배력은 더욱 확고해진다. 이에 비해 신인동일성이나 죽음과 죽음으로부터의 부활이나 윤회사상은 인간의 지위를 신격화하고 신의 지위를 인간화하는 효력을 나타낼 수 있다. 이점에서 오르페우스 신앙은 일종의 해방신앙이며 신으로부터의 인간해방, 인간으로부터의 인간해방 사상과 맞닿아 있다.

오르페우스 신앙은 새로운 신으로 디오니소스 자그레우스를 추대한다. 오르페우스 신앙에서 인간은 어린 디오니소스 자그레우스를 잡아먹다 제우스의 번개에 맞아 타 죽은 티탄의 재와 흙이 섞여 창조된 것이다. 그러니까 티탄의 사악성과 그 사악함 때문에 먹어 치운 디오니소스 자그레우스의 살과 흙이 합쳐진 것이 인간이다. 인간이 악함과 선함, 신성과 인간성이 범벅이 된 것이 여기서 연유한다. 티탄적 육체성은 악이며 디오니소스적 영혼성은 선한 것이요, 따라서 육체는 악이요 영혼은 선이다. 육체를 멀리하는 데는 금욕과 고통만 한 것이 없고 이것은 또한 영혼과 가까이하는 길이기도하다. 고통과 금욕은 영혼을 맑게 하고 영혼을 맑게 할 때 비로소 기억과 정신이 맑아지며 기억과 정신이 맑아질 때 우리는 현상이 아니라 본질을 투시하고 그 투시를 통해 지금의 현상에서 미래의 사건들을 예언할 수 있게 된다. 그리고 이것은 어렵기는 하지만 제대로 된 인간이면 누구나 의지와 지혜로 도(道)를 닦아 도달할 수 있는 세계이기도 하다.

영혼의 정화, 고통과 금욕을 통한 육체로부터의 해방, 인간 창조 때 섞인 더럽고 악한 티탄의 재 때문에 소유하게 된 원죄의 청산 정도에 따라 윤회되는 생의 질이 결정된다. 선과 악의 결합 때문에 영원한 생이 있을 수 없듯이 영원한 죽음 또한 있을 수 없다. 오직 영원한 윤회만이 있을 뿐이다. 영혼의 정화는 이 윤회의 짐을 덜기 위한 것이 아니라 내생의 고요와 평화를 영혼에 싣기 위한 것이다. 순수한 영혼에 도달하는 길은 육체의 순수한 무를 획득할 때, 속된 말로 몸뚱이가 깡그리 없어질 때인데, 이것이 영혼의 윤회 고리로부터의 해방을 의미한다면 불교와의 교감점을 여기서 찾아볼 수도 있을 듯하다. 또한 만일 니체가 후에 영원회귀를 이 오르페우스 디오니소스에서 수용한다면 이것은 바코스를 부정하는 모순을 범하는 것이 될 것이다.

호메로스나 헤시오도스 저작이 아닌 오르페우스 문헌에서 디오니소스 자그레우스는 앞에서 본 대로 제우스로부터 통치권을 이어받는 최고신으로 묘사된다. 이 최고신에 등극하기 위한 수난은 동시에 새로운 시대를 열기 위한 고통과 같은 것이다. 이에 대한 상징으로 티탄족에게 뜯어먹히는 고통스러운 죽음과, 다시 세멜레의 몸에 넣어져 재탄생함, 즉 부활의 기쁜 체험으로 이어진다. 여기서 추측할 수 있는 것은 디오니소스 바코스와 디오니소스 자그레우스가 신화 속에 이리저리 뒤섞여 혼란스럽게 나타남에도 불구하고 그 본질에서는 확연히 다르다는 사실이다. 말하자면 이 둘은 동명이신이라 할 수 있다는 것이다.

첫째, 바코스가 술과 환상과 취함을 통해 열광과 무아경을 일체화함으로써 개별성의 한계, 존재와 무의 경계를 무너뜨리는 신의 표상이라면, 자그레우스는 맑은 제정신을 통해, 그것도 순수한 로고스를 통해 개별성을 규정하고, 존재와 무의 본질 영역을 구축하는 신의 표상으로 나타난다. 둘째, 바코스는 '망각'과 도취를 삶에 활기를 주는 근원 요소로 제시하는 데 비해 지그레우스는 '기억'과 제정신(깨어 있음)을 삶에 인간성을 부여하는 근원 요소로 제시한다.[18] 셋째, 바코스는 욕망의 막힘없는 충족을 통해 동물적 삶의 극대화를 추구하지만 자그레우스는 이와 반대로 절제와 금욕을 통해 정신적 삶의 극대화를 추구한다. 그러나 넷째, 바코스의 신도들은 비틀거리는 취함과 도취 속의 세계가 결코 사회생활을 영위하는 구체적 현실세계와 같지 않다는 사실을 결국은 인정하지 않을 수 없게 된다. 한순간도 깨어 있지 않은 영혼은 죽은 영혼이다. 현실은 결코 비틀거림의 몽롱한 취중 세계일 수 없기 때문이다. 이 괴리 때문에 술이 깬 뒤 숙취 고통을 깨달으면서 금욕 절제를 가르치는 자그레우스의 신도로 자연스럽게 개종하게 된다. 다시 말해 바코스의 신도들은 깨어 있을 때는 오르페우스적 삶의 방식, 즉 절제와 금욕을 최고 덕목으로 하면서 겸손하고 깨끗하게 생활하게 되고 서서히 깨어 있는 진짜 현실을 중시하는 자그레우스 신도로 바뀌는 것이다.[19] 다섯째, 결국 바코스 신도들은 바코스를 통해서는 영속적 구원이 가능하지 않다는 것을 알게 되고, 마법과 변신을 믿지 않는 합리적이고 로고스적인 정신을, 다시 말해 자그레우스의 영혼을 상속받은 소크라테스의 순수한 이성을 통한 구원의 사상을 갖추게 된다. 따라서 여섯째, 더 이상 포도주를 만들어 마시고 춤추고 광란 혼음함에서 환희와 무아경을 느끼고 주먹질과

18) '망각' = Vergessenheit, '기억' = Gedächtnis.

19) 이진성, 위의 책, 124쪽 참조.

욕지거리로 재미를 삼거나 비틀거림의 축제의 시간을 보내는 패륜적 디오니소스 바코스가 아니라, 세계를 새롭게 시작하고 새롭게 해석하고 제정신의 영역을 확대하여 현명하게 실천하는 맑은 디오니소스 자그레우스가 디오니소스 신앙의 진정한 신으로 숭배 된다. 생의 고통을 극복하는 것은 있는 고통을 잊어버리는 것이 아니라 두 눈 부릅뜨고 그 고통을 직시하면서 그 고통의 원인을 슬기롭게 능동적으로 제거하거나, 제거가 불가능한 경우에는 그것을 적극적으로 받아들여 자기의 본질로 긍정하고 승화하는 것이다. 이것은 예술에서도 마찬가지이다.

4. '에우리피데스에서 비극의 종말'에 대한 니체 생각의 되비판

니체는 그리스 비극에서 서사성이 극명해질 때 오히려 그 내면은 디오니소스적 고통으로 나타나며 이 고통의 극적 모습이 비로 자그레우스의 탄생 설화라고 강조한다. 어린 디오니소스가 티탄족에게 갈기갈기 찢겨 죽은 것은 그의 육체가 물, 불, 공기, 흙의 개별적 4원소로 변화하는 "고통"의 상징이며 이것은 또한 하나의 통일적 본체가 제각기 독립된 다른 개체들로 변전하는 고통, 즉 개별화의 고통이라는 것이다.[20] 뒤집어 말해 개별화의 상태는 "모든 고통의 원리요 근원"이며, 따라서 그것 자체로서는 내버리고 싶은 것이지만 내버릴 수도 없는 것이다.[21] 이제 디오니소스가 자그레우스로 추앙받는 곳에서 세계는 그 안도 밖도, 본질도 현상도, 보편도 개체도 디오니소스의 작품으로 전환된다. 이에 대해 니체는 "이 디오니소스의 웃음에서 올림포스의 신들이 생겨나고 디오니소스의 눈물에서 인간들이 생겨난다"고 강조한다.[22]

앞에서 아폴론과 아폴론적인 것이 올림포스신 들을 창조했고[23] 디오니소스와 디오니소스적인 것이 인간과 인간의 비극을 창조했다는 그의 주장은 여기서 일대 전환을 이룬다. 이제 디오니소스는 신과 인간 모두의 창조자, 보편과 개별 모두의 창조자로 등극한다. 이제 아폴론은 디오니소스와 대립적 독립 실체가 아니라 디오

---

20) KGW, III-1, 68쪽. '고통' = Leiden.

21) 같은 곳. '모든 고통의 원리요 근원' = Quell und Urgrund alles Leidens.

22) 같은 곳. '이 디오니소스의 웃음에서 올림포스의 신들이 생겨나고 디오니소스의 눈물에서 인간들이 생겨난다' = Aus dem Lächeln dieses Dionysus sind die olympischen Götter, aus seinen Tränen die Menaschen entstanden.

23) 같은 곳, 30쪽 이하(§3 전체).

니소스의 다양한 표정들 중 하나일 뿐이다. 이제 디오니소스는 명실상부한 존재와 예술의 절대 권력자로 입궁한다. 이제 디오니소스는 근원적 고통이면서 동시에 근원적 기쁨의, 존재와 무의 본래적 고향이면서 동시에 그 형상의 실질적 동일체가 된다. 이제 디오니소스는 몸과 마음이요, 아폴론은 단순히 그의 들러리요 그림자일 뿐이다. 디오니소스는 티탄에게 찢겨 죽은 것이 아니라 그 죽음을 통해 다시 부활한 것이며, 부활과 재림을 통해 부서진 보편들에게도 부서진 개체들에게도 기쁨의 빛을 던져준다. 이것이 "비극의 신비스러운 가르침"이며 "염세주의 세계관"의 심오함이며 "현존하는 모든 것의 통일성에 대한 근본 인식, 개별화가 악의 근원이라는 것에 대한 관찰이요, 예술은 희망이라는 것, 즉 개별화의 궤도를 파괴하고 부활된 통일을 예감케 하는 희망이라는 것"을 보여준다.[24)]

그러나 자그레우스의 부활은 비극의 완성이기도 하고 신화의 죽음이기도 하다. 호메로스의 올림포스 문화는 비극이라는 매체를 통해 새로운 신화 창조로 거듭나지만 비극의 진정한 비극적 본질인 자그레우스 디오니소스적 세계관에 의해, 다시 말해 프로메테우스적 고통과 경고가 새로운 신의 출현을 예시한다.[25)] 프로메테우스의 해방과 디오니소스의 승리는 니체의 이해처럼 환상의 신화에서 얻어지는 것이 아니라 신화의 상징적 지혜와 이성에 의해 얻어지는 것이다. 이성적 지혜는 신화의 모든 내용이 사실적 진리라기보다 상징적 진리라는 것을, 또한 그것은 역사와 시대적 요청의 산물이며 그 요청이 지속되는 시간 동안만 의미를 가진다는 것을 인식하는 것이다. 그런데 니체는 신화가 사실성과 역사성에 거역하거나 맞지 않는 것으로 사람들이 생각할 때, 또는 그 신화에 대한 진지성이나 감각이 사라질 때 그 신화는 수명을 다하는 것이라고 믿는다. 니체에 의하면 이 죽어가는 신화를 다시 붙들어 구원해주는 힘이 바로 "디오니소스적 음악"이다.[26)] 그러나 이 음악이

24) 같은 곳, 69쪽. '비극의 신비스러운 가르침' = die Mysterienlehre der Tragädie, '염세주의 세계관' = Pessimistische Weltbetrachtung.

25) 니체의 평가에 의하면 아이스킬로스의 프로메테우스는 "염세주의의적 표상의 비아폴론적인 것(das Unapolonische dieser pessimistischen Vorstellung)"이 개체와 개체, 개체와 보편, 신적인 것과 인간적인 것의 경계와 개별성의 원리를 하나로 융화한다. 이 점에서 프로메테우스는 오이디푸스와 더불어 그리스 비극의 최고 정수이다. 프로메테우스는 디오니소스의 분장 인으로 고통을 두려워하지 않을 뿐 아니라 오히려 그것을 달게 받으며 더 높이 더 멀리 향하려는 능동적 예술충동의 응집체라는 것이다(니체와 반대로 필자는 프로메테우스가 자그레우스(아폴론)의 분장인이라고 생각한다). 하여간에 니체에서 아폴론적인 것과 디오니소스적인 것의 이중성의 개념적 정식은 "현존하는 모든 것은 정당하며 부당하다. 두 경우에 동등한 자격을 가진다(Alles Vorhandene ist gerecht und ungerecht und in beidem gleich berechtigt)"는 명제로 정리된다(KGW, Bd., III-1, 67쪽).

26) 같은 곳, 70쪽.

구원하기 전에 폭력적인 방법으로 신화의 숨통을 끊은 이가 있으니 그가 바로 에우리피데스라는 것이다. 다소 극적인 니체의 표현은 이렇다.

> 신성을 모독한 에우리피데스여, 네가 이 죽어가는 자에게 다시 한 번 고역을 강요하려 했을 때, 너는 무엇을 원했던 것인가? 그는 너의 폭력적인 손아귀에서 죽었다. 그리고 지금 너는 헤라클레스의 원숭이처럼 낡은 장식물을 가지고 요란하게 치장할 줄만 알았던 신화, 모방해서 만든 변장한 신화를 필요로 하게 되었다. 그리고 네게서 신화가 죽은 것처럼 음악의 수호신 역시 네게서 죽었다. 비록 네가 탐욕의 손을 뻗어 모든 음악의 정원을 약탈하고 싶어 하더라도, 너는 그것을 변장된 모방 음악에 갖다 바쳤다. 그리고 네가 디오니소스를 떠났기 때문에 아폴론 역시 너를 떠났다. 모든 열정들을 그 보금자리에서 몰아내어 네 울타리 속에 감금해보거라…….

니체는 그리스 비극이 탄생에서 성장과 완숙기를 거치고 서서히 노쇠하여 마지막에는 조용히 영면하는 자연사로 마감되는 것이 아니라 어느 순간 갑자기 돌연사하는 모습을 보인다고 역설한다. 비극 이외의 다른 문학의 장르들은, 마치 정신적인 삶을 산 생명체와 마찬가지로, 노쇠하여 기력이 다할 때 소멸하면서 죽어가는 형태를 취한다. 그런데 왜 하필 비극만이 이런 식으로 삽시간에 비명횡사했는가? 왜 처절한 허무감과 고통스러운 통곡만을 남기고 비극은 갑자기 사라져버렸는가?[27] 왜 에우리피데스는 비극의 자살적 죽음을 준비한 것일까?

장황하게 소개할 것도 없이 에우리피데스는 그리스 3대 비극 작가 중 막내이다. 기원전 480년 살라미스해전을 거점으로 볼 때 그 전쟁에 전사로서 참전한 이는 아이스킬로스이고, 그 전쟁이 승리하도록 합창단의 선창자로서 찬신가를 주도한 이는 소년 소포클레스이고, 그 전쟁이 일어나던 날 탄생한 이가 바로 에우리피데스라는 일화가 어느 정도 사실인 듯하다. 전력의 열세에도 불구하고 아테네에 승리를 안겨준 이 전투의 참전 용사인 아이스킬로스는 이 승리가 오만한 페르시아인들에 대한 신들의 응징으로 믿고 평생 동안 신들의 위대한 힘과 오만한 섭리를 비극을 통해 교육하고 설교한다.[28] 이 승리로 아테네는 찬란한 문화를 꽃피우게 되는데 이 번성기를 누리면서 그것의 지속을 위해 노력한 소포클레스는 아이스킬로스의

---

27) '비극은 죽었다! 시 자체도 비극과 더불어 사라졌다!' = die Tragödie ist todt! Die Poesis selbst ist mit ihr verloren gegangen! KGW, III-I, 71쪽.

28) 천병희, 『그리스 비극의 이해』, 문예출판사, 2002, 150 쪽.

뜻을 더욱 강화하고 발전시킨다. 이 시기가 아테네뿐 아니라 그리스는 물론 세계사를 통틀어 가장 위대한 민주주의와 문화의 전성기였다고 생각하는 이들이 많다.

민주주의는 예나 지금이나 시민들의 자유와 평등권을 토대로 하며 그 세계관은 다원주의이다. 이 시기에 가치 다원주의 소피스트 철학이 활짝 꽃피게 된 것은 결코 우연이 아니다. 이 다원주의는 진리 상대주의와 경험론 및 회의주의 인식론을 확립한다. 이제 왕후장상과 시민의 주종적 관계가 와해되고 이 와해는 신과 인간의 주종관계마저 의심케 하며, 신이나 왕의 권위가 만물의 척도가 아니라 인간이성이 만물의 척도요 로고스로 정립된다.[29] 이제 불확실하고 애매한 진술들만 부정되는 회의주의가 아니라 확실성을 담보하는 것으로 누구나 믿어왔던 감각지와 경험지에 대한 지식조차 의심받게 된다. 이 회의(의심)를 주도한 이들이 당시의 소피스트들이고 이들의 분위기와 사상을 에우리피데스는 적극적으로 수용한다.

에우리피데스의 비극은 스승 선배들과 달리 문학과 예술적 감성보다 이성과 합리성을 토대로 한 심리와 행동 묘사를 중시한 것으로 평가된다. 에우리피데스는 페르시아전쟁(BC 490~BC 480) 기간 시작되어 꽃피우고 펠로폰네소스전쟁(BC431~BC404)에서 아테네의 패배와 더불어 몰락하게 되는 고전기 비극의 마지막에 위치한다. 고희극의 대표자 아리스토파네스(BC445년경~BC386년경)의 「개구리」는 명부에 내려간 디오니소스가 재판관이 되어 비극 작가 아이스킬로스와 에우리피데스 중 누가 더 예술성 높은 작품을 그려냈는지를 심판하는 줄거리로 되어 있는 희곡이다. 물론 여기서 등장인물 묘사는 사실적이 아니라 작품 구성상의 요구와 필요에 의한 미학적 묘사이므로 그것을 생각 없이 곧바로 사실로 수용하는 것은 위험하다. 그럼에도 불구하고 에우리피데스에 대한 중요한 몇 가지를 아리스토파네스 희극에서 추정해낼 수는 있다.

이에 의하면, 여성 혐오자[30] 에우리피데스는 당시 그리스인들이 믿고 봉헌하던 신들이 아닌 다른 신들, 가령 감각, 지성, 이성과 같은 경험적 인식의 개체들을 믿음의 대상으로 삼는다.[31] 그는 고상하고 귀족적인 시민들보다는 평범한 일반 서민

29) 에우리피데스(BC485/4~BC406/5)는 "인간은 만물의 척도이다"라는 명제로 유명한 프로타고라스와 같은 연배이고 소포클레스보다는 10여 년 아래로 알려지고 있다. 소피스트 프로타고라스는 절대 진리도, 절대 신도 믿지 않았으며 대중 선동의 웅변술과 소송 승리를 위한 변론술을 청년들에게 가르치고 큰돈을 벌었다고 한다. 당시 아낙사고라스(BC500~BC428)는 에우리피데스는 물론 소포클레스에게도 깊은 영향을 주었다.

30) 아리스토파네스, 「뤼시스트라테」, 천병희 역, 『아리스토파네스 희극』, 282-284.

31) 아리스토파네스, 「개구리」, 천병희 역, 『아리스토파네스 희극』, 889-894 참조.

들이나 하층민들(아리스토파네스는 아이아코스의 입을 빌려 저승의 대다수를 차지하는 시민들은 도둑과 소매치기와 존속 살인범들이라고 독설함)에게 더 인기가 있었고[32] 또 그런 천한 성격의 주인공들을 설정하거나, 고상한 이들을 천한 성격 소유자로 변형시켜 설정한다. 명실상부한 비극의 민중화, 세속화의 시작이라 할 수도 있겠고, 절제와 전형이 아니라 풍성함과 개성이 강조되고 극 언어 역시 시적이라기보다는 일상 대화체를 더 선호하게 되니 전통 비극의 붕괴라 할 수도 있을 것이다. 이러한 성향은 하늘과 땅과 자연의 신성성이나 그 질서 추구보다 '지금 여기'의 구체적 상황과 그 안에서 일어나는 인간사를 중시하는 소피스트 철학과 밀접한 관련이 있다.

소피스트 사상은 고대의 도시 철학이다. 도시는 자연관계가 아니라 인간관계에 의해 세워진다. 농촌에서는 하늘과 땅과 자연이 중시되고 그 세부적 요소들과 개별자들, 가령 숲과 들, 나무와 바위, 강과 하천, 곡물과 추수, 가축과 목초지, 농지와 그 경계 등등과 그에 관계되는 다양한 사건들과 요인들이 신성시된다. 이에 비해 도시에서는 상업과 교환 문화를 결정하는 인간관계, 개인과 제도의 관계, 소송과 법, 정치와 국가 등의 문제들이 중시된다. 자연 중시에서 인간 중시의 사상으로의 전환은 소피스트 철학의 탄생을 결정한다. 아리스토파네스의 「개구리」에서 에우리피데스가 제우스나 데메테르 대신 다른 신을 섬긴다 할 때 그것이 무엇인가 묻자 감각적 경험과 지성과 이성이라고 한 것은 이것을 단적으로 보여주는 것이다. 말하자면 에우리피데스는 자그레우스 디오니소스의 신도인 것이다. 그는 디오니소스를 떠난 것이 아니라 그의 본고향인 아폴론으로, 그리하여 그의 인간 아들인 소크라테스로 돌아온 것이다. 그가 떠난 것은 단지 바코스일 뿐이다.

도시에서는 신심이 깊은 이들이 아니라 이재나 판단력이 빠르고 정확한 이들, 언변이 조리 있고 이치에 빈틈없이 대처하는 이들이 유리하다. 신심이 깊은 이들은 자연에 충실하고 그 질서와 운명에 순응하는 것을 미덕으로 삼으며, 따라서 생활 역시 자연스럽다. 판단력이 빠른 이들은 이해관계에 밝고 인간관계와 그 질서의 합리성에 충실하고 거기에 반하는 인간들을 일탈자 또는 범죄자로 간주하는 경향이 있으므로 이런 사회 상황에서 쟁투는 일상이 된다. 판단력이든 이재든 그 원리는 합리적 사유와 추론과 언변인데 이것은 믿음으로 얻어지는 것이 아니라 이성과 교육과 훈련을 통해 습득되는 것이다. 도시에 살기 위한, 또는 살아남기 위한, 또는 도시의 관리자나 지도자가 되기 위한, 또는 소송에 이기기 위한 방법을 가르치는 것은 숭고한 교육 이념 때문이 아니라 그것이 주는 목전의 이익 때문이다. 이런 도시 상황은 바로 소피스트들이 나타나고 번영하는 토대가 된 것이다. 인구가 늘고 인간관계가 복잡해지면 질수록 가치 다원주의와 상대주의는 더욱 활기를 띠게 된다. 배경과 전통이 서로 다른 가정과 가문에서 가치관이 서로 다른 이들에게 하나의 절대 진리나 절대가치가 강요된다고 그것이 수용되는 것은 아니다. 이 다원주의와 상대주의는 민주주의의 가치관이기도 하다. 가장 민주주의가 발달한 상황에서 소피스트가 발흥하는 것은 당연하며 이 시기에 아테네 문화는 최고 정점에 도달한다. 그와 더불어 신화와 전설, 신들의 초월적 세계 등은 급격하게 그리고 철저히 붕괴된다. 진리도 규범도 신념 체계도 초월적 어떤 원리가 아니라 역사적 시대적 상황성에 의존된다는 사실의 인식, 모든 가치 체계가 결국 인간의 물질적 정신적 가치와 가치 추구의 노력에 의해 결정된다는 사실을 그들은 가르친다.[33]

에우리피데스는 신화와 비극을 매체로 하여 이러한 것들을 우리에게 보여주려고 한다. 이제 신화와 비극은 더 이상 그리스 비극의 전형을 따를 이유를 상실한다. 그에게 신화와 비극은 남녀의 애증 문제, 결혼 문제, 삼각관계 등을 다루기 위한 수단이며 방편일 따름이다.[34] 그에게 더 이상 신의 위대함이 아니라 우연적 운명의 불가사의가 더욱 조명되고 크로즈업된다. 그에게서는 아이스킬로스 비극에서 보였던 "종교적 낙관주의 표현"인 "수난극"의 모습은 더 이상 없으며 절망과 절망의 극복 역시 우연한 사건으로 처리된다.[35] 우연한 사람들의 우연한 집단, 그들의 개별성은 개인이나 개체로서가 아니라 한 도시국가 시민으로서 개성이므로 익명적이며 이 익명인들의 가치관과 생활 질서가 민주주의이다. 이 민주주의 속의 익명적 개인의 희로애락의 우연성을 신화의 주인공들을 통해 극 속에서 연출토록 한 것이 에우리피데스 비극의 특징이다.

이상의 이해를 바탕으로 에우리피데스에서 비극의 돌연사를 니체가 말한다면 그것은 탁월하다. 더 이상 신이나 영웅의 이야기가 아니라 소시민 관객 자신의 이야기요, 그들이 겪는 생의 고통이기 때문에 에우리피데스에 의해 관객이 무대 위로 올라오게 되었기 때문이다. 관객들은 에우리피데스의 극중 인물들이 신과 영웅들임에도 불구하고 사실은 자신들의 분신이요 거울이며 자신들의 이야기에 대한 합리적 극화라고 믿게 된다. 일상생활에 충실한 개인들과 그들의 생활 자체의 표현은 바로 에우리피데스가 보여주던 신과 자연의 위대성 대신 오히려 그들의 실패와 몰락과 붕괴를 보여준다. 더 이상 주인공뿐만 아니라 주인공을 따라다니는 기둥서방, 계집종, 방자나 심부름꾼 등과 같은 엑스트라에게 관객의 흥미와 열광의

32) 같은 곳, 771-784 참조.
33) 아놀드 하우저, 『문학과 예술의 사회사 I』, 백낙청 역, 창작과 비평사 1986, 132쪽.
34) 같은 곳, 134쪽 이하 참조.
35) 같은 곳, 135쪽.

비중이 높아지며 신과 주인공의 위치는 강등되고 엑스트라와 관객의 지위는 상승한다. 그래서 에우리피데스는 아리스토파네스의 희극 「개구리」에서, 천마(天馬)에서 떨어져 수족을 못쓰게 된 벨레로폰, 뱀에 물려 다리를 다친 필록테테스, 아킬레우스의 창에 찔려 다친 텔레포스와 같은 병신들을 만들어낸 제작자, 불경스러운 노래의 제작자이며 신성하지 못한 결혼을 대단한 것처럼 비극에 도입한 자라고 아이스킬로스에게 욕을 먹는다.[36] 이 비난에 대해 에우리피데스는 아이스킬로스가 지나치게 과장된 방식으로 극을 이끌 뿐 아니라 겉치장, 속임수, 도깨비와 신화 속의 괴상한 괴물들, 알 수 없는 말과 표현들 등으로 사람들을 헷갈리게 한다고 반론한다.[37] 허황된 인물들을 등장시켜 허황된 이야기를 신비스럽게 전개하고 쓸데없는 군더더기가 여기저기 붙어 있어 무엇이 본말인지, 어느 것이 수탉이고 어느 것이 암탉인지 분간할 수 없도록 하거나, 이야기가 너무 거창하고 추상적이어서 쓰는 사람이나 하는 사람이나 보는 사람이나 무슨 소리를 왜 하는지를 모르게 하는 것은 거짓과 다를 바 없다고 항변한다.

> 제우스께 맹세코 나는 그대처럼 말, 수탉들이나 염소 수사슴들은 끌어들이지 않았소. 그런 것들은 페르시아의 벽걸이에서나 볼 수 있는 것들이죠. 내가 처음에 그대에게서 비극을 인수받았을 때, 그것은 허풍과 혐오스러운 표현들로 부어 있었소. 그래서 나는 먼저 짧은 시구들과 산보(散步)와 흰 무로 그것의 체중부터 줄이고 나서 책에서 짜낸 잡담의 액즙을 주었지요. 그런 다음 나는 독창가(獨唱歌)들로 그것을 키웠지요…….[38]

군더더기 제거와 살빼기로 비극을 더욱 세련시킨 것이 자기의 업적이라고 에우리피데스는 항변한다. 이제 사람들은 신의 섭리나 위대함 또는 영웅들의 결단과 의연함을 보고 배우기 위해 극을 보러 가는 것이 아니라 조리 있게 말하는 법과 매너를 습득하기 위해, 다시 말해 '진짜 예술적 안목을 가지고 빈틈없는 소피스트 논법으로 관찰하고 변론하고 추론하는 법'을 배우기 위해 비극을 보게 된다.[39] 이로부터 "시민적 평범성"과 사소함이 극 언어뿐 아니라 일상 언어를 대신하게 되며

---

36) 아리스토파네스, 「개구리」, 845f. '벨레로폰' = Bellerophon, '필록테테스' = Philoktetes, '텔레포스' = Telepos.

37) 같은 곳, 908ff.

38) 같은 곳, 937ff. 흰 무는 당시에 설사제로 쓰였다고 한다. 그것을 먹어 뱃속을 비워 체중을 줄인다는 뜻이다.

39) 니체전집 2, 91쪽. 아리스토파네스, 「개구리」, 952 참조.

40) '시민적 평범성' = die bürgerliche Mittelmässigkeit.

이것이 사회의 민주화를 위한 밑거름이 된다.[40)]

> 이제 대중 전체가 철학을 하고, 전에 없던 영리함으로 나라와 재산을 다 드리고 재판을 진행한다면, 이 모든 것은 자신(에우리피데스 – 필자)의 공적이고 그가 국민에게 심어준 지혜의 성과라는 것이다.[41)]

매사에 약삭빠르고 곰곰이 따지면서 생각하고 이해하며 무엇이나 의심하는 방법, 사실 발견을 위한 고증과 추론의 방법, 상대의 생각과 말을 논박하는 방법, 어떤 궁지에 몰려도 빠져나올 수 있는 방법을 가르치고[42)] 그것을 배우는 것이 더욱 중요해진다. 이렇게 계몽된 관객들을 위한 연극은 "체스게임 같은 연극, 즉 영리함과 교활함이 영원히 승리하는 저 새로운 희극"일 수밖에 없으며 이 새로운 희극으로서 비극을 쓴 작가가 에우리피데스라는 것이다.[43)] 그에게서 불멸에 대한 믿음은 사라지고 찰나와 기지와 경박함과 변덕이 지배하게 되며 따라서 신들의 명랑성이 아니라 노예의 명랑성이 연출된다는 것이다.

니체는 비판적 사유로 무장한 사상가로서 에우리피데스 자신이 관객의 입장에서 전통적 고전 비극에 대해 부정하고 반성한 결산이라고 이해한다. 니체의 말대로 그는 선구자들인 아이스킬로스나 소포클레스에서 보이는 명확함 속의 모호함, 확실성 속의 애매성, 행복과 불행의 필연적 규정 속에 있는 우연한 배정들을 간파하고 그것을 극복하려고 한다. 표현에서도 지나친 과장이나 은유와 상징이 뒤범벅되어 있어 정상적이고 상식적인 일상인들이 이해하기 어려우면, 이것은 결코 관객을 위한 배려가 아니다. 우리의 일상적 습관이나 전통에 맞는 주인공이 아니라 상상 속의 주인공과 그 스토리가 오성과 합리성을 가지고 사는 우리에게 도움을 줄 수 없다면 비극은 재조정되어야 한다는 것이 에우리피데스의 신념이다. 이런 그의 신념에 따른 창작 태도를 니체는 다음과 같이 평가 한다.

> 저 근원적이고 전능한 디오니소스적 요소를 비극에서 분리해내어 순수하고 새롭게 비디오니소스적 예술과 관습과 세계관으로 건설하는 것 — 이것이 바로 밝은 불빛에서 우리에게 폭로된 에우리피데스의 경향성이다.[44)]

41) 같은 곳, 아리스토파네스, 「개구리」, 952 참조.
42) 아리스토파네스, 위의 책, 955ff.
43) 니체전집 2, 91쪽이하.
44) KGW, III-I, 78쪽.

니체는 비극의 죽음이 디오니소스적인 것의 죽음이며 그 살인자는 에우리피데스이라고 단언한다.[45] 더욱이 그는 에우리피데스가 일생 동안 디오니소스와 디오니소스적인 것에 저항했으면서도 결국은 그 존재를 인정하지 않을 수 없었고 이것을 극명하게 보여주는 것이 그의 비극 「바코스의 여신도들」이라고 생각한다. 비극의 진원지는 디오니소스 축제인데 그 내용은 디오니소스적 환희와 광란이 아니라 신화를 통한 인간 삶의 내면과 운명성을 묘사한다. 이런 주제들에 대한 관심 때문에 종교적 신념 체계나 신에 대한 믿음에 대한 문제들은 그 이전 작품들에서는 깊이 있게 다루어지지 않는다. 「바코스의 여신도들」은 이런 점에서 에우리피데스의 사상에 대한 최종 결론을 보여주는 마지막 작품이라 할 수 있다.

그러나 「바코스의 여신도들」은 바코스 디오니소스 신과 그 적대자의 대립 구도로 되어 있고 궁극적으로는 그 신의 적대자들, 즉 아폴론적이고 자그레우스 디오니소스적인 합리적 인간들이 파멸에 이른다는 결말로 되어 있다. 디오니소스가 자기의 신성을 증명코자 세상을 주유하다 자신과 어머니 세멜레의 고향이기도 한 테바이에 이른다. 이때 테바이 왕은 디오니소스의 어머니 세밀레의 여동생 아가우에의 아들인 펜테우스로서 나라가 술과 광기와 규범 파괴의 혼돈에 빠질 것을 우려하여 디오니소스와 그 신앙을 몰아내려고 한다. 극의 시작은 디오니소스가 테바이 궁전 앞에 등장하여 자기 탄생의 고난과 신성성을 말했으나, 자기 이모들(어머니의 자매들)이 자기 자신, 즉 디오니소스가 제우스의 아들이 아니라 어떤 인간의 사생아라고 말한 죄로 테바이의 여인들을 미치게 하여 산속을 헤매게 했으며 곧 테바이인 전체가 자신의 신도가 되도록 하겠다고 선언한다. 이어 코로스 노래에서 바코스제 주신 디오니소스는 "젖과 꿀이 흐르고 포도주가 흐르고 벌들의 넥타르가 흐르는" 곳으로 그 신도들을 인도하려고 하니 모두가 그 신도가 되어 그를 찬송할 것을 노래한다.[46] 축제 또는 제사라는 이름으로 신에 대한 경외심의 고양이 아니라, 술과 음란으로 미풍양속을 해치는 주모자를 디오니소스라고 믿는 펜테우스는 그를 잡아 투옥한다. 그러나 디오니소스는 기적으로 지진을 일으켜 궁전을 파괴시키고 탈옥한다. 펜테우스는 사신을 시켜 산에 가서 테바이 여인들의 광란적 행태를 관찰해 보고토록 한다. 디오니소스의 권유로 왕 자신은 여자로 변장하고 직접 산에 가서 여신도들의 행태를 보고자 한다. 산에 간 왕은 디오니소스의 계략으로

45) 일설에 의하면 에우리피데스는 기원전 408년 아테네에서 「오레스테스」 공연을 마치고 펠라(Pella)에 있는 마케도니아 왕 아르켈라오스(Archelaos)의 초빙을 받아 갔다가 왕의 개들에게 찢겨 죽었다고도 한다. 다른 설에 의하면 자살했다고도 한다.

46) 『에우리피데스 비극』, 「바코스의 여신도들」, 141f.

신도들에게 발각되어 갈기갈기 찢겨 죽는데 그 신도 중에 펜테우스의 어머니 아가우에가 죽은 아들의 머리를 잘라 지팡이에 꿰어 테바이로 와서 나쁜 사자를 죽여 그 머리를 가져왔노라고 소리친다. 잠시 후 제정신을 차린 그녀는 자신이 찢어 죽여 머리를 자른 것이 사자가 아니라 자기 아들이라는 것을 알고 경악한다.

이 비극의 해석은 다양할 수 있지만 그 본질은 디오니소스가 자신을 믿지 않거나 탄압하려는 자에게 철저하게 복수한다는 것이다. 니체는 이 극을 비합리적 디오니소스에게 지금까지 견지하던 저항적 태도를 버리고 투항한 것으로 해석한다.

> 그러나 디오니소스 신은 너무나 강하다. 가장 현명한 반대자도 〈바코스의 시녀들(여신도들 - 필자)〉에 나오는 펜테우스 같은 이도 - 자신도 모르는 사이에 그에게 매료되고, 훗날 이런 마법의 상태에서 숙명적 불행으로 치닫게 된다 …….[47)]

니체는 펜테우스의 죽음 속에서 에우리피데스 자신의 자살을 읽으면서 디오니소스에 대한 저항의 종말은 죽음이라는 것, 그리고 그 죽음과 더불어 (극의 주인공으로서) 디오니소스의 수명도 끝나버린다고 주장한다. 이 죽음의 주모자는 아폴론도 디오니소스도 아닌 "에우리피데스를 통해 말하는 악마적 힘"으로서 "소크라테스라 불리는 새로 태어난 악마"이다.[48)] 이제 죽어도 언제나 다시 태어나는 디오니소스와 새로 태어난 소크라테스와의 대립이 여기서 생겨나지만, 예술로서 그리스 비극은 여기서 영원한 죽음을 맞는다는 것이 니체의 이해이다.

그러나 사실은 바코스 디오니소스는 자그레우스 디오니소스에 빙의된 소크라테스라는 이성에 의해 영원히 어두컴컴한 술집으로 추방된 것이며 그 추방의 비극적 채찍 역할을 한 이가 에우리피데스라 하는 편이 옳을 것이다. 새로 태어난 자는 바코스가 아니라 자그레우스이며 죽은 자는 비극과 에우리피데스가 아니라 혼란과 신비주의 신화 신봉자이다. 영원한 죽음을 맞이한 것은 예술로서 그리스 비극이 아니라 인간과 사회 교육자로서 애매한 신화일 뿐이다.

---

47) 니체전집 2, 97쪽. 이런 해석은 너무 자의적이고 주관적이다. 펜테우스는 디오니소스에게 매료된 것이 아니라 복수의 죽임을 당한 것이다.

48) KGW, III-I, 79쪽. '에우리피데스를 통해 말하는 악마적 힘' = eine aus Euripides redende dämonische Macht, '소크라테스라 불리는 새로 태어난 악마' = ein ganz neugeborener Dämon, genennt Sokrates.

5. 에우리피데스의 소크라테스적 경향성과 미학적 소크라테스에 대한 니체 평가의 문제점

니체에게 소크라테스는 아폴론적인 것의 전체성을 대변하며 철학적으로 합리주의 정신과 로고스의 대변자이다. 이 소크라테스적인 것은 에우리피데스가 비극을 죽이는 무기로 사용한 바로 그 합리성이다. 다시 말해 비디오니소스적인 토대위에 세워지는 비극은 "연극화된 서사시"로 연극일지언정 진짜 비극일 수는 없다.[49] 본시 비극은 음악에서 잉태된 것이고 음악은 "디오니소스적인 것의 비밀스러운 애매한 빛"에서 탄생한 것이니 이것을 부정하면 비극은 사라진다.[50] 자살과 고통과 죽음의 운명은 그것이 어슴푸레한 빛 속에서 연출될 때 비극적이지 밝은 대낮에 보면 그것은 비극이 아니라 단순한 사실 직관과 보여줌의 차가운 사건일 뿐이다. 이 사건의 설명은 서사적이며, 극적으로는 비극이 아니라 즐거움을 주는 연극이 된다.

> 서사적 – 아폴론적인 것의 힘은 너무나 강해 가장 무시무시한 사물에게도 가상에 대한 즐거움으로 또 이 가상을 통한 구원으로 마법을 걸어 우리의 눈앞에서 변신시켜버릴 정도이다.[51]

연극적 서사시는 끊임없이 움직이는 사건들을 고정된 그림으로 묘사하는 것과 같은 일을 한다. 서사시인은 사건 자체에 몰입하여 함께 변전하는 것과 달리 언제나 한발 물러서서 그것을 고정시켜 차갑게 바라보며 설명하고 이야기한다. 따라서 이것을 떠맡은 배우가 결코 완전한 배우, 즉 사건 자체가 되고 그 흐름에 몰입하여 변전하는 그런 배우는 될 수 없다.[52]

예나 지금이나, 동양이나 서양이나 사람은 누구나 슬픈 이야기를 들으면 눈물이 나고, 무시무시한 이야기를 들으면 등골이 오싹거리고, 우스운 이야기를 들으면 웃음이 나온다. 니체는 이것이 서정성이 아니라 서사성이라고 말한다. 서정은 개

---

49) 같은 곳. '연극화된 서사시' = das dramatisierte Epos.
50) 같은 곳. '디오니소스적인 것의 비밀스러운 애매한 빛' = das geheimnisvolle Zwielicht des Dionysischen.
51) 니체전집 2, 99쪽.
52) 같은 곳.

별적 주관을 말하지만 서사는 사실과 역사에 대한 설명이기 때문이라는 것이다. 따라서 사실에 충실한 서사시는 진정한 비극이 아니며 에우리피데스는 이 점에서 진정한 비극 시인은 아니다. 슬플 때 울고 기쁠 때 웃는 것은 합리적이며 이 점에서 그는 소크라테스적 배우이다. 에우리피데스는 소크라테스로서 그것을 계획하고 쓰고 연기하지만 바로 그 때문에 진정한 작가도 배우도 아니다.[53] 진정한 비극, 진정한 비극 작가와 배우는 아폴론적 관조나 관조한 내용의 연기가 아니라 "차가운 역설적 사상"이며 "디오니소스적 무아경이 아니라 "불같은 감정"이며 이 같은 이념을 에우리피데스는 실현코자 한 것이다.[54] 여기서 니체가 우리를 혼란스럽게 하는 점을 지적해보자.

에우리피데스는 디오니소스적인 것을 추방하고 아폴론적인 것의 토대 위에서 비극을 쓰려 했고, 따라서 사건 몰입이 아니라 사건 관조와 설명을 원칙으로 삼았다고 주장한다. 그러나 비극적 감동을 위해서는 아폴론적 관조가 아니라 디오니소스적 역설을, 디오니소스적 무아경이 아니라 아폴론적 불(헬리오스)같은 감정을 새로운 원칙으로 정한다고 하면서 이것을 서사적이라고 주장한다. 잘못된 주장이다. 왜냐하면 이것은 아폴론적 토대 위에 비극을 세우려 하는 것이 아니라 니체 스스로 그렇게도 강조한 디오니소스적인 것과 아폴론적인 것의 합리적 통일의 토대 위에 비극을 수립하려 한 것이기 때문이다.

니체에 의하면 에우리피데스의 실패는 비극을 오로지 아폴론적 요소 위에서 쓰려 했기 때문에 예술성을 갖지 못한 데 있는 것이다. 이 실패를 통해 얻은 것은 "아름답기 위해서는 모든 것이 오성적이어야 한다"는 "미학적 소크라테스주의"의 명제이다.[55] 여기서 "오성적"이란 '이해될 수 있는 것, 이해할 수 있는 것, 애매모호하지 않고 분명한 것'으로서 인식론적으로 '자아'가 가진 대상 파악의 지성 능력을 뜻한다. 미학적 소크라테스주의는 "아는 자만이 덕스럽다"는 지덕합일 명제에 기초한다.[56] 이 두 명제의 원리에 따라 에우리피데스는 비극의 "언어, 성격, 연극적 구조, 합창음악"을 창작하기 때문에 진정한 비극의 관점에서 선임자인 아이스킬로

---

53) 같은 곳.

54) 같은 곳, 80쪽. '차가운 역설적 사상' = die Kühle paradoxe Gedanken, '디오니소스적 무아경' = die dionyisische Entzückungen, '불같은 감정' = feuerige Affecte.

55) KGW, III-I, 81쪽. '아름답기 위해서는 모든 것이 오성적이어야 한다' = alles muss verständig sein, um schön zu sein, '미학적 소크라테스주의' = der ästhetische Sokratismus.

56) 같은 곳. '아는 자만이 덕스럽다' = nur der Wissende ist tugenhaft.

스와 소포클레스보다 문학적으로도 예술적으로도 퇴보한 것이라는 것이 니체의 평가이다. 필자의 생각에도 에우리피데스가 설정한 프롤로그는 예술적으로는 분명 문제가 있다. 극이 시작되자마자 한 사람이 나와 자신이 누구이고 이전에 어떤 일이 벌어졌고 앞으로 무슨 일이 일어날지 등등을 미리 말함으로써 극이 가져야 하는 긴장과 박진감을 없애는 악역을 하기 때문이다. 물론 이것은 스토리 전개의 구성과 인물들에 대해 분명히 인식케 하는 장점은 있지만 이 장점은 극에서는 최악의 단점일 수밖에 없다. 비록 서사적 긴장이나 미래에 대한 불명확성이 극의 본질적 효과는 아님에도 불구하고 거기에 초점을 맞추고 그것을 해소하려는 것은 잘못이다. 오히려 작품 이해의 실마리들은 우연한 사건 설정을 통하여 관객의 상상력에 맡기는 것이 더 효과적이고, 이 점에서 아이스킬로스나 소포클레스가 더 탁월하다 할 수 있고 이런 니체의 평가에 이의를 달 이유가 없다.

> …… 여기에서는 예언적 꿈과 차후에 나타날 현실과의 흥미진진한 관계가 성립하지 않기 때문이다. 비극의 효과는 결코 서사적 긴장, 지금 여기, 그리고 나중에 일어날 일에 대한 매혹적 불확실성에 기반을 두고 있지 않다. 그것은 오히려 위대한 수사학적 · 서정적 장면들, 주인공들의 열정과 변증론이 거대하고 힘찬 강물처럼 펼쳐지는 장면들에 근거한다. 모든 것은 줄거리가 아닌 격정을 준비하고 있는 것이다.[57]

그러나 철학은 질서의 발견, 합리성의 발견에서 시작한다. 질서 이전의 세계는 혼돈이며 암흑이다. 이 암흑을 밝히는 빛이 이성(Nous)이고 이 이성에 의해 세계는 질서를 갖추게 된다. 아낙사고라스가 이성 또는 누스의 개념을 철학사에서 처음 사용한다고 해서 그를 최초의 철학자라고 하는 것은 아니다. 탈레스가 하늘과 땅을 관찰하면서 운행의 질서를 이해하고 정리하려 한 데서 그는 이미 누스와 로고스를 발견한 것이다. 그리스 비극이 단지 관객에게 재미와 심미적 긴장을 주기 위한 예술이나 문학은 아니다. 그것은 시민 계도와 교육의 수단이고 통치자의 관점에서는 지배 이데올로기의 타당성을 선전하는 정치적 도구이기도 한 것이다. 그래서 공연에 대한 비용도 국가에서 지불하고 관람료도 거의 없었던 것이다. 그리스 비극의 궁극 목적은 일차적으로는 교육이었고 부수적으로만 예술이었기 때문에 이 둘이 대립될 경우 지각 있는 작가가 택하는 것은 언제나 전자였다. 이 점에서 니체는 에우리피데스를 잘못 이해하고 있거나 그리스 고전기 문화를 왜곡하고 있

57) 니체전집 2, 101쪽.

는 것이다.

분명 니체는 에우리피데스를 "최초의 술 취하지 않은 제정신의 소유자"로 "술 취한" 시인들을 꾸짖는 이로 간주한다.[58] 하지만 예술을 위해서는 오히려 그 반대여야 한다고 생각하고 있는 것이 틀림없다. 그러나 플라톤적 관점에서는 오성이 빠져나간 몽롱한 도취 상태에서 쓰여진 시는 시가 아니라 낙서이며 이것은 교육적으로도 유해하다. 이 말은 시가 이성의 언어에 의해 쓰이거나 적어도 이성적으로 규제된 감성에 의해 쓰여야 한다는 뜻이다. 얼빠져 아무렇게나 떠들어대거나 황당무계한 이야기를 황당무계한 언어로 구성하면서 이것을 예술의 진실이며 본질이라 주장하는 것은 거짓이 아니라 헛소리이다. 헛소리꾼 시인이 훌륭한 나라에서 제거되어야 하는 것은 당연하다. 단지 질서와 규범을 무너뜨리기 때문이 아니라 나라의 존립 자체를 왜곡하고 부정하는 결과에 이르기 때문이다. 니체는 바로 이러한 술에서 깨어난 자그레우스 디오니소스, 즉 플라톤적 이성주의자로서 에우리피데스를 평가하는 것이다.

"모든 것은 그것이 아름답기 위해서는 오성적이어야 한다"는 명제와 더불어 이제 "모든 것은 그것이 선하기 위해서는 의식적이어야 한다"는 명제는 소크라테스주의의 세 번째 원칙이다.[59] 진리와 아름다움뿐 아니라 선 역시 의식 속에서 인식을 구성할 때 개념적 타당성을 얻을 수 있다. 다만 여기서 주의해야 될 것은 누스를 니체가 이성이나 로고스가 아닌 지성과 오성으로 이해함으로써 진 · 선 · 미를 마치 경험적 대상 인식으로 오해하고 있다는 점이다. 이런 오해는 곧 바로 그런 형이상학적 개념들에 대한 인식 불가능성이 아니라 의미 상대주의나 관점주의로 들어가는 또 다른 잘못된 역할을 한다. 어찌 되었거나 의식적이지 않은 어떤 행동에 대해서도 선악을 따질 수는 없다는 것이 플라톤적 소크라테스주의의 핵심인데, 이 말은 선악의 개념을 미리 알고 행위의 동기를 그 앎에 따라 설정함에서 비로소 행동과 그 결과의 선 또는 악을 규정할 수 있다는 뜻이다. 이 같은 조건은 두 번째 명제인 아름다움에 대해서도 그대로 적용된다. 소크라테스 이래 서양 철학에서 진리와 인식 문제가 모든 문제의 토대가 되는 전통은 이런 근거에서 세워진 것이라 할 수 있다. 그러니 이성은 고사하고 오성조차 없는 주정뱅이 도취자에게 진리니 선이니 아름다움이니 하는 문제를 묻거나 그에 대한 답을 구하는 일은 똑같은 도

58) KGW, III-I, 83쪽. '최초의 술 취하지 않은 제정신의 소유자' = der erste Nüchterne.

59) '모든 것은 그것이 선하기 위해서는 의식적이어야 한다' = alles muss bewußt sein, um gut zu sein.

취자의 행태일 뿐이다. 술 취한 시인이 이성국가에서 추방되어야 하는 것은 당연하다.

니체는 이와 달리 도취의 상태, 취한 상태에서 예술의 진정한 본질이 보인다고 생각하며 이로부터 미학적 소크라테스주의 명제는 예술과 비극을 잡는 "살인원칙"이라 선언한다.[60] 엄격하게 자기 자신을 알고 남을 알고 하늘과 땅과 그 질서를 알고 그 앎 위에 좋고 선한 것과 아름답고 멋있는 것을 건설하는 것이 인간 삶의 도리라는 것을 가르치는 소크라테스에게 꿈과 도취로 잃어버림과 잊어버림 속을 비틀거리며 헤매는 무리와 그들의 세계를 용서한다는 것은 어려웠을 것이다. 그래서 니체는 '기억'과 '돌이켜 생각함'을 죽음으로부터 부활의 징표로 믿었던 오르페우스를 디오니소스의 적으로 간주한다.

하지만 여기서 거듭 되새길 것은 니체가 두 종류의 디오니소스를 구분하지 않는다는 점이다. 본래의 디오니소스는 디오니소스 바쿠스로 브로미오스(시끄러운 자, 떠들썩한 자) 또는 에우이오스(환호성을 지르는 자)라고도 불리는데 흔히 포도주의 신으로 널리 알려진 신이며 도취의 화신으로 생각하는 그런 신, 비극의 토대이며 예술과 삶 일반의 토대로 해석하는 그런 신, 즉 제우스와 세멜레 사이의 아들로서의 디오니소스이다. 이 디오니소스는 축제, 잔치, 술, 광란과 혼음 등과 관련된다. 니체가 개별화의 고통, 그 고통을 해소하기 위한 보편으로의 승화 등을 본 것은 바로 이 신이다. 이에 비해 니체가 단지 오르페우스로 잘못 알고 있는 디오니소스 자그레우스는 오르페우스 신앙이 어느 정도 발전하면서 주신(主神)으로 모셔지는데 이 신은 제우스와 페르세포네 사이의 아들로서 포도주나 광란, 혼음 등과는 무관할 뿐 아니라 오히려 그 반대로 제정신, 기억, 금욕과 절제, 진리와 선 등을 중시하므로 후에 소크라테스나 플라톤의 사상에 깊은 영향을 준 바로 그 신이다.

만일 디오니소스 바쿠스와 디오니소스 자그레우스가 동일인이라면 술꾼인 바코스가 어느 순간 술을 끊고 제정신으로 다시 태어난 후 성조차 갈아 자그레우스로 바꾸었다고 생각할 수 있다. 그리고 이 자그레우스가 오르페우스의 주신으로 등극했을 것이다. 만일 이 둘이 동명이신이라면 신화적 세계 해석 속의 주인공으로서의 디오니소스와 철학적 세계 해석 속의 로고스의 주인공으로서의 디오니소스로, 전자는 도취를 후자는 도취에서 깨어난 제정신을 상징한다 하겠다. 어쨌거나 니체는 소크라테스주의에 와서 오르페우스와 디오니소스를 적대자라 함으로써[61] 우리와는 반대되는 이해를 가지고 있다는 것을 여기서 다시 지적하고자 한다.

60) KGW, III~I, 83쪽. '살인원칙' = das mörderische Princip.

니체가 말하는 적대자란 물론 에우리피데스 속에 있는 소크라테스, 즉 오르페우스의 자그레우스 디오니소스가 강림한 소크라테스이다.

61) KGW, III, I, 84쪽.

참고 문헌

1. 일차 문헌

『니체전집』, 전 21권, 김기선, 이진우 외 역, 정동호. 이진우, 김정현, 백승영의 편집, 책세상, 2000ff. (=니체전집)

소포클레스, 『소포클레스 비극』, 천병희 역, 단국대학교 출판부, 2005.

아리스토파네스,『아리스토파네스 희극』, 천병희 역, 단국대학교 출판부, 2004.

아이스킬로스, 『아이스킬로스 비극』, 천병희 역, 단국대학교 출판부, 2004.

에우리피데스, 『에우리피데스 비극』, 천병희 역, 단국대학교 출판부, 2005.

헤시오도스, 『신통기』, 천병희 역, 한길사, 2004.

Homer, *Illias und Odyssee*, Deutsch übers., von Johann Heinrich Voß, Frankfurt/M. 2008.

Nietzsche Werke, Kritische Gesammtausgabe, begrdt. von Giorrio Colli und Mazzino Montinari, weitgf. von Wofgang Müller-Lauter und Karl Pestalozzi, hrsg. von Johann Figl mit anderen, Berlin 1967ff. (=KGW)

2. 이차 문헌

이진성, 『그리스 신화의 이해』, 아카넷, 2004.

천병희, 『그리스 비극의 이해』, 문예출판사, 2002.

아놀드 하우저, 『문학과 예술의 사회사 I』, 백낙청 역, 창작과 비평사, 1986.

Creuzer, F., *Symbolik und Mythologie der alten Völker, besonders der Griechen*, 6Bde., Darmstadt 1822.

Hübner, K., *Die Wahrheit des Mythos*, München 1983.

Schelling, F. W. J., *Philosophie der Mythologie*, 2Bde., Schellings Ausgewählte Werke, Bd.4-Bd.5, Darmstadt 1986.

Dionysos in Nietzsches Gedanken

Yoon, Byoeng Tae

Abstrakt

Diese Arbeit entstand aus der Frage ob wir das dionysische Bild ohne Vorbehalt annehmen können. Im Allgemeinen ist Dionysos als Gott des Weines bekannt und auch Nietzsche verlässt nicht dieses allgemeine Verständnis. Jedoch vergleicht Nietzsche Dionysos mit Apollon und entwickelt seine eigenen Gedanken der Kunst um dies in die Lebensphilosophie auszubreiten. Er erweitert auf diese Weise seinen Gedankenhorizont, was im nachhinein einen großen Einfluss auf die moderne Philosophie ausüben wird.

Wenn dieser Vergleich zwar keine komplette Missinterpretation über Dionysos sein mag aber dennoch auf der Nichtberücksichtigung einiger wichtiger Fakten basiert, bedarf es einer schwerwiegenden Korrektur. Wie weit verbreitet, nimmt Nietzsche den apollonischen "Traum" und den dionysischen "Rausch" als die zwei Triebe der Kunst an. Weiterer Gedanke Nietsches ist, dass die mutuale Relation dieser beiden gegensätzlichen Triebe zum Entstehung und Entwicklung weiterer Kunstgenre führt.

Der Verfasser zweifelt ob Nietzsche das allgemeine jedoch einseitliche Verständis zum dionysischen "Rausch" ohne weitere Bedenken angenommen und damit einen schwerwiegenden Fehler begangen hat. Denn der Verfasser glaubt an einem anderen gegensätzlichen Dionysos mit einem klaren Geist, Gedächtnis bzw. mit vernünftigem Logos als Charakter.

Sclagwörter: Apollon, Bakchos, Dionysos, Orpheus, Traum, Rausch,

Vergessenheit, Zagreus.

이 논문은 2008년 10월 6일에 접수하고 2008년 10월 17일에 심사 완료하여 2008년 10월 24일에 게재가 확정되었습니다.

이성 비판의 니체적 근거설정에 관한 일 고찰

정 현 철

요약문

니체는 근대성의 담론에 참여하여 근대적 이성에 대한 급진적 비판을 제기함으로써 이 담론의 구도를 완전히 바꾸어 놓았다. 이성 기획은 이제는 더 이상 가능하지 않은 근대까지의 인위적 구성물로 간주될 뿐이고 이로부터 도출되는 진리는 허구이자 위선일 뿐이다. 근대의 가치체계는 지금까지 이 같은 이성 기획의 도움을 빌어 그것의 허무성을 은폐해 왔을 뿐이다. 니체는 이와 같은 방식으로 근대의 허구성을 폭로한다.

그런데 이러한 비판이 성공하려면 적어도 이론적 정당화가 요구된다. 곧 니체의 이성 비판에는 이론적인 근거 설정이 선행되어야 한다. 니체는 이러한 이성 비판의 근거 설정 내지 정당화를 그의 새로운 형이상학 곧 생성의 형이상학을 통해 시도한다. 이미 알려진 바와 같이 이 형이상학은 그의 핵심적 이론 집합체에 의해 형성된다. 즉 힘에의 의지, 동일한 것의 영원한 회귀, 철저히 사유된 회의주의. 만일 그의 이러한 형이상학의 기획이 성공할 수 있다면 그에게는 근대적 이성 비판의 이론적 가능성이 열릴 것이며 그와 더불어 그의 이성 기획인 몸으로서의 이성 기획 역시 그것의 실현 가능성을 담보할 수가 있을 것이다.

그런데 니체의 기획들은 이를 위해 비판적 검증을 통과해야만 한다. 이 글은 이러한 비판적 검증을 제기하기 위한 목적에서 쓰여 졌다. 이 글에서 채택하는 검증의 방식은 그러나 직접적이기보다는 우회적인 것이다. 즉 이 글은 그의 형이상학이 함의하고 있는 인식론을 고찰해 봄으로써 그의 형이상학 기획의 정당성을 비판적으로 검증하는 방식을 채택한다. 이렇게 우회적인 방식을 통해 니체의 형이상학을 검증하고자 하는 것은 그의 형이상학이 힘에의 의지라는 직관적 통찰에 의존하고 있어 직접적인 검증이 어려운 것처럼 보이기 때문이다.

그의 인식론에 대한 이 같은 고찰은 그의 근대적 이성 비판 내지 몸 이성 기획의 타당성을 검증할 수 있는 의미 있는 기회를 제공할 것으로 기대된다.

● **주요어 : 이성 비판, 몸 이성 기획, 관점성, 의미로서의 진리**

I

니체는 서구의 이성 개념을 급진적으로 비판한다. 그리고 그는 이러한 이성 개념의 급진적 비판을 통해 근대 가치체계의 무근거성을 폭로한다. 곧 그는 근대 가치 체계와 서구 이성 개념이 동전의 앞뒷면처럼 불가분의 관계로 결합되어 있음을 통찰하고서 전자 곧 근대 가치체계를 바로 잡기 위해서는 후자 곧 서구 이성 개념을 철저하게 그 뿌리로부터 반성하지 않을 수 없다고 주장한다. 따라서 그는 근대 가치체계의 허무주의적 결과를 폭로하고 이를 전도시키기 위한 목적에서 서구 이성의 급진적 비판을 전개한다.

니체가 보기에 소위 계몽적 이성의 시대라 불리는 근대는 위와 같이 그것의 이성 개념을 통해 허무적인 가치 체계를 정당화시키는 시대일 뿐이다. 따라서 니체에게 이성은 주인으로 살기를 포기한 근대인들이 자신들의 노예근성을 감추고 공리적 관점의 실리를 극대화하기 위해 꾸며낸 허구적이고 위선적인 가치 체계를 합리화하는 도구일 뿐이다. 니체는 자신들의 노예근성의 본질적 특성인 평균화를 미덕으로 삼는 근대인들이 이러한 이성 개념을 통해 자신들의 고귀한 가치를 창출하고 또한 그에 대한 책임을 당당히 받아들이는 귀족 내지 위버멘쉬(Übermensch) – 즉 자기를 끊임없이 극복하는 인간들 – 에게 앙심이나 품고 사는 것을 정당화하는 데 골몰하고 있음을 간파한다.[1] 따라서 니체는 이와 같은 시대를 마감하기 위해 이 시대가 그 존립 근거를 마련하는 이 시대의 이성 개념을 급진적으로 비판하지 않을 수 없었고 이를 위해 이 이성의 비순수성 곧 가치 관련성을 폭로하지 않을 수 없었다.

1) 참고, 니체전집 15, 176쪽 이하.

니체가 근대성에 관한 담론에 진입하는 것은 바로 이 같은 관심에 추동되었기 때문이었다. 근대성에 관한 담론에는 이미 니체에 앞서 헤겔 이후의 철학자들이 참여하고 있었다.[2] 그러나 근대적 이성을 이와 같이 급진적으로 비판하는 의도를 가진 니체가 이 담론에 뛰어들고부터 이 담론의 구도는 완전히 변화되고 논의는 급진화하기 시작한다. 왜냐하면 니체는 자신보다 앞선 근대성의 담론 참여자들처럼 '근대적 이성'의 타당성을 반성하는 것에 머무르는 것이 아니라 이를 근본적으로 비판하고 더 나아가 이 근대적 이성을 아예 폐기하고자 하기 때문이다.

계보학적 고찰에 입각해서 보면 근대적 이성은 계몽의 변증법의 추동으로 인해 종교가 더 이상 사회적 통합력을 발휘할 수 없게 된 상황에서 그 통합력을 대신 행사하도록 시대적인 위임을 받고 있었다.[3] 그런데 니체는 이러한 근대적 이성을 급진적으로 부정하고 이 이성이 위임받은 역할을 이 이성에게서 완전히 박탈한다. 그리고 니체는 어떤 형태로든지 근대적 이성에 희망을 걸고 있던 사상 곧 계몽의 변증법 사상과 완전히 결별하고 만다.

그러나 우리가 니체에게서 주목해야 할 것은 그가 근대적 이성에 대한 이 같은 비판에서 그치지 않고 이 비판을 넘어 새로운 이성의 정초가능성을 모색하고 있다는 점이다. 곧 그는 그가 근대적 이성이 초래하는 궁극적 결말로 진단한 허무주의에 붙잡혀 그저 그 같은 염세적인 결말의 불가피성을 확인하는 것에 만족하지 않는다. 오히려 그는 인간에게 자연스럽지 못한 곧 인간의 본성에 어울리지 않고 오히려 이 본성을 파괴하는 이질적인 가치체계를 정당화하는 근대적 이성을 대체할 새로운 이성 개념의 가능성을 예감한다. (II) 따라서 우리는 니체가 주창하는 새로운 이성 개념이 무엇이며 그가 이것을 어떻게 정초하려 하는지 살펴보아야 한다. 그런데 우리는 우선 이에 앞서 그가 전도되어야 할 근대적 가치체계와 전통적 이성이 어떤 연관 속에서 서로 불가분리의 관계를 맺고 있는 것으로 보는지 고찰할 필요가 있다. 왜냐하면 그가 모색하는 새로운 이성 개념은 적어도 이 관계로부터는 풀려나 있어야 하기 때문이다. 그렇다면 니체에 의해 단지 전도되어야만 할, 허무주의로 귀착하는 가치체계를 정당화하는 것으로 파악된 근대적 이성 내지 서구적 이성 그 자체는 어떤 방식으로 이 허무주의로 귀결하고 마는 근대적 가치체계

---

2) 참고, J. Habermas, Der philosophische Diskurs der Moderne, Suhrkamp, Frankfurt a. M., 1984, 65쪽 이하.

3) 참조, J. Habermas, "Eine genealogische Betrachtung zum kognitivien Gehalt der Moral", in J. Habermas, Die Einbeziehung des Anderen, Suhrkamp, Frankfurt a. M., 1999, 16쪽 이하.

를 형성하는데 관여하고 또 이를 정당화하는가? (III) 니체는 그런데 이 같은 반성적 고찰을 수행하고 또 이를 정당화하기 위해 이제 새로운 이론적 토대를 필요로 한다. 왜냐하면 그는 서구적 이성을 급진적으로 비판하고 이와 완전히 결별함으로써 이제 이 이성이 의존하고 있던 전통적인 이론적 기반 위에는 더 이상 서 있을 수 없기 때문이다. 그는 이러한 새로운 이론적 기반을 이미 잘 알려진 것처럼 하나의 이론 복합체를 구성하는 그의 핵심 이론들 – 곧 힘에의 의지, 동일한 것의 영원 회귀, 그리고 철저히 사유된 허무주의 등 – 을 통해 마련한다. 그에 따르면 그의 이 핵심적 주장들이 서로 연계될 경우 근대적 이성을 비판할 새로운 이론적 토대가 마련될 수 있다. 그는 그리고 이 토대 위에서 이미 잘 알려진 바와 같이 새로운 이성 곧 몸으로서의 이성을 기획한다. 그렇다면 니체의 이 같은 새로운 토대는 어떤 방식으로 몸으로서의 이성이 허무주의로 귀결하고 마는 서구의 근대적 가치체계의 위장된 객관주의를 폭로하고 이를 극복할 수 있도록 기여하는가? (IV) 이제 결과적으로 우리의 관심은 니체의 이러한 급진적인 근대적 내지 서구적 이성의 비판과 몸으로서의 새로운 이성 기획이 실제로도 실현가능성을 가질 수 있는가에 모아진다. 니체는 새로운 형이상학 곧 존재를 생성으로 이해하는 형이상학에 기초해 자신의 이성 기획의 실현가능성을 증명한다. 그러나 이 형이상학은 일반적으로 형이상학들이 직면하게 되는 아포리아에 빠지지 않고서 그 자신을 정당화할 수 있는가? 우리는 이를 알아보기 위해 니체가 자신의 새로운 형이상학에 기초해서 제시하는 인식론을 고찰해 볼 필요가 있다. 왜냐하면 니체의 경우에서와 같이 형이상학 그 자체로서는 검증이 불가능한 경우에도 그것이 함의하는 이론들의 검증을 통해 그 형이상학의 타당성 자체가 우회적으로 검증될 수 있기 때문이다. 그런데 니체의 인식이론은 결론적으로 말해 이미 그 자체 속에 이론적 결함을 내포하고 있는 것으로 여겨 진다.

II.

니체는 호르크하이머와 아도르노가 개념화한 계몽의 자기파괴 과정을 놀라울 정도로 선취하고 있다.[4] 니체의 다음과 같은 구절은 그의 문화 비판이 계몽의 변증

4) 참조, M. 호르크하이머/Th. W. 아도르노, 계몽의 변증법(김유동외 옮김), 문예출판사, 1995, 169쪽 이하.

법과 크게 다르지 않음을 보여준다. "현재의 모습으로서의 산업사회의 문화는 지금까지 존재해온 모든 양식들 가운데 가장 비속한 형태를 띠고 있다. 여기에서는 단지 궁핍의 법칙만이 작동하고 있다. 곧 인간은 여기에서 살기 위해 자신을 팔지 않을 수 없다."[5] 니체는 이 처럼 근대의 문화가 허무주의로 치달을 수밖에 없는 따라서 전도되어야만 할 가치체계임을 폭로한다. 따라서 이제 니체에게서 문제는 다음과 같은 방식으로 제기된다. 근대의 가치체계는 어떠한 과정을 거쳐 그 같은 형태 곧 전도되어야만 할 형태로 존립하게 되었는가? 그리고, 이 가치체계는 어떤 토대 위에서 그 같은 방식으로 존립할 수 있었고 또 지금도 존립하고 있는 것인가?

이러한 질문들을 고찰함에 있어 앞서 언급한 바와 같이 니체는 급진적인 근대적 이성 비판에로 나아간다. 곧 그는 근대적 가치체계의 비판으로부터 곧바로 근대적 이성 비판에로 나가지 않을 수 없는 불가피성을 인식한다. 그렇다면 왜 그는 근대적 가치체계의 비판으로부터 서구 이성에 대한 비판 그것도 급진적 비판에로 나가지 않을 수 없었는가? 곧 니체에게서 가치체계와 이성은 어떤 내적 관련을 가지고 있기에 그에게서 가치체계의 비판은 곧바로 이성 비판을 의미하게 되는가?

이 질문에 답하기에 앞서 우리는 니체가 철학에서 전통적으로 사유의 궁극적 척도로 삼고 있는 선 개념 대신 가치 개념을 채용하고 있다는 점에 주목할 필요가 있다. 왜냐하면 니체가 이 가치개념을 핵심개념으로 선택한 것을 고찰하는 것은 그의 이성 비판의 필요성 내지 불가피성을 이해하는데 도움을 주기 때문이다. 니체는 그 당시 유럽에서 철학 이외의 다른 영역 – 특히 경제학의 영역 – 에서 사용되기 시작한 가치 개념을 자신의 철학에 적극적으로 끌어들인다.[6] 그리고 그는 근대 유럽의 문화를 비판하면서 그 비판의 결정적 계기를 바로 이 가치 개념을 통해 마련하고자 한다. 다시 말해 근대 문화에 있어 문제가 되는 것은 니체가 보기에 바로 이 근대 문화를 지배하고 있는 가치체계이다. 그렇다면 니체는 왜 그가 수행하고자 하는 근대 문화 비판의 목표점을 굳이 이 가치체계에로 설정하는가?

한 마디로 말해 그 이유는 니체가 보기에 모든 사상과 문화를 관통하는 가치는 인간의 행위와 관련되어 있고 결코 이 인간의 행위를 벗어난, 절대적인 형이상학적 질서 곧 진리와 선이 일치하는 예지적 질서에 의해 뒷받침되는 것이 아니기 때문이다. 곧 모든 문화와 그것이 지향하는 가치는 인간의 행위와 분리되어 고찰될

5) 니체전집 12, 110쪽. (단, 필자의 판단으로 필요하다고 여겨지는 경우 원문과의 대조를 통해 해석을 새로 고치기도 함.)

6) 참조, H. Joas, The Genesis of Values, transl. by G. Moore, Polity, Cambridge, UK, 2000, 20쪽 이하.

수 없는 인간 행위로부터의 산물이다. "다행스럽게도 나는 때로 신학적인 편견을 도덕적인 편견에서 떼어놓을 수 있었고, 악의 기원을 더 이상 세계의 배후에서 찾지 않았다. [...] 곧장 내 문제는 다른 문제로 옮겨갔다: 인간은 어떤 조건 아래 선과 악이라는 가치 판단을 생각해냈던 것일까?"[7] 이와 같이 니체는 모든 문화와 사상을 관통하는 그것의 궁극적 지향인 선 – 그리고 악 – 조차도 예지적인 객관적 질서에 따라 결정지워지는 것이 아니라 단지 인간의 가치 부여 행위와의 관련 속에서 고안되는 것으로 본다. 이처럼 니체 철학의 가치 중심적 특징은 이미 이성 비판을 예고한다.

물론 가치를 중심에 놓는 이러한 사태는 니체에게서 가치가 단순히 인간의 행위와 관련된 그 행위에 따른 자의적인 결과물이라는 것을 의미하지는 않는다. 왜냐하면 가치는 그 자체 안에 사실성의 차원뿐 아니라 타당성의 차원을 가지고 있기 때문이다. 곧 니체에게서도 가치는 그것의 타당성의 차원으로서 고귀함의 차원을 가지고 있다.[8] 따라서 니체에게서 가치 개념이 갖는 중요성은 이 가치가 타당성의 차원을 결여하고 단순히 인간에 의해 통용되는 사실성의 차원에서만 존립할 수 있다는 사실성의 강조에서가 아니라 타당성마저도 인간의 가치 설정 행위가 스스로 창조할 수 있다는 점에서 찾아질 수가 있다. "도덕적 가치 표시가 어디에서나 먼저 인간에게 붙여지고 그리고 비로소 파생되어서 후에 행위에 붙여졌다는 사실은 명백하다: 그 때문에 만일 도덕의 역사가가 "왜 동정하는 행위는 칭찬받았는가?" 와 같은 물음에서 출발한다면, 이는 큰 잘못이다. 고귀한 부류의 인간은 자신을 가치를 결정하는 자라고 느낀다."[9] 곧 모든 가치는 가장 타당한 경우에서조차 인간의 가치 부여적인 내지 가치 평가적인 행위와 분리되어 고찰될 수가 없다. 가치는 형이상학적으로 다시 말해 마치 그것이 실체성을 갖는 객관적이고 절대적인 척도인 양 그러한 방식으로 고찰될 수가 없다. 이 점은 바로 니체가 앞서 언급한 것처럼 선의 개념 대신 가치 개념에 주목하는 이유인 것이다.

그런데 니체는 인간의 가치 부여 행위의 이 같은 생동성을 부정하고 가치를 마치 객관적인 실체인 양 간주하도록 만드는 기제가 바로 근대 문화 속에 작동하고

---

7) 니체전집 14, 340쪽과 344-345쪽.

8) 참조, 니체전집 10, 215쪽 이하. 니체에게 있어서 가치의 타당성 차원을 적극적으로 옹호하는 주장에 관해서는 다음을 참조하시오. R. Schacht, "Nietzschen Normativity", in R. Schacht(ed.), Nietzsche's Postmoralism. Essays on Nietzsche's Prelude to Philosophy's Future, Cambridge University Press, 2001, 149쪽 이하.

9) 니체전집 14, 276쪽.

있음을 목격한다.[10] 이러한 경험으로 인해 니체는 근대적 이성의 비판에로 나아가지 않을 수 없었다. 곧 니체는 가치를 부여하는 인간의 행위로부터 가치를 분리해서 이 가치에 허구적인 객관적 실체성을 부여하는 기제가 바로 근대적 이성에서 기인하는 것으로 판단하였고 이로 인해 근대적 이성은 객관주의라는 환상을 스스로 만들어 낼 수가 있었다. 따라서 이제 그는 이러한 환상을 깨뜨리고 가치의 근원을 다시금 인간의 생동적인 가치 부여 행위 속으로 되돌려 설정하지 않을 수가 없게 된다.

우리는 니체의 이와 같은 통찰을 그의 편에서는 두 가지 면에서 고찰할 수 있다. 니체는 우선 한편으로는 서구의 전통적 이성 개념이 가치 내지 도덕을 실체적인 것으로 만들기 위해 이 과정에서 요구되는 객관적이고 절대적인 토대를 제공한다는 점에 주목한다. 니체는 전통적 이성 개념 – 그리고 이것과 개념 쌍을 이루는 주체・객체 개념 – 이 가치 내지 도덕의 실체성을 보장할 이러한 토대로서 실체 개념을 내세우고 있음을 확인한다. "일정량의 힘이란 바로 그와 같은 양의 충동, 의지, 작용이다. 〔...〕 오직 모든 작용을 작용하는 자, 즉 주체에 의해 제약된 것으로 이해하고 오해하는 언어의 유혹(언어 속에서 화석화된 이성의 근본 오류) 아래에서만 다르게 나타날 수 있다. 〔...〕 민족의 도덕도 마치 강자의 배후에는 강한 것을 나타내거나 나타내지 않는 것을 자유롭게 할 수 있는 일종의 중립적인 기체(Substrat)가 있는 것처럼, 강한 것을 강한 것을 표현하는 것과 분리한다. 그러나 그러한 기체는 존재하지 않는다."[11] 니체는 주체 – 그리고 객체 – 개념이 가능해짐으로써 이것에 부여된 실체성 – 중립적인 기체성 – 을 통해 가치 내지 도덕이 마치 작용 곧 인간의 가치 부여 행위와 분리될 수 있는 것처럼 보이는 환상을 불러일으키게 된다는 점을 지적한다. 그러나 이러한 개념들은 말 그대로 단순한 환상에 지나지 않는다.[12]

니체는 또 다른 한편으로는 전통적 이성 개념이 가치 척도의 이 같은 실체성을 확립하기 위해 순수 이성의 가능성을 주장하고 있다는 점에서 가치 체계를 인간의 행위로부터 분리시키는 것에 책임이 있음을 간파한다. 곧 전통적 이성은 자신에게 가치체계에 절대적인 타당성을 부여할 수 있는 실체적인 척도를 파악해 낼 수 있는 순수 능력을 주장한다. 이로 인해 그 속성상 인간의 가치부여 행위와 분리될 수

10) 참조, 니체전집 12, 71쪽 이하.
11) 니체전집 14, 377–378쪽.
12) 참조, 니체전집 15, 100쪽과 117쪽. 그리고 니체전집 20, 62쪽, 154쪽.

없는 가치는 인간 행위와 분리된 채 마치 그 자체로서 절대적 타당성을 가질 수 있는 것처럼 보이게 된다. 니체는 전통적 이성이 이 같은 순수 이성 능력을 자신에게로 주장하는 방식으로 가치의 실체성이라는 가상을 만들어 내고 있다고 비판한다. “인식의 기원. – 엄청나게 오랜 시간에 걸쳐 지성은 오류 외에는 만들어낸 것이 없다. 〔...〕 끊임없이 계승되어 마침내 거의 인간의 본성처럼 되어버린 이러한 잘못된 믿음의 명제들에 속하는 것으로서는 다음과 같은 것들이 있다. 지속적인 사물이 존재한다는 것, 동일한 사물이 존재한다는 것, 사물 · 물질 · 물체가 존재한다는 것, 사물이 현상으로 나타나는 그대로 존재한다는 것, 우리의 의욕이 자유롭다는 것, 내게 선한 것은 그 자체로서 선하다는 것 등이다.”[13] 이와 같이 니체는 전통적 이성이 자신의 순수한 능력을 주장하는 방식으로 가치의 실체적 척도 곧 선한 것 그 자체가 존재한다는 환상 내지 믿음을 만들어 왔음을 비판한다.[14]

그런데 근대적 이성 기획은 우리가 알고 있는 바처럼 이성 능력의 이 같은 순수성을 확신하기 위해 끊임없이 회의적 반성 내지 비판적 반성을 시도해 왔다. 그리고 이러한 시도는 여러 가지 모습으로 나타났다.[15] 그러나 니체는 이러한 시도가 항상 결국에 가서는 실패할 수밖에 없는 일종의 모험적인 기획으로 끝나게 됨을 확인한다. 왜냐하면 니체에게 있어 이성은 그 자체가 이미 한계 지워진 이성 곧 항상 오류를 내포하는 이성이기 때문이다.[16] 따라서 이성의 반성 역시 아무리 그것이 순수한 형태에서 이루어진다 해도 항상 한계 지워진 채로 곧 오류를 내포한 채로 수행될 수밖에 없다. 한계 지워져 있음 곧 항상 오류를 내포하고 있음 이것이 바로 이성의 참모습이다. 이성은 그 자신의 반성을 통해 절대적 확실성의 영역을 발견하거나 궁극적 근거설정을 모색하는 것에 있어서 반드시 실패하게 되어 있다.[17] 다

13) 니체전집 12, 185쪽.

14) 참조, 니체전집 20, 68쪽 이하.

15) 이와 같은 이성 능력의 비판적 반성은 칸트이후 지속적으로 시도되고 있다. 필자가 보기에 이 가운데 가장 설득력 있는 이성 능력의 비판적 반성은 아펠에 의해 시도되고 있다. 그는 이성의 궁극적인 근거설정의 능력이라는 이성의 순수하고 절대적 능력을 주장하지 않으면서도 이성에 대한 비판적 반성을 통해 확인하게 되는 이성의 최소 능력 – 모순을 회피하는 능력 – 을 통해 새로이 이성의 심급을 구해내고자 한다. 참조, K. O. Apel, Transformation der Philosophie, 2 Bde, Frankfurt a. M. 1973.

16) 참조, 니체전집 15, 96쪽 이하.

17) 하이데거는 니체를 최후의 근대인으로 설정한다. 곧 니체는 하이데거에게 존재를 망각하고 이성의 토대를 주관 속에 설정하는 근대의 후예일 뿐이다. 그러나 근대의 이성 개념과 니체의 이성 개념은 위에서와 같이 큰 차이를 보인다. 이러한 점에서 하이데거의 니체 비판은 일정한 한계를 지닌다고 보여 진다. 참조, 박찬국, “권력에의 의지의 철학과 존재의 철학”, 김상환 외, 니체가 뒤흔든 철학 100년, 민음사, 2000.

시 말해 절대적 근거를 발견하려는 이성 기획은 그 어떤 형태로든 파산선고를 받고 만다.

이로 인해 가치가 이성을 통해 즉 이 같은 유한하고 오류를 내포한 이성을 통해 자신에게 실체성을 부여함과 동시에 자신을 인간의 가치 부여 행위로부터 분리하는 것은 결코 실현가능성을 가질 수가 없다. 오히려 가치 내지 그것의 체계는 가치를 창조하고 또 그것을 추구하는 존재로서의 인간의 주관성 속에 그 기원을 두지 않을 수가 없다. 이 주관성에 기원을 두지 않는 가치 설정 내지 가치 그 자체는 말 그대로 넌센스이다. 이점이 바로 니체가 이성 비판을 통해 가치 내지 가치 설정의 기원과 관련해 함의하고 있는 결론적 논지이다.

III.

니체는 이와 같이 이성을 그 능력 면에서 한 번에 완전히 돌이킬 수 없는 방식으로 순수성으로부터 유한성에로 끌어내린다. 그리고 이제 그는 이에서 더 나아가 이성이 수용할 수밖에 없는 이 같은 유한성으로부터 이성의 작용에 있어서의 우연성을 확인한다. "우리는 우리가 그런 방식으로 우리의 옛 땅으로부터 떨어져 나온 후에 내몰리고 있는 방향 '어디로?'를 아직 알지 못한다. 그러나 이 땅 자체가 우리를 지금 먼 곳으로, 모험 속으로 몰아넣은 힘을 우리에게 길러주었다. 이 힘을 통해 우리는 끝없는 곳, 시험받지 않은 곳, 발견되지 않은 곳으로 몰려 나갔다."[18] 이성은 이제 실천적인 영역에서 가치를 설정하는 경우에 그리고 이론적인 영역에서 인식 작용을 하는 경우에도 항상 유한성이라는 자신의 숙명 하에서 우연성 역시 수용해야 하는 처지에 놓이게 된다. 이러한 상황은 니체에게 새로운 도전으로 다가온다. 왜냐하면 이성이 만일 이와 같이 유한성이라는 숙명 하에서 그 작용에 있어서의 우연성도 수용할 수밖에 없다면 이는 그것의 작동이 단순한 형태의 주관성 곧 자의성에 빠질 수도 있음을 함의하기 때문이다. 이는 어쩌면 그가 급진적으로 비판하던 전통적 이성의 독단성 – 그의 표현을 빌면 과도한 순진함(hyperbolische Naivität)[19] – 에 비해 나을 것이 없는 상황이 초래될 수 있음을 암시한다. 따라서 그는 이 도전을 넘어서기 위해 새로운 이성 기획을 감행하지 않을 수 없다. 이 기획

18) 니체전집 19, 206쪽.
19) 니체전집 22, 345쪽.

은 이미 잘 알려진 대로 바로 그의 몸 이성 기획으로 나타난다.

그렇다면 니체는 이 몸 이성의 기획을 통해 그가 전통적 이성의 과도한 순진함으로 비판했던바 곧 독단성과 정반대되는 상황 곧 인간의 인식 행위와 가치 설정 행위의 자의성을 어떻게 극복할 수 있을 것인가? 이러한 가능성을 고찰하기 위해 우리는 우선 그가 이 기획을 어떻게 정초하려 하는지부터 살펴보아야 한다. 그런데 우선 결론적으로 말해 필자는 니체가 이성의 작동에 있어서 이 같은 자의성을 벗어나기 위한 소극적 해결책을 마련할 수는 있을 것으로 생각한다. 그러나 그가 이러한 소극적 해결책을 넘어서 자의성을 극복하기 위한 실질적 해결책을 제시할 수 있을지는 분명치가 않다. 여하튼 우선 니체가 그의 몸 이성 기획을 어떤 방식으로 정초하는지를 살펴보기로 하자.

그는 이미 잘 알려진 것처럼 이 기획이 디디고 설 이론적 기반을 마련하기 위해 이론 복합체를 제시한다. 곧 그는 그의 몸 이성 기획의 이론적 기반으로서 힘에의 의지(der Wille zur Macht), 동일한 것의 영원 회귀(die ewige Wiederkehr des Gleichen), 그리고 철저히 사유된 허무주의(der zuendegedachte Nihilismus)라는 이론 복합체를 제시한다.[20] 그는 이를 통해 전통 형이상학과는 완전히 결별한 새로운 형태의 형이상학이 가능할 것으로 확신한다. 이 형이상학은 그에 따르면 기존 형이상학과 달리 생성(Werden)을 존재(Sein) 그 자체로 보고 이 생성을 그것의 이론적 토대로 삼는다.[21] 이렇게 존재와 분리되지 않은 생성 그 자체를 긍정하는 형이상학을 통해 그는 이성 곧 몸으로서의 이성을 정초할 가능성을 확보한다.

그렇다면 니체는 그의 몸 이성 기획의 이론적 토대가 될 생성의 형이상학을 정초하기 위해 그의 핵심 이론들을 어떤 연관으로 묶어내는가? 그는 이 이론 복합체를 완성함에 있어 위에서 언급한 것처럼 이성이 그것의 유한성 때문에 그것의 작용에 있어 우연성을 허용할 수밖에 없음에도 단순한 임의성 내지 자의성에는 빠지지 않을 수 있도록 해야만 한다. 다시 말해 니체의 핵심적 이론 복합체는 유한한 이성의 인식행위와 가치설정 행위가 실체성 내지 객관성과 대비되는 의미에서의 단순한 주관성 즉 자의성 내지 임의성으로 후퇴하는 것은 아닐 수 있게 만들어야 한다. 그는 그의 핵심 이론들을 어떠한 방식으로 하나의 연관으로 묶어 내어 이성의 작동이 자의성 내지 임의성에 빠지지 않도록 만드는가?

20) 잘 알려진 바와 같이 니체는 특별히 허무주의의 경우를 이 두 가지 종류 곧 능동적(aktive) 허무주의와 수동적(passive) 허무주의로 분류하고 후자 대신 전자를 긍정한다. 참조, 니체전집 20, 22쪽 이하, 342쪽 이하.

21) 참조, 니체전집 20, 329쪽 이하.

우선 그는 이성의 작용을 자의적인 것으로 판단하는데 준거가 될 수 있는 어떠한 형태의 객관적 사유도 불가능한 것으로 규정함으로써 이성의 작동을 그것의 자의성으로부터 구해낸다. 그는 인간의 행위를 객관적인 관점에서 곧 유일한 하나의 눈으로부터 평가할 수 있도록 해 주는 어떤 형태의 형이상학적 사유든 불가능한 것으로 규정한다. 이로 인해 인식에 있어서든 가치평가에 있어서든 이성을 즉자적인 실체와 관계하게 하는 사유는 그것이 어떤 형태를 띠고 나타나든 간에 그것의 존립 근거를 마련할 수가 없다.[22] 그 결과 모든 형태의 객관주의와 목적론적 사유가 폐기되고[23] 이성의 작동은 이제 그것의 특성상 인간의 행위를 벗어날 수 없고 이 행위와만 관계할 수밖에 없게 된다. 그 결과 이제 이성의 작동은 이전의 목적론적 사유 내지 객관주의에서 '자의적'이라고 규정되던 부정적인 의미에서의 '주관적'이라는 낙인으로부터 자유로울 수가 있다. 왜냐하면 인간의 행위를 폄하할 어떤 초월적 사유도 이제 더 이상 존재하지 않으며 또 존재할 수도 없기 때문이다. 따라서 이성의 작동은 이제 더 이상 실체 곧 즉자적으로 존재하는 것을 지향하지 않으며 또 아예 그럴 수조차 없다. 이로 인해 이 실체적인 척도에 의해 자의적인 것으로 규정되는 사태 자체가 완전히 사리지고 이성의 작동은 오히려 이와 반대로 단순히 생성되는 것을 지향해야 하고 또 이런 경우에만 그것의 타당성을 주장할 수 있게 된다.

이를 니체의 핵심 이론들과 구체적으로 연관시켜 설명해 보면 다음과 같다. 우선 그에게서 모든 실체성이 부정된 뒤 이 생성이면서 생성하는 것으로 나타나는 것은 잘 알려진 바대로 바로 힘에의 의지(der Wille zur Macht)[24]이다. 이 힘에의 의지는 실체성의 관점에서 규정한, 인간의 인식 내지 가치설정에 있어서의 자의성을 부정하는 이론적 토대가 된다. 왜냐하면 이 힘에의 의지는 그 자신의 생성의 원리로서 항상 단지 자기 자신만을 가질 수 있기 때문이다. 힘에의 의지는 영원히 자기 자신으로서 자기 자신을 생성한다. 이것은 결코 자기가 아닐 수 없다. 바로 이 지점에서 힘에의 의지는 니체의 핵심적 이론 복합체 안의 또 다른 중요한 이론과의 연관을 형성한다. 곧 힘에의 의지는 이제 니체에게서 동일한 것 – 곧 힘에의 의지 – 의 영원한 회귀 – 곧 영원히 자기로 있음 – 이다.[25] 따라서 니체에게 있어서 힘

22) 참조, 니체전집 15, 99쪽.

23) 참조, 니체전집 10, 141쪽과 143쪽.

24) 힘에의 의지에 대한 간략한 개관에 대해서는 다음을 참조하시오. 백승영, "니체 철학, 무엇이 문제인가 – 전통 형이상학과 허무주의 이후의 철학", 김상환 외, 니체가 뒤흔든 철학 100년, 민음사, 2000, 94쪽 이하.

에의 의지는 영원한 회귀를 자신의 또 다른 모습으로서 가진다. 이렇게 되면 이성의 작동 역시 생성 – 곧 존재 – 으로서의 힘에의 의지가 발현한 것이며 이성은 그 작동의 존립을 결코 이 힘에의 의지를 벗어나 가질 수가 없다.[26] 이로 인해 이성에게는 이제 그 작동에 있어서 무죄가 선포된다. 왜냐하면 그 작동은 다른 것이 아니라 바로 힘에의 의지 그 자체이기 때문이다. 이는 니체에게 있어서 인간의 모든 행위 영역에서 무죄로서의 생성이 입증되었음을 의미한다. 따라서 이성은 이제 그 작동을 생성하는 힘에의 의지로서의 인간의 몸에 의존할 수밖에 없지만 그럼에도 불구하고 그 이성의 작동은 이제 단순히 자의적이라는 낙인에서 자유로울 수 있다. 이제 객관적인 것 곧 생성하지 않는 것은 존재하지 않고 존재하는 것은 바로 생성하는 몸 바로 이것뿐이다.[27]

따라서 니체에게서는 이제 다음과 같은 추론이 가능해 진다. 곧 생성으로서 몸의 이성은 인간의 인식의 작동을 추동한다. 그러나 몸의 이성은 결코 인간의 의식을 어떤 객관적 내지 실체적 토대 위에 정초하려 하지 않는다. 몸의 이성은 유한하고 우연성을 내포하는 이성을 단지 끊임없이 작동하게 만들 뿐이다. 그리고 이 몸의 이성은 그것이 작동시킨 인간의 이성을 애초부터 그것이 이를 작동시킨 방식에서 그 방식대로 긍정한다.

따라서 인간의 이성은 이제 그것의 작동에 있어 자의성을 우려하지 않아도 된다. 그런데 니체는 이성의 작동의 인식론적 측면 곧 인간의 인식과 관련해서는 그 인식 행위의 긍정을 구체적으로는 몸의 이성으로부터 이 인식에 주어지는 관점(die Perspektiven)과의 관련을 통해 설명한다. 곧 니체에 따르면 인간의 인식은 그 작동에 있어서 끊임없이 관점에 매인 채 일어난다. 그 결과 인간의 인식은 해석(Auslegung oder Interpretation)을 수행하지 않을 수 없다. 다시 말해 니체에게서는 인식은 실체를 드러내는 설명이거나 재현일 수 없고 오로지 항상 해석일 수밖에 없다. "철학자 여러분, 이제부터 우리는 '순수하고 의지가 없고 고통이 없고 무시간적인 인식의 주관을 설정한 저 위험하고 낡은 개념의 허구를 좀 더 잘 경계해야 할 것이다. 우리는 '순수 이성'이나, '절대 정신'이나, '인식 자체'와 같은 그러한 모순된 개념의 촉수를 경계해야 할 것이다. (...) 오직 관점주의적으로 보는 것만이, 오직 관점주의적인 '인식'만이 존재한다. 우리가 한 사태에 대해 좀 더 많은 정

25) 참조, 니체전집 21, 70쪽.
26) 참조, 같은 곳, 159쪽.
27) 참고, 니체전집 20, 44쪽.

서로 하여금 말하게 하면 할수록, 우리가 그와 같은 사태에 대해 좀 더 많은 눈이나 다양한 눈을 맞추면 맞출수록, 이러한 사태에 대한 우리의 '개념'이나 '객관성'은 더욱 완벽해질 것이다."[28] 이 처럼 이성의 작동은 이와 같은 해석으로부터 벗어나 결코 실체를 파악하거나 혹은 그 실체에 근거를 마련하거나 할 수가 없다. 니체에게서 실체는 이제 주체 개념이 논리적으로 전제될 경우에만 가능할 수 있는 것으로 규정된다.

그런데 여기서 문제가 발생한다. 곧 생성의 형이상학 하에서는 주체의 존립 자체가 불가능하다. 실체는 존립할 수 없기 때문에 실체로서의 주체 역시 존립할 수가 없다. 주체라는 실체를 토대로 해석하는 것 역시 – 설명하는 것은 고사하고 – 아예 그 자체로서 불가능하다. 이는 인간의 인식이 이미 그 자체로서 주체를 전제하지 않는 동시에 실체와도 무관한 하나의 해석일 수밖에 없음을 지시한다. 이처럼 이성의 작동 곧 인간의 인식은 실체를 파악할 수 없는 또한 실체로서의 주체가 없는 몸으로부터 부여되는 관점에 매인 행위일 뿐이다. 이로 인해 이성의 인식적인 작동은 실체로서의 주체가 없이 단지 인간의 정서(Affekte)에 의해 추동되는 그러한 관점에 매인 작동이 된다. 이러한 관점에서 벗어나야만 실체를 그 자체로 파악할 수 있다는 전통적 이성의 주장에 비추어 볼 때 이 관점에 매인 유한한 이성의 작동은 결국 설명이 아니라 단지 해석일 수밖에 없다.

니체의 이러한 관점주의적 입장은 쉽게 이해될 수 있듯이 진리 개념을 이제 실체적 내지 객관적 진리에서 의미로서의 진리(Sinnwahrheit) 개념으로 전환시킨다. "'사실 자체'는 존재하지 않는다. 어떤 사실이 있기 위해서는 항상 의미가 먼저 투입되어야 한다. "그것은 무엇인가?"란 다른 무엇에 의해 파악되어지는 의미-정립이다."[29] 항상 관점에 메여 있는 이성의 작동은 이와 같이 하나의 해석일 수밖에 없으며 그 해석은 그것이 드러내는 의미를 통해서만 그것의 진리성을 입증할 수가 있다. 의미를 벗어나는 진리는 존립할 수 없으며 따라서 그 자체로서 타당성을 갖는 실체적 진리 개념은 단순히 공허하기만 할 뿐이다.

이러한 관점주의적인 진리 개념은 진리의 다양성을 함의한다. 왜냐하면 관점이 다양하므로 해석 역시 다양할 수밖에 없으며 그 다양한 해석에서 드러나는 의미를 토대로 확립되는 진리 역시 다수성을 내포할 수밖에 없기 때문이다. "'본질', "실재"는 관점주의적인 것이며, 이미 다수를 전제한다."[30] 따라서 진리는 다원성을 갖

28) 니체전집 14, 483쪽.
29) 니체전집 19, 171쪽.

는다. 이 결론은 위에서 언급한 니체의 입장 곧 이성의 작동이 우연성을 내포하지만 결코 자의적이지만은 않다는 것을 뒷받침한다. 진리는 객관적이거나 실체적이지 않으며 또한 결코 그럴 수도 없다. 진리는 그러나 이처럼 비록 객관적이지도 않고 또한 우연성을 내포할 수밖에 없지만 그렇다고 해서 반드시 자의적인 것도 아니다. 이 같은 역설은 이제 니체에게서 가능할 뿐 아니라 오히려 자연스럽기까지 하다.

IV.

그러나 관점에 매여 있는 인식은 그렇게 관점에 매여 있는 상태로 도달하게 되는 진리에 있어서 어떻게 자의성을 탈피할 수 있는가? 이것은 니체가 이성을 생성의 형이상학을 통해 정초하려 하는 한 피할 수 없는 물음인 것처럼 보인다. 우리는 이제 이 물음에 답하기 위해 우선적으로 니체에게서 관점이라는 것이 무엇을 의미하는지를 좀 더 자세히 이해할 필요가 있다. 왜냐하면 어떤 인식이 관점에 묶여있음에도 불구하고 자의적이 아닐 수 있다는 것은 외견상 모순적으로 보이기 때문이다. 니체에게서 이성의 작동과 결코 분리될 수 없는 이 관점은 도대체 무엇을 의미하며 또 어떻게 생성되기에 그것에 결부될 수밖에 없는 인식은 자의적이라는 혐의에서 벗어날 수가 있는가?

이 물음에 답하기 위해 우리가 우선적으로 고찰해야 할 것은 무엇보다도 위에서 언급한 것처럼 니체에게서는 이성의 작동이 힘에의 의지가 발현한 것이라는 점이다. 이성은 객관적 내지 실체적 진리를 추구하면서 작동하는 것이 아니라 힘에의 의지가 추동하면서 작동한다. 그런데 니체는 이 같은 힘에의 의지가 작용할 수 있기 위해서는 바로 관점이 필수적인 전제 조건으로 부여되어야 한다고 주장한다. 왜냐하면 생성으로서의 힘에의 의지는 니체에게 있어서 그 자체로서 고찰될 때 바로 이 관점을 설정하는 의지(der Perspektive- setzende Wille) 그 이외의 다른 것이 아니기 때문이다.[31] 다시 말해 힘에의 의지는 결코 이 관점으로부터 분리될 수 없으며 오로지 이 관점이 설정되는 것과 더불어 새로이 자기 극복을 통한 힘의 상승을 경험할 수가 있다. 따라서 힘에의 의지는 관점성(die Perspektivität)을 그것의 내

30) 같은 곳, 171쪽.

31) 참조, 니체전집 21, 207쪽.

재적 속성으로 갖는다. 이로 인해 인간의 인식 역시 그것이 힘에의 의지에 의해 추동되는 한 이 힘에의 의지의 생성 – 자기극복 – 의 조건으로서의 관점으로부터 자유로울 수가 없다. 인간의 인식은 따라서 그것을 선규정하는 관점을 항상 생성하는 힘에의 의지로부터 부여받는다는 면에서 그리고 또 반드시 그럴 수밖에 없다는 측면에서 메타이론적 경험으로서 발생하지 않을 수 없다.

그렇다면 이제 문제는 이러한 메타이론적 경험으로서 수행되는 인식이 실제로 진리로 간주될 수 있는가에 모아진다. 니체는 힘에의 의지에 의한 생성 곧 힘에의 의지의 자기극복을 무죄로 긍정한다.[32] 그렇다면 이 생성의 과정 속에서의 모든 해석 내지 모든 해석으로서의 인식은 진리로서 수용될 수 있단 말인가? 니체에게서는 이러한 수용에 있어서의 기준 내지 척도는 전혀 존재하지 않는가?

앞서 언급한 것처럼 모든 해석은 비록 그것이 사태를 객관적으로 드러내는 것이 아닐지라도 진리로 수용될 수가 있다. 이때 진리는 의미로서의 진리이다. 즉 이때의 진리 개념은 사태에 대응하고 이 사태를 재현할 수 있는지 여부를 판단할 때 사용하는 개념이 아니라 힘에의 의지의 자기극복과 관련을 맺고 있는 곧 힘에의 의지의 상승의 계기를 내포하는지 여부를 판단할 때 사용할 수 있는 개념이다. 따라서 니체에게서도 인식의 기준은 비록 객관적인 사태 관련에서는 아니라 해도 주어질 수가 있다. 다만 문제는 그 기준이 사태와의 연관 속에서는 어떤 인식론적 가치를 가지는가이다. 곧 관점에 매인 인식은 힘에의 의지가 상승하는 계기를 담고 있다는 의미에서 진리로 간주될 수 있는 반면 사태와의 연관 속에서는 어떤 진리 가치를 가질 수 있는가?

이와 관련해 니체는 아예 애초부터 인식 작용으로서의 해석을 오류로 규정한 바 있다. "세계의 가치는 우리의 해석에 있다는 점, […] 우리와 다소간 관련이 있는 세계는 거짓이다. […] 이 거짓은 결코 진리에 다가가지 못한다: – 왜냐하면 "진리"는 없기 때문이다."[33] 곧 이 해석이라는 인식 작용은 사태에 대응하고 이를 재현하는 것이 아니라 오로지 힘에의 의지로서의 몸의 작용과만 관련을 갖는다. 이를 좀 더 분석으로 고찰하면 인간의 인식은 우선 지각에 관여하는 몸의 신경–생리학적 작용들에서 자유로울 수가 없다. 그런데 이러한 작용은 니체에 따르면 오로지 힘에의 의지의 상승 작용에 의해 규정된다. 따라서 인간의 인식은 결코 객관적이라거나 가치중립적일 수가 없다. 인간의 인식은 말 그대로 항상 몸의 작용들에

32) 참조, 니체전집 16, 314쪽 이하.
33) 니체전집 19, 141쪽.

입각한 – 니체의 표현을 빌자면 – 해석 그것도 도덕적 내지 가치 관련적인 해석일 수밖에 없다.

그렇다면 니체는 작은 이성의 작동 곧 인식 작용을 그 내적 속성에서 단지 오류 가능성에서만 고찰할 뿐 사태와의 연관 속에서 확보할 수 있는 객관적 진리성과의 관련에서는 고찰할 수 없는 것으로 간주하는가? 그런데 만일 이렇게 된다면 인식 작용은 니체에게서는 은유적인 의미에서뿐 아니라 말 그대로의 의미에서도 단지 위조(Fälschung) 내지 환상(Fiktionen)에 불과할 가능성이 높아진다. 또한 니체는 이와 같은 인식 작용을 통해서는 앞서 제기한 물음 곧 비록 주관성에서 기원하지만 그럼에도 자의적인 것은 아닐 수 있는 가능성은 마련될 수 있는가 하는 물음에 대해 그 어떤 긍정하는 대답도 할 수가 없게 된다. 그는 그 대신 이러한 인식론적 문제를 해결하기 위해 자신의 형이상학에로의 결단을 촉구할 수는 있을 것이다. 왜냐하면 그는 이러한 결단을 통해 이 인식론적 문제에 관해 다음과 같은 소극적 답변은 제시할 수 있기 때문이다. 곧 자신의 생성의 형이상학의 타당성을 긍정하는 한 관점주의적인 인식 작용의 유효성은 부정될 수가 없다.

그러나 모든 인식 작용과 그로부터 주어지는 이성의 선입견(Vernunftvorurteile) – 말하자면 언어 속에 체화된 선험적인 논리적 범주들[34] – 이 그 진리성을 몸에 있어서의 힘에의 의지의 자기극복과 관련해서만 곧 주관성 속에서만 확인할 수 있다면 그리고 그 주관성을 벗어나서는 확인할 도리가 전혀 없다면 작은 이성의 작동은 힘에의 의지를 상승시키고자 하는 몸 이성의 자기만족으로서만 평가될 가능성이 높아진다. 이렇게 되면 언어 속에 체화되어 있는 모든 이성적 도구들은 사태 연관 속에서의 진리성을 상실하고 만다.

물론 여기서 논리적 범주들이나 개념들 그리고 이에 따른 판단이 사태 연관 속에서의 진리성을 갖기 위해서는 니체가 부정하는 이원론적인 도식 – 즉 현상과 실체의 도식 – 에 따른 물 자체(Ding an sich) 내지 사물 그 자체(An-sich-der-Dinge)가 전제되어야만 하는 것은 아니다.[35] 사실 그럴 필요도 없으며 그럴 수도 없다. 왜냐하면 이러한 실체 그 자체와의 관련성은 앞서도 지적한 것처럼 실체가

34) 이성적 범주 내지 개념이 언어적으로 형성되는 과정에 관한 니체의 설명에 관해서는 다음을 참조하시오. 니체전집 3, 446쪽 이하. 개념이 언어적으로 형성되는 과정을 강압적인 동일화의 결과로 보는 니체의 시각을 아도르노가 부정의 변증법에서 고스란히 수용하고 있다는 것은 잘 알려져 있다. 참고, 아도르노, 부정의 변증법 (홍승용 옮김), 한길사, 1999, 207쪽 이하. 이와 비견되는 니체의 설명에 관해서는 다음을 참조하시오. 니체전집 12, 188쪽.

35) 니체의 물 자체에 대한 비판에 관해서는 다음을 참조하시오. 참조, 니체전집 20, 26쪽 이하.

전제될 수 없는 탈형이상학적 상황에서는 무의미하기 때문이다. 중요한 것은 이러한 실체 개념이 아니라 단지 사태와의 연관 속에서의 진리성이다. 곧 아직 특정한 인식 작용의 결과물로 확립되지 않은 상태로 언어화되어 우리의 의식 속에 주어지며 또 자유로운 형식으로 결합을 이루고 있는 다양한 감각 지각들과의 관련 속에서의 진리성이다.

그런데 니체 역시 인간의 인식 작용에 부여되는 이 같은 사태 관련성을 완전히 부정할 수는 없는 것처럼 보인다. 왜냐하면 니체에게서 몸 이성은 이미 몸이라는 지평이 함의하는 내적 자연과 외적 자연의 부단한 작용과 반작용 속에 위치하기 때문이다. 이는 몸 이성 속에서의 힘에의 의지의 발현은 자의적 내지 임의적이라는 의미에서 단순히 주관적일 수 없고 오히려 반드시 사태 관련적일 수밖에 없음을 지시한다.

말하자면 작은 이성의 작동은 니체에게서 이미 의미 연관에서뿐만 아니라 사태 연관에서도 자의적이지 않을 수 있다. 위에서 언급한 바와 같이 이 이성을 작동시키는 힘에의 의지가 자연 – 내적 자연뿐 아니라 외적 자연 – 과의 부단한 작용과 반작용 속에 위치하고 있기 때문에 사태 연관 속에서도 이는 결코 자의적일 수가 없다. 이로 인해 니체는 작은 이성의 작동 곧 인간의 인식 작용과 이로부터 언어 속에 체화되어 주어지는 범주 기제들을 자신의 형이상학 곧 생성의 형이상학에 의존하지 않도록 하고서도 지각의 단순한 신경-생리학적 차원으로부터 구분해 내 사태 연관적인 검증에 회부할 수가 있다. 다시 말해 그는 인간의 인식 작용에 있어서 자의성을 탈피한 객관성을 이 인식작용을 추동하는 몸이 추구하는 자기보존(Selbstbehauptung)[36]이라는 관점에 입각해서 사태 연관적으로 확보할 수가 있다. 즉 그는 인식 작용에 있어서의 진리의 객관성을 몸의 자기보존이 사실적으로 가능한지를 성공과 실패의 관점에서 검증함으로써 확립할 수가 있다. "'인식 의미': 여기서 이 개념은 '선'이나 '미'에서처럼 엄밀하고도 좁게 인간 중심적이고도 생물학적으로 받아들여질 수 있다. 〔...〕 기만당하지 않겠다는 추상적-이론적인 욕구가 아니라, 보존의 유용성이 인식 기관의 발전의 배후에 동기로서 놓여 있다."[37] 이렇게 되면 작은 이성의 작동은 단순히 말 그대로의 위조와 환상에 묶이지 않고 그 자

---

36) 물론 이 때의 자기보존은 니체가 스피노자를 비판하면서 거부하는 유기체의 목적론적 원리를 의미하지 않는다. 이는 그 보다 단순히 유적 존재가 처한 사실적 상황을 지시할 뿐이다. 니체가 목적론적 원리로서 자기보존을 비판한 것에 관해서는 다음을 참조하시오. 니체전집 14, 31쪽.

37) 니체전집 21, 121쪽.

체 안에 사태 연관적인 타당성의 차원을 확보할 수가 있다.

그러나 니체는 외견상으로는 이러한 가능성을 부정하고 이론적 인식의 근거 자체를 불가능한 것으로 만들어 버린다. "인식의 가장 일반적인 효과는 착각이다."[38] 그러나 만일 니체가 이와 같이 이론적 인식의 객관성 자체를 완전히 부정해 버리고 단지 자신의 형이상학 속으로 도피함으로써 인식의 자의성 문제를 해결하고자 한다면 – 즉 아예 제거하는 방식으로 – 오히려 이 문제는 해결되지 않은 채 더 복잡해질 수가 있다. 왜냐하면 니체 역시 위에서 언급한 대로 단순한 주관성 속에 머무르지 않는 내적 · 외적 자연의 끊임없는 작용과 반작용의 자리로서의 몸의 이성을 말하고 있기 때문이다. 몸의 이성은 이 내적 자연과 외적 자연의 끊임없는 작용과 반작용으로부터 벗어나 그 자체만으로 존립할 수가 없다. 이 작용과 반작용 속에서 몸의 이성은 자기 극복을 시도하고 또 이를 관철시키고자 한다. 이는 몸의 이성이 추동하는 작은 이성의 인식 작용이 자연 – 내적 그리고 외적 – 의 강제(Nötigung) 속에서 발생하고 진행될 수밖에 없다는 사실을 함의한다. 이 같은 점에서 고찰할 때 작은 이성의 인식 작용은 사태 관련을 가지며 또 이 관련 속에서 단순히 자의적일 수 없음이 명확히 드러난다.

그렇다면 이제 니체에게서는 인간의 인식 작용의 타당성 차원이 개시될 여지가 발생한다. 곧 이 인식 작용에는 이러한 자연의 강제 속에서 이 작용이 관철되는지 여부에 관한 타당성 문제가 제기될 수 있다. 그리고 이 문제는 언어 속에 체화되어 작동하고 있는 이성의 선입견들 – 개념 도구들 – 의 유효성의 문제와 맞물려 고찰된다. 그러나 물론 니체는 여전히 자신의 이론에서의 일관성을 포기하지 않은 채 이와 같이 겉으로는 언어 속에서 주어지는 논리적 도구들에 대한 타당성 검증 가능성을 무시하고 이를 위조와 환상으로만 규정한다.

그런데 니체가 이러한 주장을 견지하는 이면에는 우리가 놓치지 말아야 할 사실이 하나 있다. 이는 니체가 진리 개념을 오로지 전통 형이상학적 관점에서의 객관주의와 관계시켜 이해하고 있다는 점이다. 곧 그에게는 전통적인 객관적 진리 개념과 그가 관점주의적으로 구상하는 의미로서의 진리 개념 이 두 개념만이 존재한다. 그는 이 양자 사이에 있을 수 있는 가능한 진리 개념들을 알고 있지 못하다. 만일 이 같은 대비가 성립하지 않는다면 니체의 진리 개념은 자의성 문제를 해결할 수 있는 이 문제에 있어서 충분한 변형을 받아들일 수도 있을 것이다.

이러한 관점에서 우리는 하버마스의 다음과 같은 지적을 참조할 필요가 있다.

---

38) 니체전집 3, 444쪽.

"(니체가 – 필자) 환영(Illusionen)과 인식(Erkenntnis) 간의 구분을 부정하는 하나의 동기는 분명히 (그의 – 필자) 숨겨진 전통주의이다: 니체는 항상 존재론적 진리 개념을 의식하고 있었다. 이 고전적인 주장에 따르면 가능한 객관성의 주관적 조건들은 전승된 객관주의와 더불어 존재론적으로 참인 명제의 가능성 역시 부정한다."[39] 즉 니체는 하버마스에 따르면 칸트처럼 단순히 객관성의 주관적 조건들을 탐구하는 것으로 후퇴하는 것은 엄밀한 의미의 객관주의뿐 아니라 존재론적으로 참일 수 있는 명제들의 가능성마저 부정하는 결과를 함의한다고 본다. 하버마스에 따르면 이러한 전통주의의 도식 하에서 니체가 선택할 수 있었던 가능성은 단지 비합리적인 전환이다. 곧 니체에게는 모든 인식 작용을 해석으로 보편화해버리는 선택만이 남아 있었다. 그리고 그는 해석 작용을 실체화하면서 자립적으로 만드는 이같은 선택을 하지 않을 수도 없었는데 이는 하버마스에 따르면 그의 편에 있어서 그에게 돌아올 수 있는 자연주의적 오해를 피하기 위함이었다.[40] 곧 그는 인식 이론 차원에서 자신의 새로운 형이상학에 이 같은 자연주의적 결정론의 오해가 발생하는 것을 막기 위해서라도 이 결정론으로부터 벗어나 있는 해석 작용을 적극적으로 옹호하지 않을 수 없었다.[41]

그러나 만일 니체가 앞서 지적한 바와 같은 전통적인 진리개념에서 벗어나서 좀 더 유연한 진리 개념을 사유할 수 있었고 또한 그가 작은 이성의 인식 작용을 그 인식 작용이 관철되어야 하는 내적 · 외적 자연의 강제 속에서 고찰할 수 있었더라면 그는 인식론을 새로운 시각에서 사유할 수 있었을 것이다. 이렇게 되면 작은 이성의 인식 작용은 단순히 관점주의적으로 작동하는 주관성에 한정되지 않고 이를 벗어나 유적 존재로서의 인간이 내적 · 외적 자연과의 투쟁 속에서 수행하는 학습과정에 내포되어 있는 선험적 차원과 관련을 맺을 수 있게 된다. 물론 이 때의 인식

39) J. Habermas, "Nachwort(1968): Zu Nietzsches Erkenntnistheorie", in J. Habermas, Zur Logik der Sozialwissenschaften, Suhrkamp, Frankfurt a. M., 1982, 525쪽.

40) 같은 곳, 525쪽. 그리고 니체가 스스로 자연주의 내지 결정론을 거부하고 있는 것에 관해서는 다음을 참조하시오. 니체전집 20, 60쪽 이하.

41) 그러나 필자는 하버마스가 『근대성의 철학적 담론』(Der philosophische Diskurs der Moderne)에서 니체를 비판하기 위해 니체의 중심 사상으로 소위 예술가 형이상학과 또 이와 결합된 디오니소스적 메시아주의를 지목하는 것에 동의하지는 않는다. 왜냐하면 하버마스는 여기서 니체 사상의 전기와 후기를 엄격히 구분하지 않은 채 이 사상을 분석하고 있는 것처럼 보이기 때문이다. 다시 말해 그는 니체가 후기에 가서 포기한 전기의 예술가 형이상학을 별 다는 유보 조건을 밝히지 않은 채 후기의 사상과 함께 묶어 분석한다. 이는 하버마스가 니체 사상의 내적 발전 과정에 공정하지 않은 것으로 간주할 수 있다. 참조, J. Habermas, Der philosophische Diskurs der Moderne, Suhrkamp, Frankfurt a. M., 1984, 104쪽 이하.

작용 역시 관점주의적 속성을 완전히 부정할 필요는 없다. 또한 사실상 그럴 수도 없을 것이다. 그러나 비록 관점주의적 해석이라 해도 이 역시 인간의 유적 역사 속에서 자연의 강제와 조우해 관철될 수도 또는 붕괴될 수도 있다는 사실로부터는 벗어날 수가 없다.[42] 이로 인해 인식 작용은 비록 그것이 해석이라 할지라도 사태와 관련한 타당성 검증 요구로부터 면제된 상태로 남아 있을 수는 없을 것이다.

물론 니체가 주장하듯이 인식 이론에 있어서 절대적이고 객관적인 진리는 존재하지 않는다. 그러나 그렇다고 이 같은 자연과의 저항 체험을 모두 해석으로 환원해 버리는 것은 이 체험이 갖는 진리성을 사상한 채 주관성의 대응만을 영속화할 위험에 빠지는 것은 아닌가하는 의구심을 낳게 한다.[43] 이렇게 되면 세계 해석의 도식은 자연의 저항 속에서 그것을 관철시켜 이 자연의 위력에 의해 침몰하지 않을 수 있는 그것 자체의 힘 내지 타당성을 입증할 길을 스스로 포기하게 된다. 이는 인간의 인식과 이와 관련한 이성적 도구들 모두가 스스로를 단지 환영적 가상이라는 인간의 주관적 고안물로 전락시키는 상황을 자기에게 초래하는 결과로 이어진다.

V

니체는 이상에서 살펴본 것처럼 근대 가치체계의 허무성을 비판하기 위해 서구 이성의 고찰로 나아가 아예 이 이성에 대한 급진적 비판을 전개했다. 그리고 그는 이 같은 급진적 이성 비판을 통해 가치체계를 이제 다시금 인간의 가치부여 행위와의 연관 속으로 되돌려 놓는다.[44] 그러나 위에서 살펴 본 것처럼 그의 새로운 이성 기획은 주관성의 다른 표현으로서의 자의성이라는 위험을 완전히 제거할 수 있는 것으로 보이지 않는다. 그리고 이러한 사태는 니체에게서 가치설정과 관련해서

42) 인식에 있어서 세계와의 이 같은 조우(Konfrontation)가 떠맡는 중요한 역할에 관해서는 다음을 참조하시오. L. Wingert, "Epistemisch nützliche Konfrontationen mit der Welt?", in L. Wingert (hrsg.), Die Öffentlichkeit der Vernunft und die Vernunft der Öffentlichkeit, Suhrkamp, Frankfurt a. M., 2001, 77쪽 이하.

43) 이러한 종류의 인식론은 현대에도 여전히 지속되고 있다. 모든 사태를 인간의 주관적 확신으로 환원해 명제화하는 D. Davidson의 경우가 대표적인 경우라 하겠다. 참조, D. Davidson, "A Coherence Theory of Truth and Knowledge", in A. Malachowski(ed.), Reading Rorty, Oxford, 1990.

44) 참조, 니체전집 14, 276쪽 이하.

그대로 재현된다.

곧 이제 그에게서는 가치설정이라는 행위가 주관성에 기원을 가질 수밖에 없는 인간의 행위 그 이상도 그 이하도 아니라는 것이 명백해졌다. 그러나 이와 동시에 또 다른 과제가 그에게 제기된다. 곧 이 가치설정 행위가 인식 작용에서와 마찬가지로 단순히 주관적 곧 자의적이 되지 않아야 한다는 것이다. 즉 이 행위는 특정한 주체의 단순히 상승하는 힘의 느낌이 되어 그 행위자의 자의적인 것으로 규정되어 버리지 않을 수 있어야 한다.

그렇다면 니체는 이를 위해 곧 가치부여 행위를 단순한 자의성으로부터 구해내기 위해 어떤 타당한 기준 내지 조건을 제시할 수 있는가? 니체는 인간의 행위로부터 독립된 실체적 가치체계의 가능성을 부정한 후 이러한 물음에 직면해 이 가치부여 행위에 타당성을 부여할 수 있는 기준 내지 조건을 확정해야 한다. 그러나 우리가 니체에게서 확인할 수 있는 것은 그의 생성의 형이상학을 제외하면 다소 모호한 수사적 표현들뿐이다. 곧 그는 이 타당성을 부여하는 조건으로서 거리 두기 파토스에 의해 실현되는 고귀함의 추구를 제시한다.[45] 물론 니체는 이러한 고귀함의 추구를 복수심(Ressentiment)에서 기원하는 기독교의 노예도덕과 대비시킬 때 다소간 불명확한 모습을 떨쳐내고 좀 더 구체화된 상태로 그려낼 수가 있다. 이 때 고귀함의 추구는 노예근성에 매이지 않는 강자들의 자기 즐김으로 나타난다. 그리고 이러한 추구는 니체에 따르면 계보사적으로는 종교개혁과 프랑스 혁명 그리고 19세기의 민주주의 운동과 사회주의 운동에 의해 제지당하고 반면 르네상스 때에는 한 순간이지만 꽃을 피운다.

그러나 이러한 개략적인 묘사는 여전히 가치설정 행위의 타당성 영역을 명확히 드러내주지는 못한다. 게다가 만일 니체가 거리 두기 파토스에 의해 실현되는 고귀함의 개별적 추구를 정당화하기 위해 이것의 대립 극으로 설정하고 있는 기독교의 노예도덕이 단순한 무리도덕이 아니라는 것이 밝혀지게 되면 니체의 가치설정 행위의 타당성 조건들은 더욱 모호함에 빠져들게 될 수도 있다.[46] 곧 그나마 대조를 통해 고찰될 수 있었던 가치설정 행위의 타당성 조건들은 이제 그 대조가 불가능해짐으로써 그것을 식별할 수 있는 방식이 더 모호해지는 상황에 빠지게 된다. 물론 그럼에도 불구하고 여전히 니체의 생성의 형이상학은 인간의 가치설정 행위

45) 참조, 니체전집 15, 275쪽.

46) 이런 작업을 한 철학자로 막스 쉘러를 들 수 있다. 참조, M. Scheler, Formalism in Ethics and Non-Formal Ethics of Value, Evanston, 1973.

의 타당성을 이론적으로 정당화한다. 그러나 어떻게 이 행위를 자의성으로부터 구조해낼 수 있는지는 이 형이상학에 의해서도 구체적인 모습으로 제시되지 않는다.

이렇게 되면 아예 가치설정을 실체적인 가치에 근거하는 것으로 보지 않고 애초부터 니체처럼 인간의 행위와의 관련 속에서 파악하고자 하는 철학자들은 니체의 결론이 단순한 출발점에 지나지 않는 것으로 간주할 수도 있다. 실제로 이들은 니체와 달리 가치설정을 자의성으로부터 구해내기 위한 여러 가지 시도를 추진한다.[47] 우리는 어쩌면 이들처럼 니체가 힘겹게 도달한 결론 곧 가치설정을 인간행위에 귀속시켜야 한다는 결론을 단순한 출발점으로 삼아 이 가치설정을 위한 타당한 조건 내지 척도를 이 행위로부터 어떻게 구체적으로 끌어낼 수 있는가를 본격적으로 고찰해야 할지도 모른다. 이는 어쩌면 니체가 급진적 이성 비판을 통해 우리에게 남겨놓은 과제일 수도 있다. 곧 니체는 근대성의 담론에 참여한 우리들에게 자신의 새로운 형이상학을 통해 근대성의 위장된 객관주의를 꿰뚫어보고 다시금 인간의 책임성과 창조성을 철저히 인정하고 이를 구현할 수 있는 타당한 조건과 척도를 적극적으로 모색하도록 촉구하고 있는지도 모른다.

47) 이러한 철학자들 가운데 대표적인 이들로 위에서 언급한 막스 쉘러외에 찰스 테일러를 들 수 있다. 이들은 물론 니체의 가치설정의 행위와 관련해 니체를 긍정의 출발점으로 삼기 보다는 비판의 출발점으로 삼는다. 참조, Ch. Taylor, Source of the Self. The Making of the Modern Identity, Cambridge, 1989.

참고 문헌

1차 문헌

Nietzsche, F., *Nietzsche Werke*, Kritische Gesamtausgabe(니체전집), 이진우 외 옮김, 책세상, 2001.

2차 문헌

박 찬 국, "권력에의 의지의 철학과 존재의 철학", 김상환 외, 『니체가 뒤흔든 철학 100년』, 민음사, 2000.

백 승 영, "니체 철학, 무엇이 문제인가 – 전통 형이상학과 허무주의 이후의 철학", 김상환 외, 『니체가 뒤흔든 철학 100년』, 민음사, 2000.

Apel, K. O., *Transformation der Philosophie*, 2 Bde, Frankfurt a. M. 1973.

Davidson, D., "A Coherence Theory of Truth and Knowledge", in A. Malachowski (ed.), *Reading Rorty*, Oxford 1990.

Habermas, J., "Nachwort(1968): Zu Nietzsches Erkenntnistheorie", in J. Habermas, *Zur Logik der Sozialwissenschaften*, Suhrkamp, Frankfurt a. M. 1982.

_____, *Der philosophische Diskurs der Moderne*, Suhrkamp, Frankfurt a. M. 1984.

Horkheimer, M. /Adorno, Th. W., *Dialektik der Aufklärung* (계몽의 변증법), (김우동외 옮김), 문예출판사, 1995.

Joas, H., *The Genesis of Values*, transl. by G. Moore, Polity, Cambridge, UK, 2000.

Schacht, R., "Nietzschen Normativity", in R. Schacht(ed.), *Nietzsche's Postmoralism. Essays on Nietzsche's Prelude to Philosophy's Future*, Cambridge University Press, 2001.

Scheler, M., *Formalism in Ethics and Non-Formal Ethics of Value*, Evanston 1973.

Taylor, Ch., *Source of the Self. The Making of the Modern Identity*, Cambridge 1989.

Wingert, L., "Epistemisch nützliche Konfrontationen mit der Welt?", in L. Wingert (hrsg.), *Die Öffentlichkeit der Vernunft und die Vernunft der Öffentlichkeit*, Suhrkamp, Frankfurt a. M. 2001.

Eine Betrachtung über Nietzsche's Begründung der Kritik der Vernunft

Chung, Hyeon-Chul

Zusammenfassung

Nietzsche hatte am Diskurs vom Modernen teilgenommen und ihn dadurch völlig geändert, dßa er ihn radikal kritisierte. Das Projekt von der Vernunft wird nun von ihm als ein artizifielles Produkt angesehen, das nicht länger möglich ist, und die daraus abgezogene Wahrheit wird auch als fiktiv behandelt. Die Wertsysteme vom Mordernen haben bisher ihren Nihilismus mit Hilfe seines Projekts von der Vernunft verdeckt. Gerade in dieser Weise entlarvte Nietzsche die Dekadenz vom Modernen.

Nietzsche bedürfte aber einer theoretischen Begründung für seine radikale Kritik am Modernen. Nietzsche's Vernunft-Kritik brauchte also theoretisch begründet zu werden. Er versuchte es wirklich durch seine neue Metaphysik, d. h. die Metaphysik vom Werden. Sie wurde bekanntlich von seinem Theorie-Komplex konstituiert: der Wille zur Macht, die ewige Wiederkehr des Gleichen, und der zuendegedachte Nihilismus. Wenn seine Metaphysik theoretisch begründet werden kann, wird ihm eine theoretische Möglichkeit für die Kritik an der modernen Vernunft geöffnet. Zugleich wird das Projekt der Leib-Vernunft als sein Vernunft-Projekt plausibel gemacht.

Deswegen steht Nietzsche's Projekt einem kritischen Prüfung gegenüber. Hier wird es einer kritischen Prüftung gezogen, aber in einer indirekten Weise. Es meint, daß die Geltung seines Projekts der Metaphysik dadurch kritisch geprüft wird, daß die Erkenntnistheorie, die in seiner Metaphysik enthalten wird, kritisch betrachtet wird. Es scheint unausweichlich zu sein, diese indirekte Weise aufzunehmen, weil seine Metaphysik auf diejenigen intuitiven Einsichten wie den Wille zur Macht angewiesen ist, die es schwerlich machen, in einer direkten Weise geprüft zu werden.

Die Betrachtung seiner Erkenntnistheorie kann eine sinnvolle Chance für die Prüfung seines Projekts der Vernunf als einer Leib-Vernunft anbieten.

Schlagwörter: die Kritik der Vernunft, das Projekt der Vernunft als des Leibs, die Perspektivität, die Sinnwahrheit

이 논문은 2008년 9월 9일에 접수하고 2008년 10월 17일에 심사 완료하여 2008년 10월 24일에 게재가 확정되었습니다.

'의사소통적 합리성'과 논증적 글쓰기

– 논증적 글쓰기의 다양한 유형에 관한 고찰

이 광 모

요약문

본 논문은 '사고와 표현' 교육은 사고하기와 표현하기라는 두 개의 활동을 지향하는 교육이 아니라 하나이며 동일한 활동을 사고와 표현이라는 두 가지 양태로 구현하는 교육이라는 전제로부터 출발한다. 이러한 전제 속에서 본 논문에서는 '사고와 표현' 교육이 수단으로 삼는 논증적 글쓰기는 단순히 사고한 것을 표현하는 것이 아니라 사유를 재구성하는 과정으로서 사회적 의사소통의 실천이 되어야 함을 주장한다.

이러한 주장을 통해 본 논문에서는 결론적으로 다음과 같은 내용이 도출된다.

첫째, 논증적 글쓰기가 의사소통의 실천인 한에서 그 글쓰기의 유형은 사회적 합리성의 체계에 부합하는 것이어야 한다.

둘째, 하버마스가 합리성에 대한 형식적 분석으로부터 제시하는 '논증의 유형'은 합리성이 구현되는 다양한 영역에 부합하는 논증적 글쓰기의 유형에 적합한 양식을 제공해줄 수 있다.

● 주요어 : 의사소통적 합리성, 하버마스, 논술, 논증론, 글쓰기

최근에 그 중요성이 강조되고 있는 '사고와 표현' 교육은 주로 글쓰기와 읽기 및 토론을 통해 이루어지고 있다. 이러한 교육방법은 적절한 것으로 생각된다. 왜냐하면 언어를 매개로 이루어지는 합리적인 사회 속에서 효율적으로 사고하고 표현

하기 위해서 언어능력을 향상시켜야 하는 것은 불가피해 보이기 때문이다. 하지만 일부에서는 이러한 교육방법에 대해 회의적일 수 있다. 즉 글쓰기와 토론학습이 '표현능력'은 키워줄지 몰라도 '사유능력'까지 개발시켜줄 수 있겠는가 라는 의문을 제기할 수 있다. 그와 함께 논리적이고 비판적으로 사유하는 능력을 향상시키기 위해서는 글을 쓰고 말하는 것 이외에 '논리학'과 같은 과목을 중심으로 사고교육을 해야 하지 않을까 라는 의문을 제기할 수 있다.

이때 이러한 의문을 가진 사람들은 '사고와 표현' 교육을 분리할 수는 없지만 그럼에도 불구하고 서로 구분되는 두 개의 활동 즉 '사고하기'와 '표현하기'를 결합한 것으로 이해하는 듯하다. 그렇기 때문에 그들은 '사고와 표현' 교육은 궁극적으로 사고한 것을 표현하는 교육으로 이해하며, 표현교육으로서 적합한 글쓰기란 사유한 내용을 표현하는 '표현적 글쓰기(rendering Writing)'라고 생각할 수 있다. 그러나 우리는 이러한 생각을 단호히 거부한다. 왜냐하면 언어를 매개로 사고하는 것과 표현하는 것은 하나이며 동일한 활동이라고 생각하기 때문이다. 이미 우리가 다른 곳에서 강조하였듯이 '표현적 글쓰기'의 성공이 완결된 사유를 적절하게 표현하는데 있다면,[1] 우리의 관점에서 글쓰기의 성공은 올바르게 사유하는 과정 속에서 주어진다. 우리는 글쓰기란 단순히 자신의 완결된 생각을 표현하는 것이 아니라 사유를 재 조직화하는 과정이라고 믿는다. 즉 글쓰기란 "시각화된 사유내용 혹은 느린 동작으로 나타나는 사유"라고 이해한다.[2]

말하기도 마찬가지이다. 말을 한다는 것은 단순히 사고내용을 전달하는 것이 아니라 개념과 아이디어를 창출하고 결합하는 과정이다. 우리는 이러한 것을 어떤 이념이나 개념이 막연하고 분명하게 드러나지 않을 때 글을 써본다든지 혹은 스스로에게 분명치 않았던 내용을 타인에게 설명할 때 경험하게 된다. 글쓰기 도중 그 의미가 분명해지며 스스로에게 막연했던 내용이 강의 도중 분명해지는 것을 수도 없이 경험한다. 이렇게 본다면 결국 말하기와 글쓰기란 완결된 사유를 표현하는 행위가 아니라 그 자체 사유를 구성하는 행위라고 할 수 있다. 그렇다면 글쓰기와 말하기의 형태로 이루어지는 사고와 표현 교육은 사고하기와 표현하기라는 두 개의 활동을 지향하는 교육이 아니라 하나의 활동을 두 가지 양태로 구현하는 교육이라고 이해해야 한다.

---

1) '표현적 글쓰기'에 대해서는 졸고 「대학 교양교육으로서 '토론'과 '글쓰기'의 의미와 방향」 『동서철학연구』 44호, S. 35-50 참조.

2) *Writing Logically, Thinking Critically with Reading*, Sheila Cooper Rosemary Patton, New York 2001, S. 3-4.

문제는 이제 다음과 같은 것이다. 즉 다양성이 강조되는 현대사회 혹은 정보사회에서 '사고와 표현' 교육이 지향해야할 글쓰기란 어떤 것이어야 하는가? 우리는 이미 다음과 같은 두 가지 근거로 정보사회에서 요구되는 글쓰기는 논증적 글쓰기이어야 한다는 점을 강조한 바 있다. 첫째, 정보사회에서 현실이란 더 이상 언어 이전에 존재하는 실재(Reality)가 아니라 언어를 통해 구성되는 의사소통양식이다. 따라서 실재를 표현하는 표현적 글쓰기가 아니라 현실을 구성하는 논증적 글쓰기가 요구된다. 둘째, 다양한 생각을 가진 주체가 결합하여 의사소통을 하는데 있어 가장 필수적인 것은 일반적으로 납득할 만한 합리성을 제시하는 일이다. 따라서 자신의 주장과 근거를 논리적으로 제시하는 논증적 글쓰기가 요구된다.[3)]

하지만 문제는 여기서 새롭게 시작된다. 왜냐하면 현대사회가 다양성을 요구하는 사회라는 것을 주목하게 될 때 우리는 다음과 같은 물음을 제기할 수 있기 때문이다. 즉 삶의 다양한 방식과 영역 속에서 과연 논증적 글쓰기는 그 다양성을 구현할 수 있는가? 혹은 비록 학생들은 논증적 글쓰기를 학습해야 하지만 그 글쓰기는 전공 및 학문 영역에 따라 특색 있게 개발된 프로그램이어야 하지 않는가? 예를 들어 사회과학을 공부하는 학생은 논증적 글쓰기란 강좌 아래서 사회과학적 글쓰기를 공부해야 하며 자연과학을 공부하는 학생들은 자연과학적 글쓰기를 공부해야 하는 것 아닌가? 이러한 물음들은 일견 타당한 듯이 보인다. 그러나 문제는 하나의 논증적 글쓰기 속에서 어떻게 다양한 영역에 부합하는 글쓰기 형식을 만들어 내는가이다. 물론 각 전공별로 다루어지는 소재가 다르기 때문에 전공별 글쓰기가 가능하다고 생각한다면 더 이상 고민할 필요가 없다. 그러나 문제는 그렇게 간단치 않다. 왜냐하면 과학적 문제에 관한 토론과 예술작품의 감상에 관한 토론에서 주어지는 차이를 단순히 소재의 차이로 환원시킬 수 없듯이 각 영역에서 이루어지는 논증들은 그 영역별 특성을 지니고 있는 듯이 보이기 때문이다. 그렇다면 영역별로 분화된 논증적 글쓰기가 가능하려면 영역에 대한 구분은 원리적으로 어떻게 이루어져야 하는가?

이러한 물음은 결국 특정한 영역 혹은 전공에 합당한 논증의 유형이 있는 것인지, 있다면 그 유형들은 어떤 원리에 의해 구분되는지 등의 물음들로 환원될 수 있다. 이 물음에 답하기 위해서는 물론 논증의 유형과 그 원리를 탐구하는 '논증론'(Argumentationstheorie) 속으로 들어가야 한다. 하지만 '논증론' 속으로 들어간다는 것 자체가 너무 막연하다. 왜냐하면 '논증론'은 사회적 맥락 속에서 논증의 기

3) 「대학 교양교육으로서 '토론'과 '글쓰기'의 의미와 방향」, 『동서철학연구』 44호, S. 35-50.

초적인 기능들에 대한 탐구로부터 논증의 구조와 논증이 가능하기 위한 복합적인 전제들이 무엇인지에 대한 탐구까지 다양하게 전개되기 때문이다.[4] 단지 우리가 필요로 하는 것은 논증의 유형은 정당하게 구분될 수 있는 것인지 그리고 구분될 수 있다면 어떤 원리에 의해서인지 그리고 또한 그러한 구분은 합리적이며 다양하게 구조화된 삶을 구현할 수 있는지에 대한 인식들이다. 이러한 인식을 얻기 위해 우리는 하버마스의 논증론을 살펴보고자 한다.

우리가 하버마스의 논증론을 살펴보고자 하는 이유는, 첫째, 그의 논증론의 핵심은 논증 유형의 구분과 그 구분에 대한 정당화이며, 둘째 그에게 있어 논증론은 단순히 논리적인 차원에서 전개되는 추론의 문제가 아니라 의사소통적으로 구조화된 합리적 삶에 대한 이해의 차원으로 전개되고 있기 때문이다.[5] 우리는 먼저 하버마스에게 있어 논증론이 어떻게 전개되는지(I) 그리고 그것으로부터 논증의 유형들이 어떻게 도출되는지를 고찰할 것이다.(II) 다음으로 이렇게 도출된 유형들을 하버마스는 어떻게 정당화하는지를 검토한 후,(III) 마지막으로 이러한 결과로부터 논증적 글쓰기의 영역별 분화와 유형을 제시함으로써 논의를 마치고자 한다.(IV)

I

최근에 이루어진 논증에 관한 연구는 다양한 관심으로부터 시작되었다. 한편에서는 필연적이고 자명한(self-evident) 인식만이 이성적 앎과 실천의 기준이 될 수 있다는 데카르트적 전통에 대한 거부 속에서, 삶의 합리성이 다르게 구성될 수 있다는 것을 보여주기 위해 논증에 대한 연구가 시작된 경우가 있으며,[6] 다른 한편에서는 학문으로서의 논리학의 고유영역은 인정하지만 논리적 형식들이 현실적 논변들에 대해서는 적절히 적용될 수 없다는 한계를 인식하고 현실에 부합하는 논리적 구조를 해명하기 위해 논증에 대한 연구가 시작된 경우도 있다.[7] 그러나 하버

---

4) '논증론'에 대한 개괄은 *Argumentationstheorie*, von Josef Kopperschmidt, Hamburg, 2000 참조.

5) 하버마스는 '논리학'을 의미론적 단위들(문장들) 사이의 추론관계로 규정하는 반면, '논증론'은 합리적인 행동의 형식 화용론적 전제와 조건에 대한 탐구로 규정한다. *Theorie des kommunikativen Handelns*, Jürgen Habermas, Ba. 1, Frankfurt am Main 1995, 『의사소통행위이론』, 장춘익 역, 나남출판, 2006, 차후 TKH로 인용. 인용은 번역판 페이지로 함 S. 34, 65 참조.

6) *The New Rhetoric*, Ch. Perelman/ L. Olbrechts Tytec, Notre Dame, 1969, p. 1-10.

마스에게 있어서 논증론은 이러한 출발과는 애초부터 다른 관점에서 시작된다. 그에게 있어 논증론은, 세계와 인간에 대한 이성적 설명이 실패한 후 남게 된 철학의 모습이다. 즉 그의 논증론의 핵심은 초월적 이성을 상정하지 않고 어떻게 합리성을 설명할 수 있는가에 대한 물음과 더불어 시작되는 '합리성 이론'의 결과물이다. 그렇기 때문에 그의 논증론에 접근하기 위해서는 합리성에 관한 논의를 먼저 쫓아갈 필요가 있다.

하버마스가 볼 때 '합리적'이라고 하는 것은 언어 행위의 주체가 인식을 소유하는 상태가 아니라 인식을 어떻게 습득하고 사용하는가를 서술하는 표현이다. 우리는 어떤 행위나 주장이 타당성(혹은 신뢰성)을 지닐 때, 그 행위나 주장은 합리적이라고 부른다. 어떤 행위나 주장이 타당성을 지닌다는 것은 곧 필요한 경우 행위의 주체자는 그 행위나 주장에 대한 근거를 댈 수 있다는 것을 의미한다. 예를 들어 A라는 사람이 의사소통을 하기 위해 어떤 특정한 인식을 주장하거나, B라는 사람이 특정한 목적을 달성하기 위하여 그 인식을 가지고 세계에 목표지향적으로 개입하는 경우를 생각해 보자. 이 경우 A는 자신의 주장을 통하여 객관적 세계에 실제로 있는 어떤 것과 관계하며, B는 자신의 합목적적 활동을 통하여 객관적 세계에 실제로 있어야 할 어떤 것과 관계한다. 그러나 두 경우 모두 청자는 A가 제시한 주장이 참이라는 것을 부정하거나 B가 수행할 행위가 성공적이라는 것을 부정할 수 있다. 즉 제시된 주장이 틀렸다거나 혹은 잘못된 것임을 지적할 수 있다. 이 경우 A와 B는 자신의 진술이 참이거나 자신의 행위계획이 성공적인 전망을 가졌다는 것을 근거를 통해 제시해야 한다. 그리고 받아들일만한 근거가 제시되었을 때 그 주장이나 행위는 합리적인 것이라고 말할 수 있다.

이처럼 누군가 비판가능하며 또한 근거제시가 가능한 주장을 하는 경우 하버마스는 그의 행위를 합리적이라고 부른다. 이때 A처럼 명제적 지식을 의사소통적으로 사용한다면 그때의 합리성은 '의사소통적 합리성'이 되며, B처럼 명제적 지식을 비의사소통적으로 즉 목표 지향적으로 사용한다면 그때의 합리성은 '인지적-도구적 합리성'이 된다.[8] 두 경우 모두 합리성의 기준은 비판가능성(Kritisierbarkeit)과 근거제시가능성(Begründungsfähigkeit)에 놓이게 된다.[9] 이런 이유에서 하버마스는 다음과 같이 말한다. "합리적 발언의 합리성이 근거제시 가능성에 있다면 합

7) *The Uses of Argument*, Stephen E. Toulmin, Cambridge 2003, 『논변의 사용』, 고현범, 임건태 역, 고려대학교출판부 2006, S. 15-28.

8) TKH. S. 46.

9) TKH. S. 45.

리적 태도를 취하는 사람의 합리성은 자신을 비판에 노출하고, 필요하면 논증에 적절히 참여하려는 자세에 있다고 하겠다."[10] 왜냐하면 논증(Argumentation)이란 "참여자들이 문제가 되는 타당성 주장을 주제화하고 그것을 논거(Argument)를 통해 뒷받침하든가 혹은 비판하려고 시도하는 대화 형태" 이기 때문이다.[11]

이렇게 본다면 어떤 행위가 합리적이라는 것은 곧 그 행위가 논증가능하다는 것을 분석적으로 포함하게 된다. 왜냐하면 합리성의 기준인 비판가능성과 근거제시가능성은 곧 논증의 조건이기 때문이다. 따라서 누군가 자신이 제시한 주장의 타당성에 대해 논증한다는 것은 그 주장의 타당성을 합리적으로 해명하는 것이라고 말할 수 있다. 역으로 누군가 자신의 행위나 표현에 대하여 합리적이고자 한다면 그는 반드시 그 행위나 표현에 대하여 논증할 수 있어야 한다. 결국 논증행위는 그 자체 합리적 의사소통행위가 되며, 그렇기 때문에 "의사소통적 합리성 개념은 분명히 논증이론을 통해 적절하게 해명될 수 있게 된다."[12]

어떤 주장이나 행위에 대한 합리성의 기준이 비판가능성과 근거제시가능성에 놓이듯이, 합리성이론에 대한 탐구인 논증론은 다음과 같은 물음에 답해야 한다. 첫째, 문제가 제기된 타당성 주장은 어떻게 좋은 근거를 통해 뒷받침될 수 있는가? 둘째, 근거 자체는 어떻게 비판될 수 있는가? 셋째, 타당성 주장과 유의미하게 관련된 논거 내지 근거들 가운데 어떤 것을 다른 것보다 강하게 또는 약하게 만드는 것은 무엇인가?[13]

이러한 물음에 성공적으로 답하기 위해서는 타당성 주장의 종류에 대한 구별이 먼저 이루어져야 한다. 왜냐하면 타당성 주장의 종류에 따라 그에 부합하는 근거의 적절성이 구분될 것이기 때문이다. 그렇다면 타당성 주장의 종류들은 어떻게 구분될 수 있을까? 만일 논증론이 의사소통적 합리성이론에 대한 고찰이라면 논증에서 제기되는 타당성 주장의 유형은 의사소통적 합리성의 양태들에 따라 구분될 것이다. 따라서 논증의 유형들을 도출하기 위해 의사소통적 합리성의 양태(mode)들을 살펴볼 필요가 있다.

10) TKH. S. 58.
11) TKH. S. 57.
12) TKH. S. 57.
13) TKH. S. 67. *Acts of Arguing, A Rhetorical Model of Argument*, Christopher W. Tindale, New York, 1999, S. 5.

II

지금까지 논의된 내용에 따르면, 명제적 지식을 사용함으로써 진리주장을 하거나 현실을 조작하려는 행위는 분명히 합리적일 수 있다. 하지만 우리의 의사소통적 삶을 돌이켜 보면 진리나 성공의 타당성 주장과 결부되지는 않았으면서도 좋은 근거를 댈 수 있는 많은 다른 유형의 발언들이 존재한다. 즉 존속하는 규범을 따르며 주어진 상황을 정당한 행동기대에 비추어 설명함으로써 자신의 행위를 비판자에게 맞서 정당화하려는 사람을 우리는 합리적이라고 부른다. 또한 어떤 소망이나 감정 혹은 정서를 정직하게 표현하거나, 비밀을 털어놓고 자신이 한 짓을 고백하는 등의 행위를 하는 사람도 합리적이라고 부른다. 왜냐하면 그는 그런 체험의 노출로부터 실질적으로 어떤 귀결이 나와야 하는지를 알고 그에 따라 일관되게 행위함으로써 비판자에게 그런 체험에 대해 확신을 줄 수 있기 때문이다.[14)]

이렇게 본다면 명제적 진리와 효율성에 대한 타당성 주장과 결합된 행위들 외에도 규범적 올바름과 주관적 진실성에 대한 타당성 및 평가적 발언의 타당성에 대해서도 비판가능하고 근거를 제시할 수 있다. 이러한 주장들이 모두 비판가능하고 근거를 제시할 수 있다는 점에서 합리적이다. 하지만 그 타당성의 내용은 모두 다를 수밖에 없다. 따라서 타당성의 종류에 따라 비판하고 근거를 대는 논증의 유형도 달라질 수밖에 없다. 논증의 유형이 달라진다는 것은 곧 논증 속에서 제시된 주장에 대한 '근거'의 유형이 다르다는 것을 의미한다. 예를 들어 실천적 토론에서의 근거는 권장된 규범의 일반화 가능성을 표현하는 것이며 평가적 발언에서는 발언의 진정성을 그리고 표출적 발언에서는 그 발언의 진실성을 표현하는 것이 된다.[15)] 따라서 하버마스는 논증의 유형은 문제가 되는 발언의 타당성 주장과 체계적인 방식으로 결부되는 근거의 상이성에 의존하게 된다고 말한다.[16)]

논증의 유형에 따른 구분 외에 같은 종류의 논증에서도 어떤 논증은 다른 논증보다 더 강하거나 혹은 약할 수 있다. 이때 논증의 강, 약은 주어진 맥락에서 주장에 대한 근거가 더 적절한지의 여부에 따라 결정되는데, 이 근거의 적절성이란 그 근거에 의해 토론에 참여한 사람들이 설득될 수 있는지의 여부에 의해, 즉 타당성 주장을 수용하도록 동기 지워질 수 있는지에 따라 결정된다. 이렇게 주장의 서로

14) TKH, S. 54.
15) TKH, S. 62.
16) TKH, S. 57.

다른 타당성 종류에 따라 구분되는 논증의 유형을 하버마스는 다음과 같이 도식화 한다.[17)]

관련 대상 / 논증의 형식	문제가 되는 발언의 종류	논란이 되는 타당성 주장
이론적 토론	인지적-도구적	명제의 진리, 목적론적 행위의 효율성
실천적 토론	도덕적-실천적	행위규범의 정당성
미학적 비판[18)]	평가적	가치기준의 적합성
치료적 비판	표출적	표현의 진실성
설명적 토론	————	상징적 구성물의 이해가능성 내지는 형상화의 적절성

합리성에 대한 분석을 통해 하버마스가 제시하는 논증의 유형을 우리가 받아들인다면 이제 다음과 같은 물음이 제기된다. 즉 이러한 유형들은 단지 경험적으로 즉 우연적인 방식으로 구분된 것인가 아니면 의사소통적으로 구조화된 삶의 합리성 전체를 담보해 낼 수 있을 정도의 체계성을 지닌 것인가? 사실 이 물음은 우리가 논의하고자 하는 합리적인 사회에 부합하는 글쓰기 문제와 직결된다. 왜냐하면 만일 우리가 이러한 논증 구분에 근거한 글쓰기를 구상한다고 할 때, 이 글쓰기가 단지 상황에 따라 변하는 작위적인 것인지 아니면 합리적인 사회의 다양한 영역에서 요구하는 것을 체계적으로 충족시킬 수 있는 프로그램인지가 이 물음에 대한 대답에 따라 결정되기 때문이다. 하버마스에게도 이 물음은 또 다른 의미에서 중요하다. 왜냐하면 그에게 있어 이 물음은 곧 그의 합리성이론이 근대 이후의 합리적 세계를 체계적으로 설명할 수 있는가의 문제와 직결되기 때문이다.

17) TKH. S. 65.
18) 하버마스는 논거가 사용되기는 하지만 토론의 중요한 전제들, 즉 첫째, 문제에 대한 가설적 태도, 둘째, 협동적으로 진리를 찾으려는 동기, 셋째, 대화상대자들 간의 대칭적 관계가 충족되지 않는 경우를 '비판'이라 부른다. TKH. S. 91.

III

하버마스가 논증 유형의 체계적 정당화를 위해 제시하는 방법은 의외로 간단하다. 그는 단적으로 다음과 같이 말한다. "합리성의 조건에 대한 형식적 해명과 합리성 구조의 구현 및 역사적 전개에 대한 경험적 분석은 독특한 식으로 맞물려 있다."[19] 그렇기 때문에 그는 합리성에 대한 형식적 해명을 통해 얻은 논증의 유형은 합리적인 세계에 대해 역사적인 고찰 속에서 확증될 수 있다고 믿는다. 바꿔 말하면 합리성에 대한 경험적이며 역사적인 분석은 형식적인 분석과 일치할 수 있다는 것이다. 하버마스가 이렇게 생각하는 이유는 개인과 집단에게 합리적 행위태도를 가능하게 하는 것은 그 개인이 속해 있는 생활세계라고 생각하기 때문이다. 이런 이유로 논증구조를 분석한 하버마스는 다음과 같이 말한다. "우리는 지금까지 합리화된 생활세계에 속하며 근본적으로 합리적 생활방식을 가능케 하는 의식구조가 이런 근대적 세계이해 속에서 표현될 것이라는 소박한 전제에서 출발하였다."[20]

사실 논증의 유형을 정당화하려는 하버마스의 이러한 생각은 순환적으로 보일 수도 있다. 왜냐하면 논증의 유형은 합리성의 조건과 일치하는 것인데, 어떤 세계가 합리적인 세계라면 당연히 그 세계의 합리성 속에서는 동일한 논증유형이 제시되리라는 것은 당연하기 때문이다. 하지만 하버마스는 이러한 주장을 순환적이라고 생각지 않는다. 그는 오히려 선험철학적 혹은 형이상학적 관점이 제거된 후에 가능한 증명방법으로서 '재구성적' 방법이라고 주장한다.[21] 즉 그는 합리성에 대한 형식적 분석을 통해 도출된 논증의 유형들이 경험적이며 역사적으로 발전된 합리적인 세계 전체를 체계적으로 설명할 수 있다면 그때 도출된 논증의 유형들은 경험적 타당성을 갖는다고 주장할 수 있다는 것이다. 따라서 그는 다음과 같이 말한다. "과학사의 내적 측면들을 추출해내고 경험적 분석과 결합하여 사실적이며 서사적으로 확인된 과학사를 사회적 발전의 맥락에서 체계적으로 설명할 수 있다는 것을 보여주어야 한다."[22]

그렇다면 하버마스가 역사적으로 전개된 합리적인 세계에 논증의 유형이 부합된다는 것을 어떻게 설명하는지 살펴보자. 하버마스는 논증의 유형이 재구성된 것

19) TKH. S. 35.
20) TKH. S. 94.
21) TKH. S. 35.
22) TKH. S. 35.

임을 보여주기 위해 우선 합리화된 세계 이전의 신화적 세계 이해구조와 합리화된 이후인 근대적 생활세계 이해구조의 차이를 고찰한다. 그에 따를 때, 신화적 사고의 근본적인 특성은 자연과 인간 내지 문화를 전혀 구분하지 않는데 놓인다. 즉 신화적 세계 속에서는 물리적 자연과 사회 문화적 환경이 구분되지 않고 혼재되어 있다. 그렇기 때문에 신화는 사물과 인격체 사이에 즉 조작할 수 있는 대상과 언어 및 행위 능력이 있는 주체로서의 행위자 사이에 아무런 구별을 하지 않는다. 그 결과 주술적 관행이 목적론적 행위와 의사소통적 행위 사이에 즉 객관적으로 주어진 상황에 목표실현을 위해 도구적으로 개입하는 것과 인격체 상호간의 관계를 형성하는 것 사이에 무차별적으로 적용된다.[23)]

이러한 자연과 문화의 혼동은 단순히 객관세계와 사회세계를 개념상 혼동하는 것에 그치지 않는다. 그것은 우리의 감각에 비추어 볼 때, 의사소통 매체인 언어와 언어적 의사소통에서 상호 이해의 대상이 되는 것 사이에도 적용된다.[24)] 즉 상징적 구성물로서의 언어와 현실적 대상으로서의 세계에 대한 구별도 사라지게 된다. 그와 함께 세계와 문화에 대해 반성적으로 접근할 수 있는 길이 막히고 만다.[25)]

하지만 근대에 들어서면서 형식적 세계 개념들과 비경험적 타당성 주장들이 분화되기 시작한다. 그와 함께 객관세계와 사회세계가 구분되며 이것들과는 또 다른 공개적인 의사소통에 편입될 수는 있지만 그럼에도 불구하고 '각 개인이 특별한 접근권을 갖는 비공통성의 영역'으로서의 주관세계가 구분되기에 이른다. 이러한 세계 구분에 기초하여 객관세계에는 명제적 진리의 타당성이, 사회세계에는 규범적 정당성이, 그리고 주관세계에는 표출적 진실성과 평가적 진정성이 각기 타당성의 근거로 제시되며, 이 세계를 세계상으로 이해할 수 있는 반성적 성찰 속에서 상징적 구성물의 이해가능성 내지는 형상화의 적절성이 주어지게 된다.

합리성에 대한 형식적 분석으로부터 도출된 논증의 유형이 이처럼 분화된 세계상에 근거한다면, 하버마스의 논증론은 단순히 타당성주장에 대한 논리적 고찰이 아니라 세계와 그 속에서 이루어지는 실천적 행위에 대한 이해가 된다. 역으로 말하자면 각 개인들이 논증적으로 의사소통행위를 한다는 것은 곧 세계를 해석하면서 동시에 구성해 나가는 것을 의미하게 된다. 왜냐하면 "세계상의 합리성은 그 세계상이 개인들에게 그들의 세계의 해석을 위해 어떤 기본 개념들을 사용할 수 있

23) TKH. S. 101.
24) TKH. S. 103.
25) TKH. S. 106-107.

게 하는가에 따라 결정되기 때문이다."[26)]

특히 논증의 유형이 세계상에 근거한다는 것은 단순히 다양한 타당성 주장의 구분에 대한 정당성뿐만 아니라 논증 속에서 이루어지는 비판의 가능성과 연관해서도 중요하다.[27)] 왜냐하면 비판하기 위해서는 비판의 근거가 제시되어야 하는데 공동으로 전제되는 세계상은 바로 근거의 객관성에 대한 기준이 될 수 있기 때문이다. 따라서 그는 다음과 같이 말한다. "어떤 진술의 진리성은 주장된 사실이 객관적 세계에 실재한다는 것을 의미한다. 그리고 어떤 행위가 현행의 규범적 맥락에서 정당성을 갖고 있다고 여겨지는 것은 그 행위를 통하여 산출된 상호관계가 사회세계의 정당한 구성요소로서 인정받는다는 것을 의미한다. 타당성주장은 근본적으로 비판될 수 있다. 왜냐하면 그것은 형식적 세계 개념에 의존해 있기 때문이다. 타당성 주장은 모든 가능한 관찰자에게 동일하거나 또는 구성원들에게 상호주관적으로 공유된 세계를 전제한다."[28)] 이런 이유로 하버마스는 명제적 진리의 참에 대한 주장이나 규범적 정당성 및 평가의 진정성 등은 모두 그 타당성들이 배경으로 하는 세계를 근거로 해서 '초주관적'(transsubjektiv) 평가에 이를 수 있다고 생각한다.[29)]

IV

하버마스의 논증론에 대한 논의를 토대로 글쓰기의 문제로 되돌아가 보자. 만일 하버마스가 말하는 것처럼 논증의 유형이 합리적인 세계의 세계상을 반영하며, 각 개인들이 논증적으로 의사소통행위를 한다는 것은 곧 세계를 해석하면서 동시에 구성해 나가는 것을 의미하는 것이라면, 논증적 글쓰기란 단순히 교실에서 이루어지는 이론적 프로그램이 아니라 사회적 의사소통의 실천이 된다. 그러한 글쓰기는, 논증의 유형이 합리적 세계이해와 결합되는 만큼 그 유형에 있어서도 논증의

26) TKH. S. 96.

27) 이것은 논증론이 답해야 할 두 번째와 세 번째 물음, 즉 어떤 논증이 더 설득력 있는 논증인지에 대한 '객관적 표준'에 관한 문제와도 직결된다.

28) TKH. S. 104.

29) TKH. S. 45. 하버마스가 논증으로 이루어지는 토론이 궁극적으로 '합의'를 목표로 한다고 주장할 수 있는 이유도 마찬가지로 토론에 참여하는 개인들이 공유된 세계를 전제하기 때문이다.

유형과 일치해야 한다. 사실 최근에 논증의 형태에 따라 학문 영역을 구분하고 그 영역에 적합한 글쓰기 프로그램을 만들려는 시도들이 있어 왔다. 그 대표적인 예를 우리는 툴민과 그의 동료들의 작업 속에서 찾아볼 수 있다.[30)]

툴민과 그의 동료들은 논증이 이루어지는 영역을 그 형태에 따라 법률, 과학, 예술, 경영, 윤리 등의 5가지로 구분한다. 그들에게 있어 이러한 구분을 가능케 하는 논증의 형태란 다름 아닌 하나의 논증이 갖고 있는 정확성의 정도, 해결 양식, 목표, 진행과정(규제적, 비판적), 비교적 상황 등이다.[31)] 만일 이러한 척도에 따른 논증 형태의 구분이 합당하다면 그에 부합하는 논증적 글쓰기는 법률적 글쓰기, 과학적 글쓰기, 예술적 글쓰기, 경영적 글쓰기, 윤리적 글쓰기 등으로 구분되어야 할 것이다. 분명히 이러한 구분은 매력적으로 보일 수 있다. 왜냐하면 이러한 구분은 전공 영역에 어느 정도 부합하는 듯이 보이기 때문이다. 하지만 실제로 그러한 글쓰기가 나누어진 영역 속에서 효율적으로 작동할 수 있는지는 다른 문제이다.

먼저 툴민과 그의 동료들이 논증의 형태를 구분하기 위해 제시하는 기준 가운데 두 가지를 살펴보자. 첫 번째 기준으로 '정확성'이 제시되는 이유는 다음과 같다. 물리학과 같은 과학에서 전개되는 논증과 정치학에서 제기되는 논증은 동일한 논리적 구조를 갖는다고 할지라도 그 정확성에 있어서는 전혀 다르다. 왜냐하면 물리학에서 이루어지는 대부분의 논증들은 수학적 엄밀성을 기초로 전개되는 반면, 정치학에서 이루어지는 논증들은 그러한 엄밀성을 갖출 수도 없고 또한 그럴 필요도 없을 때가 많기 때문이다. 따라서 정확성이란 관점에서 보았을 때, 물리학에서 이루어지는 논증과 정치학에서 이루어지는 논증은 서로 구별되는 것으로 보아야 한다.[32)]

'해결양식'에 따른 논증의 구분도 마찬가지이다. 예를 들어 법정에서 이루어지는 논증은 그 논증을 토대로 엄격한 결정을 내리기 위해서 전개된다. 따라서 논증에 참여하는 쌍방은 서로에게 적대적이며 그 논증에 의한 결정은 한쪽의 승소와 다른 쪽의 패소로 결정된다. 반면 사업장에서 이루어지는 노, 사간의 갈등 속에서 전개되는 논증은 그 논증을 통해 승자와 패자를 결정하려는 것이 아니다. 오히려

30) Stephen Toulmin, Richard Rieke, Allan Janik의 공저 *An introduction to reasoning*, New York, 1978. Richard D. Rieke와 Malcolm O. Sillars의 공동저서 *Argumentation and critical Decision Making*,(Addison Wesley Longman 2001)도 참조. 개별학문 영역에 적합한 글쓰기를 구상하는 국내 논문 가운데 주목할 만한 것은 이황직의 「사회과학 글쓰기의 논리와 과제」, 『작문연구』 2006, 5, S. 9–35.

31) *An introduction to reasoning*, S. 271–279.

32) *An introduction to reasoning*, S. 272.

실천적인 합의와 타협이 이루어진다면 그 논증은 성공적인 것으로 간주될 수 있다. 이런 것과 또 다른 해결방식을 취하는 것이 미학적 평론에서의 논증이다. 이때 제시되는 논증은 어떤 판결이나 합의를 도출하기 위한 것이 아니라 영화 혹은 문학작품에 대한 나의 견해가 의미 있다는 것을 전달하기 위한 것이다. 따라서 이러한 논증의 귀결은 옳고 그름이 아니라 의견의 분류화(classification)이다.

툴민과 그의 동료들이 제시하는 이런 기준들에 따른 논증영역의 구분은 일말 타당성이 있어 보인다. 하지만 구체적으로 구분된 영역으로 들어가서 살펴보면 사태는 달라진다. 즉 법률, 과학, 예술, 경영, 윤리 등의 영역에서 이루어지는 논증의 특성이 서로 구분되지 않으며 단순히 소재가 다르기 때문에 논증의 영역이 구분되는 듯이 보인다. 예를 들어 법률적 논증을 살펴보면, 이 영역에서 논증이 구분되어야 하는 이유는 이 논증이 다루려는 법률적 문제(issue)의 일반적 유형 때문인데, 이때 법률적 문제의 일반적 유형이란 곧 '사실에 관한 물음'과 법률을 사실에 적용해야 하는 '법률의 문제'로 구성된다.[33] 하지만 사실과 원리를 사실에 적용하는 문제는 법률적인 부분뿐만 아니라 사회학이나 과학 등 대부분의 영역에서 고찰할 수 있는 문제 유형이다. 따라서 툴민과 그의 동료들이 제시하는 영역별 논증의 유형이 과연 의미 있는 것인지에 대해서는 회의적이게 된다.[34]

툴민과 그의 동료들의 작업과는 다른 형태이기는 하지만 제한된 영역에서 영역별 고유한 논증의 형태를 제시하려는 시도도 있다. 로베르트 알렉시에 의해 출간된 『법적 논증이론』이 그것인데, 만일 이러한 시도가 성공적이라면 우리는 제한된 부분을 확대해서 결국에는 총괄적인 영역별 논증의 유형을 얻으리라는 전망을 가질 수 있다. 하지만 법적 영역에 고유한 논증의 특성을 제시하려는 알렉시의 시도는 그 스스로 규정하듯이 실천적 논증의 특별한 사례에 불과하다.[35] 그에 따르면 법적 논증의 특성은 근거제시를 위해 도입된 전제들로부터 법적 판단이 나올 수

---

33) *An introduction to reasoning*, S. 286-290.

34) 하버마스가 볼 때 툴민도 *The Uses of Argument* 속에서는 논증의 타당성 주장을 행위맥락에 따라 구분하고자 한다.(TKH. S. 77) 그리고 다시 행위맥락은 학술대회, 의료상담, 의회청문회, 기술자들의 설계도 확정회의 등 제도에 따라 구분된다. 그렇다면 논증이 등장하는 행위맥락이 다양한 만큼 같은 수의 논증유형이 있을 수밖에 없게 되는데, 이때 툴민에게 문제는 다음과 같은 것이다. 즉 행위맥락에 따라 달라지는 논증의 장, 즉 법과 의료, 과학과 경영, 예술과 공학기술 등의 장은 단지 기능적으로 즉 사회학적으로 구별되는 것인지 아니면 논증논리학적으로 구별되는지가 분명치 않다는 점이다. 다시 말해 툴민은 논증의 상이한 장으로의 분화를 단지 제도화의 시각 즉 사회학적으로만 구별되는 것으로 파악한다. 그 결과 툴민은 "행위 맥락에 의존하는 관습적 타당성 주장과 보편적 타당성 주장을 분명히 분리하지 못하게 된다."(TKH. S. 83)

있는지를 검토하는 '내적 정당화' 부분과 그러한 전제들이 정당한 것인지를 문제 삼는 '외적 정당화' 부분으로 이루어진다.[36] 하지만 이러한 논증의 특성은 하버마스가 제시하는 논증의 규범적 타당성과 명제적 진리성으로 환원될 수 있다. 따라서 이러한 특성들만으로 법적 논증의 고유한 영역을 확보하려는 시도는 무리한 작업으로 보인다.

이러한 고찰 속에서 우리가 도출할 수 있는 결론은 다음과 같다. 즉 기존의 논의들 속에서 볼 수 있는 영역별 고유한 논증의 유형을 도출하려는 시도는 성공적이지 못하며, 따라서 그러한 영역 구분에 근거한 논증적 글쓰기, 예를 들면 과학적 글쓰기, 법률적 글쓰기, 예술적 글쓰기 등의 구분은 작위적이며 근거 지워지지 못한 것이다. 오히려 근거의 타당성 종류에 따라 논증 유형을 구분하는 하버마스의 견해에 따라 가능한 논증글의 형태를 살펴보는 것이 현재로서는 가장 바람직해 보인다. 따라서 우리가 하버마스가 제시한 논증 유형에 따른 글쓰기와 그와 관련된 글의 종류 및 전공영역을 구상해 본다면 적어도 다음과 같은 도식을 제시할 수 있다.[37]

관련 대상 / 글쓰기의 유형	논란이 되는 타당성 주장	논증글의 종류	전공학과별 구분
이론적 글쓰기	명제의 진리, 목적론적 행위의 효율성	논문, 설명문	인문, 자연, 사회
규범적 글쓰기	행위규범의 정당성	논문, 논설문	인문, 사회
미학적 글쓰기	가치기준의 적합성	비평문	예술
치료적 글쓰기	표현의 진실성	설명문, 이야기, 체험적 혹은 자전적 쓰기	인문, 예술
설명적 글쓰기	상징적 구성물의 이해가능성 내지는 형상화의 적절성	비평문, 해석적 사례연구	인문, 사회, 예술

35) *Theorie der juristischen Argumentation*, Robert Alexy, Frankfurt am Main, 1978, 『법적 논증이론』 변종필, 최희수, 박달현 역, 고려대학교출판부, 2007. S. 39-45.

36) 같은 책, S. 311.

37) 논증글의 종류에 대해서는 이황직의 논문 「사회과학 글쓰기의 논리와 과제」, 『작문연구』 2006, 5, S. 24 참고하였음.

이제까지의 논의를 통해 우리는 다음과 같은 내용을 주장했다.

첫째, '사고와 표현' 교육은 사고하기와 표현하기라는 두 개의 활동을 지향하는 교육이 아니라 하나이며 동일한 활동을 두 가지 양태로 구현하는 교육이다.

둘째, '사고하기'와 '표현하기'가 하나이며 동일한 활동이듯이, '사고와 표현' 교육이 수단으로 삼는 논증적 글쓰기는 단순히 사고한 것을 표현하는 것이 아니라 사유를 재구성하는 과정으로서 사회적 의사소통의 실천이 된다.

셋째, 논증적 글쓰기가 의사소통의 실천인 한에서 그 글쓰기의 유형은 사회적 합리성의 체계에 부합하는 것이어야 한다.

넷째, 합리성에 대한 형식적 분석으로부터 하버마스가 제시하는 논증의 유형은 합리성이 구현되는 다양한 영역에 부합하는 논증적 글쓰기에 적합한 양식을 제공해줄 수 있다.

이러한 주장들 속에서 우리는 논증글의 종류와 전공학과의 연관성을 보충적으로 설명하였다. 이러한 설명이 타당성을 지닌다면, 이제 우리에게 남는 과제는 각 영역에 부합하는 논증적 글쓰기의 프로그램을 구체적으로 만들어 내는 일이다. 이때 중요한 것은 근거의 타당성에 따라 논증을 구성하는 방법에 대한 계발이다. 최근 들어 글쓰기의 환경적 토대는 눈에 띄게 변하였다. 디지털 시대에 컴퓨터를 통한 글쓰기는 마크 포스터가 지적하듯이 더 이상 시, 공간적 제약에 묶이지 않는다. 오히려 텍스트는 수시로 삭제 및 변형이 가능하며, 저자 또한 인쇄된 페이지의 평온한 세계에 머무를 수 없다.[38] 논증은 맥락에 따라 수시로 변경 가능할 뿐만 아니라 새롭게 구성되어야 한다. 이와 같은 물리적 현실 속에서 단순히 아날로그적 선형적 글쓰기를 주장하는 것은 시대착오적일 수 있다. 문제는 고정되지 않고 변화는 상황 속에서 어떻게 유연하게 타당성의 종류를 구분하고 관점의 통일성을 유지하는가이다. 이 문제에 대한 구체적인 해결이 글쓰기의 방법과 연결될 때 비로소 '사고와 표현' 교육은 진정한 의미에서 정보사회에 적합한 사고와 표현을 지향하는 교육이 될 것이다.

---

38) *What's the matter with the Internet*, Mark Poster, Minnesota, 2001, 『미네르바의 올빼미가 날기 전에 인터넷을 생각한다』, 김승현, 이종숙 역, 이제이북스, 2005, S. 135-136.

참고 문헌

이광모, 「대학 교양교육으로서 '토론'과 '글쓰기'의 의미와 방향」『동서철학연구』 44호.

이황직, 「사회과학 글쓰기의 논리와 과제」, 『작문연구』 2006, 5.

Alexy, Robert, *Theorie der juristischen Argumentation*, Frankfurt am Main, 1978, 『법적 논증이론』 변종필, 최희수, 박달현 역, 고려대학교출판부, 2007.

Cooper, Sheila / Patton, Rosemary, *Writing Logically, Thinking Critically with Reading*, New York 2001.

Habermas, Jürgen, *Theorie des kommunikativen Handelns*, Ba. 1, Frankfurt am Main 1995, 『의사소통행위이론』, 장춘익 역, 나남출판, 2006.

Kopperschmidt, Josef, *Argumentationstheorie*, von Hamburg, 2000.

Perelman, Ch. / Tytec, L. Olbrechts, *The New Rhetoric*, Notre Dame, 1969.

Poster, Mark, *What's the matter with the Internet*, Minnesota, 2001, 『미네르바의 올빼미가 날기 전에 인터넷을 생각한다』, 김승현, 이종숙 역, 이제이북스, 2005.

Rieke, Richard D. / Sillars, Malcolm O., *Argumentation and critical Decision Making*, Addison Wesley Longman, 2001.

Tindale, Christopher W., *Acts of Arguing, A Rhetorical Model of Argument*, New York, 1999.

Toulmin, Stephen E., *The Uses of Argument*, Cambridge 2003, 『논변의 사용』, 고현범, 임건태 역, 고려대학교출판부 2006.

Toulmin, Stephen / Rieke, Richard / Janik, Allan *An introduction to reasoning*, New York, 1978.

Die kommunikative Rationalität und das argumentative Schreiben.

Lee, Kwang-Mo

Zusammenfassung

Es handelt sich bei der vorliegenden Arbeit um die Möglichkeiten der verschiedenen Typen des argumentativen Schreibens. Es ist in der Arbeit vorausgesetzt, daß sich die Erziehung 'Denken und Expression' nicht auf die zwei Handlungen, 'denken' und 'ausdrücken', sondern auf die eine Handlung, die sich in zwei Modalitäten, 'Denken' und 'Ausdrückrn' zeigt, richtet.

Es ist daher in der Arbeit behauptet, daß das argumentative Schreiben, ein Mittel zur Erziehung 'Denken und Expression', den eigentlichen Inhalt des Denkens nicht einfach ausdrückt, sondern das Denken selbst reconstruiert, also eine Praxis der sozialen Kommunikation ist.

Aus der Behauptung kommt schließlich;

erstens, die Arten und Typen des argumentativen Schreibens müssen dem System der sozialen Rationalitäten entsprechen.

zweitens, die Analyse der Rationalitäten von J. Habermas wird dabei zur Etablierung der Arten und Typen des argumentativen Schreibens sehr behilflich sein.

Keywords: Kommunikative Rationalität, Argumentatives Schreiben, Argumentationstheorie, Harbermas.

이 논문은 2008년 9월 26일에 접수하고 2008년 10월 17일에 심사 완료하여 2008년

10월 24일에 게재가 확정되었습니다.

제3부

부록

편집후기

오솔길 경제학

윤병태

서민들이야 오늘도 어제 같고, 내일도 오늘 같은 탈 없는 일상을 바랄 뿐이다. 주식이 무엇인지 알려고도 하지 않는 가난한 대부분의 사람들은 튼튼한 몸이 있고 식구 먹여 살릴 만큼의 월급 주는 직장이 있고 휴식을 취할 집이 있으면 이것을 하늘의 축복으로 믿고 살아간다. 먹고 입는 비용 줄여 가끔 여행이라도 다닐 여유라도 가지면 평범한 생활인들은 신에게는 물론 이 사회에도 감사의 기도를 잊지 않는다. 더욱 성실하고, 부지런히 일하고, 정직하게 살 것을 하느님과 조상님께 맹세하는 것이 보통이다. 그런데 며칠 전부터 온갖 언론 매체에 의해 이런 일상적 바람과 희망에 이상이 생기기 시작했다.

주가가 폭락하는 것은 가난뱅이 서민들에게는 고소하고도 신나는 일이다. 떨어질 대로 떨어져 휴지 조각이 된들 밑질 것도 없고 망할 것도 없다. 차라리 그렇게 되면 마지막 순간 단 하나의 주라도 구해서 한없이 주가 오르기를 바라는 고급스러운 희망을 가질 것이니 즐거운 노릇이다. 일은 아니 하면서도 골프장이나 들락거리고 해외여행으로 세월을 보내는 이들의 한숨 소리는 가난뱅이들에게 얼마나 큰 위안의 노랫소리인가? 더구나 가난뱅이들은 습성상 이런 이들 중 일부가 정치가이고 국회의원이라고 믿기 때문에 그들이 말하는 국가 경제 위기니 세계 공황의 위험이니 하는 보도들을 접한다고 해서 진지하게 듣지도 아니하고 대수롭게 여기지도 않는다. 강도의 차이는 있어도 나 역시 이들 중 한 사람이다. 하지만 요즈음 하루도 거르지 않고 주가 폭락과 환율 상승 보도를 보면서 이런 상황이 가난뱅이라고 해서 그렇게 기분 좋은 일만도 아니라는 것과, 그들의 한숨 소리가 결코 거지들을 위한 위안의 노래 공연이 아니라는 것, 그래서 자칫 잘못하면 빌어먹을 수 있는 관용의 사회 분위기조차 사라질 것이라는 위기감과 불안이 밀려오기 시작했다. 식자들 사이에서는 1929년을 능가하는 대공황 징조가 나타나고 있다는 것과 시장 자유자본주의가 종말을 고하거나 국가독점자본주의라는 새로운 사회체제가 도래할 가능성이 조심스럽게 점쳐지기까지 한다. 주식은 물론 카드 하나 없는 이들에게도 물가 폭등과 일자리 상실은 곧바로 생활에 영향을 미치면서 불안과 공포는 가중된다. 세계 경제의 위기, 또는 세계 금융시장 질서의 붕괴로부터 지금의 불안과 공포가 기인한다는 알쏭달쏭한 말들이 반복적으로 들려오면서 전에는 관심조차 갖지 않던 경제학의 개념들에 대해 촉각을 곤두세우게 된다. 궁한 것이 평범한 사람을 생각하게 하는 것인지도 모른다.

오늘날의 생활은 독자적 고립을 용인하지 않는다. 자신이 보유한 주식이나 통장이 없다고 그것을 가진 이들의 몰락을 즐거워하기에는 너무도 밀접히 서로 연결되어 있다. 그들의 몰락의 후유증은 그들에게만 나타나는 것이 아니라 그 옆에서 전혀 다른 생을 사는 이들에게도 간접적으로가 아니라 직접적으로 나타난다. 수천 킬로미터 밖의 해저 지진이 동남아 해안을 초토화시키던 해일로 덮쳐오는 것처럼 불과 500미터가 될까 말까 한 길이의 뉴욕 월가의 주가 폭락은 뉴욕이 어디인지도 모르고 사는 대부분의 사람들의 생계에도 치명타를 날리고 있다. 증권가는 물론 은행 문턱조차 가본 일이 없는 이들에게 막노동이나 막벌이 시장이 급격히 줄어들어 실업률이 상승하고 생필품 값은 뛰어오르며 영세 업체들은 도산한다. 생활고를 비관하여 자살하는 이들이나 아무데나 불질, 칼질하는 미친 범죄자들이나 생계형 몸팔이들이 늘어난다. 부자들은 부자들대로 마땅히 투자할 곳을 찾지 못해 주식시장과 지하 경제 규모는 점점 커지지만 그 돈이 산업 생산에 들어가기보다는 사채업과 노름과 도박판으로 전전하면서 그들 역시 급격히 몰락해간다. 이런 전조들이 우리나라뿐 아니라 신흥 산업국가들 여기저기서 나타나고 있다.

자본주의가 역사 속에 나타나 찬란한 꽃을 피운 지 300년도 넘기지 못하고 몰락하는 것인가, 아니면 보다 더 세련되고 정교한 모습으로 부활하기 위한 일시적 홍역인가의 시험대에 서 있는 것만은 분명하다. 오늘날의 풍요로운 물질문명은 산업혁명에서 유래되는 자본주의의 산물이다. 이 풍요로움이 모두에게 돌아가는 것이 아니라 소수에게 돌아간다는 점을 간파하고 이런 사회를 비판하고 새로운 사회를 건설해야 한다는 이데올로기가 정치 경제의 새로운 이념으로 정착한 지도 벌써 한 세기를 지났다. 또 이런 이념 위에 수립된 사회주의 국가가 하루아침에 붕괴되고 체제 경쟁에서 자본주의가 승리했다고 선언한 지도 십 수년을 넘어서고 있다. 이제 그 자본주의가 다름 아닌 자기 자신의 존재 원리인 시장 자유의 원칙에 의해 목이 졸리고 있는 것이다. 도대체 자본주의의 이 병은 어디에서 기원하는 것일까?

자본주의의 출현과 그 본질과 발전사에 어떤 관점과 시각을 가지고 평가하느냐에 관계없이 그 공로는 참으로 지대하다. 최고도의 자본주의 속에 살고 그것을 향유하는 나라에 사는 학자들은 서슴없이 자본주의를 역사의 종점으로 선언한다. 고전적 의미의 원시적 자본 축적과 상업자본주의에서 산업자본주의로 이행하고 그 궁극은 금융자본이 주도하게 된다는 것은 진화론과 과학주의에 입각한 자연스러운 결과라는 것이다. 물론 그 정점은 미국이다. 말하자면 미국은 자본주의 진화의 마지막 꽃인 금융자본주의를 완성했고 그 완성이야말로 이데올로기적 역사의 종말이며 따라서 이 종말은 인류가 이룩할 수 있는 최선의 지상낙원의 수립이며 이 낙원은 적어도 이데올로기적으로는 훼손될 수 없다는 것이다. 그러나 따지고 보면 금융 자본주의는 자유시장경제 체제에 의해 정초되는 고전적 자본주의의 위기를 초래한 1873~1886년의 불황 타개의 방식으로 세계사의 전면에 나타난다. 상품교환 시장의 일정한 규칙과 질서 속에서 자유경쟁 원칙으로 유지되던 산업자본주의는 최소한도의 자본 윤리를 가지고 있었다는 점에서 건전한 사회였다고 하겠다. 이 공황을 목도했을 엥겔스는 『자본론』 MEW. 25에서 편집자 주(注)로 이렇게 서술하고 있다.

> 오랫동안 찬사를 받던 경쟁의 자유는 종말을 고하면서 자신의 파산을 치욕스럽게 공표하지 않을 수 없게 되었다. …… 오늘날 모든 대공업 분야에서 생산은 점점 빠른 속도로 증가하고 있는데 이와 반대로 이 증가한 생산물을 위한 시장은 점점 더 느리게 확대되고 있을 뿐이다. 몇 개월이면 생산해내는 것을 시장은 몇 년이 흘러서야 겨우 흡수할 수 있을 뿐이다. 게다가 (국가의 – 필자) 보호주의 정책이 덧붙여져서 각 공업국가들은 다른 나라에 대해 장벽을 만들고 국내 생산 능력을 인위적으로 높이고 있다. 그 결과 만성적 과잉 생산과 가격 하락, 이윤 감소와 더 심하면 이윤 소멸이 일반화 되어버린다.

이것은 현재에 대한 예언이 아니라 19세기 중반 이미 일상적 사회 현상이었다. 당시 이미 대기업끼리 어깨동무해서 생산을 조절하고 주문량을 분배하고 이것을 합법화하기 위해 자기가 속한 국가를 매수했다. 국내는 물론 국제적 카르텔과 트러스트가 결성되고 소비시장을 계산한 생산 규모가 조정되고 생산에 드는 비용을 국가가 결제하는 독점자본주의도 생겨났다. 이것이 20세기로 와서 더욱 가속화, 심화되어 결국은 사적 소유의 제한을 받지 않는 사적 생산이 생겨나고 사적 소유에 의해 통제되지 않는 사적 생산의 주체로서 국가가 되어버린다. 국가는 더 이상 개개인의 안녕과 사회질서의 수호자가 아니라 변형된 자본의 수호자로, 그리하여 그 자본의 모든 경쟁 요소를 제거하는 수단으로 전락하게 되었다. 독점은 경쟁의 결과이지만 철저하게 경쟁을 부정한다는 점에서 반자본주의적이다. 19세기 말에서 20세기 중반에 이르는 시기를 많은 사회 역사가들이 제국주의 시대라고 부르는 이유가 여기에 있다. 제국주의에서는 경쟁이 아니라 독점이 지배한다. 이 독점을 가능케 한 것은 금융자본이다. 다시 말해 금융자본은 독점자본주의 단계의 독특한 현상 방식이었다. 마르크스와 엥겔스는 이 독점자본주의 체제를 주식회사 국가로 이해한다. 주식회사란 고도로 발전된 사(私)기업 형태로 자본가의 자본뿐 아니라 사회의 유휴자본을 흡수하여 자본 규모를 확대 집중하는 메커니즘을 가지고 있다. 회사에 출자한 주주의 지위 및 권리는 출자액 한도로 제한하고, 주식은 각각 같은 값을 가지며 또한 타인에게 양도 가능하다는 것이 주식회사의 특징이다. 주주의 성격과 기능에 따라 회사의 실질적 경영을 위한 사업주주와 경영에 직접 참여하지는 아니하는 투자주주와 투기주주로 나눌 수 있다. 각 주주들은 회사의 지속이 아니라 자신들의 이익에 따라 행동한다. 여기서 각자의 이익이 극대화되는 쪽으로 서로 협력하지만 그렇지 않을 경우 미련 없이 흩어지므로 회사 지속이 모두의 이익에 기여하도록 끊임없이 그들은 궤도 수정을 해나간다. 이 과정은 형식적으로는 자본의 자유경쟁이지만 내용적으로는 언제나 큰 자본 쪽이 경쟁의 승자로 남는다. 그 발전과 진화의 마지막은 물론 자본 집중인데 이 단계가 되면 더 이상 자유경쟁도 자본 자체의 메커니즘도 사라지고 자본과 국가의 통일이 나타난다. 일단 국가주식회사가 정립되면 독점의 지속을 가능케 하는 요소들, 즉 대내적으로 금융과 산업과 국가의 동일성이 나타나고, 대외적으로는 원료 공급지와 생산물 소비지로서 식민지 확보가 필수조건인데 이 동일 조건을 충족시키려는 다른 주식회사 국가들과의 식민지 쟁탈전에 직면하게 된다. 이러한 제국주의적 본성이 제1차 세계대전을 기점으로 사라졌다고 보는 것은 억지이다. 이 본성은 형태가 다소 변질되고 그 구성 변수들 또한 그때보다 훨씬 복잡 다양해졌음에도 불구하고 오늘에도 여전히 반복적으로존재한다.

죽어 어디 묻혔는지도 모르는 엥겔스나 마르크스를 들먹이지 않아도 자유경쟁은 애초부터 기회나 조건의 평등에서 시작되는 것이 아니라 기술력과 자금력 그리고 생산력의 근원적 차별과 차등에서 시작하므로, 경쟁은 처음부터 유리한 상황을 점한 강자가 승자가 될 수밖에 없고 지속적 경쟁을 통해 고정자본과 금융자본의 거대화에 성공한 몇몇 대기업으로 경제체제 자체가 독점되어간다. 요컨대 19세기 중후반 독일에서 그랬던 것처럼 대기업의 소유주나 사장 또는 임원중에서 총리도 되고 장관도 되도 국회의원도 되는 것은 그들이 원하는 것이기도 하지만 실은 국가와 정부 쪽에서 그들을 절실히 필요로 하게 되기 때문이기도 하다. 이렇게 해서 독점은 국가 강제력, 즉 삼부권력과 그 권력의 보호를 위한 군사력과 경찰력을 합법적으로 가지는 국가를 실질적으로 장악하고 그 사회는 명실상부한 정치 · 경제의 합일체인 리바이어던을 만들어낸다. 한 나라에서 자본의 집중 독점과 은행의 집중 독점은 동시에 이 둘을 하나로 붙이는 접착제가 되기도 한다. 말하자면 산업이 몸이라면 은행(금융)은 그 영혼이 되어 서로 떨어지지 않고 죽을 때 까지 하나가 되어 있으려 한다. 오늘날에도 사회 유휴자본 대부분을 흡수하고 이것을 대기업의 유동자본으로 단기 신용화하거나 고정자본으로 장기 신용화하며 제공하는 것은 이 둘의 단순한 유착관계가 아니라 하나로 들러붙어 있는 일심동체의 접착 특징을 보여주는 것이다. 이 둘은 서로의 주식을 보유하고 공유함으로써 마치 신혼부부처럼 하나임을 매 순간 확인하고 실천한다. 금융자본은 국내뿐 아니라 해외에 금융지배 시스템을 조직하여 독점 이윤을 추구하고 비독점 지역을 지배 정복하기 위해 기업은 물론 국가의 힘을 머슴처럼 동원한다. 엇비슷한 산업 및 금융의 힘을 가진 나라들이 식민지 쟁탈전에서 죽살이치는 전쟁에 돌입하는 것은 이 때문이다. 두 차례 세계대전을 경제사 관점에서 들여다보라.

국가 독점자본주의 또는 금융자본주의의 세계 지배 요구는 공황을 통해 더욱 강화되며 우리는 그 예를 1929년 10월 뉴욕증권시장의 주가 폭락으로 야기된 세계공황에서 볼 수 있다. 이번의 위기와 똑같이 당시 역시 은행들은 합리적 회수 가능성을 전혀 고려하지 아니하고 이자를 많이 낸다는 데 서명하기만 하면 마구잡이로 아무에게나 돈을 빌려주고, 빌린 이들 역시 투자 명목으로 주식과 부동산 투기에 마구잡이로 뛰어들지만 부동산과 주식 값이 떨어지자 빌려준 돈을 회수하지 못하는 은행들이 도산하고 뒤이어 주식이 폭락하여 휴지가 되고……. 여기에다 기술과 경영 체계의 비약적 발전으로 비대해진 생산력과 노동자 및 일반 대중들의 구매력 저하 관계에서 발생한 불균형이 가세했다. 이 공황은 규모에서 사상 초유의 것이었고 부분적으로 그때 새로이 나타난 변수들이 혼재해 나타나기는 하나, 그 기본 형식은 1873년~1886의 불황과 같은 것이다. 이 공황에서 각 열강이 취한 국수주의적 보호무역 정책이나 자국 산업 육성과 수출 증대를 위한 환율 인하 경쟁 등은 급기야 해외시장 축소는 물론 상호 대립을 첨예화시키더니 급기야 제2차 세계대전으로 몰고 가게 된다.

국가 금융 독점 제국주의는 자본주의의 정점이기는 하지만 더 이상 고전적 자본주의는 아니다. 겉으로 경쟁을 이데올로기로 내세우고 실제로 경쟁을 부추기지만 경쟁의 토대가 되는 기회 균등은 다만 허울뿐이다. 기회 균등은 독점의 세계에서는 가능하지 않으며 경쟁 역시 공정할 수 없다. 한쪽은 언제나 유리한 위치에서, 다른 한쪽은 언제나 불리한 위치에서 불균형적 경쟁을 하게 되며 승자는 대체로 유리한 위치에 있는 측에게 돌아가기 마련이다. 더구나 국제 사회에서 이 같은 불균형은 더욱 노골적으로 나타난다. 더 이상 경쟁에 끼어들 수조차 없는 아프리카의 가난한 나라나 작은 나라들은 비록 공황의 파도에 제일 먼저 희생됨에도 불구하고 금융제국주의 시장에서는 고려조차 되지 않고 문제조차 되지 않는다. 스스로 신흥공업국이며 모범적 자본주의 국가로 자평하는 한국과 자유경쟁을 구두선처럼 외치는 미국이 어떤 생산 분야에서, 어떤 금융 분야에서 경쟁이 될 수 있는가? 마음만 먹으면 언제나 자유롭게 달러를 찍어낼 수 있는 나라와, 남이 찍어낸 달러를 국제결제 통화로 사용할 수밖에 없는 작고 약한 나라의 경쟁은 있을 수 없다. 물론 자신의 주도하에 세계 질서를 유지하려는 세계 경찰인 미국이 이 질서에 혼란과 파국을 야기하는 짓을 스스로 하기는 어려울지 모르지만 필요하다고 생각되면 이 큰 나라는 무엇이든 할 것이다(지금 종이돈 달러를 부지런히 찍어대는 미국은 우리보다 얼마나 행복할까? 그러나 너무 많이 찍어내면 달러는 휴지가 되고 그렇게 되면 자국의 금융은 물론 실물경제도 완전히 붕괴되고 달러 예속 국가들은 달러로부터 독립하게 된다는 것을 그들은 우리보다 더 잘 알고 있을 것이다. 들리는 소문에 의하면 종이돈 유로화를 찍어낼 권한을 가진 몇몇 유럽 강국들 – 프랑스 독일 등 – 의 고민 역시 미국과 유사하다고 한다). 많은 이들이 미국 지도하에 경제 및 군사적 세계 질서가 당분간 유지될 것으로 보는 것은 결코 이상한 일이 아니다.

자국 화폐와 경제가 세계 화폐와 세계 경제이고 자국 언어가 세계 언어이며, 자국 군사력이 자국을 제외한 세계 전체의 군사력보다 더 큰 미국은 더 이상 1, 2차 대전과 같은 세계 전쟁을 통하지 않고도 경제 독점을 유지할 수 있다. 미국에 고분고분하지 않으면 생계는 물론 생존 자체가 불가능한 것이 오늘날 약소국의 현실이다. 약소국에게 아마도 가장 현명한 길은 자신의 대내외 주권을 미국에게 맡기고 미국말을 쓰고 미국식으로 생각하는, 즉 미국민으로 편입하는 것일지 모른다. 자존심보다 더 귀한 것은 생존이기 때문이다. 비행기만 타면 별 쓸모없는 한국 돈 보다 미국 위인들의 초상화가 그려진 달러가 많이 든 지갑을 가지는 것은 얼마나 현명한 일이며, 한국 여권이 아닌 미국 여권을 가지고 혀꼬부랑 소리를 하는 것은 또 얼마나 자랑스럽고 행복한 일인가?

경쟁이 사라진 독점, 특히 금융자본의 완전한 독점이 자국뿐 아니라 국제적으로 완전하게 이루어진 나라는 단순히 세계의 지도자가 아니라 세계의 창조자로 등극한다. 그 나라의 자유는 세계의 자유이고 그 나라의 기쁨은 세계의 기쁨이고 그 나라의 고통은 세계의 고통이며 그 나라의 말은 세계의 말이고 그 나라의 법은 세계의 법이다. 모든 것이 그 나라의 기준으로 평가되거나 등급 매겨지고 살고 죽는다. 그 나라가 바라는 모든 것은 이루어지고 바라지 않는 모든 것은 사라진다. 그 나라가 찬성하면 되지 않는 일이 없고 반대하면 되는 일이 없다. 어느 어리석은 자가 그 나라를 비판하거나 욕하면 그 나라가 아니라 어리석은 자의 조국인 그 나라 신민에 의해 유다로 낙이 찍히고 동족에 의해 처단된다. 이것이 오늘날 약소국가의 민중이 처한 운명이다.

요즈음 해가 뜨나 지나 법석을 떠는 것은 미국발 금융위기론이다. 대체적 내용은 미국의 서브 프라임 모기지(비우량 담보 대출) 사태로 금융기관의 연쇄적 파산이 도래하여 금융 신용 체계 자체가 마비되었다는 것이다. 수입도 돈도 없이 은행에서 대출을 받아 집을 사서 집값이 오를 때 팔아 그 차액으로 빚을 갚고 나머지로 카지노도 가고 해외 골프 여행도 다니는 부동산 투기는 우리가 미국보다 먼저인지도 모르겠지만, 하여간 이 투기에 문제가 생긴 것은 집을 너무 많이 지어 값이 떨어져 대출 금액을 밑돌게 되자 돈을 갚지 못하게 되는 개인 수가 많아지자 대출은행이 망하고 또 그 은행에 투자하거나 그 은행이 투자한 다른 파생 금융기관들이 줄줄이 도산하여 이 사태까지 왔다는 것이다. 노름판의 판돈이 바람에 날려가 혼란이 생긴 것이다. 우리 입장에서 보자면 판돈을 털러가 먹고 튀었다고 하는 편이 더 정확한 표현일 것이다. 19세기의 고전적 금융자본과 달리 오늘날은 돈 자체가 그냥 상품인 것이 아니라 건전하지도 합리적이지도 않은 방식으로 끊임없이 가지 치고 새끼 쳐서 이른바 파생금융상품의 거대 시장을 형성한다. 오늘날의 금융자본의 마술은 실물 산업경제나 민생경제와의 연결고리를 끊고 국경을 초월하여 그야말로 자유로운 자기복제와 분할로 사실과 환상, 꿈과 현실의 경계를 없애고 있다. 투자와 투기의 경계가 사라지고 사람들은 불나비처럼 부채와 자산을 구분하지 않고 은행과 사채업자들에게 팔딱거리며 날아든다. 이런 상황은 금융시장에 일정한 규칙이 있고 그 규칙이 지켜지는 동안에는 안정적이지만 금융상품 자체가 가진 비합리적 요소(노름판 성격) 때문에 깨어질 수밖에 없으며 따라서 공황과 혼란은 필연적인 것이다.

오늘날에는 한 은행에서 예금자들의 돈을 어떤 이에게 이자를 받고 빌려주고 그가 다시 그 돈으로 집장사를 하거나 또는 이것을 건설업자가 빌려 집을 짓고 그 집을 팔아 차액을 남겨 빚도 갚고 하는 과정이 수십 수만의 중첩을 이루면서 복잡하게 뒤얽힌다. 이 와중에서 그 안에 실재로 돌고 있는 돈의 총액은 일정하지만 명목적인 돈의 총액은 실재와는 크기에 있어서도 엄청나게 부풀어져 있고 또 일정하지도 않은 유동적인 것이다. 각각에게 서로 다른 이자율이 적용된다고 하고 1,000원의 돈을 A가 B에게 빌려주고 그것을 B가 다시 C에게, 또 C는 D에게 D는 다시 A에게 빌려줄 경우 끝까지 불변하는 실재의 돈은 1,000원이나 유통된 돈의 총액은 1,000×5의 5,000원에다 각각의 이자를 합친 금액이 되는 것과 같은 이치이다. 문제는 상품으로서의 돈을 빌리고 갚는 데 미리 정해진 일정 규칙이 있지만 유통 과정의 어느 단계에 이르면 그 규칙을 지킬 수 없거나 지켜지지 않는 경우가 생긴다는 것이다(다단계 판매 회사의 체계가 어느 순간에 반드시 깨어지는 것과 형식적으로 같다고 하겠다). 말하자면 이것은 단순히 과잉 생산이나 산업자본 축적의 산물로서 생산과 소비 관계의 불균형 때문에 생기는 것이라기보다 규제되지 않는 인간의 허황된 비이성적 욕망 때문에 고전적 자본주의의 원리 중 하나인 신뢰조차 감당할 수 없게 되는 시점에서 생겨난다. 때문에 시장의 자율에 맡기면 망할 것은 다 망하고 살아남을 수 있는 것만 남게 되므로 다시 새로운 조화와 균형이 생겨난다. 생산이 축소되어 과잉과 잉여가 정리되고 물가는 폭락 또는 안정되며 기업들은 합병, 정리되고 실업자가 증가하면서 노동임금은 하락한다. 이 과정에서 시장은 안정되고 더욱 건강하게 되어 자본주의는 더 강건해진다는 것은 지금까지의 세계 공황의 역사가 대변한다. 몇 주 전 시작된 미국발 금융 위기가 세계 대공황을 초래할 것인지 아닌지는 더 두고 봐야 하겠지만 자본주의를 더욱 강화시키는 결과를 초래하는 것이라는 것은 자명하다. 다만 그 강화된 자본주의 형태는 더 이상 자유경쟁에 기초한 건전한 산업자본주의가 아니라 그 반대, 즉 국가 독점에 의한 제국주의적 돈 놀이판 자본주의, 다시 말해 약육강식에 입각한 국가독점자본주의라는 것이다. 물론 이것은 몇몇 사람들이 말하는 노름의 일정 룰이 지배하는 카지노 자존주의와는 달리, 고전적 제국주의 자본주의의 변형태인, 속임수와 은폐, 힘과 기술의 결합체의 새로운 룰이 지배하는 자본주의의 부활로 보면 정확할 것이다.

끝까지 가든 중간에 깨지든, 놀음판에서 마지막 승자는 그 판에서 제일 돈 많은 이나 타짜가 아니라 바로 노름 규칙을 정해놓고 그 판을 빌려주고 우전과 세금을 뜯을 만큼의 충분한 주먹과 강제력을 행사할 수 있는 주체이다. 금융자본의 실질적 주인인 금융재벌들은 그들 자신이 대통령이고 의원이거나, 또는 그들의 돈이 뽑은 대통령과 의원들을 마치 자신의 직원처럼 부리기도 하고, 필요할 경우 그 정치판을 엎기도 하고 다시 벌이기도 한다. 뉴욕 월가가 다 망해도 그 임원들은 물론 월가 말단조차 챙길 것은 다 챙겼고 그것은 금융가도 마찬가지이다. 이때 더욱 강화되는 것이 국가의 권력(그 내부에는 거대 금융자본이 도사리고 있다)이며 이 권력으로 망해가거나 허약해진 금융자본을 정리하고 사들인다. 요즈음 미국에서 쓸 만한 은행은 국유화하고 쓸모없는 것들을 제거하려는 작업이 이미 시작된 것은 결코 이상할 것이 없다. 이상하다면 자유시장경제 원칙의 자본주의가 국유금융시장경제로 바뀐다는 모순 때문인데 이것은 단지 금융에만 국한되는 것일 뿐이다. 이 뒤를 이을 실물경제의 위기는 일반 서민들의 삶의 위기이지 금융시장 지배 세력의 위기는 아니며 이 같은 사정은 국제관계에서도 그대로 적용된다. 국제관계에서는 미국이 금융자본가이고 그 외의 약소국들 또는 개도국들은 서민의 역할을 하는 운명을 가지므로 망하는 것은 후자일 뿐이다. 금융자본가 미국은 망할 국가는 망하게, 쓸 만한 국가는 헐값에 사서 자신의 변방 시민으로 만든다. 밑질 것이 전혀 없는 장사이다. IMF가 세계를 위한 것처럼 위장하고 있지만 사실은 금융 선진국 특히 미국과 그 나라에 하나로 붙어 있는 일부 산업 선진국의 돈놀이와 금융 지배 기관인 것을 아는 사람은 다 알고 있다.

많은 경제학자들이 현재의 금융 위기를 신뢰의 위기에서 유래한다고 주장한다. 옳은 말이다. 금이 화폐를 대신하던 옛날에는 금 자체가 가지는 가치, 즉 적절히 귀하고 적절히 유용한 가치 때문에 신뢰를 요구하지 않아도 국제통화로서 금을 믿었다. 그러나 욕망은 무한한데 금이 유한하게 되자 금 대신 은이나 구리로 대체가 모색되었으나 여러 가지 이유로 보조 화폐의 위치에 머물게 된다. 산업혁명으로 생산량이 높아지고 욕구가 다양해지자 종이돈이 급격히 위력을 발휘하게 된다. 그러나 19세기 중엽에 이르기까지도 종이돈은 편리함에도 불구하고 국내용일 뿐이고 또 그 액수에 해당하는 일정량의 금을 바꾸어주는 보관증의 성격을 강하게 가진 것이었다. 명실상부하게 종이돈이 금화 은화를 능가하는 지배력을 행사하게 되는 것은 제2차 세계대전 후 달러화라 해도 과언이 아니다. 하지만 그때에도 1 달러=금 35온스의 교환 원칙을 지켜 세계 기축 통화의 자격 조건을 충실히 이행하였고 그동안에는 자본주의가 비교적 건전한 국제 시장 질서를 유지 했다. 그때까지는 신뢰가 지배한 것이다. 이제 그 신뢰가 사라졌다. 금으로 바꿔주지도 않는 종이돈을 무작정 언제까지나 믿을 수는 없기 때문이다.

금과 은은 그 양이 제한되어 귀한 것이지만, 어디서나 반드시 그런 것은 아니기는 하나, 종이는 거의 무진장하다. 제2차 세계대전 이후 20여 년 간 국제통화로서 엄격하게 신용과 신뢰를 쌓아온 종이돈 달러는 실은 그냥 종이가 아니라 그 만한 가치의 금이요 은이었기 때문에 세계 어느 나라도 달러를 의심하지 않았다. 게다가 종이 위에 영어와 아라비아 숫자로 1 dollar, 10 dollar, 100 dollar, 1,000 dollar,

미국의 마음대로 쓸 수 있었고 지금도 그러하다. 물론 미국은 종이 값을 0에 가깝게 만들 수 있다. 단 이때 그 액면가에 해당하는 금을 바꾸어줄 수는 없다. 금이 귀하기 때문이다. 태환지폐에서 불환지폐로 변신하자 종이돈은 무한히 자유롭게 춤추게 된다. 이때가 1971년이다. 당시 미국은 월남전 때문에 달러를 마구 찍어낼 수밖에 없었다고 변명하지만 월남전이 끝난 뒤에도 금환본위제도로 환원하지 않았다. 미국 금융자본의 세계 지배는 이처럼 종이돈 달러가 금으로부터 해방되면서 확고하게 예고되고 정착된다.

마음만 먹으면 아무 때나 자유롭게 국제 화폐를 찍어낼 수 있는 나라와 그 화폐를 가져야 연명하는 약소국과의 자유경쟁이 가능한 분야는 어디에도 없다. 아무리 수출을 해도 달러를 국제결제 화폐로 사용할 수밖에 없는 나라는 금융 분야에서는 달러 조폐국과 경쟁하는 것이 절대적으로 불가능하다. 흥미 있게도 미국은 제조업과 같은 산업경제 분야를 우리나라 같은 약소국가에게 넘겨준다. 그래서 우리나라와 유사한 처지에 있는 나라들이 운동화를 만들고 핸드폰도 만들어 자유롭게 그 나라에 수출할 수 있게 하여 우리를 안심시킨다. 미국에 가보라. 그들은 무기와 첨단 제품을 제외한 대부분의 물건들을 노동력이 싼 약소국에서 저렴하게 사다 쓸지언정 만들지 않는다. 약소국이 미국에 매달리고 고마워하는 것은 당연하다. 그러나 진정으로 고마워해야 되는 것인지는 좀 따져보아야 한다. 그들은 달러를 찍어내고 우리 같은 약소국은 그 달러를 얻기 위해서 죽을힘을 다하여 엄청난 노동을 들여 좋은 물건을 만들어 그들의 검사에 통과해서 팔아야 한다. 그들이 싫으면 안 사면 그만이지만 그들이 안 사면 우리는 죽는다. 더구나 그들은 상품뿐 아니라 우리에게 점수도 매기고 등수도 매기고 정학도 시키고 퇴학도 시킬 수 있는 선생님이고 경찰이다. 그러니 눈치를 아니 보고 멋대로 하는 것은 자살 행위인 것이다.

미국의 금융 위기는 좀 더 숙고된 안목으로 보면 이미 예견된 것이었다. 이 위기는 미국을 위해 최선의 기회이기도 하다. 미국의 엘리트들이 이것을 모를 리가 없다. 왜냐하면 그 위기는 확산되어 약소국을 덮쳐 망하게 할 것이 뻔하기 때문이다. 불과 몇 주도 지나지 않아 우리와 유사한 처지에 있는 파키스탄이나 아이슬란드, 폴란드, 우크라이나가 헐값으로 스스로를 팔려고 내놓지 않았는가? 종이돈 달러를 국제통화로 철석같이 믿고 그렇게 길들여져 온 나라들이 그 위기에 대처할 수 있는 길은 자신을 팔아먹거나 죽는 것 이외에 다른 방도가 없다. 화투장도 그들이 만들었고 규칙도 그들 자신에게 유리하게 만들었는데 그 화투장과 규칙을 가지고 해봐야 질 것은 뻔하다. 우리가 죽으면 그것으로 그들의 국민은 당분간 잘 먹고 잘살 것이다. 한심하고도 창피한 그러나 참으로 현명한 하나의 대안은 있다. 미국의 한 주로 이 나라를 바치는 것이다. 그래서 영어를 국어로 하고, 달러를 우리 화폐로 하고, 이름도 조지 킴과 맥도널드 최로 하고, 코와 눈 수술을 하고 단군 대신 워싱톤에 예배하고…….

다른 대안이 아주 없지는 않을 것이다. 일종의 화폐 독립운동 같은 것으로 달러 이외에 대여섯 가지 혹은 그 이상의 국제결제 화폐를 사용하므로서 달러 예속의 강도를 완화하는 방법이다. 말하자면 유로화 같은 힘과 위력을 발휘할 수 있는 국제통화를 만드는 것이다. 물론 이것은 작고 약한 한두 나라의 결속으로 되는 것은 아니다. 가령 일본이 치사한 소인 기질을 버리고 중국이 더러운 욕심을 버리고 우리가 실속 없는 자존심을 버리면 적어도 이 세 나라가 중심이 되어 동아시아 화폐권 하나를 만들어 국제결제 통화의 일정 부분의 지위와 지분을 확보할 수도 있을 것이다. 허나 일본과 중국이 그것을 버린다는 것은 믿을 수도 믿어서도 안 되는 것이 우리의 고통이다.

필자 약력(가나다순)

권기환

명지대 사학과를 졸업하고 동국대 철학과 대학원에서「헤겔에 있어서 시원(Anfang)에 관한 사변적 인식」이라는 논문으로 석사학위를, 독일 Siegen 대학에서「피히테 철학에서 자기 의식과 반성」이라는 논문으로 철학박사 학위를 취득하였다.

나종석

연세대 철학과 졸업. 한국외국어대 석사 학위. 독일 에센대에서 철학박사학위 취득. 현재 울산대학교 학술연구교수. 저서에 『삶으로서의 철학. 소크라테스의 변론』, 『차이와 연대』가 있고, 역서에 『존재와 가상: 헤겔 논리학의 비판적 기능』, 『철학의 이해』, 『비토리오 회슬레. 21세기의 객관적 관념론』이 있다. 「헤겔의 전쟁이론에 대하여」, 「시장과 민주주의」, 「고대 민주주의의 이상과 현실에 대하여」 등 여러 편의 논문을 발표하였다.

남기호

연세대학교 철학과 학사 및 석사 졸업. 독일 보쿰 루르 대학 철학박사. 현재 한남대학교와 가톨릭대학교 강사. 주요 논문으로는 『헤겔 『대논리학』에서의 자기근거찾기』(석사논문), 「Hegels Begriff der Sittlichkeit in dessen Genese und in den Jenaer Systementwürfen」(박사논문), 「삶의 로고스, 로고스의 삶」(서평), 「헤겔의 사랑개념과 그 철학적 위상 변화」 등이 있다.

박배형

서울대 경제학과를 졸업하고, 같은 대학 미학과 대학원에서 석사 학위(논문: 감성능력의 재평가와 독일 근대미학의 초기적 성립과정-바움가르텐과 칸트 미학의 연속성을 중심으로-)를, 그리고 독일 빌레펠트(Bielefeld) 대학에서 박사학위(논문: Der Satz des Nichtzuunterscheidenden – Eine entwicklungsgeschichtliche Untersuchung eines philosophischen Prinzips bei Leibniz, Kant und Hegel –)를 취득했다. 현재 서울대 미학과 강사. 주요 논문으로 「칸트의 라이프니츠 비판 – '구별 불가능한 것의 동일성 원리'를 중심으로 –」, 「인식능력들의 자유로운 유희 – 칸트미학의 한 문제」 등이 있다.

서정혁

연세대학교 철학과를 졸업하고, 같은 대학원에서 칸트 철학으로 석사학위를, 헤겔 철학으로 박사학위를 받았다. 현재 숙명여자대학교 의사소통센터 교수로 재직 중이다. 저서로 『철학의 벼리』, 『논술 교육, 읽기가 열쇠다 – 선생님을 위한 읽기 교육의 방법과 활용』, 『논증과 글쓰기』(공저) 등이 있고, 역서로 『헤겔 예나 시기 정신철학』, 헤겔의 『미학 강의』, 헤겔의 『법철학 강요』, 헤겔의 『교수 취임 연설문』, 피히테의 『학자의 사명에 관한 몇 차례의 강의』, K. 뒤징의 『헤겔과 철학사』가 있다. 그 외 독일 관념론, 의사소통교육 및 교양교육에 관한 다수의 논문이 있다.

오희천

독일 Köln 대학교에서 철학, 교육학, 신학으로 석사학위(M. A)를 마치고 같은 대학교에서 하이데거에 관한 논문으로 박사학위을 받았다. 현재 서울대학교철학사상연구소 전임연구원으로 있으며, 서울신학대학교에서 철학을 가르치고 있다.

윤병태

연세대학교 철학과 교수. 연세대학교 철학과 졸업. 독일 마르부르크대학교 졸업, 괴팅겐대학교 철학박사. 저서 『개념 논리학』, 『삶의 논리』, 『청년기 헤겔철학』, 『칸트 그리고 헤겔』 외 논문 다수.

이광모

숙명여자대학교 의사소통센터 조교수. 성균관대 철학과와 같은 대학교 대학원을 졸업하고, 독일 빌레펠트 대학에서 철학박사학위를 받았다. 주요 논문으로 「헤겔 논리학, 범주론인가 아니면 신지학인가」, 「개념이란 무엇인가 – 객관적 논리학과 주관적 논리학의 관계에 대하여」, 「철학적 증명에 관하여 – 칸트로부터 헤겔로의 전개를 중심으로」, 「철학의 원리에 관하여 – 아리스토텔레스와 헤겔을 중심으로」, 「그리스 비극의 공동체적 의사소통 기능」 등이 있고 저서로는 『헤겔철학과 학문의 본질』이 있다.

이재경

연세대학교 철학과 부교수. 연세대학교 및 동 대학원 철학과 졸업. 캐나다 토론토대학교 철학박사. 주요 논문으로는 「The Intellect–Body Problem in Aquinas」, 「르네상스 철학자 폼포나치의 아리스토텔레스 읽기」, 「중세 이슬람철학의 합리주의 흐름」, 「아비첸나의 '진공속의 인간」 외 여러 편이 있고, 역서로는 『결정적 논고』, 『지성단일성』이 있다.

정대성

연세대학교 철학과 졸업(학사, 석사), 연세대학교 대학원 박사과정 수료, 독일 보쿰에 소재한 루르대학교 졸업(철학박사), 현재 연세대학교 등에 출강 중. 주요 역서로는 『청년 헤겔의 신학론집』, 벤하비브의 『비판, 규범, 유토피아』 등이 있고, 주요 논문으로는 "Von der Subjektivität zur Intersubjektivität. Die Auseinandersetzung von Habermas mit dem jungen Hegel und der Bewusstseinsphilosophie"(박사논문), 「헤겔철학에 대한 하버마스의 비판적 수용」 등 다수.

정현철

연세대학교 경제학과를 졸업하고 같은 대학의 대학원 철학과에서 석사학위를 받은 후, 독일 베를린대학 철학과를 거쳐 프랑크푸르트대학교 철학과에서 박사후보자 자격을 획득하였으며 이후 연세대 철학과 대학원에서 철학박사 학위를 취득하였다. 그간 「아도르노 미학적 이론에 있어서의 부정성 개념」, 「하버마스에 있어서 탈형이상학적인 이성 기획으로서의 담론적 이성 기획」, 그리고 「하버마스의 담론윤리학의 타당성에 관한 일 고찰」등의 논문을 발표해왔다. 현재 연세대학교 인문학연구원 철학연구소 상임연구원이며 연세대 철학과에 출강하고 있다.

조영준

경북대학교 철학과와 동 대학원을 졸업하고, 독일 뮌스터대학에서 철학, 사회학, 중국학을 공부하였으며, 카셀대학에서 철학박사 학위를 받았다. 현재 경북대학교 동서사상연구소 전임연구원으로 있으며, 저서로는 *Natur als Subjekt. Schellings Naturphilosophie und ihre ökologische Bedeutung* (Saarbrücken, 2008), 주요 논문으로는 「생태위기의 대안으로서 셸링 자연철학」, 「헤겔의 주인과 노예 이론에 대한 비판적 고찰」 등이 있다.

조종화

고려대 심리학과(학사)와 동 대학원 철학과(석사)를 졸업하고, 독일 마인츠–요한네스 구텐베르크 대학과 본-프리드리히 빌헬름 대학에서 철학을 수학하였으며, 베를린–

훔볼트 대학에서 철학 박사 학위를 받았다. 현재 고려대학교 철학연구소 연구교수로 재직 중이며, 주요 논문으로는 「헤겔의 반성개념 - 헤겔 논리학의 학의 본질논리학과 관련해서」(박사학위논문, 2006)와 「헤겔 정신현상학에서 '전도된 세계' 의 방법론적 의미」,「헤겔 모순개념의 객관성과 구조」가 있다.

허정수

서강대학교 정치외교학과 및 동 대학원 석사학위를 마치고 (「알튀세르의 헤겔 변증법 비판에 대한 연구」), 동 대학원에서 박사과정 수료. 주요 논문으로는 「민족에 대한 변증법적 접근」, 「서구중심주의와 기독교」, 「자바와 발리의 전통문화와 여성」 등이 있다.

한국헤겔학회 윤리 장전

한국헤겔학회의 회원은 학술 연구를 수행함에 있어 연구 윤리를 준수하고 바람직한 연구 문화 정착에 앞장 서 나갈 것이다. 이를 위해 아래와 같이 연구 윤리 장전을 실천해 나갈 것을 서약한다.

1. 학회 임원진 및 모든 회원은 회칙에서 규정한 연구윤리 규정을 성실히 이행한다.

2. 학회 회원은 연구 활동 및 그 결과 발표에 있어서 학자의 본분과 양심에 따라 거짓없이 진실되게 행동한다.

3. 학회 회원은 타인의 연구 성과를 존중하며, 표절 금지 원칙에 준하여 어떤 경우에도 표절하지 않는다.

4. 학회 편집위원은 학회지 〔헤겔 연구〕의 제반 업무를 학회 규정에 의거하여 공평하고 공정하게 집행한다.

5. 학회 회원은 각종 논문 및 연구 관련 심사시 학자의 양심에 따라 공정하게 심사한다.

2007년 12월 30일
한국헤겔학회

한국헤겔학회 윤리 규정

제1조(목적 및 구성)

한국헤겔학회(이하 학회)의 윤리 규정은 학회의 모든 회원이 연구, 결과물 발표, 심사를 포함한 모든 학술적 행위에서 준수해야 할 연구윤리의 원칙과 기준을 제시한다. 본 윤리규정은 학회의 모든 회원이 학문 연구의 가치를 상호 인정하고, 학문의 진보와 윤리문화 정착에 기여하려는 목적으로 마련된 것이다. 본 윤리규정은 학회의 윤리위원회 구성 및 운영에 관한 조항, 연구 윤리에 관한 조항, 심사 윤리에 관한 조항, 편집위원회에 관한 조항, 그리고 윤리규정 시행지침으로 구성된다.

제2조(윤리위원회 구성 및 운영)

1. 학회는 윤리 규정의 목적을 달성하기 위해 '윤리위원회'를 설치한다.
2. 윤리위원회는 위원장을 포함하여 5명으로 구성하며, 이사회의 추천을 받아 학회장이 임명한다.
3. 윤리위원의 임기는 2년으로 하며, 재임에 관한 제한은 없다.
4. 윤리위원장은 윤리위원들의 호선으로 선출한다.
5. 윤리위원회는 윤리규정 위반으로 제소된 사안에 대해 제보자, 피조사자, 증인, 참고인 및 증거자료 등을 포괄적으로 심의하고 의결하는 권한을 지닌다.
6. 윤리위원회는 제소된 사안에 대해 접수된 날로부터 30일 이내에 심의 결과를 의결하여 회장에게 통보한다.
7. 윤리위원회의 징계 건의가 있을 경우, 학회장은 이사회를 소집하여 징계 여부 및 내용을 결정한다.

제3조(연구 윤리)

1. 타인의 연구 결과물(저서, 논문 게재 및 학술대회 발표 등)을 자신의 것처럼 보이게 하는 모든 행위는 원칙적으로 '표절'로 간주한다.
2. 어떤 이유에서건 인용 및 참고 여부를 밝히지 않는 행위는 '표절'로 간주한다.

3. 타인의 연구 결과물을 직, 간접적으로 인용할 때 학회가 제시한 원고 작성 요령에 준하여 인용 및 참고 여부를 분명히 밝혀야 한다.
4. 이미 발표된 연구 결과물을 중복해서 발표하는 것도 '표절'로 간주한다. 다만, 특별한 사정에 의해 중복 발표할 경우, 이전에 발표한 연구 결과물의 출처를 명확히 밝혀야 한다.

제4조(심사 윤리)

1. 모든 회원은 학회가 규정한 심사 규정에 의거 모든 심사를 객관적이고 공정하게 심사해야 한다.
2. 심사자는 연구자 및 심사 결과에 대한 비밀을 준수해야 한다.
3. 심사자는 심사 대상물의 표절 여부를 면밀히 판정하여야 한다.
4. 만일 심사자의 심사 결과에 대해 추후 문제가 제기될 경우, 윤리위원회의 심의를 거쳐 차후 심사 자격을 박탈할 수 있다.
5. 모든 회원은 각종 심사 결과를 통보받은 후 1주일 내로 재심을 의뢰할 수 있다.
6. 연구 결과물 재심은 기존 심사자를 제외한 3인 이상의 심사자에게 의뢰해야 한다.

제5조(편집위원회)

1. 편집위원회는 학회의 〔헤겔 연구〕지 편집 및 발행에 관련된 모든 일에 책임있는 결정을 내려야 할 의무가 있다.
2. 편집위원회는 투고논문의 공정한 심사를 위해 관련 전문 분야의 심사자 3인 이상에게 심사를 의뢰해야 한다.
3. 편집위원회는 투고논문의 심사결과 및 그 사유를 반드시 정해진 기한 내에 투고자에게 통보하여야 한다.
4. 재심을 의뢰받은 경우, 편집위원회는 기존 심사자를 제외한 3인 이상의 심사자에게 재심을 의뢰하고, 재심 결과를 의뢰자에게 정해진 기한 내에 통보하여야 한다.

제6조(시행지침)

1. 모든 회원은 연구 윤리 위반으로 제소되었을 경우 윤리위원회의 조사에 성실히 임할 의무가 있다.
2. 윤리 규정 위반으로 제소된 회원에게는 충분한 소명 기회가 주어져야 한다. 소명 방식은 당사자의 의견을 수렴하여 윤리위원회가 결정한다.
3. 윤리의원회는 모든 심의 및 의결과정에서 회원의 신원을 노출해서는 안된다.
4. 윤리 규정을 위반한 회원에 대해서는 윤리위원회의 결정에 따라 경고, 투고 및 발

표 제한, 임원 해촉, 회원 자격 정지 및 박탈 등의 징계를 할 수 있고, 이 조치를 여타 개인 기관과 공유할 수 있다.

5. 윤리 규정의 수정은 본 학회의 회칙 개정 절차에 준하여 정기 총회에서 결정한다.

부칙

본 규정은 2008년 1월 1일부터 시행한다.

『헤겔연구』 논문투고 및 심사규정

I. 『헤겔연구』 논문투고규정

1. 발간 시기: 연 2회(6월 15일 여름호, 12월 15일 겨울호)
   원고 접수: 연중 수시

2. 원고 종류
1) 哲學과 思想史 전반에 관련된 자유주제, 특히 독일 관념론 및 Hegel 사상과 관련성이 있는 미발표 논문(특별 주제의 경우 별도로 공고한다)
2) 서평 : 최근 3년 이내에 출간된 국문 저서 혹은 번역서, 연구사적 의의가 있는 외국문 저서
3) 논문평 : 최근 2년 이내에 발표된 국내외 주요 연구 성과, 특히 이미 『헤겔연구』에 수록된 논문 및 국내 주요 연구 동향에 대한 논쟁적 언급
4) 번역 : 헤겔 및 독일관념론 전반과 관련 있는 원서(분량 등 기준은 일반 논문 투고의 기준에 따른다)

3. 분량
1) 논문 기본게재료 : 참고문헌을 포함하여 200자 원고지 80매 이상 130매 이하, 전임이상 회원: 20만원, 비전임 회원: 13만원.
2) 131매 이상의 초과분에 대해서는 원고지 장당 3,000원의 초과 게재료를 납부한다.(정해진 게재료 미납시 편집위원회의 결정에 따라 논문 게재를 보류할 수 있다.)
3) "… 연구비 지원에 의한 연구 결과물임" 이 표시된 투고 논문에 대해서는 게재료 30만원을 징수하고, 게재료 수납 때 영수증을 발부함.
4) 서평 : 200자 원고지 50매 내외
5) 논문평 : 200자 원고지 30매 내외

4. 투고 요령

1) 워드프로세서(아래 아 한글 프로그램)로 작성

2) 디스켓과 함께 출력원고 4부 제출: 디스켓과 출력물에는 반드시 논문제목(한글/외국어), 저자성명(한글/외국어), 저자약력, 주요검색어(한글/외국어), 논문 요약문(한글/외국어), 논문, 참고문헌 순서로 포함되어 있어야 한다.

3) 저자 약력에는 투고자의 소속, 주소, 전화번호, 이메일 주소를 정확하게 명기해야 한다.

5. 접수처

- 서울특별시 서대문구 신촌동 134 연세대학교 외솔관(제1인문관) 508호 윤병태교수연구실 (한국헤겔학회 편집위원회)
- 전화 : 02-2123-2399 / 휴대폰 : 010-3885-6267
  e-mail : seocrates@hanmail.net

6. 투고시 주의사항

1) 논문 투고의 기본 자격은 본 학회의 회원으로 한다.(회원이 아닌 경우 투고 전 회원에 가입해야 한다. 회원이더라도 회비 미납 사실이 있을 경우에는 회비를 완납한 후 투고할 수 있다.)

2) 동일 제목의 논문을 1, 2, 3 등의 형태로 연속적으로 투고할 수 없다.

3) 외국어로 작성된 논문은 편집위원회의 심사를 거쳐 번역 게재한다.

4) 분량이나 주제가 본 연구지의 기준이나 취지에 전혀 부합하지 않을 경우 심사대상에서 제외한다.

5) 다른 학술지나 출판 등록된 저서에 이미 게재된 논문은 심사대상에서 제외한다.

7. 원고 작성시 주의사항

- 원고를 투고할 때에는 반드시 다음 사항을 주의하여 작성하여야 한다.

1) 투고자는 논문작성시 단독연구인지 공동연구인지를 명기해야 한다. 접수시 1명의 성명이 기재되어 있을 경우, 이를 단독연구로 접수한다. 공동연구의 경우, 책임연구자와 공동연구자를 구분하여 명기해야 한다.

2) 논문의 마지막 부분에 참고문헌을 반드시 첨가하여야 한다. 참고문헌의 수록 순서는 국한문 문헌 다음에 외국 문헌을 싣되, 각각 저자 이름의 가나다와 알파벳 순서로 기재한다.

참고 문헌 작성법 예

Hegel, G. W. F., *Phänomenologie des Geistes,* in: *Gesammelte Werke,* Bd. 9, hrsg. von W. Bonsiepen & R. Heede, Hamburg 1980.

Hegel, G. W. F., 임석진 옮김, 『정신현상학』 지식산업사, 1988.

Gadamer, H. G., Hegel und die antike Dialektik, in: *Hegel-Studien,* Bd. 1, hrsg. von F. Nicolin & O. Pöggeler, Bonn 1961.

홍길동, 「헤겔의 자유개념」, 『헤겔연구』, 제9호, 한길사, 2001.

3) 각주의 경우 다음과 같은 작성법의 예를 따른다.

각주 작성법 예

G. W. F. Hegel, *Phänomenologie des Geistes,* in: *Gesammelte Werke,* Bd. 9, hrsg. von W. Bonsiepen & R. Heede, Hamburg 1980, 13-14쪽 참조.

G. W. F. Hegel, 임석진 옮김, 『정신현상학』, 지식산업사, 1988, 17쪽.

H. G. Gadamer, Hegel und die antike Dialektik, in: *Hegel-Studien,* Bd. 1, hrsg. von F. Nicolin & O. Pöggeler, Bonn 1961, 10쪽 이하 참조.

홍길동, 「헤겔의 자유개념」, 『헤겔연구』, 제9호, 한길사, 2001, 18쪽.

4) 각주에서 이미 앞에서 인용된 논문에는 〈저자 이름, 같은 글, 쪽수〉로 표기하고, 저서에는 〈저자이름, 같은 책, 쪽수〉로 표기한다. 만일 동일한 저자의 논문이나 저서 등이 중복될 경우에는 〈저자, 논문명 혹은 저서명, 쪽수〉로 표기한다. 그리고 바로 이전의 각주와 동일한 논문이나 저서가 인용될 경우에는 〈같은 곳, 같은 글 혹은 같은 책, 쪽수〉로 표기한다.

5) 주요 저작의 경우 필자가 약호규정을 사용하여 본문이나 각주에서 표기할 수 있다. 가능한 한 각주 1에서 약호규정을 구체적으로 명기해야 한다.

6) 편집의 일관성을 위하여 가능한 한 장, 절, 항, 목을 I, 1, 1), ①로 표시한다.

7) 강조는 ' ' 부호로 표기하고, 인용문에서 가운데 단어나 구절의 일부 생략은 '…'

로 표기하고, 완전한 문장의 생략은 '(……)'로 표기한다.

8) 논문 투고시에는 본 학회에서 정한 작성요령에 따라 논문 요약문 및 주요검색어를 함께 제출하여야 한다. 외국어(영문 및 독문) 요약문 및 주요검색어는 국문에 준해 함께 제출하여야 한다.

논문 요약문 및 주요검색어 작성요령

- 요약문 원고는 주제 분류(학술진흥재단에서 제공하는 학문 분류표 참조), 5단어 이내의 주요 검색어, 논문의 요약문으로 구성된다.
- 분량은 500자 정도(원고지 3매 정도)
- 주요 검색어는 논문에서 논의되는 주요 개념들이나 주제들 또는 인물들을 언급하되, 다섯 개념 이내로 한다.
- 요약문은 논문 전체의 핵심 내용을 논문 내용에 부합하게 작성한다.

9) 투고된 원고와 디스켓은 반환하지 않는다.

II. 『헤겔연구』 논문심사규정

1. 논문 심사 및 게재 원칙

1) 투고 논문 심사는 원고 마감 후 4월과 10월 년 2회 실시한다.

2) 각 논문은 편집위원회에서 위촉한 심사위원 2-3인이 심사한다.

3) 심사시 논문 투고자의 성명과 소속 등을 알 수 없도록 한다.

4) 각 심사위원은 투고 논문들을 본 편집위원회에서 규정한 아래의 〔개별심사항목〕에 따라 종합적으로 검토 평가한다.

개별심사항목

- 논문의 주제 의식이 명확하며 논리적이고 타당한 근거들이 제시되었는가?
- 창의적이고 비판적인 논제, 개념, 논거, 관점 등이 제시되었는가?
- 관련 분야에 대한 기초 문헌과 2차 문헌에 대한 적절한 논의가 이루어졌는가?
- 국내의 선행 연구 논저들에 대한 논의가 이루어졌는가?
- 논문의 형식적 요건(각주 인용, 참고 문헌 표기, 분량 등 본 학회에서 요구한 논문 작성에 관련된 사항)을 정확히 갖추었는가?〔논문 요약문 및 주요검색어 작성요령〕

5) 종합평가는 개별항목에 대한 평가를 근거로 '게재 가', '수정후 게재가', '게재불가'로 판정한다.
6) 2인 이상으로부터 '게재 가' 판정을 받은 논문은 수정 없이 바로 게재할 수 있다.
7) 심사에서 수정이 요구된 사항은 필자에게 〔심사결과통보서〕에 첨부된 〔수정요구서〕를 통해 고지하여 반드시 수정 후 게재한다.

2. 편집위원 선정기준과 절차
1) 본 학회의 편집위원회는 위원장 1명, 위원 15명 이내로 구성한다.
2) 편집위원은 반드시 본 학회의 정회원이어야 하며, 학회 발전에 공이 많은 자로 학회 이사들의 추천으로 후보가 된다.
3) 추천된 후보들 중 학회 이사들의 과반수 이상의 찬성으로 선정한다.
4) 가급적 지역 안배를 고려하여 각 도에 최소 1명씩 위원을 두며, 다양한 연구 분야를 고려하여 선정한다.
5) 편집위원의 임기는 2년으로 하며 연임할 수 있다.

한국헤겔학회 임원명단

회장 _ 이창환(서울대)
명예회장 _ 임석진(명지대)
고문 _ 송병옥(건국대), 이강조(경북대)

총무이사 _ 이광모(숙명여대)
총무간사 _ 서영석(서울대)
연구이사 _ 강순전(명지대)
섭외이사 _ 최신한(한남대)
편집이사 _ 윤병태(연세대)
편집간사 _ 서정혁(숙명여대)

편집위원 _
이창환(서울대), 이광모(숙명여대), 최신한(한남대), 윤병태(연세대), 위상복(전남대), 강순전(명지대), 유헌식(세종대), 권대중(계명대), 김준수(부산대), 백훈승(전북대), 김귀룡(충북대)

헤겔연구 제24호

주체와 타자

1판 1쇄 인쇄 2008년 12월 7일
1판 1쇄 발행 2008년 12월 15일

편집 한국헤겔학회
펴낸이 윤병태
펴낸곳 도서출판 용의 숲
주소 서울시 서대문구 신촌동 134 연세대학교
제1인문관 508호 한국헤겔학회 편집위원회
전화 02-2123-2399
휴대폰 010-3885-6267
E-mail seocrates@hanmail.net
출판등록 2004년 3월 29일 제 313-2004-00078호

주문처 한국출판협동조합(일원화공급처)
전화 02-716-6032 | 팩스 02-716-3819~20

ISSN 1598-9410(24)
가격 18,000원